本书为国家社会科学基金项目"中国图书馆学的学科制度及其发育机制研究（1909～2009）"（项目编号：10BQ003)终结成果

本书得到南京大学"985"三期工程的资助

图书情报与档案管理创新丛书

制度与范式：
中国图书馆学的历史考察(1909~2009)

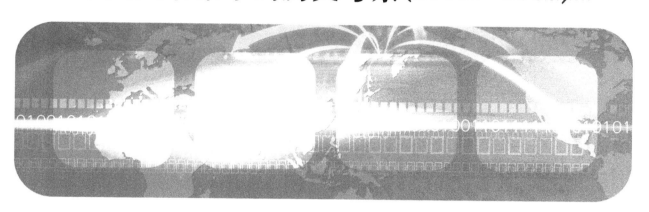

李刚 等 著

科 学 出 版 社

北 京

内 容 简 介

学科不仅是知识分类系统，它是一种知识生产、人才培养、资源分配的制度系统。作为制度的学科分为两个部分：即价值层面和制度结构。所谓学科制度的价值层面包括规范学科科学研究与知识传播的行为准则体系；而学科制度结构，则是支撑学科发展和完善的基础结构，它包括大学内的院系建制、专门的学术共同体（学会）、学术交流网络（学术期刊）等。本书以学科制度演变为研究对象，系统考察了 20 世纪中国图书馆学学科制度的概念、内容、变迁、动力与机制。全书分上下两篇，上篇"学科制度之发育与成长"主要考察硬体部分，包括第 1 章"现代图书馆学教育体系之变迁"、第 2 章"图书馆学期刊的计量史学扫描"、第 3 章"中国图书馆组织的历史考察"、第 4 章"中外图书馆学之交流（1911~2010）"。下篇"学科范式之萌芽与嬗变"主要考察软体部分，包括第 5 章"从边缘到中心：信息管理研究的学科范型嬗变"、第 6 章"图书馆学视野中的文献学范式"、第 7 章"早期图书馆学研究中的教育范式研究"、第 8 章"以图书馆为中心的学科范式（1920~1995）"、第 9 章"LIS 学科范式的"信息学转向"（1995 年以来）"。

本书可供图书情报与档案管理类相关专业的研究人员参考，也可作为图书馆业务部门资料使用。

图书在版编目（CIP）数据

制度与范式：中国图书馆学的历史考察（1909~2009）/ 李刚等著 . —北京：科学出版社，2013

（图书情报与档案管理学科创新系列丛书）

ISBN 978-7-03-037523-0

Ⅰ. ①制… Ⅱ. ①李… Ⅲ. ①图书馆学史–研究–中国– 1909~2009 Ⅳ. ①G250. 92

中国版本图书馆 CIP 数据核字（2013）第 105012 号

责任编辑：李 敏 刘 超 / 责任校对：宋玲玲
责任印制：徐晓晨 / 封面设计：王 浩

科 学 出 版 社出版

北京东黄城根北街 16 号
邮政编码：100717
http://www.sciencep.com

北京京华虎彩印刷有限公司 印刷

科学出版社发行 各地新华书店经销

*

2013 年 6 月第 一 版 开本：787×1092 1/16
2017 年 1 月第三次印刷 印张：19 1/4 插页：2
字数：440 000

定价：138. 00 元

（如有印装质量问题，我社负责调换）

总　序

图书情报与档案管理作为独立的一级学科，如何在激烈的竞争环境中生存、扬弃、发展、创新，探索出一条既符合学科发展规律，又与社会、经济、科技和文化发展与时俱进的学科发展道路，是一代又一代图书情报与档案管理人光荣而神圣的使命。

南京大学信息管理系作为我国图书情报与档案管理学科的重要教学和研究阵地，从20世纪20年代创建伊始就一直以培养人才、创新科研、服务社会为历史使命。80多年来，已毕业的6000多名南京大学信息管理系学子遍及海内外图书资讯服务机构，以及文教、传播及其他行业。

图书情报与档案管理学科的发展承载着先辈的学术寄托，从创建图书馆学科肇始，学科先辈就在为争取独立学科地位、构建自身核心理论及扩大教育规模而努力。图书情报与档案管理获得一级学科地位后，仍然面临"大学科观"与"小学科观"、"图书馆业务中心论"与"情报分析与服务中心论"等不同的学科发展路径争论。20世纪90年代以来，又面临紧跟计算机科学、互联网技术发展，适应工商管理需求的巨大挑战。

走向国际化、建成世界一流大学是南京大学的既定战略目标。南京大学信息管理系近日被批准加入国际iSchools图书情报教育联盟，这是我系推进国际化战略所迈出的坚实一步。从国际上看，2000年美国图书情报教育联合会就指出，图书情报教育的服务场景和核心技能正发生深刻蜕变，以数字环境和学科融通为特征的创新更为显著；美国图书馆学会也发现，美国所有图书情报学院开设的课程越来越多地围绕信息科学的前沿展开，充分体现了图书情报与档案管理学科的创新特征；2002年在意大利帕尔玛召开的"图书馆和情报研究国际化"研讨会和在赛萨洛尼基达成的"欧洲图书情报学教育重整和适应标准"，以及2003年在波茨坦召开的"应对变化——图书情报学教育管理变革"研讨会和随后推进的"博洛尼亚进程"均反映了学科内涵的跨学科发展与融合发展趋势。

国内外同行皆认为图书情报与档案管理学科目前仍然属于学科范式急剧"转型"阶段。因此，在学科范式和教育探索中，必须以学科创新为前提和己任。南京大学信息管理系历来致力于学科前沿与社会服务的有机融合，其学科与期刊评价、数字图书馆技术、数字出版教育、数字人文阅读、信息系统采纳、信息用户行为、保密科技、档案信息资源建设等领域在国内外具有重要影响力。

含英咀华悟真知，南京大学信息管理系汇集了全系最新、最具影响力的一批科研成果，通过编写出版《图书情报与档案管理创新丛书》，既向国内外学者汇报南京大学信息管理系的科研进展，也想与国内外同行相互切磋，共同为图书情报与档案管理学科的发展贡献绵薄之力。创新是一个持续的过程，我们也希望通过国家"985"工程等平台的支持，以《图书情报与档案管理创新丛书》为载体，催生更多学术成果，将图书情报与档案管理学科的学术创新精神延续传承。

古曰："周虽旧邦，其命维新"①。仅以创新为旨向，以《图书情报与档案管理创新丛书》为形式，诉予大家同仁，是为志，亦以为序。

孙建军
2011 年 8 月于南京大学

---

① 引自《诗经·大雅·文王》

前　　言

　　20 世纪 90 年代以来，文史学界的一些领军人物"告别政治"，一转 80 年代以引入西潮发明新知为主的喧嚣风气，重返书斋，从学术史研究开始进行自我反省。他们上接乾嘉学派与启蒙思想家黄宗羲，既吸取梁启超、王国维、黄侃、陈寅恪、钱穆、吴宓等文化民族主义者的营养，更以蔡元培、胡适、顾颉刚等新文化诸君为主要精神资源，开启了长达二十余年的学术史研究思潮，迄今余音袅袅。

　　《学人》无疑是开启这一思潮的地标。在它的第一辑，一篇名为"学术史研究笔谈"的文章可以看成是创立一个学派的"宣言"。陈平原（1991）认为，中国古代学术研究从目录学入手，"在注重辨章学术，考镜源流这方面，目录学和学术史有相通之处，"学术史"在指示学问途径方面，似乎比目录学更有效。"他（陈平原，1991）认为，学术史的主要功用是通过分源别流，让后学者了解一代学术发展的脉络和走向，让后来者尽快进入某一学术传统；学术史还具有建立叙述权威，显示学术规范，使得整个学界有所敬畏，有所依循的作用；20 世纪 90 年代的学术史研究也有对 80 年代中国学术"失范"纠偏的意图。虽然并非所有人都认同陈平原这一回归民国主流学术传统的主张，但是自那时起，晚清和民国学术史研究成为热门的学术选题却也是无法回避的事实。

1. 图书馆学史的理论建构

　　图书馆学研究在一定程度上受到了这股思潮的影响，恰恰也是在 20 世纪 90 年代以后图书馆学界加强了对本学科的学术史研究。吴仲强（1991）等的《中国图书馆学史》（湖南出版社）初步构建了中国图书馆学史的体系，他们认为，"图书馆学史的研究内容，应当是图书馆学领域的全部历史，即理论图书馆学、技术图书馆学和应用图书馆学的全部历史，或者称为普通图书馆学与专门图书馆学的全部历史。自然，中国图书学史、中国藏书学史、中国图书分类学史、中国目录学史、中国版本学史、中国图书馆学教育史等也包括在中国图书馆学史的研究内容之中。"因此，吴仲强先生是新时期中国图书馆学术史研究的开拓者之一。不过，图书馆学界着力提倡图书馆学史并作出系统贡献的是王余光和程焕文等。

　　20 世纪 80 年代后期，程焕文（1988）等就开始了对近代以来的图书馆学人利用"集体传记"研究法进行了整体研究，他提出的四代学人（即 20 世纪 20 年代"留美一代"、30～40 年代"国产一代"、50～60 年代"留苏一代"、80 年代以来的"多渠道一代"）划分方法深刻影响了此后的 20 世纪中国图书馆学人物研究。1999 年，徐引篪、霍国庆的《现代图书馆学理论》就采用了四代人的划分方法，一直到 2011 年，范凡（2011b）的"民国时期图书馆学人"还采用了程焕文的框架。

　　程焕文对图书馆学史的另一重要理论贡献是界定了"图书馆史学"的内容与范围，他既不使用图书馆事业史的传统概念，也不采用学术史的惯常用法，而是依据史学专门史的视角，独立提出了"图书馆史学"的概念。他认为："所谓'图书馆史学'，是指研究图书和图书馆历史以及相关历史的一门学科。其研究范围包括：图书史（文献史）、图书馆史（藏书史）、图书馆学史（藏书思想史）、纸与印刷史、图书与图书馆史料等领域。作为一门学科，我国'图书馆史学'的形成至少有如下几个显著的标志：其一，具有一个以图书和图书馆历史为中心的丰富多彩的专门历史群；其二，具有多种不同理论的专门史学术体系（亦可称为图书馆史学流派）；其三，具有从本科生到硕士生，乃至博士生的图书馆史学教育专业课程和研究方向。"（程焕文和王蕾，2005）显然，这是一个比较包容的概念，可以把目前图书馆界的史学教学与研究全部包含进去，此概念有助于我们把图书馆学学术史放在一个比较开阔的学科背景中进行研究。

1995 年，王余光（2005）指出中国图书馆学史的研究和教学工作亟待展开，提出了"从图书馆学前辈学术著作的传与读"作为起点加强图书馆学史研究的思路。他认为，前辈图书馆学者的著作大多完成于 1949 年之前，或根植于传统校雠学的土壤，或引述西方图书馆学的思想与方法。1949 年后，他们的学术研究没有向深度发展或必要的继承，相反，他们受到不同程度的批判，不是被指责为封建余孽，就是被斥之为资产阶级货色。改革开放以来的"大多数研究者没有受过严格的学术训练，既无国外留学的经历，又欠深厚的国学根基，因而在学术研究中就很难继承前辈学者的成果并加以发扬光大。过去，中国的学术传统很强调师承，师承没有了，传统又何从谈起前辈学者的著作被冷落就是很自然的事了。"2009 年，王余光（2009）系统提出了学术史研究的主要框架，他认为学术史研究应该包括："①学人的学术经历、撰述、学术思想的评述等；②辨章学术，考镜源流，学人学术传承与学派；③一个时代的学术基础（教育、出版与学术杂志等）、学术思潮以及对学人的影响。"他还列出了 40 位 20 世纪重要图书馆学家的名单。

王子舟（2002）则借用梁启超的"历史的人格者"理论，认为韦棣华、沈祖荣、杜定友、刘国钧是中国图书馆学史上的"历史的人格者"，缺少他们的中国图书馆学史将面目全非，而把握住他们中国图书馆学的发展脉络可以看得清清楚楚。王子舟的《中国图书馆学教育九十年回望与反思》[中国图书馆学报，2009，35（184）]和《建国六十年来中国的图书馆学研究》[图书情报知识，2011（1）]无疑是极富批评精神的佳作。尤其是后者对 1949 年以来的图书馆学研究的点评，招招见血，酣畅淋漓。从对程焕文、王余光和王子舟的图书馆学史研究思想的简单考察可以发现，中国近现代图书馆学史研究重视人物研究与著作研究是一个基本学术路径，这一路径影响甚大。

范并思也是一位重要的图书馆学史专家，他受到其导师宓浩先生"史、论、方法一体"的社会科学研究方法的影响，向来对图书馆学术思想史比较重视。他对图书馆学史理论上最主要的贡献有两条：第一，把 20 世纪看成是一个研究整体，他认为，中国图书馆学在 20 世纪初为萌芽阶段，到 20 世纪末现代图书馆学建立，20 世纪的历史就是它的全部历史。我们认为，把 20 世纪看成是一个完整的时间段，对于中国图书馆学史研究具有重要意义，它有助于克服用重大政治事件作为分期而造成的"割裂"。第二，他的《20 世纪西方与中国的图书馆学——基于德尔斐法测评的理论史纲》（北京图书馆出版社，2004）应该是第一部用科学社会学方法写出的比较图书馆学史专著，具有崭新的学术方法创新意义。

2. 图书馆学史的史料学鸟瞰

史料收集与整理是 20 世纪中国图书馆学史的研究的基础工作。《中国近现代图书馆学人史料建设：现状与展望》是青年图书馆史专家顾烨青的一篇力作，他从史料学的视角系统揭示了中国图书馆学史史料的基本概貌，讨论一些重要理论问题。他（顾烨青，2010b）认为："图书馆学人研究所需史料大体包括个人著述文集、报刊资料、地方志等基本史料，手稿、日记、书信、家谱、照片、机构文档记录等一手档案史料，起重要补充作用的口述史料和年谱、人物工具书等汇总性、工具书性史料。"他对加强图书馆史史料建设提出了几点建议：①对散落在报纸和非图书馆期刊的图书馆学人著述进行整理汇编；②新编纸质索引，逐步实现全文数字化；③统筹安排、分工协作，大力开展档案史料和口述史料的搜集整理工作；④改革学术评价制度，积极鼓励和支持图书馆史料建设工作。应该说这几点建议的确是作者长期从事图书馆学史研究的体会。笔者认为，从史料学视角来说，顾烨青对图书馆史料的分类仍然有可以商榷之处。

20 世纪中国图书馆学史固然是图书馆学的一个分支学科，但是从历史学的分类看又属于中国近现代史的分支学科专门史的研究对象。它的史料学特征和中国近现代史料学特征是一致的。早在 20 世纪 60 年代，著名历史学家陈恭禄在《中国近代史料概述》（中华书局，1982）就讨论了近代史史料分类问题。他把近代文字史料分为：公文档案、书札、日记及回忆录（含自订年谱）、记载（含笔记、诗歌、报刊、史料选集）、正史及其他，共五类。陈恭禄先生的这个近代史料分类影响很大。

2000 年，著名近现代史专家李良玉先生认为，史料的分类有三个标准，一是按照文字分类，即中文史料和外文史料；二是按文字和非文字分类；三是按照史料的原始性来分。其中第三种标准尤其受到史学家的重视。按照史料的原始性，李良玉先生把史料分为八类：文献、档案、报刊、回忆录、前人著述、声像资料、遗址（遗迹、器物）和口碑资料与乡例民俗（李良玉，2006）。因此，原始性与真实性才是史料分类的基本原则。20 世纪的主流史学家主张将所有史料分为原始史料（primary sources or original authorities）与转手史料（secondary sources or derivative authorities）两种。近代史学的主要研究方法都是奠基于史料与转手史料的划分，此疆彼界。所谓原始史料，为目击者的陈述、文献（documents）以及事实自身的遗存，数者皆与事件同时。所谓转手史料，为史学家或编年家论述彼等所未及亲见的事件，仅凭传闻或直接或间接的参稽原始史料而来（杜维运，2008）。评价史学研究水平之高下，首先看史料是否原始，是否真实，其次才看史学著作本身的观点、结构与文字。以此观照 20 世纪中国图书馆学史研究的短暂历程，我们可以说其史料及史料学建设已经起步，取得一定的成果。

第一，基本的专业报刊史料已经影印出版。民国图书馆学三大刊中，20 世纪 60 年代台湾学生书局影印出版了《图书馆学季刊》，但没有收录《总索引》，第 11 卷也模糊不清。2009 年，国家图书馆出版社"中国图书馆学史料丛刊"首批推出三种，其中包括《文华图书馆学专科学校季刊》（全八册）、《图书馆学季刊》（十一册），《中华图书馆协会会报》（六册）。之前，国家图书馆出版社已经影印了三套数十册的《近代著名图书馆馆刊荟萃》，包括了民国时期主要的公共和学校图书馆的馆刊。但是，还有诸多地方图书馆协会会刊、专门图书馆编辑的刊物如《商务印刷所图书馆部图书馆通讯》等尚未集中影印。民国报刊中教育类期刊，如《教育杂志》、《新教育》等还刊发了大量的图书馆学文章。尚需学界投入力量搜集整理。

第二，前人著述也是一种重要的史料，尤其是1949年之前的图书馆学著作是民国时期图书馆学研究重要的原始史料。2011年春，鉴于"20世纪的图书馆学著作，不但民国时期的，即使是1980年以前出版的，都已很难买到，对图书馆学教学与研究产生了诸多困难。许多人对国外学者的论述了如指掌，但对国内学者的论述却知之不多，主要原因之一就是很难见到这些原著。因而学者们迫切希望能从20世纪出版的图书馆学著作中，选择一些经典性作品进行再版，以满足教学与研究的需要"。于是，国家图书馆出版社和人天书店开始策划编辑出版《20世纪中国图书馆学文库》，计划从20世纪已出版的图书馆学著作中遴选大约100种学术水平高、在业界影响大、在教学与研究中迫切需要的著作，重印出版，以保存图书馆学专业学术文献，为学者研究提供方便。

第三，图书馆学家文集是重要的史料类型之一。20世纪80年代以来出版了不少学人文集。譬如，史永元、张树华编辑的《刘国钧图书馆学论文选集》（书目文献出版社，1983）、《严文郁先生图书馆学论文集》（辅仁大学图书馆学系，1983）、钱亚新、白国应编《杜定友图书馆学论文选集》（书目文献出版社，1988）、倪波，马先阵编《李小缘纪念文集》（南京大学出版社，1988）、《汪应文选集》（成都东方图书馆学研究所，1988）、丁道凡搜集编注的《中国图书馆界先驱沈祖荣先生文集》（杭州大学出版社，1991）、《袁同礼文集》（国家图书馆，2000）、梁建洲编《毛坤图书馆学档案学文选》（四川大学出版社，2000）、黄克武编撰《蒋复聪口述回忆录》（中央研究院近代史研究所，2000）、柳曾符等编《劬堂学记》（上海书店出版社，2002）、程焕文编《裘开明图书馆学论文选集》（广西师范大学出版社，2003）、王思明编的《万国鼎文集》（中国农业科学出版社，2005）、南京图书馆编《钱亚新文集》（南京大学出版社，2007）、《汪长炳文集》（南京大学出版社，2007）、钱存训编《留美杂忆》（黄山书社，2008），等等。台湾地区则出版有洪有丰的《图书馆学论文集》，收入其著作《图书馆组织与管理》和其余公开出版的论文，另外还有《屈万里先生全集》等。

除了这种零星的图书馆学人的文集外，大规模的编辑出版图书馆学人文集有3次，第一次是1988年，吉林省图书馆学会、四川省图书馆学会和成都东方图书馆学研究所三家合作，由张德芳和金恩辉担任主编，出版过50种当代中国图书馆学学者的个人自选集——《图书馆学论丛》。正如一位业界同仁指出，"可惜的是，当时的中国图书馆学学术研究正处在恢复重建时期，'当代中国图书馆学学者'的学术研究并未完全舒展开来，学术研究成果的积累尚处在起始阶段，特别是成都东方图书馆学研究所亦非正式出版机构，缺乏充足的经费支持，以致50种个人自选集每种只有数万字，且印刷发行量十分有限，因而这部《图书馆学论丛》如今已鲜为人知。"（程焕文，2012）

第二次大规模个人文集出版是国家图书馆出版社出版的《当代中国图书馆学研究文库》，这也是学人自选文集，迄今已经出版3辑30余种，囊括了最为活跃的中青年图书馆学家的文章。中共中央宣传部出版局研究馆员陈源蒸是编辑出版《当代中国图书馆学研究文库》的动议者,他和吴慰慈、李万健、李致忠、倪波、彭斐章、谭祥金、徐引篪、郭又陵等组织编委会,策划选题,规划出版。该文库被列为国家"十一五"重点出版规划项目,由北京人天书店有限公司资助,吴慰慈、陈源蒸主编,国家图书馆出版社出版。

第三次大规模编辑图书馆学人文集是 2011 年程焕文等启动的《图书馆学家文库》的编辑出版工作。编委会确定的"选题范围与收录原则"是"系统编辑出版 20 世纪以来杰出图书馆学家的个人文集,包括个人已发表和未刊发的全部文章;必要时还包括个人已出版和未出版的全部著作(即个人著述全集)。首选年龄在 70 岁以上尚未出版个人文集的第一代、第二代和第三代杰出图书馆学家,编辑出版其个人文集;待三代杰出图书馆学家个人文集的编辑出版达到一定程度时,再考虑是否遴选第四代杰出图书馆学家的著作,最后入选《图书馆学家文库》。三代图书馆学家不仅限于中国内地,还包括港、澳、台地区杰出图书馆学家和对中国图书馆事业与学术贡献卓著的海外华人图书馆学家。"(程焕文,2012)目前出版和正在编辑中的文集包括《李华伟文集》、《谭祥金赵燕群文集》、《杜定友文集》、《周连宽文集》、《刘国钧文集》、《谢灼华文集》、《胡述兆文集》、《李德竹文集》、《沈宝环文集》等多位著名图书馆学家的文集。

中国近现代图书馆学史史料建设中存在的最大问题是对最原始的史料类型——文献(文件)、机构档案、信札、日记、回忆录、影像等搜集与整理严重滞后,制约了图书馆学史向科学化与现代化的进步。

文献或者文件汇编是重要的史料。这一类史料的整理与利用一直没有引起有关部门的足够重视,除文化部社会文化事业管理局编的《全国图书馆工作会议参考文件》(1956)、文化部图书馆事业管理局编的《图书馆工作文件选编》(1983)等寥寥数种外,未见大规模结集出版。

机构档案,譬如,文化部图书馆司、中国图书馆学会、国家及省市图书馆、著名研究型图书馆、著名图书情报学院、著名图书馆学杂志社等图书馆类机构的档案不仅是图书馆事业史研究也是图书馆学史研究的重要原始史料。除李致忠的《中国国家图书馆馆史资料长编》(国家图书馆出版社,2009)中收录了部分档案史料外,专门的图书馆机构档案汇编似乎未见。

在图书馆学人信札的整理利用方面,《胡适王重民先生往来书信集》(国家图书馆出版社、安徽教育出版社,2009)中留存了不少图书馆学史的资料。2007 版《李小缘纪念文集》收有李小缘与陶行知、朱自清、郭沫若、闻一多、赵万里、刘国钧等的信函。《钱亚新文集》收有钱亚新与白国应的书信选等。另外,图书馆学期刊也零星刊登信札,如《二十世纪三四十年代严文郁写给胡适的两封信——史料、纪念与感想》就是一份重要的史料(邹新明,2009)。

日记与回忆录的整理与利用比较薄弱。对这类史料的搜集贡献比较大的是台湾地区的《传记文学》。1966 年第 8 卷第 2 期的《传记文学》集中发表了数篇回忆袁同礼先生的文章,如严文郁的《提携后进的袁守和先生》;徐家璧的《袁守和先生在抗战期间之贡献》;袁澄的《劳碌一生的父亲》,为研究袁同礼提供了第一手资料。钱存训的《留美杂忆:六十年来美国生活的回顾》首先也是发表在《传记文学》上,然后 2007 年由传记文学出版社出版的。《传记文学》上发表的和图书馆史有关的文章还有不少。至于影像资料的整理尚未提到议事日程。

口述史是 20 世纪的新史学形式，口述史和回忆录的区别之一是口述史往往是由传主口述，由别人录音、记录与整理而成。录音及其文字稿是口述史问世的两种基本形式。20世纪 50 年代，哥伦比亚大学曾经由唐德刚主持开展过一个大规模的中国口述史项目，包括胡适、李宗仁等的口述史都在其中。正如沈志华指出，口述史料可以作为档案文献的补充，帮助研究者解读档案文献，当事人通过其个人的感受对当时的场地、语境和景况的描述，还可以使呆板的档案文献所描述的历史场面鲜活起来；口述史料有时候还可以弥补档案文献之缺乏，填补某些历史链条的空白，当事人回忆的诸如讨论的过程、分歧意见、矛盾冲突等往往是档案文件中所没有的材料（沈志华，2003）。除中国台北"中央研究院"近代史研究所出版的《蒋复璁口述回忆录》（2000）等口述史料著述外，口述史方法在图书馆学史研究中还需大力提倡。

总体上讲，图书馆学史学界已经达成共识，要提高图书馆学史研究水平，史料整理工作是基础工作，已做出了大量的努力，取得了一些成就。但是尚需要充分吸取历史学的方法，只有在史料整理与利用上下工夫，才能提升学科的整体水准。

3. "渐入佳境"的中国图书馆学史研究

不可能等所有的史料整理工作都完成以后才开始史学研究工作，史料整理是为了满足历史学家的需要，但是一个仅仅依靠别人整理出的史料做研究的历史学家绝对不可能是一位优秀的历史学家。对于史学家而言，耗费悠久岁月的事情永远是史料的搜集考订工作。图书馆学史研究也是如此，总是处在史料搜集考订与史学撰述之互动之中。正如前文指出，20 世纪 90 年代以来的图书馆学学术史研究是整个中国文史学界学术史运动的一部分，它的发展可以用"渐入佳境"一词来形容。

20 世纪 80 年代，程焕文、王余光、王子舟等是树立图书馆学史研究的最初典范。90年代以来，即便在信息技术、互联网、新闻媒体等一波又一波浪潮的冲击下，学界依然有新生力量投入图书馆学史的研究，图书馆学史研究不仅内容与方法上有了新突破，而且研究队伍也日益壮大。

王余光的学术理路大致有三条线索，第一是从《中国历史文献学》（武汉大学出版社，1988）成型的文献学与文献史研究，属于这一线索的著作有《中国文献史》（武汉大学出版社，1993）、《中国文字典籍：揭开文明的篇章》（湖北人民出版社，1995）、《藏书四记》（1998）、《文献学与文献学家》（国家图书馆出版社，2008）。这一线索是王余光的学术根基，也成就了他作为文献学家的声望。《中国历史文献学》虽然是一本教材，但是这是一本结构独特，与传统历史学家们编写的文献学著作迥然不同的历史文献著作。"文献本体"－"文献实证"－"文献解释"－"文献整序"的框架体现了他关于文献学的基本观点，他认为文献学是研究文献整理的学科，主要目的是确定历史文献的真实可靠性。一直到 2008 年的《文献学与文献学家》，他还坚持这一基本观点，不过到这个时期他已经侧重于对近现代文献学史学术史的研究。

第二是从编辑出版《中国读书大辞典》（南京大学出版社，1993）开始成型的"阅读史"和"阅读学"研究，属于这一线索的著作（包含主编）有《影响中国历史的 30 本书》（1990）、《名人读书录·上下卷》（台湾授学出版社，1995）、《塑造中华文明的200本书》（武汉大学出版社，1997）、《名著的选择》（1999）、《中国读者的理想藏书》（1999）、《读好书文库》（云南人民出版社，1999）、《经典解读文库》（云南人民出版社，2001）、《名著的阅读》（2001）、《中华读书之旅二星卷》（海燕出版社，2002）、《读书随记》（东南大学出版社，2002）、《读书四观》（湖北辞书出版社，2004）、《中国阅读文化史》（2007）、《阅读：与经典同行》（海天出版社，2012）等。他从图书馆阅读推广的视角——这是他的职业视角——出发，所开展的阅读学研究其实更多的是落脚于阅读普及工作，其中蕴涵的学术范式是"阅读文化史"。

第三是从他的博士论文《中国新图书出版业初探》（武汉大学出版社，1998）开始成型的出版史研究，属于这一线索的著作还有《中国新图书出版业的文化贡献》（武汉大学出版社，1998）、《中国出版通史8·民国卷》（中国书籍出版社，2008），后者更强化了书籍文化史的研究理念。《中国新图书出版业初探》论述了从鸦片战争到1949年一个多世纪的新图书出版业的形成过程及其文化贡献，该书并没有把全部注意力集中于梳理新图书出版业的编年变迁，而是从文化史的视角，讨论了新图书出版业对西学东渐、古籍整理、近代教育、文化普及的影响。

因为这三种学术路径的交织，王余光对中国近代图书馆学学术史的研究必然会涉及图书馆学的文献、出版与接受（阅读）三个基本维度。他的高徒范凡的《民国时期图书馆学著作出版与学术传承》可以说体现了王余光学术思想的一部力作，该书史料搜罗之详尽可以说是近年来图书馆学界少见。另外，它借鉴了王余光的博士论文之架构，从出版史来讨论学术史，其学术路径和王余光的一致。因此，它是王余光学术谱系中之重要一环。

程焕文对近现代图书馆学史的研究路径和王余光有所不同，他通过对沈祖荣、韦棣华和裘开明的研究树立了别人难以企及的学术高峰，他的著作甚多，图书馆学史只是他的一个研究领域，在这一领域的著作有《中国图书馆学教育之父——沈祖荣评传》（台湾学生书局，1997）、《晚清图书馆学术思想史》（北京图书馆出版社，2004）、《裘开明年谱》（广西师范大学出版社，2008）。另外，程焕文受到美国韦棣华基金会资助的有关韦棣华的研究应该已经完成，只是相关专著未见出版。程焕文图书馆学史的研究有鲜明的特征：第一，他恪守史学的家法，他的著作都是建立在扎实的史料基础之上，引用的史料类型广泛。这得益于他的史学训练，《晚清图书馆学术思想史》就是他的博士论文《西学东渐与晚清图书馆学术思想研究》。程焕文是中国近代史学名家陈胜粦先生的高徒。他在写《裘开明年谱》之前，收集到的资料有十几箱，其中仅从哈佛燕京学社、哈佛大学档案馆等处收集的英文资料就有一两万页之多，他把其中的精华编为《裘开明图书馆学论文选集》先行出版，又过了4年才完成《裘开明年谱》的写作工作，前后耗时近10年。第二，程焕文的图书馆学史研究具有开阔的国际视野。程焕文数次出国访学，因此是他们那一代人为数不多的可以把英文作为工作语言的专家，他也和北美汉学界和图书馆学界建立了广泛的联系，这大大开拓他的图书馆学史研究视野，他对沈祖荣、韦棣华、裘开明的研究都是建立在中西文两种文字史料基础之上的。

老一代的图书馆学专家向来关注本学科的历史研究，有的甚至亲自披挂上阵。彭斐章先生的《文华回眸》全面总结了文华的历史、理念与办学模式，该文是图书馆学史中

"文华学派研究"之经典。中国近现代图书馆学的发展可以说是"文华学派"起了主导作用，但是，也不可否认存在一个金陵大学图书馆学人圈，包括克乃文、陶行知、洪有丰、刘国钧、李小缘、朱家治、陈长伟、蒋一前、刘廷藩、万国鼎、施廷庸等。金陵大学是中国最早开设图书馆学课程的学校，据金陵大学校友钱存训（2006）回忆："那时国内的图书馆学业专业，金陵大学是最早开设这一类课程的大学。从1913年开始，由图书馆馆长克乃文（Harry Clemons）讲授，他原是 Princeton 大学图书馆参考部的主任，训练了一批中国早期的图书馆学专业人才。1927年正式设立图书馆学系，属文理科，我是设系第一届的学生。当时的教授有刘国钧、李小缘、万国鼎、陈长伟、蒋一前等。"截至1925年10月，据金陵大学校长包文（1925）介绍："图书馆职员中，有美国图书专家1人，留学美国专门研究图书者2人，国内大学毕业者2人；此外尚有多数助理员及工读之学生。"材料中所说的美国图书馆学家当是克乃文，留学美国的图书馆学家是指李小缘和刘国钧。据1933年出版的《私立金陵大学一览》记载，文学院教育系设立了"教育学组"、"心理学组"、"图书馆学组"。据《私立金陵大学六十年校庆纪念册》记载，图书馆学专修科于1940年成立，1943年毕业学生6人，1944年毕业学生2人，1945年毕业学生2人，1946年毕业学生1人。金陵大学从1913年开设图书馆学课程，到1927年成为辅修的一个系（当时金陵大学实行主辅修制度，一个学生有主修系，还必须有一个辅修系，钱存训就是主修历史，辅修图书馆学的），至少到1933年，图书馆学正式成为文学院教育系的一个专业，到1940年已经成为专修科，截至1946年，图书馆学专修科至少毕业了11名学生。也就是说金陵大学的图书馆学教育，中间虽有间断，但是从1913年到1949年一直有较高水准的图书馆学教学研究活动。因此，我们不得不承认，1949年以前，金陵系图书馆学人圈是客观存在的。

叶继元、徐雁、沈固朝等对金陵系图书馆学人进行了深入研究，试图彰显他们对中国近现代图书馆学发展的贡献。叶继元和徐雁的《南京大学在西方图书馆学中国本土化过程中的贡献》（中国图书馆学报，2002年第5期）、徐雁与谭华军的《刘国钧任职金陵大学时期的专业建树》（江苏图书馆学报，2000年第5期）、徐雁的《"读者为本，书籍至上；学贯古今，古通中西"——克乃文在华首开图书馆学课程百年纪念（上）（下）》（图书馆，2005年第5期、第6期）、沈固朝和刘树民的《涓涓成川有师承——1913—1948年金陵大学图书馆学教育的发展历程》（图书情报工作，2005年第11期）等论文和叶继元与徐雁主编的《南京大学百年学术精品·图书馆学卷》（南京大学出版社，2002年版）基本有力地论证了图书馆学史上金陵系图书馆学人圈的存在及其贡献。

老一代学者除彭斐章外，周文俊、王红元的《中国图书馆学研究史稿（1949年10月至1979年12月）》（北京大学出版社，2011）是一本难得的图书馆学断代史，它比较系统地梳理了1949年前30年的图书馆学发展史。

近年来活跃于图书馆学史研究领域的吴稌年试图突破以图书馆人物研究与图书馆学著作为中心的图书馆学史研究路径，他的《图书馆活动高潮与学术转型》（兵器工业出版社，2005）展示了他多年来在这一领域的学术积淀，他从学术转型来理解近现代图书馆学的变化，揭示了不同于传统图书馆学人物传记和著作研究的学术思路。该书实际上是图书馆事业史与学术史的结合，其第六章"新图书馆运动中的主要学术成果"可以纳入图书馆学史的范畴，其中对刘国钧"要素说"的考证尤为精当。

关于 20 世纪图书馆学人物研究的专题论文（包括学位论文）比较多，几乎所有民国以来的重要图书馆家都有人撰写专题文章进行研究，笔者粗略估计仅图书馆学史方面的硕士论文就有近 50 篇，而且在时间分布上，越是近年，此类选题越多。用"渐入佳境"来形容中国图书馆学史研究现状，绝非妄言。

4. "学科制度史"的研究路径

学科发展史，是学术思想史和学科制度史的双重动态史。阎明认为："在近代学术史上，一门学科的发展往往体现在两个方面，或者说，靠两种力量的推动。一是学者个人发表相关的研究成果，二是在高等学校中设立相关科系培养学生，成立专业学会，出版专业期刊等，即所谓的学科体制的建设工作。"（阎明，2010）对于中国图书馆学史而言，思想史研究和制度史研究（也有学者用内史与外史来划分）同样重要。到目前为止，中国图书馆学史的主要成就还集中在学术思想史，也就是人物与著作研究，对制度史的研究相对比较薄弱。

学科概念虽然来自西方，但是在中国历史上也可以找到类似的概念。中国古代的知识分类经过数千年演变，最后四部分类成为通则，但是实质上四部分类并非知识分类，而是图书分类。因为"论及古代学术流派的载籍不多，一些学者或因长期从记载书籍源流的文献梳理学术流派，无意中形成了书籍与学术流派等同的习惯见解"（罗志田，2003）。而"科"的概念在中国古代并非仅仅是知识分类的单位，它来自科举考试制度。唐代科举分制科与常科，常科则分为进士科、明经科、明法科、明书、明算和秀才等科。宋代科举制得到强化，进士科的地位进一步提升。清代的科举制最为完善，分文科、武科、制科、翻译科，其中文科最为重要。可见，"科"是中国古代既是知识的类别，也是专业的分类，它和西方的学科概念类似。因此当晚清西学东渐时，人们自然用本土的"科"概念来附会西方的学科概念。西书翻译使近代中国学术界对各门西学，如天学、算学、热学、光学、电学、化学、地学、医学、植物学、动物学等西方主要学术科目有了一定程度的了解。而西方近代学术分科的观念、方法和原则，便在西书翻译的过程中逐渐被中国学界所了解、接受。中国学人开始依据最初所认识的"分科立学"、"分科治学"的观念，提出了改造传统学科体系、容纳西方学术科目的近代学术分科方案。1891 年陈虬在《治平通议》中提出了变革传统教育"科目"的问题，并意识到"科目"之变是"纲中之纲"。他说："夫科目者，人材之所出，治体之所系也。今所习非所用，宜一切罢去，改设五科。"（陈景磐，1997）他提出的五科为艺学科、西学科、国学科、史学科、古学科，其中西学科包括当时传入中国的各门西学，即光学、电学、汽学、矿学、化学、方言学（外国语言学）六门；而艺学科、国学科、史学科、古学科四科，基本上是中国传统学科中的"实用之学"。陈虬的"改科目之法"，择中学中的实用之学，取西学中的应用学科，初步形成了一个杂糅中西学术的综合性学科分类方案。

晚清西学更多仍是通过日本影响中国的，康有为说："泰西诸学之书，其精者日人已略译之矣。吾因其成功而用之，是吾以泰西为牛，日本为农夫，而吾坐而食之。"（姜义华，1992）据日本式西学分类来规范中国学术的尝试在 20 世纪初相当流行。1903 年张之洞主持制定"癸卯学制"，在《奏定学堂章程》中仿照日本模式主张办理分科大学（王国维，1927），共分经、文、政法、医、格致、农、工、商八科四十三门，而且具体规定了各分科大学所包括的学科科目；不仅规定了各学科所要开设的课程，而且具体规定了各门课程讲授的内容和方法（东方杂志，1904）。

但是对于《奏定学堂章程》，王国维有不同意见，他（王国维，1997）认为"京师大学之本科，尚无设立之日，即令设立，而据南皮张尚书之计划，仅足以养成咕哗之俗儒耳。"他于 1906 年在《奏定经学科大学文学科大学章程书后》中指出《奏定大学堂章程》"八科分学"体系的"根本之误""在缺哲学一科而已"。王国维认为："夫欧洲各国大学无不以神、哲、医、法四学为分科之基本。日本大学虽易哲学科以文科之名，然其文科之九科中，则哲学衰然居首，而余八科无不以哲学概念、哲学史为其基本学科者。"他认为如果以功用论哲学，则哲学之价值失。哲学的价值就在其超出实用的范围，"人于生活之欲外，有知识焉，有感情焉。感情之最高之满足，必求之文学、美术；知识之最高满足，必求诸哲学。"另外，"异日发明光大我国之学术者，必有兼通世界学术之人，而不在一孔之陋儒，固可决也。"如果没有哲学基础，那么经学、文学都学不好（王国维，1997）。他（王国维，1997）提出"合经学科大学于文学科大学中，而定文学科大学之各科为五：一、经学科，二、理学科，三、史学科，四、中国文学科，五、外国文学科。"哲学概论、中国哲学史、西洋哲学史等科目成为五科中每科都要讲授的基本科目。这样，虽无"哲学科"之名，却有"哲学科"之实。王国维的这个方案，到民国成立后的新的大学学科体系中得到了体现。

1912~1913 年，民国政府教育部相继公布《大学令》、《大学规程》，对大学所设置的学科及其门类作了原则性规定。它规定："大学以教授高深学术、养成硕学闳材、应国家需要为宗旨。"大学取消了"经学科"，分设文科、理科、法科、商科、医科、农科、工科等 7 科，其中文科分为哲学、文学、历史学、地理学等 4 门，理科分为数学、星学（天文学）、理论物理学、实验物理学、化学、动物学、植物学、地质学、矿物学等 9 门，法科分为法律学、政治学、经济学等 3 门，商科分为银行学、保险学、外国贸易学、领事学、税关仓库学、交通学等 6 门，医科分为医学、药学等 2 门，农科分为农学、农艺化学、林学、兽医学等 4 门，工科分为土木工学、机械工学、船用机关学、造船学、造兵学、电气工学、建筑工学、应用化学、火药学、采矿学、冶金学等 11 门（潘懋元和刘海峰，1993）。至此，新的学科分类系统基本确立。

因此，学科从来就不是一个单纯的知识分类系统，它更是一种知识生产、人才培养、资源分配的制度系统。看成是制度的学科分为两个部分，即价值层面和制度结构。所谓学科制度的价值层面包括规范学科科学研究与知识传播的行为准则体系；而学科制度结构，则是支撑学科发展和完善的基础结构，它包括大学内的院系建制、专门的学术共同体（学会）、学术交流网络（学术期刊）等。

学科价值与规范体系是学科制度中的软体，它包括抽象与具体的两个部分。第一，抽象部分类似库恩的"范式"概念之所指。库恩认为范式主要由下列四个方面的要素所构成：①范式是一定时期内科学共同体"看问题的方式"，包括共有的世界观、方法论、信仰和价值标准。②范式是科学共同体一直接受的专业学科的基本理论和取得的重大科学成就，包括可以进行逻辑和数学演算的符号概括系统。不同学科各有自己的范式，同一学科在发展的不同历史阶段，也会有不同的范式。③科学共同体拥有的仪器和使用方法。不同范式拥有不同的仪器设备。科学仪器设备是科学研究的重要工具，由于产生了某种具有革新意义的科学仪器，从而引起科学理论的伟大变革，这在科学史上是屡见不鲜的。所以，科学仪器对范式理论的形成、发展和变革具有重大作用，在一定意义上讲，它是科学发展状况的物质测量器和指示器。④任何科学范式都有自己的范例。范例就是根据公认的科学成就作出的典型的具体题解。库恩十分强调范例的独特作用，认为"科学共同体"的成员必须通过范例的学习，才能掌握范式，学会解决同类问题的方法。第二，具体部分则是具有操作性的写作和出版规范，譬如，美国的 APA 格式（美国心理学会出版手册）、MLA 格式（美国现代语言协会格式）、芝加哥手册格式就是世界通行的三大学术写作和出版规范体系。

院系建制、学术共同体、学会、学术期刊、学术会议、学位制度、学术基金、同行评议、学术评价系统等，则是学科制度中的"硬体"部分。院系建制是学科制度之核心，一个现代学科能不能在大学中占据一席之地，是衡量一个学科确立与否的重要标志。

20 世纪中国图书馆学的发展是学术思想史和学科制度史的双重动态史。除王子舟（2011）等曾对当代中国图书馆学的学科建制予以阐述外，传统的图书馆学史研究侧重前者，而对后者认识不足。虽然也有许多图书馆学史论文和专著涉及学科制度的某些方面，譬如，中国台湾汉学研究中心的宋建成系统研究了中华图书馆协会的成立背景、过程与贡献（《中华图书馆协会》，台湾育英社文化事业有限公司，1980）；台湾"政治大学"的蔡明月研究了 1924 ~ 1949 年美国图书馆协会对现代中国图书馆专业化的影响（《美国图书馆协会（ALA）对现代中国图书馆专业化的影响》，Asian Libraries，Vol. 8，Iss. 8，1999）；台湾学者涂光霈（Kuang-Pei Tu，1996）的博士论文《西方知识和价值的转换与传播：20 世纪早期中国图书馆服务的形成》，从西方图书馆价值观和知识体系在华传播的视角，考察了 1898 ~ 1947 年中国图书馆职业的形成过程。以上研究之路径与本书类似，关注的是学科制度。笔者自 2000 年发表《中国现代图书馆学的确立》[图书情报工作，2000（1）]以来，长期关注中国图书馆学的建制问题，本书就是关于这一问题思考的结果。它以 20 世纪图书馆学的学科制度演变为研究对象，系统考察了学科制度的软体与硬体之萌芽、嬗变与发展。全书分上、下两篇，上篇"学科制度之发育与成长"主要考察硬体部分，包括第 1 章现代图书馆学教育体系之变迁、第 2 章图书馆学期刊的计量史学扫描、第 3 章中国图书馆组织的历史考察、第 4 章中外图书馆学之交流（1911 ~ 2010）；下篇"学科范式之萌芽与嬗变"主要考察软体部分，包括第 5 章从边缘到中心：信息管理研究的学科范型嬗变、第 6 章图书馆学视野中的文献学范式、第 7 章早期图书馆学研究中的教育范式研究、第 8 章以图书馆为中心的学科范式（1920 ~ 1995）、第 9 章 LIS 学科范式的"信息学转向"（1995 年以来）。全书共 9 章，系统考察了 20 世纪中国图书馆学学科制度的概念、内容、变迁、动力与机制。

南京大学信息管理学院

李　刚

2013 年 3 月 9 日

目 录

上篇
学科制度之发育与成长

第 1 章　现代图书馆学教育体系之变迁

自 20 世纪初期现代图书馆学在中国传播开始，我国图书馆事业发展已经历了近百年的历史。在这近百年的时间里，图书馆事业取得了长足的进步，最能体现这一点的就是图书馆学教育体系和学位制度逐渐建立并日臻完善。

1.1　图书馆学教育体系是图书馆专业化之标志

随着图书馆事业的发展，从五四运动到 20 世纪 20 年代末，全国大范围地建立起了各种类型的图书馆，为了满足图书馆规模的扩大及提高图书馆管理水平，积极开展图书馆对外服务的需要，图书馆学教育也逐渐成为中国教育事业的重要组成部分。换言之，图书馆教育是针对图书馆管理而培养图书馆人才，向社会提供图书馆服务的一种专门的事业。正如早期图书馆学者叶章和（1933）所言，"图书馆是一种专门的事业，图书馆学是一项专门的学科，所以图书馆的经营非专家不可"。沈祖荣（1935）更是直接指出"图书馆是研究学术，沟通文化，辅佐教育的机关。讲求图书馆专业教育，如果以学术、文化、教育的观点考究它，与其说它是一种简单的职业教育，毋宁说它是一种学术专科教育还得当些。图书馆专业训练，固宁也注意技术的教学；但因为他本身成为这项专门学术事业，乃是和一切学术文化事业，和教育事功，不可须臾离，是息息相关，脉脉相承的，直接可以说，乃是学术文化事业和教育之重要的一部分。所以这项图书馆专业教育，也同时是注意学问、思想等等的。"

有学者指出，中国图书馆学教育是研究中国图书馆学教育事业、人才培养、课程设置、教学管理及其发展规律的科学；其研究对象是图书馆学教育事业。图书馆学教育开展至今，无论是从微观还是宏观层面都已经发展为多个教学层次、多种教学内容、多种教育类型的特色教育事业（郑章飞等，2000）。在教育的内容上，图书馆学研究内容的变化也直接影响着图书馆学教育内容及其侧重点的改变。改革开放前，主要包括图书馆学基础理论研究、图书馆管理研究等，非常注重实用性，在改革开放以后，随着信息化技术的发展，图书馆学教育的内容不再局限于社会科学领域范畴，开始涉及自然科学领域，具体的教学内容包括理论基础（如马克思主义哲学）和基础理论内容、图书馆学应用技术（计算机技术、通信网络技术、数字化技术、管理自动化技术、多媒体技术等）、相关学科内容（目录学、情报学、数学、心理学、统计学、文献学、金融学、教育学、社会学、管理学等）及各种研究方法等内容，图书馆学教育内容的丰富多样能够培养出知识范围宽广的图书馆学人才，使图书馆学教育质量有了保障。

1.2 图书馆学教育发展历程

我国正规的图书馆学教育自 1920 年成立的私立武昌文华图书馆专科学校开始至今，大致分为五个阶段：1949 年新中国成立之前（1900～1949）为萌芽与兴起时期；1949 年至"文化大革命"前（1949～1966）为发展时期；"文化大革命"的十年（1966～1976）为停顿期；1976～1994 年（1976～1994）为恢复发展期；1995 年至今为互联网时代的图书馆学时期（王松林，2010）。每个时期的发展具有不同的特点，根据这些特点又可以把每一个时期划分为不同的阶段。

1.2.1 1949 年之前的图书馆学教育

这一时期图书馆学教育可以划分为两个阶段。1900～1920 年，为我国近代图书馆事业的萌芽时期，也是图书馆学教育的酝酿时期，1920～1949 年是图书馆学教育的确立与初步发展期。

1. 图书馆学教育萌芽阶段的背景（1895～1920）

我国现代图书馆事业兴起于 19 世纪末 20 世纪初，这一时期主要由于：第一，清末"戊戌政变"后，中国的知识分子开始逐渐觉醒，把眼光投向国外，积极呼吁学习西方先进的思想、制度和技术来富民强国，伴随"西学东渐"的过程，社会上知识分子查阅图书的需求日益强烈，清政府开始计划建设近代意义上的图书馆。1902 年 11 月 26 日，清廷议定"学堂章程"称："大学堂当附属图书馆 1 所，广罗中外古今各种图书，以资考证"，并设掌书官，掌管一切图书仪器等事项，因此，就在同一年京师大学堂藏书楼成立。随后，我国出现了第一批近代意义上的图书馆（邹华亭和施金炎，1988）。1910 年，清学部上奏《京师及各省图书馆通行章程》，该"章程"共 20 条，对图书馆的宗旨、布局、馆舍、机构、人员、藏书、借阅办法及经费等事宜作出了相应的规定。这个"章程"是中国近代最早颁布的一份关于图书馆的法规。第二，外国传教士和外国人士在这期间设立了一些图书馆和藏书楼，这种行为直接带来了西方图书馆学的管理模式与思想，同时也刺激了中国近代图书馆学的模仿与学习。著名的有上海徐家汇天主堂藏书楼（后来改为上海图书馆）、上海工部局图书馆、亚洲文会北中国支会图书馆、格致书院、文华公书林等（王酉梅，1991）。

现代图书馆的产生促进了我国传统图书馆事业的改变，也奠定了现代图书馆事业的基础。随着图书馆事业的发展，图书馆现代管理及研究需要专门的人员，这种需要使早期的有识之士开始酝酿建立专门的图书馆教育。1911 年南京金陵大学图书馆成立，1913 年金陵大学图书馆馆长克乃文首先在我国开设了图书馆附设的图书馆学课程（叶继元和徐雁，2002）。1919 年 12 月 13 日，李大钊在北京高等师范学校图书馆两周年纪念会上演讲时指出："贵校是研究教育的，所以我希望贵校添设图书馆或简易的传习所，使管理图书的都有图书馆教育的知识"，他认为图书馆专业教育必须发展和普及，图书馆学教育"是关系中国图书馆前途的事情，也是关系到中国教育前途的事情"（王西梅，1991）。在这种背景下，图书馆教育的开办呼之欲出。

2. 图书馆教育兴起的原因（1920～1949）

图书馆学正规教育是以 1920 年韦棣华女士在武昌创办的私立武昌文华图书馆学专科学校为标志的。一石激起千层浪，在此后的近 20 年时间里，图书馆学教育飞速发展，从 20 世纪 20 年代末到抗日战争爆发前夕，图书馆事业进入发展的"黄金时期"，图书馆学教育也形成了大学、中学、函授、短期培训班等多种类型、多层次的教育，但主要以正规教育和短期培训为主要形式。而这种现象的产生，原因也是多方面的。

首先，从当时整个社会大环境来看，民国时期政府较清政府更注重民众教育事业，这给图书馆事业和教育的发展提供了坚定的支持。1927 年，民国政府成立负责全国教育行政及学术研究的中华民国大学院，为当时教育及学术的最高行政机关，院下设有教育行政处，包括六个部门，其中有图书馆组，负责有关图书馆的工作；同年，大学院还颁布了《图书馆条例》十五条，《新出图书呈缴条例》四条；在 1928 年的全国教育会议上，大学院讨论了有关图书馆事业及教育的议案八条，并附各个议案的实施办法，有关图书馆专科的设置及购书经费等问题都得到了充分的关注（范并思等，2004）。

其次，1919～1927 年政治环境相对宽松，为图书馆学教育的兴起提供了良好的政治环境。

再次，图书馆学研究的发展和图书馆协会在多数城市的建立，为图书馆学教育的兴起提供了良好的宣传作用。其中，最有影响力的是中华图书馆协会，1920 年 10 月全国教育界成立了中华教育改进社，其宗旨是调查教育实况，研究教育学。教育界人士认为图书馆对教育有着举足轻重的影响与作用，特设"图书馆教育组"，以便图书馆界人士的交流。中华教育改进社每年举行一次年会，1920～1925 年，中华教育改进社共召开四次年会，在每次年会上，"图书馆教育组"都会提出有关图书馆事业和教育的议案。有学者调查统计，1922 年 7 月的第一次年会上"图书馆学教育组"共提出 13 项议案，只有少数未通过大会讨论；1923 年 8 月提议案共有 14 件，通过 5 案，保留 7 案，移交 1 案；1924 年的第三届年会上，"图书馆教育组"提出 9 项议案，通过 5 案，保留 1 案；1925 年的第四届年会上提出 4 项议案，通过两项。从这四年"图书馆学教育组"提出的议案上来看，主要包括筹划图书馆协会的成立、举办图书馆教育、推广现代图书馆的理论和方法、谋求图书馆经费的独立等问题（李刚和叶继元，2011）。特别是在 1922 年 7 月中华教育改进社召开的第一届年会上，决定成立图书馆教育研究委员会，其宗旨是研究图书馆教育问题，全国图书馆从此有了一个联络组织与最初的图书馆学研究组织，其下设四个组：图书馆行政与管理、征集中国图书、分类编目研究、图书审查；1923 年中华教育改进社第二次年会中通过"组织各地图书馆协会"案，1925 年 4 月 25 日在上海召开中华图书馆协会成立大会，6 月 2 日在北京举行成立仪式，中华图书馆协会的宗旨是"研究图书馆学术，发展图书馆事业，并谋图书馆之协助"（谢灼华等，1987）。中华图书馆协会的成立使图书馆事业有了明确的目标与组织，这在很大程度上推动了图书馆事业与图书馆教育的发展。与此同时，各地方图书馆协会也相继成立，它们的主要活动有：图书馆学术活动，包括对图书馆事业的改进与推进；图书馆学术研究；图书馆专业人才的培养；图书馆专业书刊的编辑与出版；国际学术交流等方面（王西梅，1991）。更可喜的是图书馆学研究也方兴未艾，1917年6月16日《交通日报》载江中考著《图书馆学序论》，"图书馆学"一词在中国文献中首见于此（邹华亭和施金炎，1988）。这一时期图书馆学研究的主要著作频出（表1-1），其中一些论著成为中国图书馆界的经典之作，部分著作已成为这一时期图书馆学训练班教师编写讲义的主要参考资料，部分著作已成为图书馆学专业教育的教材；而这些著作的作者也成为图书馆学专业教育和研究的领军人物，现代图书馆学教育在他们的宣传和领导下逐渐"中国化"。

表 1-1　20 世纪 20 年代初至抗战前夕主要图书馆学研究著作

序号	书目	著（译）者	出版年份	出版单位	备注
1	图书馆学序论	江中考	1917	交通日报	
2	仿杜威书目十类法	沈祖荣、胡庆生	1917	武昌文华公书林	此书共十大类，后附检索目录
3	图书馆小识	北京通俗教育研究会译	1917	北京通俗教育研究会	此书由日本图书馆协会撰写
4	图书馆管理法	朱元善	1917	上海商务印书馆	
5	图书馆指南	顾实、丁福保	1918	上海医学书局	
6	世界图书分类法	杜定友	1922	上海图书馆协会	1925 年改为《图书分类法》，1935 年改名《杜氏图书分类法》
7	图书馆概况	蔡莹	1922	上海中华书局	
8	图书馆学	杨昭悊	1923	上海商务印书馆	
9	现代图书馆编目法	（美）毕孝申泼著，全敏甫译	1924	上海商务印书馆	
10	儿童图书馆之研究	陈逸	1924	商务印书馆	
11	杜威书目十类法	桂质柏	1925	济南齐鲁大学图书馆	
12	图书馆学通论、著者号码编制法、汉字排检法	杜定友	1925	上海商务印书馆、上海图书馆协会	
13	图书目录学	杜定友	1926	商务印书馆	
14	图书馆组织与管理	洪有丰	1926	上海商务印书馆	
15	革命文库分类法	杜定友、蒋经三	1927	中山大学图书馆研究会	
16	图书馆学概论	杜定友	1927	上海商务印书馆	
17	中外图书统一分类法	王云五	1928	上海商务印书馆	
18	学校图书馆学	杜定友	1928	上海商务印书馆	
19	中国史部目录学	郑鹤声	1928	上海商务印书馆	
20	现代图书馆经营论	马宗荣	1928	上海中华学艺社	

续表

序号	书目	著（译）者	出版年份	出版单位	备注
21	中国图书分类法	刘国钧	1929	南京金陵大学图书馆	1935 年南京金陵大学增订，1936 年 3 月再版
22	中文编目条例	刘国钧	1929	中华图书馆协会	
23	著者号码编制法	陈子彝			
24	图书馆之训练	（美）佛里特著、杨昭悊、李燕亭译	1929	上海商务印书馆	
25	中国图书馆编目法	裘开明	1930		
26	中国图书馆界名人录	宋景祁	1930		
27	索引与索引法	钱亚新	1930	上海商务印书馆	
28	汉字形位排检法、图书管理学、图书馆学	杜定友	1932	中华书局	
29	图书年鉴	杨家骆	1933		
30	杜氏著者号码表	杜定友	1933	上海中国图书馆服务社	
31	图书编目法	何多源	1933	广州大学图书馆	
32	目录学	姚名达	1934	上海商务印书馆	
33	图书馆学要旨	刘国钧	1934	上海中华书局	
34	杜氏图书分类法	杜定友	1934		
35	中国十进分类法	皮高品	1934		
36	普通图书馆编目法	黄星辉	1934		
37	普通图书馆图书选目	杜定友	1935		
38	中华图书馆协会 10 周年纪念论文集	中华图书馆协会	1935		
39	全国图书馆调查录	许晚成	1935		
40	全国图书馆一览	浙江省立图书馆	1935		
41	比较图书馆学	程伯群、杜定友	1935	上海世界书局	
42	民众图书馆学	徐旭	1935	上海世界书局	
43	中文图书编目规则	桂质柏	1936	南京中央大学图书馆	
44	标题总录	沈祖荣	1937	武昌文华图书馆专科学校	

资料来源：邹华亭，施金炎 . 1988. 中国近现代图书馆事业大事记 . 长沙：湖南人民出版社

最后，图书馆学留学出国人员增多及国际交流频繁的影响，促进了专门从事图书馆学教育与研究的人员增多，图书馆学教育师资力量增强，西方图书馆学课程大量引进的同时也逐渐实现本土化。在中华教育改进社第二次和第三次年会上先后有学者（分组会议记录，1923）提出"教育部及各省教育司每年都应设有图书馆学留学名额，留学出国人员回国后任教师，发展中国图书馆事业，培养中国图书馆人才"。自 1914 年起，相继有沈祖

荣、胡庆生、杜定友、李小缘、刘国钧、洪有丰、汪长炳、杨昭悊、桂质柏等出国攻读图书馆学专业，学成后相继回国投身我国的图书馆学教育事业。在国际交流中，教育部和中华图书馆协会积极响应并参与，比如，在1923年李大年受教育部之命赴美考察图书馆事业；而中华图书馆协会积极派代表参加国际活动与交流，并成为国际图书馆协会联合会（IFLA）的发起单位之一；1925年协会委托刘国钧出席美国图书馆协会的年会；1926年派裘开明、桂质柏、韦棣华等参加纪念美国图书馆协会成立30周年纪念会，并参加费城世界博览会图书馆展览；1927年韦棣华出席了英国图书馆协会成立50周年的纪念大会；1929年沈祖荣受命参加在罗马和威尼斯召开的第一次国际图书馆及目录学会议；1936年汪长炳参加了在马德里举行的第三次国际图书馆及国际会议，同样协会还派裘开明、胡天石先后参加了此类国际会议；同时为了方便交流，协会发起了与国外图书馆协会交流出版物的活动，交换对象涉及较广，包括欧美及亚洲的日本等图书馆事业发达国家（谢灼华等，1987）。另外，外国除传教士在中国办图书馆、传播图书馆知识之外，也开始有外国图书馆高级管理员访华，如1926年7月法国图书馆专家莱艾妮女士受命考察中国的图书馆事业；1929年10月美国爱欧瓦华图书馆馆长的来访。

3. 图书馆学教育发展概况（1920~1949）

这一阶段的图书馆学教育主要以学校开设的正规教育和图书馆机构开设的暑期短期培训班为主。在1922年中华教育改进社的第一次年会上戴超先生（1922）提出"中国师范学校及高等师范学校应增设图书馆管理科，各学校应有图书馆讲演"，同时提出了建设图书馆管理科的方案，要求从教材建设、教学结构、师资队伍、课程设置等问题上都要有严格的规定与标准；洪有丰先生提出"中学及师范应添设教导用图书方法课程案"，与会人员也认为中等以上学校应设有相当的师资力量，把图书馆列为"正科"进行长期教授图书馆知识，如果不能实现长期授学，就"另寻专家进行课外演讲"。也就是说，在第一届年会上图书馆教育组的提案实质上提出了图书馆学教育的两种教育形式，一是在师范学校开设图书馆专业的系统教育；二是在中学、师范学校以及其他学校开始图书馆学课程进行普及教育（李刚和叶继元，2011）。

以1913年金陵大学图书馆开设图书馆学课程为萌芽，图书馆学正规教育终于在20世纪20年代后出现并相继成立了几所正规的图书馆教育学校；同时，各种短期的训练班或讲习所相继开办，并成为培养图书馆人才进行图书馆学教育的主要形式之一。

1) 图书馆学正规教育

图书馆界一致认为图书馆学正规教育始于20世纪20年代，以韦棣华开办文华图专为标志。新中国成立前，我国正规的图书馆学教育机构主要有：武昌私立文华图书馆专科学校、上海国民大学图书馆学系、四川成都图书馆学校、金陵大学图书馆学系、江苏省立教育学院民众教育系、国立社会教育学院图书馆博物馆学系、北京大学图书馆学专修科、上海商业通讯社通信学校、广州市职业学校图书管理科、安徽省立职业学校图书馆专修班、上海创新中学女子部图书馆科等。具体信息详见表1-2。

表 1-2 新中国成立前图书馆正规教育机构的主要信息概览

序号	学校	创办年份	创建者或主要成员
1	武昌私立文华图书馆专科学校	1920	韦棣华、沈祖荣、胡庆生
2	上海国民大学图书馆学系	1925	杜定友
3	四川成都图书馆学校	1926	穆德枢
4	金陵大学图书馆学系	1927	李小缘、刘国钧、洪有丰、万国鼎
5	江苏省立教育学院民众教育系	1930	
6	国立社会教育学院图书博物馆学系	1941	汪长炳
7	北京大学图书馆学专修科	1949	王重民
8	上海商业通讯社通信学校	1937	徐亮
9	广州市职业学校图书管理科	1929	
10	安徽省立职业学校图书馆专修班	1930	安徽省图书馆
11	上海创新中学女子部图书馆科	1932	

资料来源：马费成等.2000.世代相传的智慧与服务精神.武汉：武汉大学出版社；邹华亭，施金炎.1988.中国近现代图书馆事业大事记.长沙：湖南人民出版社

A. 武昌私立文华图书馆专科学校

1920 年 3 月武昌文华大学图书科由美国人韦棣华及留美回国的图书馆学者沈祖荣、胡庆生等创办。图书馆学教学制度仿美国图书馆学校制度，在 1931 年之前，学制是两年，主要招收大学肄业两年以上的学生，授两年以上的专业课程。1925 年与华中大学合作，更名为华中大学文华图书科，1930 年又独立办校。从 1932 年开始，根据民国政府教育部规定专科学校为 5 年，于是改招肄业两年的高中毕业生，1934 年与中华图书馆协会合办招考免费生，1938 年秋学校迁至重庆，1947 年学校迁回武昌，沈祖荣为校长（来新夏等，2000）。1920 ~ 1942 年，文华图书馆专科学校（简称文华图专）专门招收 17 届图书馆学本科生，共培养学生 128 人；1941 ~ 1949 年共招收 10 届图书馆学专科生，共培养学生 112 名（武汉大学信息管理学院九十年院庆专题网，2012）。文华图专注重理论与实践的紧密结合，入学的学生在修完两年的专业课之后，会被安排到图书馆接受实地的训练，这样培养出来的学生既具有良好的专业知识，又具有熟悉的专业技能，能很快适应图书管理工作。这种办学模式成为当时的标准，每所图书馆教育学校在教学实习上都培养学生的专业和技术能力。这为初期的图书馆行业培养了不少出色的管理人员。

文华图专的课程设置注重中西图书馆学的结合，非常强调对学生外语能力的培养。这主要与其校长沈祖荣先生的教学思想密切相关。沈祖荣（1935）先生认为，我国图书馆事业，自有其特征，故不能像欧美那样设置，我们在设置课程时不仅要参考欧美国家的课程体系，同时又要考虑我国图书馆管理的传统与实际需要。另外，还要开设外国语课程，方便学习和翻译国外先进学术思想与理论。因此，其开设的课程有：中国目录学、中文参考书举要、西文参考书举要、中文书籍选读、西文书籍选读、中文书籍编目学、西文书籍编目学、中文书籍分类法、西文书籍分类法、中国图书馆史略、西洋图书馆史略、图书馆行政学、图书馆经济学、图书馆建筑学、各种图书馆之研究、西方打字法等（马费成等，2001）。

在教学师资力量上，文华图专注重教师的质量与学历学术背景。文华图专的教师主要来源有：第一，国外留学归来人员，如沈祖荣、胡庆生等；第二，外国图书馆教员，如韦棣华等；第三，访问教员，在1929年文华图专的"私立武昌文华图书馆学专科学校群高讨论"成立，这个论坛经常请图书馆界或其他相关学科的著名学者如袁同礼、闻一多等来讲演讨论学术；第四，本校毕业留校的人员（徐鸿，2000）。教师来源的多元化保证了教学内容的综合性，保证能够培养出综合性的专门人才；而教师基本上都拥有高等教育的学历，也从侧面反映出我国在图书馆教育初期已经把图书馆学当做一门真正的科学进行教学和研究，而不是简单的职业技能的培训。

这一阶段文华图专学生毕业状况良好，呈现供不应求的现象。1920年招收的毕业生，毕业后主要分布在厦门大学图书馆、上海商务书局图书馆、北京政治学会图书馆、北京协和医院图书馆、燕京大学图书馆、清华学校图书馆（沈祖荣，1922）。该校这一阶段的毕业生总计160人，其中，1922～1926年毕业32人，1927～1937年毕业64人，1938～1941年毕业30人，1942～1945年毕业34人。学生毕业后立即被用人单位招走，甚至出现了学生没毕业就提前预订的情况。以1922～1933年文华图专毕业生为例，这十多年之内，文华图专共有毕业生85人（图1-1），毕业后工作地点分布在图书馆事业比较发达的城市：北平、武昌、上海、青岛、南京、天津、沈阳、杭州、济南、苏州、安庆、南昌、厦门、广州等城市（图1-2），而且毕业生的就业面也不限于图书馆界，在新闻界、政界、金融界、教育界、出国留学等都有分布，总体上以在大学图书馆、国立图书馆、省立图书馆、机关图书馆等图书馆界为主（图1-3）。所以，这一时期的图书馆学毕业生基本算得上真正的精英人才，毕业生就业比较对口，并且大多在图书馆事业发达的大中城市同时，就业范围也宽。就业良好，也是图书馆学教育在这一时期迅速成长的重要原因和动力。

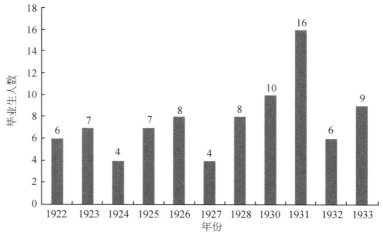

图1-1　1922～1933年文华图专每年毕业生人数统计表

注：此图转引自吕绍虞. 毕业同学统计［J］. 文华图书馆专科学校季刊，1932，4(01)：104～105. 由于此图主要说明，自1922年始到1931年文华图专共毕业九届学生，共计70人（其中包括1931年上讲习班的人数16人）；同时把1932年和1933年在校的学生统计进去，得出1922～1933年文华图专共有毕业生85人。因统计表中未标明

1929年的人数，故此处也未能标清

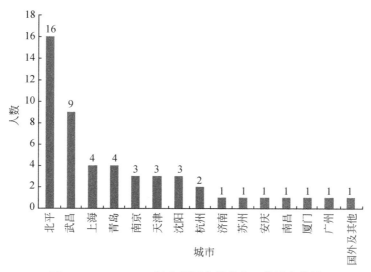

图 1-2　1922～1931 年文华图专毕业生工作地点统计

注：此图统计的是有明确工作地点的、有记录的同学共51人，没有明确记录去向的同学不在统计范围内。此图转
引自吕绍虞. 毕业同学统计 [J]. 文华图书馆专科学校季刊，1932，4（01）：104～105

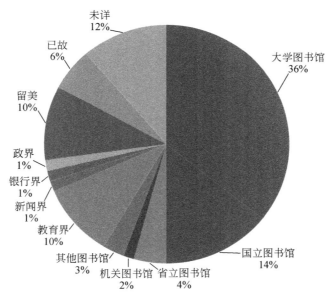

图 1-3　1922～1931 年文华图专毕业生就业单位分布图

注：此图主要统计文华图专前九届毕业生（70人）所从事的职业或就业单位的比例。此图转引自吕绍虞. 毕业同
学统计 [J]. 文华图书馆专科学校季刊，1932，4（01）：104～106

B. 上海国民大学图书馆学系

上海国民大学图书馆学系成立于 1925 年 8 月，由杜定友先生任系主任。在课程设置方面，该系分为两大类课程：必修科目，补系科目及随意科目，其中必修科目主要包括：图书馆学概论、图书馆及原理、图书馆行政、图书馆实习、图书馆分类法、图书馆编目法、图书参考法、研究法、目录学、古书校读法、国学概论、国学书目等，在上课时间上

每门课每周为 2～3 小时；在学位制度上，该系规定"凡习完必修课程并满 160 学分者予以学士学位；凡修图书馆学必修课者，给予该系修业证书"；在师资上，主要有教授杜定友、胡朴安二人，助教有孙心磐、陈伯达二人，临时讲师多人，包括沈祖荣、刘国钧、李小缘、洪有丰等；在研究方法上该系主要包括：教授、讨论、编辑、实习、参观及与该校图书馆联络（金敏甫，1936）。另外，上海时报曾请该系《时报索引》主编，开我国报纸索引新纪元（邹华亭和施金炎，1988）。需要指出的是该系为便利图书馆学研究，曾设特别生，在周末上课（金敏甫，1929）。1926 年因故停办，培养出的学生有 14 人。

C. 金陵大学图书馆学系

1927 年，金陵大学文学院设图书馆学系，由李小缘任系主任，教授有刘国钧、李小缘、万国鼎，助教由蒋一前担任。1931 年，又增聘曹祖彬和陈长伟为讲师。金陵大学图书馆学系属于文理科，注重教材的选用与建设。在课程设置上，主要有图书馆学大纲、参考书使用法、中国重要书籍研究、目录学、分类法、编目法、杂志报纸政府公文、特种图书馆、民众图书馆、索引与序列、书史学、印刷术、图书馆问题之研究、图书选择之原理、图书馆史等 15 门课程，在这些课程中基础课为 3 个学分，其余为两个学分，而且全校的学生都可以选修这些课程（叶继元和徐雁，2002）。在 1940 年因抗日战争之故，迁至成都开办，学制为 2 年，招收高中毕业生或大学肄业生，办两期后再次停办，共毕业学生 16 人（严文郁，1983）。

D. 江苏省立教育学院民众教育系

在江苏省立教育学院民众教育系开设图书馆教育之前，江苏省立教育学院和省立劳动农学院曾开设图书馆学选修课。据《中华图书馆协会会报》中《无锡之图书馆学教学》一文介绍在 1929 年下半年江苏省立民众院和江苏省立劳农学院鉴于创办民众图书馆是实施民众教育的必要事业，自本学期开始添设图书馆学一课，两院图书馆主任兼图书科实习指导员徐旭担任教授并自编讲义授课，课程内容注重讨论实际问题及专门工作的实习（顾烨青，2010a）。1930 年 6 月，江苏省立民众教育院与江苏省立劳农学院进行合并改组，重新命名为江苏省立教育学院，该学院设四年制的民众教育学系和农事教育学系，两年制民众教育专修科和农事教育专修科，学生毕业发教育学学士学位证书（顾烨青，2010a）。自1932 年起，民众教育学系修订学则，实施三年级分组教学，其内分六组，其中之一为图书馆组，主要招收高中毕业生；1932 年图书馆组的课程主要有：图书馆通论（2 个学分）、图书馆组织与原理（3 个学分）、民众图书馆实施法（3 个学分）、目录学（2 个学分）和图书馆实习（4 个学分）等课程。随着图书馆教育的开展，该院图书馆组的课程类别又不断增加，曾先后增加有图书馆行政（2 个学分）、图书馆史（2 个学分）、分类编目（3～4个学分）、参考书使用法（2～3 个学分）、图书流通法（2 个学分）、图书馆推广事业（2个学分）、检字法（2 个学分）、索引法（2 个学分）和打字（3 个学分）等课程（顾烨青，2010a）。从该院开设的课程可以看出，该院的图书馆课程既有理论课讲述又有实践课的实习，能够体现该院民众教育的特色，也相对适合当时社会对图书馆学教育培养人才的要求。该院图书馆学的任课老师既有兼职教员负责代授实习性质的课程，如徐旭、孔敏中、俞爽迷、陆修栋、沈学植及刘子亚等，同时又有外聘的图书馆学专家来讲习理论课程，如洪有丰、刘国钧等（顾烨青，2010a）。无论是兼职教员还是外聘教师他们的水平都比较高，而且一些老师实践经验比较丰富，这些因素保证了当时图书馆组的教育质量。在图书馆学毕业生方面，第一至第七届中，图书馆学学生 7 年不到 40 人，毕业后大多到基层民众教育馆、民众图书馆工作（顾烨青，2010a）。抗日战争期间，该学院迁往桂林办学，1940 年民众教育系改名为社会教育系，1941 年受困停办。1945 年该学院迁回无锡复校，设社会教育系，下分四个组，其中有图书馆教育组肄业四年（来新夏等，2000）。

E. 国立社会教育学院图书博物馆学系

国立社会教育学院图书博物馆学系是当时第一所集图书馆学博物馆学于一体的国立教学机构，成立于 1941 年。图书博物馆学系的成立主要缘于中华教育改进社在前两次的会议中有人提出建立图书馆学系开设图书馆学课程；在 1924 年 7 月中华教育改进社第 3 次年会上，裘开明先生（1924）提出"各省行政教育机关应设图书馆教育科案"，同时指出开设图书馆教育科的理由是"为了使图书馆事业改革及图书馆教育的发达，应该有正式的机关进行监督；以前通过的图书馆教育案，各省行政机关行动不力，而且各省没有设立图书馆教育科推行此事，而各地的图书馆协会力量有限，所以各省行政机关应设图书馆教育科，聘请专家充任之。"中华教育改进社（新教育，1924）在中华图书馆协会的年会上也经常关注图书馆人才培养问题，特别是在 1933 年的第二次年会的提案中呼吁行政院及当局拨款添设国立大学图书馆专科。1939 年教育部又对"筹设国立社会教育学院，培养社会教育高级人才并训练社会教育干部人员"进行了商议（范凡，2011a）。在这种情形下，1941 年 8 月国立社会教育学院开设图书博物馆系，该系的成立主旨是"造就图书馆博物馆高级专门人才"、"培植图博事业之专门人才"（顾烨青，2005）。首任系主任是汪长炳，主要招收高中毕业生，学制为 4 年，学生毕业时授予教育学士学位。在师资方面，主要有徐家麟、严文郁、皮高品、岳良木、杨家骆、顾颉刚、黄元福、鲁润玖、蓝乾章、熊毓文、钱亚新、顾家杰、李芳馥和周连宽等担任教授，这些教师的学历背景既有图书馆学科班出身，也有自学成才的图书馆学家和著名的史学大家，强大的师资阵容保证了抗战时期图书馆教育的质量，培养了新一代高素质的图书馆专门人才（顾烨青，2005）。在课程方面，该系所设的 20 门课程分为四种类型：一般性课程、技术性课程、学术性课程和辅导性课程（严文郁，1983）。其中有关图书馆学的一般性课程有图书馆通论、图书馆学通论、图书馆行政与设计、图书馆史、特种图书馆学等；技术性的课程包括图书编目法、分类法、资料整理法、图书经营法、图书选择与订购、图书馆推广等；学术性的课程有目录学、各科名著介绍、版本学、参考书及参考工作、阅览调查与报告等；辅导性课程有检字索引法、问题研究法、英、德、法、日等外国语教学（范凡，2011a）。在教学设备设施上，该系的设施在当时是比较齐全先进的，其所附设的资料室收藏丰富、数量可观，包括多种中西文期刊以供师生参考之用。另外，还收藏有美国图书馆赠送的有关图书馆学的讲义和图书；其所设的打字室内有打字机 8 架，供学生学习训练，系内还设有供学生实习的各类实验室（顾烨青，2005）。该系从 1945 年至 1947 年共毕业 62 人，毕业后大多终身从事图书馆事业，不少优秀毕业生后来还成为图书馆界的专家、学者或教授等社会知名人士，他们为中国的图书馆教育作出了突出贡献。抗日战争胜利后，该系从四川璧山迁往苏州拙政园上课（范凡，2011a）。后因故于 1950 年停办。

F. 北京大学图书馆学专修科

1947 年秋，国立北京大学图书馆学专修科成立，附于文学院内，科主任为王重民，专职教员一人，学制为 2 年，招生对象是北京大学文学院的毕业生或肄业生，并规定凡本校及他校大学毕业生，均可申请入学，经审查合格者，即予收录试读，校内各院系学生可以加修图书馆课程，其他学院的学生若选修够本专科课程满 32 学分，成绩总评为 70 分以上者，可颁发图书馆学毕业证（邹华亭和施金炎，1988）。该科第一届毕业生有 3 人，主要课程有：目录学概论、工具书使用法、阅读指导与图书馆实习、专题研究、西文编目、善本书目等；该科于 1949 年 7 月独立建制，对外公开招生。

这一阶段在图书馆学高等教育发展的同时，图书馆学初等教育也在一些学校开展起来。例如，广州市职业学校图书管理科、安徽省立职业学校图书馆专修班、上海创新中学女子部图书馆科、清心中学和创制中学开设图书馆课程等。在这一阶段后期是抗日战争阶段，图书馆学教育和其他教育事业处于飘零停滞期，这时候的图书馆教育除了原来的教育目标外又要与中央政府的教育政策相一致，即要在教化培育人民的过程中兼能增强抗战建国的力量（沈祖荣，1939）。

综上所述，可以看出这一阶段正规的图书馆学专业教育呈现如下特点：首先，从招收学生方面来看，图书馆学教育对学生的知识背景要求比较高。每所开办图书馆正规教育的学校都规定招收高中毕业或大学肄业的学生，这样招来的学生都具备了良好的理解与学习能力，并具有一定的外语功底，这样能够在短时间内学习到图书管理的知识。而且这一阶段的图书馆毕业生人文素养、科学基础都比较深厚，这一阶段的相当一部分学生都在中国图书馆史上留名，成为我国图书馆界的大家。

其次，从学制上来讲，各个学校的图书馆学教育基本上是 2~3 年，并划分两个时间段，前面的时间为理论知识学习阶段，后面的时间为图书馆实习时期，非常注重理论与实践紧密结合。例如，在中华教育改进社第一次年会上，沈祖荣先生提议"凡学校未设图书馆者不宜举办图书科或图书馆员训练所"（分组会议记录，1922），这就说明，我国图书馆学者已经意识到图书馆学教育不是纯粹的理论性教学，而是一种理论与技术相结合的教育。这也从侧面反映出了 20 世纪 20 年代的图书馆学教育学制是效仿美国的图书馆职业教育的。

再次，对图书馆教员的资格有着严格的要求。"图书馆学主任和教授，都应该是大学或专门学校毕业，入图书馆学校研究一年，有中等学校教授经验"（朱家治，1922）。所以，纵观以上图书馆学校带头人，沈祖荣、杜定友、李小缘、汪长炳、王重民等都是当时图书馆界的专家，大都有留学经历（沈祖荣毕业于纽约公共图书馆学校；杜定友留学菲律宾大学；李小缘毕业于纽约州立图书馆学校；汪长炳留学美国在哥伦比亚大学进修）；学校的教师也都是留学归国人员或文华图专培养出的高材生担任。

最后，在课程及教材使用上注重中西结合。课程分为必修科目和选修科目，增加学生自主性，能够在培养学生专业知识的基础上，学生随兴趣可以增添其他学科的知识背景；上课时间每门课每周都有安排，比较合理；同时也开设了如目录学等中国传统的课程。在教学过程中，这些学校也注重了教材的选择与建设，所用教材除了有翻译西文著作之外，也采用我国图书馆学家编的教材，这种中西合璧的方式，让学生接收西方理论的同时能够结合中国教材更好地理解与运用。

　　需要指出的是,有些学校这一时期在注重理论联系实践教学的同时,也已经开始注重图书馆学研究性教学了。以国立社会教育学院的图书馆学教育为例,图书博物馆系教师在传业授课的同时担任专题研究,并发表多篇论文和译文。1945 年 3 月 30 日,该系成立了"图书馆学社",该学社的主要成员是社会教育学院的图书博物馆系教授,但是也吸纳该校的学生及国内知名学者参加,该社成立的主要宗旨是"研究图书馆学术、发展图书馆事业",内部设有理事会及监事会,监事会下有编辑出版委员会,印发一种《图书馆学报》期刊(顾烨青,2005)。图书博物馆系教师还积极引导学生进行科研活动,在校学生积极研究图书馆学博物馆学方面的问题,并发表了多篇有质量的文章。这种教育模式使图书馆学教育与其他技能培训区别开来,在提高教学质量的同时,更展现了图书馆学自身的科学性与研究性一体的特征。这种教育模式也为以后开展高层次的图书馆教育提供了范式。

　　然而,尽管这一时期专业的图书馆教育有了一定的发展,但是它仍然面临很多问题,具体如下:

　　第一,在课程设置上。虽然上面谈到,这一时期我国的图书馆学教育采用了中西结合的方式,但是仍然可以看出受美国"实用论"的影响整个课程框架中实用技巧安排较多。另外,我们和国外的体制和国情及教育发展状况、图书馆发展传统与历史等多方面存在很大差异,不能照搬国外的课程体系。正如沈祖荣(1935)先生所说:"我国图书馆学有自身的特征,故图书馆学课程不能像欧美那样设置。所以我们在设置课程时,不仅要参考欧美国家的课程体系,同时又要考虑我国图书馆管理的传统与实际需要"。

　　第二,师资问题和学生问题。一方面,任教图书馆学教育的老师薪资、待遇等相对于其他大学的老师比较低;另一方面,图书馆界有资深的老师相对较少,师资力量较弱,难以满足当时的教学需要。在学生问题上,还存在生源少的问题,图书馆学校的招生条件高,很可能会招不够学生。另外,由于图书馆学学校较少,招生的时候基本上当地学生招收较多,分配到其他省份的名额就少,以武昌文华图专为例,毕业生生源主要来自湖北、安徽、浙江、江苏等与武汉邻近的省份,其他地区的基本上较少(图1-4),这是造成图书馆教育发展地区间的不平衡的重要原因之一。

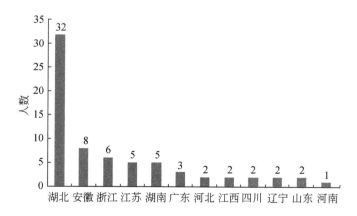

图 1-4　1922～1931 年文华图专学生籍贯分布图

注:此图转引自吕绍虞. 毕业同学统计. 文华图书馆专科学校季刊,1932,4(01):104～106

第三，图书馆学教育经费问题。图书馆教育的飞速发展，除了政治环境、人才支持等因素之外，更需要资金的支持。但是，相对于其他教育而言，图书馆学教育作为新兴教育所获得资金不太多。文华图专的兴办是与"庚子赔款"退换部分的资助有关的，而其他学校的兴办所得的资助来自热心人士捐款及中华图书馆协会的赞助。但是，由于这些组织并不是赢利的机构，资金有限，所以一些学校只能时办时辍，资金的缺乏严重影响了图书馆教育的发展速度与质量。

第四，第二次世界大战后图书馆恢复问题。这一阶段后期，图书馆学教育工作紧张，专门人才培训较少，这样在新中国成立以后，图书馆学人才就出现了断层现象，图书馆教育难以满足社会的需求。这也是当时的一个重要特点。

综上，可以看出，这一时期我国正规的图书馆学教育在发展阶段，仍有很多需要改进的地方。关于改进的地方，沈祖荣先生有着独到的见解。例如，他认为（沈祖荣，1933a）在课程上，"簿记学"应该成为必修科目之一，这样，有利于熟悉财务往来的关系，提高图书馆经济管理水平；图书馆学训练应与各专门学术研究打成一片，提高图书馆教育的学术性与科学性。在招收学生方面，"对学生入学前的报考条件（学历、成绩、品德、体格等）都应作出明确规定并彻底执行，同时学校在开展教育和管理的过程中，应该为师生提供良好的学习及生活环境；对于应届毕业生也应该付出必要的精力，加强各方面的教育"（沈祖荣，1933b）。另外，在学术交流方面，中国应多派图书馆学人出国交流并接受西方图书馆的训练；外国应该派图书馆学富有经验的专家来华演讲、考察（沈祖荣，1929）。最后，在学制和人才培养方面，应该继续以"拓宽知识面，培养复合型人才"为目标。以文化图专为例，在1920～1940年招收大学二年级修满以上的学生，受当时教学目标和模式的影响，文华图专虽为图书馆专修学校，但从1941年之前的教学内容和教学深度来看，又带有今天双学位、研究生班的性质，但是，就是这种培养模式却培养了知识面宽阔的优秀学生；然而，1941年实行招收高中毕业生之后，培养出来的学生人文素养、科学基础比较薄弱，在社会上的竞争力逊色于前面几届的毕业生（顾烨青，2010a）。所以，为了继续保证培养出的图书馆人才的质量，就应在课程设置和招生上进行改革，保证学生的知识面扩大，专业知识牢固，这样才能够适应社会需要。

2）短期培训班或养成所教育

图书馆正规教育的发展难以满足当时社会对图书馆学人才的需求，所以，为了解决这种问题和宣传图书馆学教育，短期培训班及函授学校等多种形式的教育开始作为辅助正规教育的途径蓬勃发展起来。另外，这种教育的兴起也得到当时政府、图书馆协会及图书馆学专家的提倡；在中华教育改进社的第一次年会上，图书馆组讨论应该设图书馆课程进行长期的教育，如果不能实现长时间教学就"另寻专家进行课外讲演"（分组会议记录，1922）；在1936年中华图书馆协会第三次年会图书馆教育委员会报告上，规定了图书馆协会拟办暑期讲习会之事，并对讲习会名称、讲习时间、受训人员、进行方法、课程、教员、经费与设备、毕业等都做了明确的规定（沈祖荣，1936）。沈祖荣先生（1935）也曾提出开设图书馆教育的方式不止一种，可以有：学徒制的训练、利用暑期做讲习的训练、大学图书馆系的训练、大学图书馆附设图书馆学学校的训练、图书馆学研究院的训练等。

这一时期有关图书馆短期培训的记载，详见表1-3。

表1-3 20世纪初至新中国成立前图书馆短期训练班及其他各类形式的教育

序号	时间	地点	讲习所名称	参加人数	讲授课程	讲授教师
1	1913 年	南京金陵大学	南京金陵大学图书馆课程			（美）克乃文
2	1920 年 8 月	北京高等师范学校	北京高等师范学校暑期图书馆讲习会	78	图书馆教育、图书馆事业、图书馆组织及管理法、图书编目法、分类法、实习	戴志骞、李大钊、沈祖荣、李贻燕、程伯卢、陈筱庄、邓萃英
3	1922 年 3 月	广州	图书管理员养成所	60	学习科目 20 余种、实习	杜定友、穆耀枢、陈德芸等
4	1923 年夏始办，以后连续四年开办	南京东南大学	南京东南大学暑期图书馆讲习所	80 余人	图书馆学术辑要、图书馆行政、学校图书馆、儿童图书馆、分类法、编目法、检字法	洪有丰、杜定友、李小缘、刘国钧、朱家治、王云五
5	1924 年夏	河南	河南小学教员讲习会	200 余人	小学图书馆管理法	杜定友
6	1925 年 1 月	上海	上海图书馆协会读书运动			社会名流演讲
7	1924 年夏	成都	成都暑期图书馆讲习会			穆耀枢
8	1926 年夏	苏州东吴大学	华东基督教暑期大学图书馆科		初级图书馆科、实习（装订、流通）	黄星辉、李小缘
9	1925 年 7 月	江苏	中华图书馆协会与国立东南大学、中华职业教育社、江苏省教育会合办图书馆暑期学校	专选图书馆学科 13 人，兼选 56 人	图书馆学术辑要、图书馆行政、学校图书馆、儿童图书馆、分类法、编目法、检字法	洪有丰、李小缘、杜定友、袁同礼
10	1925 年秋	成都	四川成都草堂图书馆专门学校	6		
11	1924 年夏	上海圣约翰大学	上海圣约翰大学海氏图书馆讲习会	8		
12	1927 年、1931 年、1935 年	湖北	湖北教育厅暑期图书馆学讲习科			沈祖荣
13	1928 年 7 月、1930 年夏	上海	上海商务印书馆图书馆讲习班	146、200	四角号码检字法、中外图书统一分类法、著者排列法、图书选择法、图书馆行政法、图书馆用具、实习	王云五、孙心磐、沈丹泥、陈伯逵、宋景祁、陈友松
14	1930 年 10 月	安徽	安徽省立图书馆专修班	33		
15	1930 年、1931 年	江苏	江苏省社会教育学院暑期民众图书馆课程	100 余人	民众图书馆宗旨、办法、规则等	杜定友、马宗荣、徐旭

续表

序号	时间	地点	讲习所名称	参加人数	讲授课程	讲授教师
16	1931 年夏	湖北	湖北教育厅暑假图书馆学科讲习班			
17	1931 年 7 月	浙江省	浙江省教育厅教育服务人员暑期进修讲习会		公共图书馆组织与实施	马宗荣
18	1932 年夏	天津	河北教育厅图书馆讲习会	160 余人		刘国钧
19	1932 月	青岛	山东民众教育馆图书馆讲习会	196	民众图书馆之设施法	赵波隐
20	1934 年夏	上海	中国国际图书馆与上海书局合办上海图书学校			
21	1934 年夏	武昌	中华图书馆协会与文华图专合办招民众班			
22	1937 年 7 月	上海	私立商务印书馆函授学校图书馆科		教材自编，包括目录学、图书馆编目分类、图书馆运用法	王云五、徐亮
23	1939 年 9 月	上海	中华图书馆函授学校			吕绍虞
24	1940 年	重庆	重庆基督教青年会之蟾秋图书馆夜间训练班			
25	1940 年 11 月	成都	中等学校图书管理员讲习班	25	图书馆各类课程和实习	刘国钧、李小缘、陈长伟、戴安邦、曹祖彬、陶述先、吕洪年、陶吉庭
26	1942 年 7 月	重庆	国立中央图书馆补习学校		图书馆学概论、图书分类、图书编目、目录学、版本学、参考咨询	
27	1943 年 4 月	曲江	广东省图书馆教育人员训练班	38		杜定友
28	1945 年 8 月	恩施	湖北省立图书馆图书管理人员训练班	30		
29	1947 年 4 月	上海	上海文化函授学校图书馆学系			钱亚新
30	1947 年	广州	广东省图书馆学进修班	40		
31	1948 年	台湾	台湾"教育厅"图书馆学演讲会			洪有丰

综上，可以看出，图书馆短期培训存在以下特点：第一，从地理位置上看，这些培训班地点分布在华南、华中、华北和西南四川盆地等，这种分布和正规的图书馆学校开办地点存在一定的联系，同时也和这些地方图书馆数量的快速增长有着直接的关联。第二，从讲授人员上看，大都是当时著名的图书馆学家，分别讲授自身所关注的领域与方向，有针对

性地教学，保证培训班的教学质量。第三，在教材选择上，基本与当时正规教育保持一致，也存在根据当时情况自编的教材，以便灵活教学。第四，对于培训的对象，既包括中小学教员又包括中学及大学肄业生和图书馆工作人员，这些人员都具有一定的文化素养和知识背景，具备了一定的快速学习和理解能力；同时，这些在图书馆管理的基层工作的人员，能够迅速把所学知识用于管理实践上。第五，在时间设置上，大多集中在寒暑假，上课时间 1~3 个月，这样的设置使受训人员有时间和精力学习，上课所需费用低，参加的人数也比较多，仅文华图专在 1930~1940 年 10 年间共开办五届图书馆学讲习班，共培训学生 56 人（武汉大学信息管理学院九十年院庆专题网，2012）。第六，短期培训也比较注重实习，在上课期间也多留有时间参观实习，课程围绕图书馆业务工作和管理来规划，取得了良好的效果。

然而，灵活的短期培训班开展也存在一些问题。一方面，开展时间上受外界影响较大，很多培训班不能连续开展，这不仅是因为授课老师在时间上的限制，也与所培训的对象的时间存在很大的相关性。另一方面，授课老师较少，基本上是当时几位知名的图书馆学家在来回奔波演讲，师资力量相当缺乏。最后，在课程上，每个培训班都是根据当时当地图书馆的发展情况请专家有针对性地授课，侧重点各具特色，同时也反映出培训课程体系不系统和缺乏全面性、完整性。

总之，20 世纪 20~30 年代的培训班和专业教育在我国相继开办，培养了一定数量的图书馆人才，推动了这一时期图书馆事业的发展。但是，也应该看到，这一时期的图书馆学教育层次是由少数的图书馆学专门学校（系）、比较多数的图书馆学业余培训、短期培训、职业教育以及个别的国外留学生教育等构成的，整个学校教育依然不占主流，导致在整体上图书馆学员专业进修与知识系统性不够，培养层次也不高，这种不完善的教育层次和教育模式，直接影响到改革开放前我国图书馆教育人才的培养方式和培养目标（彭斐章和谢灼华，1989）。

1.2.2 初步发展时期及"文化大革命"受挫期

这一时期，受外界环境的变化，图书馆学教育从性质和教学内容上都发生了重大改变，图书馆成为宣传社会主义的主要阵地，图书馆学教育也因此成为社会主义教育事业的重要组成部分。图书馆学教育内容随时代发展变化而更新，这种变化主要体现在从苏联学习和引进先进的图书馆学知识，并新增思想政治课，注重图书馆学员的理论素养和专业素养的培养与提高。"文化大革命"前，受国家的重视与支持，图书馆学教育规模逐年增大，图书馆学学员也连年增多，这一时期为我国图书馆学界的恢复发展培养了一些研究和教育的骨干力量。"文化大革命"的 10 年图书馆事业遭受重创，整个图书馆教育无法正常开展，图书馆学教育处于停顿期。

1. 图书馆学教育初步发展时期（1949~1966）

1949 年中华人民共和国成立之后，开始对国家进行整体的改造，政府非常重视教育、文化事业，1949 年 10 月，成立了中央人民政府文化部，由沈雁冰任部长，在文化部下设立文物局，负责管理全国文物、博物馆、图书馆事业（邹华亭和施金炎，1988）。然后，国家在短时间内集中精力完成了对民国时期图书馆的改造，把图书馆事业建设纳入国家计划，提供资金支持，新建了大量的、各类型的图书馆。在政策上，这一时期，国家也给图书馆事业的发展提供了有力的支持，1950 年 10 月，文化部召开各大行政区文化处处长会议，讨论了有关图书馆事业的发展方向、普及与提高、人才培养问题等（邹华亭和施金炎，1988）。1951 年 2 月，教育部召开座谈会，讨论在高等学校中设置图书馆、博物馆系的问题（邹华亭和施金炎，1988）。1956 年夏，国务院科学委员会邀请图书馆学、目录学专家代表共同拟订了《图书馆学、目录学科学研究 12 年远景规划》（草案）。国家领导人的重视也给图书馆事业工作者以极大的鼓励，党和国家领导人周恩来、朱德等曾多次视察全国各地的图书馆建设情况；1958 年 8 月 9 日，周恩来总理又在北戴河询问了北京大学图书馆学系邓衍林教授关于全国的图书馆事业发展现状，并做了多方面的指示。

这一时期，受政治因素的影响，我国内地的图书馆学在国际交流对象方面，主要以苏联为首的社会主义阵营的国家为主，在整个学科建制上也开始模仿苏联模式。1950 年初，苏联档案专家及苏联档案局副局长米留申应邀在北京图书馆演讲，介绍了苏联图书馆的概况；1951 年捷克斯洛伐克代表团也来我国参观图书馆；1955 年 8 月，佟曾功、鲍振西、赵琦、彭斐章、郑莉莉、赵世良等受国家派遣赴苏联莫斯科图书馆学院学习；1957 年国家文化部派遣由左恭、杜定友、汪长炳、胡耀辉等 4 人组成的图书馆代表团赴苏联和民主德国考察图书馆事业；1960 年又派代表团到捷克、波兰、保加利亚等国参观访问（邹华亭和施金炎，1988）。而苏联也派图书馆学专家伊格娜多娃来我国演讲访问，派遣图书馆学专家雷达雅到我国文化部工作。

图书馆学理论的蓬勃发展，进一步推动了我国图书馆学教育及图书馆学学科体系的建成。这一时期，图书馆学专业书增多，图书馆学专业期刊也大量创办，图书馆学专题研究会也不断举行。这些因素促使这一阶段出现了涉及内容较宽、大量的学术著作与文章，这些著作和文章探讨的主要内容包括：图书馆学性质、职能、图书馆工作本质、社会主义图书馆建设原则、图书馆事业构成要素、藏书建设、分类、编目、干部培养、读者工作等方面（范并思等，2004）。另外，随着图书量的增加，图书分类是这个时期比较重要的研究课题。至此，图书馆学基础理论、分类、编目、馆藏建设、读者工作、目录学等图书馆学分支学科随之建立起来，我国图书馆学学科体系基本形成（范并思等，2004）。

1）正规的图书馆学教育

由于新中国成立初期国家建设和发展的需要，图书馆学教育的培养目标非常清晰，即为各类型的图书馆培养高素质的专业人才，充分开发图书馆价值，使用户充分利用，并为各行各业服务，因而在课程体系、教学方法和培养规格方面也比较严谨和清楚（当代中国图书馆学研究文库，2010）。这个时期我国内地图书馆学高等正规教育主要有武汉大学图书馆学系和北京大学图书馆学系两家。

A. 武汉大学图书馆学系

1951 年，私立武昌文华图书馆学专科学校由文化部接办；1953 年调整到武汉大学，成为武汉大学图书馆学专修科，学制为 2 年。每个年级开设不同的课程：一年级的课程有图书分类法、中文图书编目法、图书馆技术、图书馆学概论、国文、俄文、英文、中国通史、中国革命史、各科概论、图书馆行政、图书管理、体育；二年级开设的课程有图书分类法、外文图书编目法、参考工作、俄文、英文、政治经济学、各科概论、中文图书编目法，所有课程均为必修课。1955 年学制改为 3 年，1956 年学制改为 4 年，并于当年秋季开始招本科生，当时由徐家麟教授任该系主任。1956～1965 年共招收十届图书馆学本科生，毕业学生人数共 437 人，平均每年毕业学生 44 人（武汉大学信息管理学院九十年院庆专题网，2012）。图书馆学专业的课程也发生了变化，一年级主要开设的课程有中国革命史、中国通史、中国文学史、俄文、体育、图书馆学引论、图书馆目录、参考工作、图书馆组织、图书史、图书馆藏书，二年级开设的课程有马列主义基础、中国文学史、俄文、英文、图书分类法、俄文图书编目法、参考工作、体育、英文图书编目法、目录学、群众工作等。另外有生产实习时间，一般为 3 周，并特地设立领导实习教研组教师；除此之外，教学课程使用的教学大纲除"马列主义基础"为教育部制定的外，其余课程的教学大纲都为该系自行拟定。在系里任课的老师有政治课教师周恩贤；文化课老师王中华、陈庆中、陆永安等；专业课老师有徐家麟、沈祖荣、皮高品、孙德安、吕绍虞、陈颂等。1960 年又开办了 3 年制函授班，开设的课程包括：中国图书史、图书馆学基础理论、图书工作、书目参考工作、读者工作、图书馆事业史、古书处理（该课程与英文编目任选一门）等。1963 年的课程有部分变化，新增藏书与目录、普通目录学、中文工具书及专科目录学，调整了中国图书史、图书馆事业史、图书工作和书目参考工作等（吴仲强等，1991）。1960～1964 年，武汉大学图书馆学系已培养函授生 230 多人。1948～1953 年该校又继续招收第十一届至第十四届图书馆学专科生共 63 人（武汉大学信息管理学院九十周年院庆专题网，2012）。

B. 北京大学图书馆学系

北京大学图书馆系继续发展，1949 年秋季北京大学图书馆学专修科公开招收高中生，学制 2 年，1952 年改为 3 年；1954 年学制改为 4 年本科教育。1949～1956 年，该系主要的课程及变化，如图 1-5 所示。

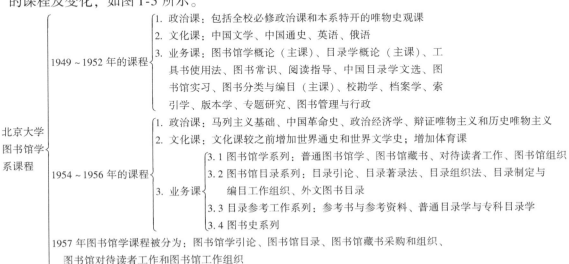

图 1-5　北京大学图书馆学系课程变化图

同时在 1956 年开办函授专修科，并招收第一届函授生，学制为 3 年半，按本科生培养目标和规格制订教学计划，开设的专业课有：图书馆学引论、图书馆藏书、图书馆目录、读者工作、中国书史、中文工具书使用法、普通目录学、马列主义经典著作目录学、专科目录学（科技书籍目录学、历史书籍目录学、文艺书籍目录学3门课任选一门）（吴仲强等，1991）。1964年，北京大学图书馆学系招收第一届图书馆学研究生，开了我国图书馆学高层次教育的先河。

纵观以上这两所高校图书馆学系的发展状况，不难看出有以下特点：

第一，教学课程内容随着时间发展不断变革，不断加强对政治理论课的重视，并新开设其他图书馆工作相关课程。以武汉大学图书馆学系1950～1955年的课程内容变动为例，1953年的课程主要是文化课和专业课，并注重对外语的学习，新增体育课程，以适应新中国教育的改革。另外，该系重要专业课的学时也比较长，为每周4个学时，其次是外文（俄文、英文）也为每周4个学时，其余的课程为2～3学时，并且所有课程均为必修课；然而，到1955年课程内容出现了重大变化，课程种类新增了政治思想课，而且在课程中所占比重较大，成为凌驾在专业课程之上的课程，每周为5个学时，并有重要的课本和参考书；另外，武汉大学图书馆学系也注重对图书馆开发利用的教学，新开设了群众工作、参考工作等课程，以适应当时社会发展的需要。

第二，在使用教材上，逐渐趋向统一，并且所有课程都设有主要参考书。这一时期重要的图书馆学专业课程，两所高校采用的教材相同，例如，"图书馆学引论"采用"北大普通图书通论"教本等；文化课如"中国革命史"、"中国通史"等课程讲义主要参考当时著名史学家编的讲义和著作；专业课的参考书除了我国图书馆学学者编的讲义和著作外，还有苏联的教材和著作。

第三，教学内容改革日趋完善。1961年，教育部召开的图书馆学专业会议促进了高等教育的教学内容又一次改革，图书馆学专业改革的措施是在教学计划中增加自然科学方面的课程，因此两所高校酌情增加自然科学的各科概论，并聘请学校内教学水平较高的学科教师讲课，讲课时老师力求做到深入浅出，使学生易于接受；而且武汉大学图书馆学系在1962年时把新生分配到理科有关专业实习两年，然后回到本系学习图书馆学专业知识（吴仲强等，1991）。这样的内容改革使得学生的知识面日趋扩大，图书馆学教育朝培养图书馆学综合性人才的目标逐步迈进。

第四，图书馆学教育活动出现由图书馆业务教育向研究性教育转变的迹象。从课程表安排上看出，学校既安排了生产实习时间，也特设了专业教研组进行科研活动，这在以前的正规教学活动中是不存在的；另外，北京大学、武汉大学相继组织大型科研活动，包括座谈会和科学讨论会、学术报告会等，有时还邀请全国著名专家参加。图书馆学研究活动的不断开展，为我国图书馆学教学转型打下了良好的基础。

除了以上两所学校之外，还有一些学校相继开设了图书馆学科。1951年，西南师范学院成立图书博物馆科，并招收第一届图书馆专业的学生，1954年该科停办，毕业生有100余人。1958年9月，中国科学院主办的中国科技情报大学，设立了科学情报、编译出版和图书馆学3个学系，学制为4年，给毕业生颁发本科毕业证书，1959年并入中国科技大学，更名为科学技术情报系，该系只招收一届学生，共48人，1962年因故停办。虽然是半工半读的性质，但是它的成立却标志着我国情报教育的开端，为"文化大革命"后情报学的建立埋下了伏笔。1958年，河北省文化艺术学校设立图书馆学专业班；1960年，辽宁、吉林、黑龙江三省联合在东北师范大学设立图书馆学专修科，招收1期学生，1962年停办，共毕业48人。

这一时期的图书馆学正规教育虽然数量有限，但是在1950～1958年整个教育质量却得到了保证，整个教育规模与教学管理比新中国成立前的图书馆教育管理更系统和正规，改革后的课程内容也更适合当时的需要，同时图书馆界对外交流也受到了国家的重视。这一阶段在教学方法与教材建设上也有了一定的改变与发展。除了采用以往我国著名图书馆学家编写的教材外，北京大学图书馆学系和武汉大学图书馆学系开始联合编写教材，一些高质量的教材陆续编写出来，使学校在教材的使用上基本上达到了统一，为教学质量提供了保障。

然而，这一时期的图书馆学教育也存在很多需要改进的地方。第一，整个图书馆学正规教育办学地点集中在北京和武汉两座城市所在的华北和华中地区，西南地区的西南师范学院图书博物馆学系却短时间内停办，这种地区分布不平衡性导致我国至今存在图情教育的"金三角"（华北、华中、华东）现象，长期下去，不利于图书馆学教育的长远发展。第二，图书馆学教育在课程上虽然有了改革，但是整个图书馆学教育的改革深度和广度依然不够科学，这导致这一时期图书馆专业教育内容所占比例少了一些，相反政治教育和社会斗争实践出现较多的不协调现象（彭斐章和谢灼华，1989）。而1956年之后的图书馆学课程又增加了文化课程，整个课程内容没能及时反映当时图书馆学发展的情况，整个图书馆学教育对图书情报研究也没有给予足够的关注，图书馆学理论研究是图书馆事业的基础，也是图书馆学教育持续发展的源泉，图书馆理论研究的不平衡与薄弱深深影响了图书馆学教育的健康发展。所以说这一时期的教育体系依然不完善。第三，图书馆学交流方面出现倾向性。这期间，国内图书馆学教育学校基本上不和台湾地区的学校交流。在对外交流方面，国内主要是和苏联交流，对英美国家的交流很少，而中国台湾地区主要和美国交流，这种现象导致我国图书馆学教学内容与方式存在不合理性，课程方面也存在一定意义上的单一性。第四，1958年之后，教学中过分强调政治斗争，导致教学系统性被打破。虽然在20世纪60年代国家实行了"高教六十条"政策，对专业进行了调整，对教育教学进行了整顿，在教育质量提高等方面取得了一定成绩，促使图书馆学教育逐渐走向正常化，但是，图书馆学专业教育依然未能受到国家的足够重视，表现之一是全国的办学点依然是北大、武大这两所学校，西南师范学校的办学点却取消了；表现之二是图书馆学教育层次依然比较简单，教育层次缺少大专和中专教育（彭斐章和谢灼华，1989）。

2) 图书馆学成人教育

新中国成立后，图书馆数量的迅猛增加，急需大量既有图书馆管理经验又有图书馆学理论知识的人员。国家鼓励开展多形式的教育培养各类人才，1956年7月，在文化部召开的第一次全国图书馆工作会议上，提出了"保证图书馆事业发展的最主要问题是干部问题"，同时对广大在职图书馆工作者的继续教育明确提出了新要求（郑章飞等，2000）。因此促进了图书馆业余学校及短期培训班的大量开办，促进了图书馆学成人教育的发展，最终使图书馆学成人教育发展成为中国图书馆学教育的重要组成部分。这一时期，图书馆学成人教育包括各种类型的图书馆学短期培训班、业余学校、夜大学等，在全国各地开办了近百余次。有文献记录的（笔者详细整理）见表1-4。

表1-4 图书馆学业余学校及短期培训班开办概况

序号	开办时间	地点	补习班名称	备注
1	1951 年 10 月	浙江	浙江省立图书馆工作人员业务训练班	18 人，为期 6 个月
2	1951 年 10 月	东北	东北地区公共图书馆干部训练班	30 人，为期 2 个月
3	1951 年 10 月	华北	华北地区第一期图书馆干部训练班	60 人，学习 50 天
4	1953 年 3 月	沈阳	沈阳市图书馆工作者学习会	210 人，每周周一授课
5	1954 年 7 月	杭州	杭州市工厂图书室工作短期业务学习班	120 人
6	1954 年 8 月	北京	全国第一届公共图书馆工作人员培训班	84 人，持续 80 多天
7	1954 年 9 月	热河	热河省文化局图书干部训练班	51 人，22 天
8	1954 年 9 月	江苏	江苏省文化局图书馆干部训练班	120 余人，为期半月
9	1954 年 10 月	中南	中南地区图书馆干部训练班	30 余人，为期 2 个月
10	1954 年冬	长沙	长沙市工会图书馆管理员学习班	111 人
11	1955 年	上海	上海市图书馆业务人员图书宣传知识讲座	12 个月
12	1955 年 3 月	北京	北京市第一期厂矿企业工会图书管理员学习班	
13	1955 年 5 月	福建	工厂、工会图书馆业务学习班	
14	1955 年 5 月	长春	长春市图书馆业余进修学校第一期训练班	学员主要是公共和专业图书馆工作人员
15	1955 月 8 月	内蒙古	全区文化馆、图书馆工作人员训练班	68 人，为期 27 天
16	1956 年 3 月	北京	中学图书管理人员业务学习班	90 人
17	1956 年 4 月	浙江	县图书馆干部短期业务训练班	45 人，13 天
18	1956 年 5 月	甘肃	甘肃省第一期图书馆人员学习会	22 人，58 天
19	1956 年 5 月	广西	县、市图书馆员训练班	30 人
20	1956 年 6 月	北京	图书馆科学方法研究讲习会	苏联专家雷达娅主讲
21	1956 年 6 月	辽宁	辽宁省图书馆干部训练班	50 人
22	1956 年 7 月	湖北	图书馆干部训练班	98 人，48 天
23	1956 年 7 月	湖南	全省县、市图书馆、文化馆干部训练班	87 人，一个多月
24	1956 年 8 月	云南	云南省县市图书馆人员第一期训练班	37 天
25	1956 年 9 月	福建	科技图书资料管理员学习班	20 人，3 周
26	1956 年 11 月	内蒙古	全区图书馆、文化馆图书室工作人员训练班	
27	1956 年 12 月	广东	县、市图书馆人员训练班	
28	1957 年 2 月	北京	北京图书馆业务学习训练班	68 人，为期 1 年
29	1957 年 3 月	南京	第一届全国省市图书馆工作人员进修班	78 人，63 天
30	1957 年 4 月	浙江	县、市图书馆工作人员训练班	50 人，3 个月
31	1957 年 6 月	广东	全省工会图书室干部训练班	68 人，45 天
32	1957 年 7 月	北京	高等学校图书馆工作人员进修班	122 人

序号	开办时间	地点	补习班名称	备注
33	1957 年 7 月	江苏	学校图书馆工作人员训练班	106 人，一个月
34	1957 年 10 月	陕西	陕西地区图书馆干部业务进修学校（第一期）	学员 80 人，旁听生 40 人，1958 年改为图书馆业余大学
35	1957 年 10 月	西北	甘肃、新疆、青海等地区图书馆工作人员训练班	56 人，2 个月
36	1957 年	青海	全省文化馆图书室业务干部学习班	
37	1958 年 4 月	浙江	全省图书馆干部学习班	
38	1958 年 8 月	重庆	重庆地区县市图书馆干部训练班	41 人，一个半月左右
39	1958 年 8 月	四川	成都地区图书馆干部训练班	37 人，一个半月左右
40	1958 年 8 月	湖北	武昌工人业余图书馆专科学校（第一期）	80 人，半年
41	1958 年 9 月	辽宁	全省各系统图书馆干部训练班	57 人，37 天
42	1958 年 9 月	北京	北京市图书馆中等业余学校	220 人，为期 1 年
43	1958 年 10 月	北京	图书馆红专夜大学	200 人，为期 1 年
44	1958 年 10 月	湖北	县、市图书馆干部训练班	39 人
45	1958 年 10 月	西安	西安图书馆业余大学	设图书馆学系、图书馆学进修班、图书馆技术训练班等 3 个系（班）
46	1958 年 11 月	北京	全国省（自治区、直辖市）图书馆研究班	49 人，近 2 个月
47	1959 年 1 月	武汉	中小型工厂图书馆（室）管理员训练班	75 人
48	1959 年 2 月	广西	县、市图书馆员训练班	72 人
49	1959 年 3 月	辽宁	辽宁省文化局红专大学图书馆分校	240 人，分本科、预科两个班，为期 1 年
50	1959 年 3 月	武昌	中国科学院与武汉分院合办第一期图书馆学进修班	158 人，40 天
51	1959 年 3 月	河南	河南省县市图书馆馆长训练班	
52	1959 年 3 月	湖南	县、市图书馆干部训练班	62 人
53	1959 年 4 月	天津	县、区图书馆工作人员短期训练班	
54	1959 年 4 月	武昌	中国科学院与武汉分院合办第二期图书馆学进修班	110 名学员，52 名旁听
55	1959 年 7 月	吉林	吉林省图书馆干部进修学校	200 人
56	1959 年 7 月	河南	河南省图书馆业余学校	
57	1959 年 8 月	内蒙古	全区旗、县图书馆（室）管理人员轮训班	为期 1 月
58	1959 年 9 月	北京	第二期图书馆研究班	51 人
59	1959 年 11 月	上海	中国科学院与上海分院合办第三期图书馆学进修班	221 人
60	1959 年 11 月	兰州	兰州市厂矿企业图书馆管理员和炼油厂图书馆业余积极分子训练班	为期 20 天
61	1959 年 11 月	甘肃	甘肃省重点社队图书管理员训练班	近 1 个月
62	1960 年 1 月	甘肃	甘肃省县市图书馆工作人员训练班	30 人，55 天

序号	开办时间	地点	补习班名称	备注
63	1960 年 2 月	北京	中国科学院第四期图书馆学训练班	140 人，近 1 个月
64	1960 年 2 月	天津	天津市文化艺术学校图书馆专业班	40 人
65	1960 年 2 月	北京	图书馆红专大学第二期	212 人
66	1960 年 3 月	乌鲁木齐	全区图书馆业余学校	93 人
67	1960 年 4 月	吉林	吉林省（县、市）图书馆训练班	83 人，2 个月
68	1960 年 4 月	内蒙古	全区各系统图书馆工作人员现场会进修班	
69	1960 年 5 月	北京	中国科学院第五期图书馆学训练班	124 人
70	1960 年夏	辽宁	沈阳图书馆学业余专科学校改为 2 年学制	
71	1960 年 8 月	湖北	县、市图书馆（室）干部训练班	70 余人，一个月
72	1960 年	东北师大	图书馆学专修科（第一期）	48 人，后停办
73	1961 年 3 月	广东	广东省中心图书馆学业余大学（第一期）	61 人
74	1961 年 11 月	北京	图书馆红专大学第三期	360 人
75	1963 年 4 月	甘肃	县、市图书馆干部训练班	14 人，45 天
76	1963 年 4 月	北京	图书馆红专大学第四期	276 人
77	1963 年 8 月	宁夏	县、市文化馆图书室干部训练班	半个月
78	1963 年 8 月	台湾	暑期图书馆工作人员讲习班	51 人，27 天
79	1963 年 10 月	湖南	县、市图书馆干部讲习班	29 人，20 天
80	1964 年 2 月	四川	四川省中心图书馆业余学校	107 人
81	1964 年 5 月	兰州	甘肃省科技委员会第一期情报图书干部训练班	45 人
82	1964 年 7 月	台湾	暑期图书馆工作人员讲习班	39 人，38 天
83	1964 年 9 月	北京	图书馆红专大学（第五期）	250 人
84	1965 年 6 月	湖北	全省各县文化馆农村图书工作干部训练班	53 人，一个月
85	1965 年 7 月	湖北	县、市图书馆干部训练班	60 多人
86	1965 年 9 月	山西	第一期科技情报业务训练班	40 天
87	1966 年 7 月	台湾	暑期图书馆工作人员讲习班	56 人，52 天

注：函授班是对在职干部进行系统的高等学校图书馆学专业教育的一种形式，教学方法以自学为主，并辅以适当的巡回辅导和集中学习；训练班是根据实际需要举办，脱产学习，时间长短不一，教学方法和教学内容也根据对象而定；业余学校是为提高图书馆在职干部的政治、文化和业务水平而开办的（张树华和张久珍，2008）

从表 1-4 可以看出，这一时期的图书馆学正规教育比较少，而图书馆学培训却大大增长了。在地域上，非正规的图书馆学教育遍布了华东、华南、华中、华北、西南、西北、东北及港、澳、台地区，形成了全国范围内的教育形式。其中，华东、华北、华中、东北、西北等地区是开办图书馆学培训班比较活跃的地方，平均每省开办 2 次以上，华北地区及华中地区每省平均开办 4 次以上；而西南地区开办比较少，平均每省 0.8 次（图 1-6）。产生这种现象的原因主要是受当时各地的经济及教育发展情况的影响，华东、华中、华南、东北等地是拥有一定的教育基础和物质资源的，当地的正规图书馆学教育（武汉大学图书馆学系、北京大学图书馆学系）为这些地区培养了一定的师资资源，容易开办培训班，而西北地区在人力、物力、财力等方面都不及这些地区，所以开办次数较少。

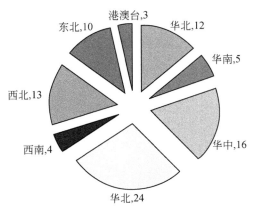

图 1-6　各地区开办培训班频次图

注：此图只是简单累计培训班开办的次数

在年代分布上，图书馆学培训班呈现如下特点（图 1-7）。1950～1959 年图书馆的成人教育蓬勃发展，培训班开班次数逐年增加，1959 年达到高峰。仅在 1959 年上半年，就有北京、上海、天津、沈阳、西安、武汉等地创办了 9 所图书馆业余学校，学员达 1500 人（郑章飞等，2000），这种现象和我国第一个"五年计划"的建设发展相互辉映。1959～1962 年，培训班的开班次数急剧下降，出现这种转折的原因可能是与当时国家经济及政治等问题存在很大关系。1962～1966 年，伴随国家经济调整，国家颁布了《高等学校工作条例》，其中第 38 条明确强调加强图书馆事业的建设与管理，之后，国家又采取了一系列的改革措施；同时，这期间，图书馆界开展了加强"图书馆员基本功"问题的讨论和训练，这对培养我国图书馆学干部队伍起到了一定的促进作用（杜定友，1957）。同时这些因素使图书馆学教育再次缓慢曲折前进。

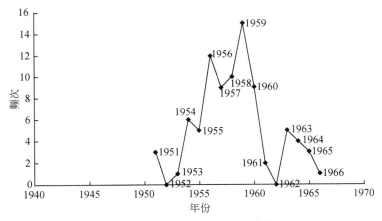

图 1-7　每年开办培训班的次数

另外，新中国成立后至"文化大革命"这一阶段，图书馆学教育的发展深受当时国家政策的影响。起初，国家的方针是"为工农兵服务"，在这个方针指导下，图书馆事业的主要任务是建设图书馆，普及工农兵知识。20世纪50年代中期至60年代初，国家各方面的建设已经初有基础，为了加快国家的建设进程，国家又提出了"为科学研究服务"的方针，因此，图书馆事业的侧重点转向图书管理、开发工作与读者服务相结合的方面，这个过程需要专科研究员和专业干部，只有提高干部水平，才能真正达到开发图书馆知识"为科学研究服务"的目的（杜定友，1957）。图书馆干部训练班因此快速发展。1960年以后，为了摆脱"大跃进"的影响，国家重新重视经济建设，这一时期图书馆的主要目的是"为生产建设服务"，图书馆学教育也继续复苏并曲折发展。

在培训对象上，主要是在全国县、市图书馆（室）工作的图书馆工作人员，是典型的成人教育。这些人员都是图书管理第一线工作者，对他们培训的直接目的是提高图书馆管理和服务的质量，间接上培养了大量合格的图书馆学人才，满足了不同层次、不同类型、不同性质的工作，使我国图书馆学教育价值得到应有的体现，从深层次上促进了我国图书馆学事业的发展。

在图书馆学教育的教材和课程设置上，这一时期图书馆学受苏联图书馆学的影响，主要采用翻译苏联图书馆学教材和北京大学、武汉大学图书馆学系等编写的教材或者是授课教师编写的讲义及讲课提纲，涉及的图书馆学内容包括藏书组织、分类编目、书目参考及读者工作等；课程上增加了政治课、图书馆学和文化科技知识课；在研修班课程中还包括对党规定的图书馆工作的方针、政策的学习及各地、各层次工作经验的交流、总结。不同规模和不同性质的非学历教育的讲习材料和课程内容也各有侧重（表1-5）。

表1-5　不同性质和类型非学历教育的讲义材料及课程设置情况

培训班类型	讲义材料及课程设置情况
工会图书馆训练班讲习内容	①工会图书馆的方针和任务；②借书处和阅览室工作；③群众性的图书宣传工作；④流动图书站、小组借书、递送借书等；⑤图书采购、图书整理工作；⑥做好工会图书馆工作；⑦图书馆员的素养；⑧图书馆员基本业务知识讲座
图书馆知识讲座	①图书馆的工作和图书馆员的任务（刘国钧）；②图书分类（刘国钧）；③图书馆藏书采购和藏书组织（陈鸿舜）；④图书馆目录（刘国钧）；⑤图书馆的图书流通工作（万希芬，孙冰炎）；⑥图书馆的群众工作（张树华）；⑦图书馆的参考咨询工作（朱天俊）；⑧推荐书目的编制和使用（朱天俊）
"苏联普通目录学"讲座	①苏联目录学的任务和原则；②苏联目录学的方法与种类；③图书馆书目工作的组织；④图书馆的书目参考工具
全国省、市图书馆工作人员进修班讲稿	①采访、分类、编目和书目参考（雷达娅）；②图书馆藏书（陈鸿舜）；③现代文学（陈瘦竹）；④怎样指导阅读古典文学提纲（陈中凡）；⑤为研究利用的自然科学书刊（袁翰青）；⑥地方文献的搜集整理与使用（杜定友）；⑦分类原则与分类问题（杜定友）；⑧关于图书馆目录的几个问题（刘国钧）；⑨参考工作与基本参考书讲授提纲（邓衍林）；⑩书目索引编制法（吕绍虞）；⑪联合目录（钱亚新）；⑫普通目录学（王重民）；⑬马克思列宁主义书籍目录学（李枫）；⑭三大系统图书馆的协调工作（汪长炳）；⑮馆际互借（李钟履）；⑯省、市图书馆工作人员进修班学员实习报告选编

续表

培训班类型	讲义材料及课程设置情况
公共图书馆工作人员训练班讲义和学习材料	①苏联图书馆事业（张全新）；②采访工作讲义（陈鸿舞）；③图书整理与目录讲义（刘国钧）；④工具书使用法讲义；⑤阅览室工作讲义；⑥群众工作讲义（马同俨）；⑦图书馆的流通工作讲义（王宏均）；⑧中国古代版本史讲义（赵万里）；⑨中国近百年历史的资料和书籍（荣孟源）；⑩中国现代文学作品的宣传（冯雪峰）；⑪自然科学书籍的宣传（袁翰青）；⑫苏联大众图书馆怎样宣传自然科学书籍（张昭勋）；⑬苏联的儿童图书馆工作
情报工作讲座	①科技情报工作基本知识讲座；②科技情报工作的发展过程概述（杨沛霆）；③科学技术情报工作的产生及其重要性（杨沛霆）；④科技情报的来源（朱耀刚）；⑤科学技术情报工作的基本内容（杨沛霆）；⑥科技情报报道工作（曹昌）；⑦科技文献检索工作（周智佑）；⑧文献工作中的国际十进类分类法（丁珂）；⑨汉文标题法的初步探讨（丁珂）；⑩文献工作中的单词组记索引法（贡光禹）；⑪检索工具情况（赵连成）；⑫科学技术情报的文献服务工作（徐恒泰）；⑬情报研究工作中的资料鉴别与编写（刘基唐）；⑭科学技术文献的复制方法（刘杰）；⑮略谈情报工作中标准资料的收集、保管与服务（范迪充）；⑯漫谈国外产品的样本（王文志）；⑰法国和联邦德国专利文献及其检索方法的介绍；⑱英国专利文献及其查找方法的介绍；⑲科技技术情报工作的基本内容和各工作环节之间的关系（杨沛霆）
北京大学图书馆学系编印的教材及讲义	①图书馆学讲稿（第一部分我国图书馆事业的组织）；②图书馆藏书与目录；③图书馆学基础讲义；④社会主义图书馆学概论；⑤图书馆学引论；⑥图书馆藏书与目录讲稿（图书馆藏书建设；图书分类与图书标题）

在培训的规模和时间上，较之前招生人数多，据《中国图书馆事业光辉的十年》统计显示，在1949~1959年短短10年时间里，全国的成人教育培训的干部约30万人次。另外，培训的时间也较长，一般1~6个月，这样的设置能够使学员在学期间涉猎更多的知识，所学的课程既有针对性的同时，又兼有了解图书馆学的其他知识。在教育层次上，这一时期的图书馆教育形成了本科教育、函授教育、职工培训、继续教育（主要包括各类进修班、短期培训班、业务讲座、业余学校和夜大学）等多层次的教育，这为我国图书馆事业培养了一大批图书馆业务骨干，并为以后我国图书馆学多形式的教育发展打下了基础。

在对师生的管理方面，夜大学、业余大学、红专大学、干部进修学院等学校，一般订立了比较切实可行的考勤制度和考试制度，重视启发和诱导学员深入钻研，努力学习（吴仲强等，1991）。整个管理开始注重学生的业务素质与思想素质相结合的管理与教育；在教师方面，也注重了教师的分配与考核工作。教师基本上都是由高等学校的图书馆学教师和各部门富有经验的图书馆学干部兼任的，教师的质量也在一定程度上保证了教学的质量。

需要指出的是，快速发展的图书馆教育业还存在一些问题。虽然这一时期培养人数扩大，但是在"一五"计划之后，我国开始推行"大跃进"，教育界也受到浮夸风的影响，导致有些地方盲目开班，学员数量剧增，在当时师资、教材有限的情况下，一些培训班的教学质量难以保证。而且，当时学校片面强调学生下放厂矿、农村劳动训练和社会调查，这种鼓动导致了图书馆学基础理论和专业技术学习的时间减少，图书馆学教学的系统性与完整性遭到破坏与削弱，这种情况严重地影响了教学质量（郑章飞等，2000）。另外，受培训班学员知识背景的限制，培训班里基本上不能系统的推行图书馆学新技术的应用，过分强调政治教育，使课程内容苍白无趣，这也是短期培训班不能培养出高层次研究性人才的原因。

2. "文化大革命" 十年的受挫期

1966~1976 年，我国的教育事业处于停顿状态，图书馆事业发展受到很大的破坏。这一阶段，图书馆学教育除了极个别的培训班开展之外，图书馆学的正规教育处于中断状态。1966~1971 年，北京大学图书馆学系和武汉大学图书馆学系停止招生 6 年。直到1972 年，北京大学和武汉大学图书馆学系才恢复招生，招 "工农兵学员"，学制改为 2年。北京大学图书馆学系采取以 "馆办专业" 的办学体制；武汉大学图书馆学系是以 "系办馆" 的办学体制（郑章飞等，2000）。

在教学上，一方面，师资队伍遭到严重的破坏，除一些专家教授如杜定友、沈祖荣、徐家麟、王重民等相继逝世外，不少专业教师被调离教学岗位。1969 年，在校的专业教师被下放到农村，师资队伍被拆散，教学设备和图书也遭到损坏（吴仲强等，1991）。另一方面，1972~1977 年招收的学生知识背景较差，学生入学并不通过考试来选拔，而是由各单位保送入学，因此，招收的学生水平不均衡，给教学带来了一些困扰，整个教学计划和教材都要重新为这些学生定制，教材编写的内容只能是关于基础性知识的讲解和普及型读物的宣传；而且，在管理上，教学受政治影响太深，导致教学内容多半是有关政治上的宣传，整个图书馆学的教学内容缺乏系统性和连续性。教学质量根本无法保证（吴仲强等，1991）。在教学方法上，采用能者为师，以干代学，完全忽视教师的主导作用，严重违反教学规律（彭斐章和谢灼华，1989）。"文化大革命" 的十年带给整个图书馆学教育的是难以回首的痛楚，图书馆教育再次出现严重 "滑坡"。

综上，从新中国成立后至改革开放前，我国的图书馆学教育大体上依然是进步的，图书馆学教育的探索为今后图书馆学教育的复苏发展打下了基础。这一时期图书馆学教育出现的失误与教训也为今后图书馆学教育的发展提供了前车之鉴，警示图书馆学教育进行全面的改革，以适应现时代社会发展的需要。

1.2.3　恢复整顿及初步发展期（1976~1994）

经过 "文化大革命" 的浩劫后，高等学校亟须对教育目标、教育方法、教材、课程进行改革，以满足教育教学的迫切需要，所以国家也注重对教育的恢复与改革。一方面，国家加强对图书馆事业的支持和指导，1978 年夏季，教育部在武汉召开了文科教育会议，北京大学和武汉大学图书馆学系共同确定了图书馆学专业教育方案，协作编写教材（郑章飞等，2000）。同年 8 月，教育部印发了《关于加强高等学校图书资料工作意见》指出 "图书资料工作者队伍严重青黄不接，而一部分新参加工作的年轻同志受 '文化大革命' 的影响，文化水平相对较低，专业训练也缺乏，所以有关院校要努力办好图书馆学系，加快专业人员的培训"。而在同年 12 月，中国科学院制定并公布了《中国科学院图书情报工作暂行条例》，明确规定中国科学院当前的任务是 "要做好全院的图书情报协调、经验交流和干部培训等工作"; 1979 年中国科学院再次强调 "为加速图书情报工作人员的培训,从 1979 年开始定期举办图书情报工作短期训练班","建议浙江大学和中国科技大学在近期内筹设图书情报学系,为我院培养图书情报业务人员"(吴仲强等,1991)。如上可以看出,国家和部门更加注重图书情报学事业建设。1980 年,中共中央书记处第二十三次会议讨论并通过了《图书馆工作汇报提纲》,明确指出当时图书馆事业存在规模小、物质条件匮乏、馆际之间缺少必要的沟通协作、专业干部缺乏、主管部门不够重视等问题,为此,教育部在认真讨论的基础上抓紧实施措施进行改进,特别设图书馆事业管理局,专门负责管理全国图书馆事业(张树华和张久珍,2008)。同时建议 "教育部同图书馆事业主管部门密切合作,共同办好现有高等学校的图书馆专业和情报专业,有条件的省市,亦应设立图书馆中等专业学校,为省级以下图书馆培养合格人才"(吴仲强等,1991)。另外,各系统各部门逐渐重视图书馆事业,分别设立了管理图书馆事业的专门机构,例如,文化部下设图书馆事业管理司;国家教育委员会领导下的全国高等学校图书馆工作委员会,其主要任务是:调查研究高等学校图书馆状况,提出改进措施;研究制定高等学校图书馆事业的发展规划;拟定高等学校图书馆的有关条例和标准;培养干部和组织经验交流;组织馆际协作;编辑出版反映高等学校图书馆工作的刊物;调查研究国外高等学校图书馆的工作经验,组织对外交流活动;进行图书馆专业教育方面的研究(张树华和张久珍,2008)。另外还有中国科学院成立的出版图书情报委员会;中共中央宣传部出版局图书馆处;图书情报工作协调委员会;中国信息和文献标准化技术委员会和全国图书馆文献缩微复制中心等。这些机构逐步建立和完善了图书馆学教育和管理体制。最后,由于图书馆学教育界座谈会举办频繁和一些相关工作条例的制定,推动了教育工作的发展。1981 年,教育部和文化部在北京联合召开了全国图书馆学教育座谈会,北京大学、武汉大学、华东师范大学等 9 所设有图书馆专业的代表出席了会议,经过讨论,与会代表一致认为当务之急是改革图书馆学的教育体制。1983 年教育部召开了图书馆学情报学座谈会,重点讨论了图书馆学专业人才培养问题,提出了 "建立多层次、多类型、布局合理、具有中国特色的图书馆学教育体系" 的设想。在接下来几年召开的座谈会中,与会代表对图书馆学教育体制改革、人才培养目标、课程设置、教学方法、师资队伍建设和教育层次的构建等问题都进行了深入的讨论(郑章飞等,2000)。这些讨论使我国图书馆学界能够清晰地认识到当前图书馆教育的不足,能够明确地制定改进的目标和措施,在持续高潮的讨论中,图书馆学教育得到快速地恢复并走上快速发展之路。

从图书馆学专业教育本身来讲,这一时期的图书馆学教育自身在正规的专业教育和非学历教育上都得到了恢复和再次的辉煌,图书馆学教育在 20 世纪 80 年代再次进入 "黄金发展期"。1977 年,武汉大学和北京大学图书馆学系恢复招收 4 年制本科生。在 1978 年和 1979 年,武汉大学和北京大学又相继招收图书馆学专业硕士研究生;中国科学院图书馆也开始招收图书馆学硕士研究生。天津市图书馆、四川省图书馆、吉林省图书馆和湖南省图书馆等 4 个单位先后开展了图书馆学中等专业教育(潘燕桃等,2004),这在图书馆学专业的学制和教育层次都有了提高。1980 年,北京大学图书馆学系恢复函授专修科,学制为 2 年;同时,北大和武大两所大学的图书馆学系合编的《图书馆学基础》和《目录学概论》相继出版,并成为 20 世纪 80 年代图书馆学教育中的经典教材。另外,图书馆学会重新建立并继续辅助图书馆教育的开展。1979 年 7 月，中国图书馆学会成立，并在太原市举行了成立大会，有近 200 名代表参加，大会通过了《中国图书馆学会章程》，同时成立了中国图书馆学会学术委员会和编译委员会，以保证重视图书馆学学术研究，这种机构的设立，间接引导了我国的图书馆学教育重点从业务性教育到研究性教育的转变（邹华亭和施金炎，1988）。

1. 图书馆学正规教育

这一时期，图书馆学正规教育在国家大环境的支持下蓬勃发展，图书馆学正规学校终于成为培养图书馆专业人才的摇篮，图书馆学专业在社会上得到越来越多的人的认可，社会的大量需求使得报考高校图书馆学专业的学生越来越多。1983 年，教育部发布了《关于发展和改革图书馆学情报学教育的几点意见》的通知，指出"图书馆情报事业，需要大批受过专业教育的人才，图书馆学专业的发展目前和世界发达国家相比，差距悬殊，所以图书馆学情报学教育必须有较大的发展，同时要进行认真的改革"，并提出了"大力发展高等教育、加速发展中等职业技术教育、积极发展在职教育、加强师资队伍建设、加快教学改革步伐、抓紧教材建设提高教材的科学水平、加强现代教学手段和设备的建设、加强对图书馆学情报学教育的领导"等具体意见（潘燕桃等，2004）。综合以上因素，图书馆学专业发展越来越科学并按学科发展规律快速成长起来。

这一时期开设图书馆学专业教育的学校，不仅仅开设有图书馆学本科的学士教育，而且有部分学校恢复并开设了硕士办学点，北京大学图书馆学专业、武汉大学图书馆学专业、中国科学院文献情报中心等还成为全国图书情报博士学位开设点。也就是说，这一阶段教育体系基本上趋于完善，形成了高等专门教育、普通高等教育、高等继续教育、中等专业教育等四个层次的教育。根据中国图书馆学会学术工作委员会教育组调查，截至1985 年，我国从事正规图书馆学教育的办学点共 47 个，其中设有大学本科 25 个、专科 13 个、中专和职业高中 9 个；从事在职教育的办学单位 33 个；全国从事正规图书馆学教育的教学人员共计 760 人，其中，教授 6 人，副教授 45 人，讲师 165 人，助教 230 人，教员 47人，兼职教师 267 人（邹华亭和施金炎，1988）。需要指出的是，各层次图书馆学教育的目标也非常明确：中等图书馆学教育主要培养能胜任图书采访、编目、典藏、流通等基础业务工作的图书馆学初级专业人才；图书馆普通高等教育主要要求学生掌握相应的图书馆学基础知识，并初步掌握相应的理论和技术方法，能够适应中等综合图书馆管理和研究的需要；高等专门教育主要培养能适应大型图书馆信息交流的需要，具有从事和组织图书馆学研究的能力，并能够协助国家职能机构制定相应的学科方针和政策等。可见，无论在教育规模、培养目标和师资力量上都说明图书馆学教育逐步走向科学化和正规化。这一时期正规的图书馆专业教育机构，如表 1-6 所示，图书馆学中等教育概况如表 1-7 所示。

表 1-6　正规图书馆学专业教育机构概况（1978～1994）

序号	机构名称	主管部门	创办年份	每年开办图书馆学校数
1	武汉大学图书情报学院	教育部	1920	1
2	北京大学信息管理系	教育部	1947	1

续表

序号	机构名称	主管部门	创办年份	每年开办图书馆学校数
3	南京大学信息管理系	教育部	1978	1978年有7个开办
4	山西大学信息管理系	省教育厅	1978	
5	白求恩医科大学医药信息学系	卫生部	1978	
6	上海大学文学院文献信息管理系	市教育厅	1978	
7	北京联合大学应用文理学院信息系	市教育厅	1978	
8	天津师范大学国际商学院信息产业系	市教育厅	1978	
9	湖南大学图书情报专业	省教育厅	1978	
10	东北师范大学国际工商管理学院信息管理系	教育部	1979	1979年有3个开办
11	华东师范大学国际商学院信息管理系	教育部	1979	
12	安徽大学信息管理系	省教育厅	1979	
13	中山大学信息科学与技术学院信息管理系	教育部	1980	1980年有3个开办
14	北京师范大学信息技术与管理系	教育部	1980	
15	福建师范大学图书馆学系	省高教厅	1980	
16	南开大学信息资源管理系	教育部	1983	1983年有8个开办
17	四川大学信息管理系	教育部	1983	
18	西安交通大学管理学院信息管理系	教育部	1983	
19	兰州大学信息管理系	教育部	1983	
20	华南师范大学信息管理系	省高教厅	1983	
21	浙江大学历史系图书馆学专业	教育部	1983	
22	西北大学图书馆学情报学系	教育部	1983	
23	西安基础大学图书馆学系	省高教厅	1983	
24	华中师范大学信息管理系	教育部	1984	1984年有6个开办
25	湘潭大学管理学院知识资源管理系	省教育厅	1984	
26	黑龙江大学信息管理系	省教育厅	1984	
27	河北大学信息管理系	省教育厅	1984	
28	东南大学图书馆学专科	教育部	1984	
29	南昌大学信息管理科学系	省教育厅	1984	
30	郑州大学信息管理系	教育部	1985	1985年有7个开办
31	北京外国语大学英语信息管理系	教育部	1985	
32	大连理工大学管理学院信息管理系	省教育厅	1985	
33	辽宁师范大学信息管理系	省高教厅	1985	
34	吉林工业大学管理学院信息管理系	机械部	1985	
35	大连大学科技情报专业	省教育厅	1985	
36	同济医科大学医学图书情报学系	卫生部	1985	

续表

序号	机构名称	主管部门	创办年份	每年开办图书馆学校数
37	空军政治学院信息管理系	总参谋部	1986	1986年为4个开办
38	山东大学信息管理系	教育部	1986	
39	南京农业大学信息管理系	农业部	1986	
40	云南大学档案系图书馆学专业	省教育厅	1986	
41	中国科技大学信息技术与决策科学系	教育部	1987	1987年有3个开办
42	湖南医科大学医药信息系	卫生部	1987	
43	中国医科大学图书情报学系	卫生部	1987	
44	西南师范大学图书情报学系	省教育厅	1987	
45	南京理工大学	教育部		
46	第二军医大学医学信息管理专业	总后勤部		
47	西安电子科技大学信息管理系	教育部		

注：表中有40所高校进行本科教育，有21所高校属教育部，有18所高校为省（市）教育厅或高教厅管辖，有4所高校直属卫生部，其余的有1所属机械部；1所直属农业部；2所分别直属总参谋部和总后勤部。图书馆学高等教育学校以平均每年约2.8所的数量增长，中等学校以平均每年约1.3所的数量增长

说明：各年开办学校的个数为简单累计统计，并不完全代表实际开办的学校或专业

表1-7　图书馆学中等教育概况

序号	机构名称	主管部门	创办年份	每年开办图书馆学校数
1	广东省业余科技大学图书馆大专班	省中心图书馆委员会	1979	2所
2	中山大学图书馆学大专班		1979	
3	天津市图书馆中专班	市文化局	1978	1所
4	湖南省图书馆中专班	省文化厅	1982	1所
5	湖南图书情报学校	省教委	1983	6所
6	复旦大学图书馆中专班	国家教委	1983	
7	上海市沪光中学图书馆管理职业班	市出版局	1983	
8	北京市海淀中学图书情报职业高中	市教育局	1983	
9	云南大学图书馆学中专班	省教育局	1983	
10	中国科学院中等图书情报专业学校	中国科学院	1983	
11	浙江省图书馆学会图书馆学职业班	省教育局	1984	6所
12	大连工学院图书馆职业高中	省高教局	1984	
13	上海市图书馆职工中专学校	市文化局	1984	
14	杭州大学图书馆中专班	省教委	1984	
15	河北艺术学校图书馆学专科	省文化厅	1984	
16	山东济南市图书馆中专班	市教育局	1984	

续表

序号	机构名称	主管部门	创办年份	每年开办图书馆学校数
17	河南省中影技术学校图书馆专业	省文化厅	1985	
18	河南省开封市文艺学校图书馆专业	省文化厅	1985	
19	黑龙江大学图书情报学系中专班	省教委	1985	6 所
20	四川重庆大学图书馆中专班	省高教局	1985	
21	天津市工艺学校图书馆中专班	市教育局	1985	
22	天津市图书情报职业学校	天津市图书馆	1985	

注：此表参考①潘燕桃，程焕文．2004．世界图书馆学教育进展，北京图书馆出版社，4：8～9；②郑章飞，黎盛荣等．2000．中国图书馆学教育概论，国防科技大学出版社，12：46～48

由表1-6和表1-7可以看出。第一，图书馆学专业教育的规模增大，综合性大学、医学院、理、工、农等大学相继开办图书馆学系（科），培养了大批针对不同学科进行管理的图书馆专业高级人才；不同性质的学校开设图书馆专业和课程也使图书馆中的管理人员及教师队伍的知识结构在丰富宽广的基础上又增加了专业的知识，这种变化适应了当时社会经济和教育急剧改革和发展的需要，图书馆学教育布局也日渐趋于合理。另外，国家机关对图书馆学科学地位的确立进一步催化了图书馆学教育规模的扩大。1993年国家学位委员会将图书馆学情报学分别从历史学和理学等大类中抽出，列为一级学科，1994年《国家社会科学资金项目资助指南》首次将"图书馆学、情报与文献学"列入《指南》，正视了这一学科在社会科学研究领域中的独立地位（董小英，1996a）。

第二，教育层次的丰富和合理化。在这一阶段开设正规图书馆学高等教育的学校中，基本上每所学校都开设了本（专）科的教育，其中，武汉大学、北京大学、南京大学、山西大学、天津师范大学、东北师范大学、华东师范大学、中山大学、南开大学、黑龙江大学、吉林工业大学、空军政治学院等学校还开展了图书馆学硕士教育。北京大学和武汉大学信息管理学院还成为全国的图书馆学博士学位的授予点。武汉大学图书情报学院彭斐章教授和北京大学图书馆学情报学系周文骏教授开始招收博士研究生，博士学位的确立，使我国图书馆学教育填补了无高层图书馆学人才教育的空白，同时也表明我国拉开了立足国内培养高层次图书情报人才的帷幕。随着图书馆教育层次的发展，这一时期还出现了"双学位"教育形式，典型的例子就是南京大学文献情报学系实行的双学位教育（吴仲强等，1991）。另外，需要指出的是，这一时期中专教育发展迅速，共有20多所学校开设图书馆学中专班，学生达几千人之多。图书馆学中等教育从以前教育链上的薄弱环节转变为繁荣发展的环节是有深刻原因的，一方面，在1983年教育部发布《关于发展和改革图书馆学情报学教育的几点意见》后，全国各省（市）文化厅、教育局、出版局等部门都积极牵头办学，在资金和教学设施上都给中等学校办学提供了足够的来源。另一方面，全国图书馆数量增长迅速，特别是基层图书馆亟须大量的具有基础专业知识的图书管理员，解决这种供需矛盾的主要方法就是开办图书馆学中等教育，这种教育投资相对少，见效又快，所以发展迅速。

第三，课程结构与时俱进，并注重对教学内容的改革。这一时期图书馆学课程最大的变化是图书馆学课程和情报学课程逐渐趋向一体化，图书馆学和情报学的核心课程成为图书情报专业学生共同的必修课，如情报学、管理科学、图书馆自动化、缩微与声像处理技术等课程。1992年，首届图书馆学专业系主任联席会议确定了图书馆学基础、中国图书与图书馆史、目录学、文献资源建设、文献分类与主题法、文献编目、读者研究、社科文献检索、科技文献检索、图书馆管理、文献管理自动化、图书馆现代技术等12门核心课程（王子舟，2009）。相应地，图书馆学新教材伴随新课程的增设相继问世，图书馆专业核心知识逐渐丰富。同时一些院校也考虑使用学分制与选修制相结合的方法，使学生能够灵活安排课程，学生既可以根据兴趣和需要进行重点选修，又可以进行图书馆学、情报学、文献学三门学科的交叉选课，这样的课程改革可以增强学生的"既综又专"的能力。图书馆学课程安排的变化主要是因为随着图书馆学研究的发展，图书馆学和其他相近学科共同衍生出情报科学，情报科学既具有传统图书馆学的特点，又具有明显的时代特色，所以，为了使文献信息交流顺畅，充分挖掘图书信息，培养信息综合性人才就非常必要，那么，图书馆课程结构的变化也在情理之中，并且这种变化也符合学科发展规律。课程结构的另一个变化是在思想政治课、文化课、语言课、专业课等四大类课程的基础上增加了研究方法课的教学。研究方法课主要包括数学、逻辑学、计算机科学、管理学、统计学、社会学等相关方法论和知识。这种改变的主要原因：一方面，在这一时期我国逐渐开放，国外的科技和先进知识也不断引入国内，美国等先进国家出现信息激增、图书激增的现象，为了解决信息检索问题和有效地开发图书馆信息，各个含有图书馆专业的院校增设了文献检索课程和信息处理、数据库建设等与计算机相关的课程，这些课程的增加使课程结构更加优化，教学质量也得到了提高，学生就业面也得到扩大，所以，我国也学习美国和前苏联的经验，增设相关课程。另一方面，计算机的出现和普及，使得信息量猛增，作为社会主要信息源的图书馆必须采用新技术开发图书信息才能够在信息潮流中占主要地位，所以，图书馆对既懂计算机又懂专业知识的人才极其欢迎。因此，学校课程也随之有所改变，对教学内容也应该实施相应的改革。另外，教学内容的改革还表现在课程的删减上，由于每周的学时有限，那么增加新课程的同时就面临传统的图书馆学课程的删减，多数学校主要删减的是传统的图书整理技术和方法课程，并尽量避免课程的重复，或者是压缩一些传统课程的课时，加强了书目方面、检索方面的课程，新的内容的增加、旧的内容的删减，增加了课程的新鲜性与趣味性，这样的课程安排使学生能够积极地了解到科学发展前沿，掌握最新的图书馆学管理方法和技术。

第四，教材建设和科学研究取得很大进展。从1978年开始，图书馆学情报学教育就开始进行了有计划的教材建设，1978~1983年列入高等学校文科选编教材计划的书就有8种，而1985~1990年列入高等学校图书、情报学类教材选编计划的教材有近50种；并且这一阶段出版的《图书馆学基础》、《目录学概论》、《中文工具书使用法》等三本教材均获国家教委1988年优秀教材一等奖，《科技文献检索》获得国家教材二等奖（彭斐章和谢灼华，1989）。而且，我国为了进一步吸收国外优秀教材，教育部还发出了《关于高等学校外国教材中心图书室若干问题的暂行规定》的通知，决定在全国六大区内包括南开大学、吉林大学、复旦大学、武汉大学、南京工学院、华南工学院、重庆大学、西安交通大学和人民教育出版社等9所高校和部门，设立9个外国教材中心图书室（邹华亭和施金炎，1988），以支持图书教材的建设。另外，全国范围内多次召开了图书情报课程教材编写与改革的研究会，大多会议的内容是对教材的内容、结构、体例等问题进行讨论，目的是使图书情报教育各层次都能够选用到合适的教材，提高教学质量。因此，这一时期的出版的经典教材有《图书古籍编目》、《情报学概论》、《情报检索语言》、《中国图书与图书馆史》、《图书馆目录》、《图书馆学导论》、《外国图书馆学名著选读》、《社会科学文献学》、《中国历史文献学》、《中国文学目录学》、《情报数据库系统》等，这些教材的内容能够反映学科最新的研究成果，并根据教学需要打破传统的体例，增加了图书馆学课程的趣味性和灵活性，改变了以前图书馆学专业教材缺门少类和内容贫乏的局面。这一时期，图书馆学研究发展迅速。一方面国家高层管理机构对图书馆研究所加强重视。1978 年 3 月，中国社会科学院和教育部联合成立的制定全国哲学社会科学发展规划办公室组织力量制订出《1978—1985 年图书馆学发展规划》（草案），规划拟定了图书馆学重点研究内容，包括图书馆学基本理论的研究、图书馆现代问题的研究、图书馆管理科学化的研究、图书馆事业史和图书馆学史的研究、外国图书馆事业的研究等研究课题。1982 年 12 月，第五届全国人民代表大会第五次会议批准的《中华人民共和国国民经济和社会发展第六个五年计划（1981—1985）》的第 4 编第 26 章"哲学社会科学"中指出："军事学、新闻学、图书馆学、档案学、人文地理、社会心理学，也要加强研究"，这是中华人民共和国成立以来首次在党中央和政府文件上，将图书馆学作为一门科学提出来（邹华亭和施金炎，1988）。受到国家的重视与认可，图书馆学界研究就有了动力，学术论文及专著迅速增长，据统计，1978～1987 年，全国图书馆学院系发表的学术论文达四千多篇，出版专著一百八十多种（吴仲强等，1991）。另一方面，学术交流的推动。北京大学、武汉大学经常举办学术报告会、学术讨论会等各种类型的学术活动，并且华东师范大学、北京大学、东北师范大学、中山大学的图书情报学系每年轮流组织召开全国中青年图书馆学情报学研讨会，在校学生积极参加；还有全国图书馆学会的发展，中国图书馆学会秘书处 1987 年统计显示，全国学会发展会员 6346 人，进行全国性的学术交流活动二十多次，收到论文 295 篇；省（自治区、直辖市）的学会会员发展至 15 405 人，举行学术交流讨论会 106 次，发表论文 2986 篇。这些会议和论文促进了图书馆学研究的进展，并为我国的图书馆学研究培养了一支年轻的队伍。同时，我国经常和国外图书馆界进行交流，参加各种类型的国际会议，积极吸收国外先进的科研成果，使我国的图书馆学研究逐渐与国际接轨，图书馆学研究也走上飞速发展之路。

第五，师资力量的提高和教学设备的改进，为图书馆学教育发展打下了坚实的基础。这一时期的教师队伍有四大部分，在年龄结构上表现为"老中青三结合"的程式，在学历背景上则表现为国内培养和留学相结合的程式。第一部分是元老级的人物，他们是新中国成立前文华图专和北京图书馆学专科培养出来的或留美归国的精英人才，在多年的教学中，他们积累了丰富的实践经验和学术成果，能够将图书馆学基础知识深入浅出地讲授给学生，保证了良好的教学质量。第二部分是新中国成立后我国培养的图书馆专门人才，这部分人才成为教学的骨干力量，他们在校大都受到了良好的外文培训，能够较为准确及时地翻译苏联和美国图书馆学的优秀成果，准确地把握图书馆学研究前沿。第三部分是在图书馆或情报部门一线工作的人员经过长期的实际锻炼转到教学岗位或者是其他专业毕业后进修图书馆学教学的人员，这些人员具有丰富的知识背景，在教学过程中能够利用自身的知识拓宽学生的视野，同时让学生能够熟悉或掌握图书管理的技能。第四部分是 1978 年以后留学或留校的青年教师，这部分人员思想相对开放，思维敏捷，能够大胆接受新的知识和技术，积极宣扬国际上图书馆学界新知识，成为引导图书馆学研究和发展方向的主要力量。另外，这时期的师资力量在性别上也有变化，女性教师逐渐发展壮大起来，并成为图书馆学教学的一支新生队伍。在学历结构上，这一时期的教师分为博士毕业、硕士毕业、本科毕业、大专毕业等几类，教育层次的完善也使教师队伍的学历结构水平有所提高。综上因素，图书馆学师资力量改变了原来的单一成分，在年龄结构、性别结构、学历结构和数量上都有了很大发展，教师结构的优化和数量的提高，保证了图书馆学的教学质量，成为这一时期推动我国图书馆学教育发展的重要源泉之一。

2. 图书馆学成人教育情况

这一时期的图书馆成人教育中学历教育有了大规模的增长，同时以大量各种讲座和培训为辅助，因此，20 世纪 90 年代初，我国的图书馆学在职教育体系初步建立。成人教育中的学历教育是国家承认学历的业余教育，主要包括夜大学、函授大学、函授中专、职工大学、广播电视大学等。函授大学是高等学校全日制教育的补充，我国图书馆学函授教育分为高等教育和中等教育两种类型，其主要特点是以学生自学为主，学校适当辅导。职工大学是一种国家承认大专学历的图书馆学职业教育，一般学制为 3 年，其特点是图书馆职工边工作边学习，主要目的是提高图书馆职工的业务水平和工作能力。广播电视大学是开放式教育的一种，顾名思义就是通过电视、广播、录音磁带等媒介进行教学的一种形式。广播电视大学图书馆专业主要招收高中文化程度的图书馆工作人员，通过统一考试进行录取，学制为 3 年，3 年后，成绩合格者，发给相当全日制 2 年专修科毕业证书，享受正规大学专科生同等待遇。

我国的图书馆学函授教育于 1980 年恢复，以北京大学、武汉大学图书馆学系恢复函授专修科为标志。从 1980 年至 1985 年，北京大学图书馆情报学系共招收函授生 2552 人，武汉大学图书馆情报学院培养专科函授生 1282 人（吴仲强等，1991）。此外，吉林省、四川省、安徽省、江苏省、山西省等地的图书馆学函授教育业相继开办，这一时期的成人教育概况如表 1-8 和表 1-9 所示。

表 1-8　1978~1990 年图书馆学函授教育开展概况

序号	办学单位	开办时间	学制及主讲课程
1	北京大学图书馆学系	1980 年恢复	学制 2 年，1981 年改为 3 年；开设图书馆业务课，增开《中国通史》、《中国文学史》、《科技发展史》、《英语和古代汉语》等文化课
2	辽宁省图书馆与辽宁大学合办"函授图书馆专业"	1980 年 9 月	
3	吉林省图书馆函授学校	1980 年 5 月	学制 2.5 年；开设《中国图书馆事业史》、《图书馆事业建设》、《藏书建设》、《读者工作》、《图书分类》、《图书馆目录》、《文史工具书》、《科技文献检索》、《图书馆科学管理》、《图书馆现代化展望》等

续表

序号	办学单位	开办时间	学制及主讲课程
4	武汉大学图书馆系	1980 年恢复	学制 3 年；在武汉、长沙、广州、桂林、南宁、郑州、南昌、济南、西安、成都、重庆、贵州、杭州、苏州、福州、合肥等 16 个城市设函授辅导站，主要开设《图书馆学基础》、《科技情报学概论》、《图书分类学》、《图书目录》、《社会科学工具书》、《目录学概论》、《英文图书编目》、《古籍版本整理》、《科技文献检索》、《情报检索语言》等专业课，并设有《中国通史》、《古代汉语》、《英语》等文化课
5	南京金陵职业大学	1981 年 2 月	
6	山西省图书馆业务函授学校	1981 年 10 月	学制 3 年，开设《图书馆学基础》、《图书分类》、《中文图书编目》、《中国科学技术发展简史》、《文史工具书》、《情报学概论》、《目录学概论》、《古籍整理》、《中国书史》、《古代汉语》、《现代汉语》、《中国通史》、《政治》等课程
7	四川省图书馆中专函授学校	1981 年 9 月	学制 2 年；设有《图书馆学概论》、《科技情报概论》、《藏书建设》、《图书分类》、《图书编目》、《读者工作》、《参考咨询》、《期刊工作》等课程；并统一编印《函授通讯》为教学补充教材
8	浙江省图书馆中等专业函授部	1983 年	学制 1 年；开设《图书馆学基础》、《图书分类》、《图书馆目录》、《读者工作》、《中文工具书使用法》、《西文图书编目》和《图书馆古籍工作》等课程
9	黑龙江省委党校函授部	1985 年 8 月	学制 3 年
10	北京联合大学文理学院图书馆学系		
11	东北师范大学图书馆学系		
12	广西图书情报中专函授学校	1983 年	
13	桂林图书情报中专函授学校	1983 年	

注：此表信息来源①邹华亭，施金炎 . 1998. 中国近现代图书馆事业大事记 . 长沙：湖南人民出版社；②肖东发 . 1988. 中国图书馆学教育 . 图书馆学刊（第一期）：9～12；③郑章飞，黎盛荣 . 2000. 中国图书馆学教育概论，国防科技大学出版社 . 12：115～117

表1-9　广播电视大学、职工大学和夜大学开展状况

序号	办学单位	主管部门	办学方式	备注
1	中央广播电视大学图书馆专业	国家教委	电视大学	1985 年 9 月创办，学制 3 年，在籍生 2 万余人
2	北京图书馆职工业余大学	文化部	职工大学	
3	内蒙古青城大学图书馆专业	市教育局	电视大学	

续表

序号	办学单位	主管部门	办学方式	备注
4	包头电大分校图书馆专业	市教育局	电视大学	
5	长春师院图书馆专业	中国有色金属公司	职工大学短训班	
6	黑龙江省图书馆	省文管会	职工大学短训班	
7	上海图书馆	市文化局	职工大学短训班	
8	上海大学文学院文献信息管理系	市高教局	职工大学短训班	
9	南京大学图书馆学系	国家教委	职工大学短训班	
10	杭州大学图书馆学系	省教委	职工大学短训班	
11	合肥联合大学	省教育厅	职工大学短训班	
12	青岛市图书馆业余专科学校	市文化局	电视大学	
13	湖南省图书馆	省文化局	职工大学短训班	
14	湖南师范大学	省教委	职工大学短训班	
15	云南省文化厅职工业余大学	省文化厅	职工大学短训班	
16	兰州大学夜大学图书馆专修科	国家教委	夜大学	1981 年创办，学制 3 年
17	南京师范学院夜大学图书馆专修科	省高教局	夜大学	1981 年 3 月创办，学制 3 年

注：此表参考①肖东发.1988.中国图书馆学教育.图书馆学刊（第一期）.9～12；②邹华亭，施金炎.1988.中国近现代图书馆事业大事记.长沙：湖南人民出版社

　　这一时期，一方面，各种形式的成人教育学历层次在不断丰富，不但包括高等大专学历教育，而且还有中等学历教育。中山大学等学校也招收本科生，并且部分地区开始尝试实行高等自学考试的办学形式，例如，1985 年上半年，经教育部批准的湖北省高等教育自学考试指导委员会在全省范围内新增开考图书馆学专业。另一方面，图书馆学成人教育的数量也大量增加，各类型的成人教育，每年都有近千名的学员在校学习，连办学规模相对较小的中专教育，每年学生也有近 500 人左右。

　　在成人的学历教育中，为了保证教学质量，教材质量需要逐步提高，教学内容也要逐渐丰富。函授学校的教材基本上和正规高等学校专业教育保持一致性，有些学校以文化部颁发的《图书馆专业基本科目复习纲要》为大纲采编教材，这些做法使教材质量有了保证。另外，有些学校还组织力量编写合适的教材，并及时印发补充材料，使学生能够在自觉学习的同时，能够较好地理解掌握学习内容。

　　在教学管理上，成人教育教学管理逐步走向正规。以 1985 年开办的中央广播电视大学图书馆专业为例，为了更好地对图书馆专业教育管理，在开办之前，中央广播电视大学邀请国家文化部、教育部、中国科学院和北京图书馆的有关领导和同志进行了深入探讨。1986 年 1 月 14 日，我国又成立了"中央广播电视大学图书馆学专业教育委员会"，专门负责教学计划和教学大纲的审订、专业课教学大纲的审核、专业参考书目的确定、推荐主讲教师、审核专业课教学辅导老师标准、审定招生考试标准、调查研究教学及其他有关问题等，该委员会由著名的图书馆学专家，如彭斐章、周文骏、佟曾功等 11 位同志组成。

专门管理机构或组织的设立，既保证了成人教育的质量，也进一步推动了整个图书馆教育的发展。另外，这一时期的图书馆学成人的学历教育基本上有了主管部门，如表1-8和表1-9所示，约74%的办学机构属省（市）教育厅（文化局）管辖，约17%的办学机构属国家教委。所以有了正规的所属机关，教学资源就会得到保障，教学管理也逐渐走向了正规。

在成人教育中的短期训练班和业务讲习班属于非学历教育，这一时期，全国各地高等学校图书馆学院系或大型图书馆、各级图书馆协会和高校图书情报工作委员会等单位或组织部门举办多次训练班，有数万人参加学习，训练班的时间有的为期半月，有的则长达半年。短期讲习班和训练班使用的教材和讲义都是当时比较经典的教材，并由高等学校教师或图书馆学某一个方面的专家担任主讲进行授课。有时为了提高图书馆管理人员某一方面的业务水平，会特意举行专题训练班（表1-10）。这些训练班的举办，能在短期内使图书馆管理人员掌握到技术，补充到最新的图书馆学知识，有利于保证图书馆的服务与管理质量，同时也为图书馆学正规的学历教育做了补充，能够满足应急之需。

表 1-10　图书馆学专题训练班概况

序号	时间（年-月-日）	专题训练班名称	举办单位或训练班所在地	参加人数
1	1978-07-12 ~ 1978-09-02	四川省图书、科技文献管理学习班	四川省中心图书馆委员会	188 人（旁听生20）；编写讲义21 种
2	1978-08-07 ~ 1978-09-07	古籍善本书总目编辑骨干培训班	山西省	105 人
3	1978-09-11 ~ 1978-09-25	古籍善本整理鉴定学习班	东北地区古籍善本书总目编辑领导小组	52 人
4	1978-05-15 ~ 1978-08-05	古籍整理训练班	国家文物局和北京大学	32 人
5	1978-05-22 ~ 1978-06-27	古籍善本书编目学习班	长沙	64 人
6	1978	中文分类编目学习班	北京图书馆	
7	1978-11-01 ~ 1978-11-11	古籍善本书目编辑工作训练班	新疆大学图书馆	
8	1979-03-16 ~ 1979-09-04	电子计算机情报检索培训班	中国科学院图书馆和北大图书馆	
9	1979-11	电子复制技术训练班	广东省科技图书馆与中心图书馆委员会	36 人
10	1980-07-21 ~ 1981-01	古籍图书修补训练班	上海图书馆	14 人
11	1981-07	计算机短训班	辽宁中心图书馆委员会	12 人
12	1981-08-14 ~ 1981-08-19	"主题法"学习班	黑龙江省图书馆学会和科技情报学会联合举办	160 多人
13	1982-11-22 ~ 1982-12-24	藏书建设研讨班	文化部图书馆事业管理局	52 人
14	1983-04-16 ~ 1983-05-12	文献检索师资培训班	南京医学院	
15	1983-06	科技情报检索讲习班	西安交通大学	
16	1983-03	图书馆现代化讲习班	湖南省文化厅	近 100 人

续表

序号	时间	专题训练班名称	举办单位或训练班所在地	参加人数
17	1983-09（为期半年）	图书馆业务人员专业英语进修班	文化部图书馆事业管理局与北京语言学院合办	
18	1983-10（为期1年）	古籍修复训练班（杭州班）	文化部图书馆事业管理局	
19	1983-11-17～1983-12-10	缩微技术研讨班	文化部图书馆事业管理局	
20	1983-11-21～1983-12-10	读者工作业务训练班	江西省文化厅	108人
21	1984-02-27～1984-03-10	西文图书编目训练班	广东省中心图书馆委员会	38人
22	1984-04～06	图书馆缩微复制技术人员训练班	文化部图书馆事业管理局	38人
23	1984-04	报刊整理培训班	国家文献缩微复制中心	24人
24	1984-05	古籍整理学习班	东北师范大学图书馆学系	26人
25	1984-06	计算机在图书馆的应用的学习班	甘肃省中心图书馆委员会	40人
26	1984-09	静电复印机维修技术培训班	湖南图书馆	55人
27	1985-04	外文采访工作培训班	北京大学	
28	1985-04	文献著录标准化培训班	甘肃省图书馆学会	200余人
29	1985-11	主题法与标引技术培训班	吉林省图书馆学会	200余人
30	1986-03	外文图书采访短训班	复旦大学图书馆	70人
31	1986-09	"图书分类"培训班	云南省图书馆	56人
32	1987-05	图书馆自动化与情报检索学习班	中国科学院文献情报中心	53人
33	1987-10	主题法的理论与标引讲习班	安徽省图书馆	60人

注：此表只是简单累计

综上，这一时期的图书馆学教育的成绩令人瞩目，但是也应该看到图书馆学教育仍有许多问题亟待改善，特别是这一阶段后期，社会环境转变为以信息为主导的社会经济，这种变化给图书馆学带来了冲击，图书馆学从飞速发展阶段跌入停滞期。图书馆学教育存在的主要问题有以下几点。

首先，从学生就业上逐渐趋向饱和，经过20世纪80年代的快速发展，培养的大量人才基本上弥补了"文化大革命"期间人才断层造成的困境，所以在20世纪90年代初，社会对图书馆学人才的需求在数量上有所下降，并且受计算机新技术的影响，社会对图书馆学人才的质量要求提升，但是，图书馆学教育培养出来的学生很少能够满足社会需求。所以，图书馆学毕业生就业遭遇困境，为此，也影响到图书馆学校未来的招生。更需要注意的是，受市场经济的影响，毕业生社会价值取向逐渐商业化，毕业生不再以图书馆事业部门为唯一的就业部门，部分毕业生会选择去企业或其他行业，学生流失，使图书馆学受到一些负面影响。

其次，国家给予图书馆学教育的支持，相对于其他学科来讲还是较少，图书馆学研究项目和社科基金依然不多，图书馆学教育发展仍有一些困难不能及时解决，这些因素阻碍图书馆学教育的进一步发展。

再次，图书馆学教育的培养目标和发展战略不能及时适应信息社会发展的变化。20

世纪 90 年代初，随着信息化程度的提高，信息服务快速发展起来，社会和国家需要一大批信息管理与开发人才，但是我们的培养目标涉及信息开发的很少，基本上还是集中图书馆的微观管理层面上的教育，对图书馆学宏观管理的教育很少涉及与深入研究。

最后，图书馆学的课程结构仍需要进一步改变，同时注重师资力量建设。虽然我国的图书馆学课程改革一直在进行，但是，图书馆学课程重复的现象依然存在，传统图书馆学课程依然占有很大比例，有关图书馆学和情报学及文献学交叉的核心课程安排的依然不多，学生选修课依然受限。图书馆学技术课程基本上还是以手工操作为主，图书馆学课程并没有从根本上得到改革。缺乏市场机制的调控和引导，办学单位数量上的过多过快，导致办学质量上的良莠不齐，在人才培养目标和教育内容上，不能很好满足社会需要，在新技术的影响下，这种矛盾日益凸显，图书馆课程亟待深层改革（吴慰慈和董焱，2000）。另外，这一时期的师资力量增强，但是师资的学历结构平均水平较低，也就是说，随着社会的发展，教师的学历水平应该提高一个层次，才能满足图书馆学教育的进一步发展。所以，以上这些问题，还需要我国图书馆教育界进一步深切关注和研究。

1.2.4 互联网时代的图书馆学教育（1995 年至今）

这一阶段的图书馆学教育可以划分为两个时期，一是徘徊及初步变革时期（1992～1999），二是 2000 年之后至今的调整发展时期。

1. 徘徊与初步变革时期（1992～1999）

20 世纪 90 年代以来，我国的市场经济快速发展，社会经济、教育、文化、卫生等事业也蓬勃发展，信息技术的不断改进和升级，推动了信息服务业的飞速成长，图书馆作为一个重要的社会信息源和信息服务窗口，也大力引进信息技术，努力开发信息，推动图书馆事业的发展。然而，一直与图书馆事业保持良好互动关系的图书馆教育却未能顺利前进。随着 80 年代培养出的图书馆人才增多，图书馆人才社会需求趋向饱和，而且，信息社会对图书情报从业人员的知识结构、能力和素质提出了更高的要求。另外，计算机的普及新增了一些专业，这些专业成为当时的"朝阳产业"，发展前景良好，吸引了大量高中毕业生报考，报考图书馆学的学生人数急剧下降。另外，国际大环境在 20 世纪 80 年代末出现了很大变化，美国很多开设图书馆课程的院校由于招生人数下降、学费高、政府预算削减等因素，一些著名的图书馆学院如凯斯西部储才大学、丹佛大学、南加利福尼亚大学等相继倒闭，与此同时芝加哥大学率先取消了传统的图书馆学课程，这引起了全球对图书馆学教育未来的担心（长泽雅男，1988）。在这些因素的影响下，导致 90 年代初，我国高等学校图书馆学专业出现了招生难的局面，图书馆学教育一度遭遇了发展困境。90 年代后期，教育部颁布了重新修订的《普通高等学校本科专业目录》，尔后又据此对全国普通高等学校原设本科专业进行了调整，将本科专业的数量从 504 个压缩到 249 个，图书馆学专业为二级学科，在学科性质上归属于管理学学科门类的"图书馆档案学类"，图书馆学专业获得较为合理的归宿。但是，它衍生出来的情报学却与其他专业结合并独立出来，成为"信息管理与信息系统专业"，图书馆学专业看似地位提高，实则是力量和影响力削弱，在招生时，"信息管理与信息系统专业"招生不断升温，成为热门专业，而图书馆学专业招生愈加困难，愈来愈冷（王知津，2003）。新技术革命对信息人才的需求、传统教学方法和教学思想的落后、教育理念的冲突、学科地位变化的影响等因素，使20世纪末的图书馆教育显出"疲态"，并在这种"疲态"中困顿挣扎。于是，在世纪之交形成了图书馆学教育与图书馆事业蓬勃发展潮流相违背的独特"逆流现象"（程焕文，2001）。

面临困境，图书馆学教育工作者呼吁改革，首先，在图书馆办学数量上进行合并裁剪。在1990年之前开设的图书馆学专业的52个大学或单位经过合并裁减后只保留了二十多个，整体规模减少了一半，截至1999年，我国有二十多所院校招生图书馆学本科生，有的还是隔年招生（表1-11），招生人数平均每年为20~30人，规模大幅度缩小（王子舟，2009）。其次，更改图书馆学院系名称，1992年北京大学图书情报学系改名为信息管理系，暗流涌动的图书馆学教育界为此掀起了图书情报机构的第二次改名热潮，大量的办学单位把"图书情报系"改成"信息管理系"；伴随着信息改名的热潮，图书馆学教育界又掀起了"新专业申办浪潮"，据统计，仅1993~1994年，有12所院校的信息管理系（图书情报系）申请设立了信息学专业（张树华和张久珍，2008），目的是使图书馆学情报学教育朝信息管理、信息开发、网络服务的方向发展（王知津，2003）。再次，拓宽专业口径，淡化专业界限。一些高校的信息管理系在招生时按一级学科招生，在学习两年后，再分专业。图书馆学、信息学、档案学三个专业的专业界限被淡化，每门专业各自保留几门核心课程，其他课程基本相同，并增加经济学、计算机科学等学科课程，图书馆学、信息学专业的口径被扩大，培养出的学生的知识面更广泛，就业机会也大大提高（潘燕桃和程焕文，2004）。最后，深化课程和教育结构改革。这一时期的信息管理系专业课程被划分为必修课、专业选修课、非专业选修课等三类（表1-12）。这三类课程都有核心课程，并且文献信息管理课程逐渐形成一个系列。另外，受美国图书馆学大多开设研究生课程的影响，我国图书馆学教育的重点逐渐出现转变，图书馆学从职业技能培训逐渐上升到图书馆学理论研究的层次，图书馆学的研究生教育和博士生教育受到重视。据统计，截至2000年，我国的图书馆学硕士学位授予单位已经达到17家，博士生学位授予单位为3家，也就是说，研究生教育逐渐与本科教育平分秋色，我国图书馆学教育开始注重对图书馆学研究层次人才的培养。

表1-11　20世纪90年代末合并缩减后开设图书馆学教育的高校概况

序号	院校名称	备注	序号	院校名称	备注
1	武汉大学	本科、硕士、博士	8	郑州大学	本科、硕士
2	北京大学	本科、硕士、博士	9	安徽大学	本科
3	南京大学	图书馆学本科、硕士	10	山西大学	本科、硕士
4	中山大学	本科、硕士	11	河北大学	本科
5	南开大学	本科、硕士	12	浙江大学	本科
6	四川大学	本科、硕士	13	山东大学	本科
7	湘潭大学	本科、硕士	14	兰州大学	本科

续表

序号	院校名称	备注	序号	院校名称	备注
15	云南大学	本科	20	福建师范大学	本科
16	西北大学	本科	21	第四军医大学	本科
17	黑龙江大学	本科	22	南京政治学院上海分院	本科、硕士
18	东北师范大学	本科、硕士	23	中国科学院文献情报中心	本科、硕士、博士
19	辽宁师范大学	本科			

注：因部分学校已停办图书馆学本科专业或者隔年招生，表中的图书馆学本科专业数目并非当时实际数目，只是简单累计数目

资料来源：中华人民共和国教育部高教司. 中国普通高等学校本科专业设置大全（1999年版）. 北京：高等教育出版社

表1-12　信息管理系专业必修课、专业选修课、非专业必修课及选修课

序号	专业必修课课程名称	专业选修课课程名称	非专业必修课及选修课
1	文献分类法与主题法※	期刊工作※	高等数学※
2	文献编目基础※	档案管理学※	经济学※
3	文献资源建设※	专利※	市场学
4	信息学原理※	金融情报※	线性代数※
5	计算机情报检索※	比较图书馆学※	离散数学※
6	图书馆自动化系统※	图书馆统计※	形式逻辑※
7	科技文献检索※	公共关系※	社会学※
8	普通目录学※	信息市场管理与应用※	实用编辑技术※
9	程序设计语言※	企业及经济信息管理※	社会科学概要※
10	社科文献检索※	中国文学书籍目录学※	自然科学概要※
11	图书馆和信息机构管理※	中国史学书籍目录学	现代汉语
12	图书馆学基础※	文献社会学	概率统计
13	数据库※	图书营销学	市场调研
14	信息服务与用户研究※	图书情报应用软件	汇编语言
15	现代信息技术※	图书馆建筑	普通物理学
16	信息分析与预测※	版本学	科研设计与管理
17	中西文工具书※	图书馆学情报学文献源	社会经济统计学
18	中国书史和中国图书馆史※	应用情报学	社会心理学
19	专业英语※	地方信息管理	市场营销学
20	图书馆学情报学研究方法※	信息人才学	英文打字
21	文献计量学※	文献阅读学	期货贸易
22	知识产权※	社会信息管理	报关实务
23	信息系统分析与设计	旅游情报	房地产经营学
24	数据结构	特种文献	技术合作学

续表

序号	专业必修课课程名称	专业选修课课程名称	非专业必修课及选修课
25	操作系统※	方志学	地方经济介绍
26	文献信息计算机处理	校勘学	商业应用写作
27	信息管理概论	文献工作标准化概论	谈判技巧
28	信息经济学	政务信息管理	广告设计
29	信息产业管理	列宁图书馆	
30	商业信息处理与检索		
31	二次文献编撰法		
32	经济信息咨询		
33	信息法学		
34	办公自动化技术		

注：※为每类课程中的核心课程

资料来源：张树华，张久珍. 2008. 20 世纪以来中国的图书馆事业. 北京：北京大学出版社，370~371

　　变革后的图书馆学在数量上逐渐趋于稳定，发展速度平稳。在培养人才的层次上注重对研究生层次的人才培养。图书馆学的相关课程比重增大，注重学科研究。学生就业面扩大带来招生趋于稳定。可以说，一系列变革使图书馆学教育逐渐从"疲态"中恢复过来，保证了图书馆学教育的继续发展。但是，也应该看到变革后的图书馆学专业在信息管理大家庭中的"显赫"地位一去不复返了。单从课程设置上看，图书馆学的核心课程大大缩减，与计算相关的课程逐渐增多，有些课程改革伤及到了图书馆学科的传统核心，致使图书馆学专业知识的增加速度逐渐落后于图书馆学的实践。另外，图书馆学专业内容繁杂，近乎掩盖了图书馆的专业特色（王子舟，2009）。而在院系的改名之潮中，"去图书馆化"① 现象严重，大多学校院系的名字中几乎不留一点"图书馆"字样，而且有许多学校的图书馆学系被并入到经济、管理等学院下成为二级学科系，这些"彻底的改革"大大破坏了图书馆学自身的独立性（叶继元和顾烨青，2008），图书馆学独立性的"伤逝"对图书馆学专业的师生和研究都产生了深远的负面影响。所以，图书馆教育在走向成熟的道路上还需要更多的理性改革。

2. 改革发展时期（2000 年至今）

　　进入 21 世纪，图书馆学教育进入理性调整的发展时期，图书馆学教育连续出现历史性的突破，图书馆学教育呈现了稳定发展的态势。这种稳定发展现象主要表现在以下几个方面。

　　第一，图书馆学教育培养目标清晰明确，教学环节逐渐科学合理。这一时期，图书馆学大学本科的培养目标是："培养具备系统的图书馆学基础理论知识，有熟练地运用现代化手段收集、整理和开发利用文献信息的能力，能在图书情报机构和各类企事业单位的信

---

　　① "去图书馆化"指背离图书馆存在的原来性质、宗旨、价值取向的一种趋势。

息部门从事信息服务及管理工作的应用型、复合型图书馆各级专门人才"。图书馆学专业博士研究生的培养目标是：培养德智体全面发展，具有坚实宽广的图书馆学基础理论知识、系统深入的专门知识和优秀的综合素质及能力的高级专门人才；对所从事的研究领域的历史、现状及前沿有全面深入的了解；至少掌握一门外语，能够熟练地阅读本专业的外文资料，具有一定的外文写作能力和进行学术交流的能力；熟练掌握计算机应用知识，能独立从事创新性的科学研究；能胜任高等学校的教学和研究工作或大型文献信息机构的高层次管理工作（张树华和张久珍，2008）。可以看出，图书馆学高等专门教育（博士、硕士研究生）主要培养图书馆学和信息学教育、科研与实践方面的高级专业人才；普通高等教育（本科）主要是为图书馆、信息服务机构和各类企事业单位的信息部门培养从事信息服务及管理工作的应用型、复合型高级专门技术与管理人才（潘燕桃和程焕文，2004）。无论是图书馆学本科教育还是研究生教育，都特别强调了培养图书馆学复合型人才的重要性，所以整个图书馆学教育为了持续发展，也努力朝这个目标奋进。

在教学环节上，采用课程实习与专业实习相结合，专业实习与社会实践相结合的管理方式，注重培养学生的实际适应能力与实际工作能力，学生的社会实践逐渐为学生就业打下了基础，这样的教学安排使学生就业竞争力增强，就业率提升，使图书馆学专业的社会影响力有所提高，有利于图书馆学专业的招生。在教学计划的实施上，继续采用学分制，必修课与选修课相结合的方式，每年学生所修的学分都有规定，毕业需要成绩合格及修满学校规定的学分，方能颁发学位证书及毕业证书。在教学大纲上，这一时期确定了以用户为中心的教学大纲，具体要求是：面向以用户为中心的信息管理事业，开设指导学生如何了解和分析用户需求、如何提供满足用户需求的服务和技术的核心课程，包括学术交流模式、资源建设、用户分析、信息咨询与沟通、信息经济学、知识产权、信息技术、电子出版等（数字时代中国图书情报与档案学类教育发展方向及行动纲要，2007）。同时确定了以分析问题解决问题为中心的教学方法。

第二，继续注重课程设置建设。2003 年教育部高等学校图书馆学科教学指导委员会在湘潭大学召开了"图书馆学专业本科核心课程建设"会议，会上确定了图书馆学基础、信息组织、信息描述、信息资源建设与服务、信息存储与检索、数字图书馆、目录学概论等7 门课程为核心课程。图书馆学核心课程确定后，大多图书馆高校以此为依据开设了名称相同或名称类似图书馆学课程，或根据具体情况的变化做了相应的调整（肖希明和李卓卓，2007）。2006 年 10 月 10 日 "第二届中美数字时代图书馆学情报学教育国际研讨会"与会院长、系主任共同签署的《数字时代中国图书情报与档案学类教育发展方向及行动纲要》中指出：图书馆学、情报学、档案学、出版学、信息管理学是一学科群，合格的图书情报档案学专业课程应该包括信息资源发现、选择与评价；信息资源组织与检索；信息需求用户与服务；信息技术、工具与应用；信息政策法律与伦理等模块。按此会议签署的这一纲要，据统计，目前图书馆学普通高等教育的课程基本上分为四大类：一是公共基础课，包括政治、外语、计算机、体育等，这些课程是全校生的必修课程，占整个课程的40% 左右；二是专业基础课，占整个课程的 40% 左右，包括本专业的基础知识和基本技能；三是专业核心课程，占 15% 左右，主要是专业特定方面的课程；四是其他课程，属于学生选修课，约占总学分的 5% 左右（潘燕桃和程焕文，2004）。这种规定，使图书馆学的核心内容得到了保证，能够培养图书馆学专业学生坚实的理论基础，同时课程也进一步调整了重复冗杂的内容，保证了课程内容的明晰简化。

第三，加强师资结构建设。为了进一步提高图书馆学教学质量，教师的规模和知识结构上都有了很大变化。据调查统计，从 2000 年至 2010 年，我国 LIS 学科内安徽大学、北京大学、华东师范大学、南开大学、南京大学、南京理工大学、吉林大学、山东大学、山西大学、上海大学、四川大学、武汉大学、中国人民大学、中山大学、河北大学等 15 所高校共有在职教授和副教授 285 名。其中，出生于 20 世纪 30 年代 1 名，40 年代 16 名，50 年代 27 人，60 年代 89 人，70 年代 42 名，可以看出，在年龄上，中青年教师成为图书馆学教育的主力，并且资历深厚的教师人数也在逐年增加，图书馆学教师在年龄结构上已经比较优化。在教师的学历上，拥有博士研究生学历的人数比例为 58%，拥有硕士研究生学历的人数比例占 21%，本科学历的教师比例只占 9%，可以看出，这一时期的教师学历水平已从原先的中等偏下层次上升到高水平层次（李刚，余益飞，杜雯，2011）。出现这种结果的主要原因：一方面，我国图书馆学高等教育层次提高，图书馆学教育培养重点放在研究生层次，图书馆学专门研究人员逐年增多；另一方面，高校在招聘老师时，为保证人才质量，对老师的学历要求越来越高，所以，这两方面的原因促使了我国现阶段教师学历水平大幅度提升至高水平层次。在教师的学历背景上，文、理、工等三大类中都有从事图书馆学教育的，是一种"混合式"结构，但是，依然以文科为主，这种"混合式"结构反映了图书馆学专业教育的学科综合性和图书馆学人才培养的复合型要求（潘燕桃和程焕文，2004）。师资整体质量的提升，保证了图书馆学的教育质量。

第四，注重本科生、研究生、博士生等不同层级教育的协调发展。目前，图书馆学教育的主要目标是建立多规格学位教育体系。一些学校试验并逐步扩大双学士、双硕士、硕士后的培养，同时，在招收研究生和博士生的时候，也招收跨学科的考生，这样，在研究生队伍中跨学科人才增多，研究生队伍整体综合素质也得到进一步提升。注重图书馆学教育的重点由本科教育向研究生教育的转移，这种转移的主要表现就是图书馆学研究生每年的扩招，近 10 年来，每所开设图书馆学专业的院系所招收的研究生比 20 世纪 90 年代末增加了一倍，而且，为了进一步扩大图书馆学研究生规模，一些院校相继招收图书馆学专业硕士。这些措施，使得图书馆学教育水平逐步提高，并走向科学的学科发展道路。

第五，教学设施、设备不断完善、提高。目前，为了保证知识经济时代图书馆学情报学教育的质量，开设图书馆学情报学专业的综合性院校及师范院校都积极配备了一定数量的教学设备与设施，如信息数字化集成实验室、信息技术实验室、图像技术实验室、教学技术实验室等试验空间。另外还有计算机、复印机等先进的设备，这些设施建设为教学、科研和学生实践提供了良好的条件。

第六，加强国内外的学术研究与交流。这一阶段的图书馆学教育已经成功转型为研究性的教育，全国有 20 多所院校招收图书馆学专业研究生，开展图书馆学本科教育的院校已经上升到 32 所（表 1-13），并且，这一时期各校加强对图书馆学的研究，取得了大量可喜的研究成果，经分析统计，图书馆学的研究方向主要有：图书馆学理论、信息资源管理、图书馆信息资源开发、文献出版管理、信息咨询研究、古籍整理开发等。同时，每所院校的研究方向各有侧重与特色，全国院校在图书馆教育中图书馆学研究方向也呈现"百

"花齐放"的局面。另外，这一阶段的交流活动频繁，我国多次承办图书情报学教育研讨会，这些交流活动对我国的图书情报学教育起到了良好的作用，推动了教育的进一步发展。

表 1-13　开展图书馆学教育的院校概况①

序号	院系名称	序号	院系名称
1	安徽大学管理学院	17	云南大学公共管理学院
2	北京大学信息管理系	18	浙江大学信息资源管理系
3	东北师范大学传媒科学学院	19	郑州大学信息管理系
4	福建师范大学社会发展学院	20	中山大学资讯管理系
5	河北大学管理学院	21	北京师范大学管理学院信息管理系
6	华东师范大学商学院信息学系	22	广西民族大学管理学院
7	兰州大学管理学院	23	黑龙江大学信息管理学院
8	南京大学信息管理学院	24	华中师范大学信息管理系
9	南京政治学院上海分院信息管理系	25	华南师范大学经济与管理学院信息管理系
10	南开大学商学院	26	吉林大学管理学院信息管理系
11	山东大学管理学院	27	南京理工大学经济管理学院信息管理系
12	山西大学管理学院	28	南京农业大学信息管理系
13	四川大学公共管理学院	29	天津师范大学管理学院
14	武汉大学信息管理学院	30	中国人民大学信息资源管理学院
15	西北大学文博学院	31	苏州大学社会学院
16	湘潭大学公共管理学院	32	中南大学湘雅医学院医药信息系

　　这一时期，图书馆学教育分布也比较合理，全国各地都有分布（图 1-8），华东地区有 12 所院校招收图书馆学专业的研究生，山东省、江苏省、安徽省、浙江省、福建省、上海市等各有分布；华南地区有 3 所院校；华中地区有 6 所院校，主要在湖北、湖南、河南等省份；华北地区有 10 所院校，仅北京就有 5 所院校招收图书馆学专业的研究生，天津有 3 所；西北地区有 4 所院校，主要分布在陕西省；西南地区有 3 所，主要是在四川、云南和重庆等省市；东北三省均有院校招收图书馆学研究生。但是，图书馆学教育仍然集中在东中部发达地区，华东、华北地区每省平均有两所高等院校招收图书馆学研究生，而西北、西南地区平均每省还不到一个，产生这种现象的原因主要有两个：第一，从历史角度上讲，华北、华东地区图书馆学教育发展较早，长期以来的教育为当前的图书馆教育的发展奠定了深厚的基础，积累了丰富的经验。第二，华东、华北地区的经济发达，这些省

---

　　①　以上各校均招收图书馆学本科生和研究生，另外，还有中国科学院研究生院、中国科学技术信息研究所、复旦大学、上海大学、东南大学、曲阜师范大学、河南科技大学、西安交通大学、西安电子科技大学、第四军医大学等院校专门招收图书馆学专业研究生或图书情报专业硕士生。此外，北京大学、武汉大学、中山大学、南京大学、南开大学、四川大学、郑州大学等 7 所院校成为招收图书馆学博士研究生的重点院校。

份比较重视文化的建设和教育的发展，这为图书馆教育的开展提供了良好的环境、物质、人才、资金上的支持，所以，开展图书馆学教育的学校比较多。

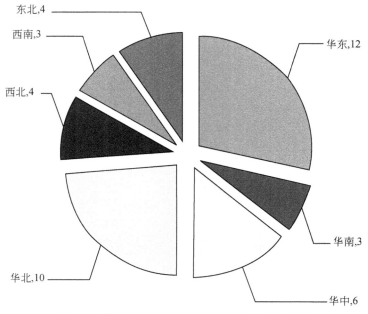

图 1-8　招收图书馆学研究生院校的地理分布图

　　在图书馆学毕业生去向上，这一时期本科毕业生主要选择读研、出国留学、图书馆、情报所、大学教师、出版社、政府机构、公司、其他（吴慰慈，2009）。毕业生选择更加多样化，其中读研成为毕业生首先考虑的去向，主要因为这一时期我国图书馆学教育在学科性质上受欧美图书馆学"Profession"（职业）的影响，在欧美，图书情报教育着重发展学生的专业技能体系，欧美修读图书馆学的学生大多是硕士研究生，有着良好的学科背景和知识功底，开展图书馆学研究生教育为学生培养了一种找到好工作的专业技能，为此，我国图书馆学学生也考虑选读研究生培养自身的专业技能，以便在找工作的激烈竞争中获得优势（王松林，2010）。其次，图书馆学毕业生选择去公司工作的也占一大部分，所占比例仅次于读研比例，这部分毕业生主要是部分本科生和大部分硕士研究生，而极少数去图书馆工作。据统计，2002～2006 年只有 49.62% 的图书馆学本科生毕业后去图书馆工作，只有 48.5% 的硕士毕业生去图书馆工作（叶继元和顾烨青，2008）。产生这种现象的主要原因：一方面，与当前社会上公司需要大量信息工作人员有关，公司的工资待遇一般比图书馆高，所以吸引一部分图书馆毕业生。另一方面，从人生价值观和社会文化环境上来讲，当前的图书馆教育缺乏帮助学生树立"服务精神"价值观的教育，忽视了向学生宣传和提倡奉献精神，结果是学生缺乏奉献精神，普遍存在急功近利心理，对本专业失去信心，所以找工作时部分学生就会选择放弃本专业改行；当前我国的社会文化上存在"实用理性的经济文化观"、"面子文化"、"随波逐流的从众文化"和"社会刻板印象与民治文化匮乏"等文化和现象（叶继元和顾烨青，2008），这些文化都强调个人的利益、地位和能力，而图书馆一直被大众认为是简单管理，难以体现一个人的能力，薪水也比较低，在图书馆工作的人员社会地位也不高。综上原因，从事图书馆行业的毕业生较少也就在情理之中了。

3. 图书馆学成人教育

图书馆学成人教育在这一阶段继续发展。首先，图书馆学成人教育不断得到国家政策的支持，2006 年的"第二届中美数字时代图书馆学情报学教育国际研讨会"上确立了图书馆成人教育进一步发展的方向，会议指出，为了更好地进行图书馆学研究和促进图书馆事业的发展，图书情报档案类人才的培养不能局限在学位人才的培养，同时要考虑职业人员的继续教育和终身学习，为从业者提供随时更新能力和知识结构的机会和相应的课程，以及大力发展专业学位和职业教育（数字时代中国图书情报与档案学类教育发展方向及行动纲要，2007）。其次，知识经济的发展，网络技术、多媒体计算技术的使用为图书馆的成人教育提供了技术条件和硬件基础。再次，图书馆学成人教育的教材有了保障与提高。例如，2001 年文化部社会文化图书馆司组织在全国图书馆全面开展图书馆岗位培训，编有《图书馆岗位培训教材》等，从而促进了图书馆学培训工作的发展（费东明，2003）。最后，图书馆工作自身需要高素质和专业素质高的工作人员，只有提高图书馆职员的学历水平，改革与职位晋升挂钩的制度，才能促进图书馆工作人员的学习，不断提高专业技能和知识水平，才能使图书馆工作人员更加积极加入成人教育的队伍之中。

这一时期的成人教育依然包括函授教育、业余教育、培训班、夜大学、广播电视大学、成人高考等形式，开展成人教育的学校（院系）有安徽大学管理学院、北京大学信息管理学院、东北大学信息传播与管理学院（函授专升本）、福建师范大学信息管理系（函授专升本）、南京大学信息管理学院、南京政治学院上海分院信息管理系、南开大学图书馆学系、山西大学信息管理系、四川大学公共管理学院、武汉大学信息管理学院、西北大学图书馆与档案管理学系、湘潭大学信息管理系、云南大学信息管理系、浙江大学信息资源管理系（函授专升本）、郑州大学信息管理系、中山大学资讯管理系等，高等学校牵头开展成人教育，在师资力量和教材及管理上都给成人教育提供了保证，使成人教育越来越正规化，教育质量不断提高，成人教育人才的不断培养，继续辅助我国图书馆学教育的健康发展，同时也使我国图书馆学教育的整体水平得到了提高。

1.3　结　语

图书馆学教育在我国开展近百年，这百年时间里，图书馆学教育发展随图书馆事业的变化经历了"辉煌"与"低落"的不同阶段，每个阶段中图书馆学发展都各具特色与侧重，这几个阶段图书馆教育发展也各有得失。20 世纪 20 年代至抗日战争这一阶段是图书馆学教育萌芽阶段，图书馆学教育主要以培训班为主，总体上看图书馆学教育在这一时期还略带有宣传的色彩；此外，这一时期的图书馆学教育思想萌芽主要集中在我国的东中部地区的几个大城市，分布不均衡，而且以培训班为主，使得图书馆学教育缺乏系统性，教育的水平也不高，师资力量缺乏，教材建设也没有系统性。新中国成立后的 10 年，我国图书馆学教育得到恢复并发展，这一时期主要学习苏联的图书馆学发展的经验，图书馆学正规教育虽然数量上不多，但是教学质量较第一阶段有了很大的提高，教材建设逐渐受到重视，师资力量也逐渐增加。而这一时期的培训班更是形式多样，不但有短期训练班，而且有业余大学、函授教育等形式，多种形式的教育形式为这一阶段培养了大量优秀的图书馆管理人员。图书馆学教育地理分布逐渐扩大，基本上全国各地区都有开展图书馆培训班教育，这一时期，使图书馆学教育在地理上分布的不平衡性逐渐得到改善；课程内容也有所增加，不再局限于图书馆专业课，文化课和政治课也开始开展，这些课程的增加使课程内容更加丰富有趣。"文化大革命"的十年是图书馆学教育的停滞时期，正规的图书馆学教育受到极大破坏，除了少数培训班开展之外，图书馆学教育基本上停滞不前。改革开放时期，图书馆学教育得到恢复并迅速发展，图书馆教育再次进入"辉煌时期"，这一时期，教材建设比较系统且具有比较高的质量，师生数量均增多，并且注重向欧美等发达国家学习。图书馆学教育开办学校数量激增，高质量的教学为我国图书馆学教育培养了大量的骨干力量。图书馆学成人教育在这一时期也分为学历教育和非学历教育两种，承认成人教育学历的举措大大推动了图书馆学成人教育的开展。20世纪90年代，图书馆学教育由于传统教学难以适应市场经济的发展需要，进入了"徘徊"阶段，为了改变这一现状，我国深化教育改革，建设我国图书馆学研究性教育成为改革的主要目标。综上所述，可以看出，图书馆学教育积累的经验与成绩，为我国图书馆学教育的发展打下了坚实基础。但是，也应该清晰地认识到，每个阶段教育中存在的失误与弊端，对于这些弊端，我们应深刻分析并积极采取改革措施。

进入21世纪后，图书馆学教育逐渐走向了稳定发展的道路，并且在稳定中求变化，以更好地适应社会发展需要。图书馆学教育已经初步形成了开放性、多层次、多元化的教育体系。目前，为了使图书馆学教育进一步走向成熟，图书馆学教育继续坚持深化改革，相信我国的图书馆学教育结构未来会更完善，会取得更大的成就，图书馆学教育将和图书馆事业一同促进我国教育文化的发展繁荣。

第 2 章   图书馆学期刊的计量史学扫描

学术期刊的出现是现代学术发育的标志之一。最早的学术期刊可以追溯到《哲学会刊》（*philosophical transactions*），它由英国皇家学会出版，创建于 1665 年，既是世界上第一本科学研究方面的专门性期刊，也是世界上最早的同行评议期刊。《哲学会刊》的创始人亨利·奥登伯格（Henry Oldenburg）提出了学术期刊的四大功能：①注册登记功能，即表明特定作者的研究成果具有优先权（首发权）和所有权；②评估鉴定，即通过同行评议、退稿来保证文章质量；③传播，即通过期刊的途径向其他学界同仁传递作者的观点；④存档，即永久记录作者的研究成果。亨利·奥登伯格总结的学术期刊四个基本功能的观点迄今没有过时。英国皇家学会是世界上历史最长而又从未中断过的科学学会，皇家学会是自然科学研究职业化的标志。《哲学会刊》是英国皇家学会的会刊，是皇家学会引导科学发展的主要工具。此后，由学术组织出版学术刊物、举办学术会议、分配学术经费成为现代科学职业化的标准模式。学术刊物出版成为现代学科制度中最重要的要素之一。中国现代图书馆学的发展史实际上也是一部学术期刊的演变史。为了更好地了解我国图书馆学学术刊物的历史、现状及把握今后的发展趋势，本章拟对百年图书馆学期刊发展进行解析，以期对图书馆学期刊的发展有整体的了解。

2.1   关于图书馆学期刊范围界定及其历史分期

2.1.1   有关图书馆学期刊范围的界定

为了便于分析，有必要对图书馆学期刊的范围进行界定。本章在对图书馆学期刊进行定量分析时，包含有情报学期刊。原因如下：

一是在以往的期刊统计与评价中，学者们大部分都针对图书馆学情报学期刊进行统计。究其原因，主要在于图书馆学与情报学研究趋于同化，密不可分。

二是业界专家的认同。叶继元（2004）教授曾在《图书馆学、情报学与信息科学、信息管理学等学科的关系问题》一文中指出，目前图书馆学这个概念在国外还有人使用，但在大多数情况下，它已被图书馆学情报学（library and information science，LIS）所代替。1969 年英国著名检索期刊《图书馆学文摘》（*Library Science Abstracts*）改名为《图书馆学情报学文摘》（*Library and Information Science Abstracts*，LISA）就是一个例证。另外，1959 年南京图书馆编印的《图书馆学论文索引》，后来改名为《图书馆学情报学论文索引》。因此，鉴于以上原因，本章中所提到的图书馆学期刊实际包含情报学期刊。

2.1.2 关于历史分期问题

关于图书馆学期刊发展分期的问题研究，具有代表性的有胡俊荣（2004）的《中国图书馆学情报学期刊近百年历程及发展趋势》，文章把百年图书馆学期刊分为初创时期（1915~1949）、调整时期（1950~1965）、非常时期（1966~1976）、发展时期（1977至今）四个发展阶段。

匡文波（1996）的《我国图书馆学情报学期刊发展综述》中将图书馆学期刊发展分为新中国成立前与成立后两个阶段，其中新中国成立前分为起步期（1911~1928）、繁荣兴盛时期（1929~1937.6）、衰落期（1937.7~1945），新中国成立后分为起步期（1949~1965）、倒退期（1966~1977）、繁荣兴旺期（1978~）。

此外，一种学术期刊的发展必然离不开其学科发展的历史。有关图书馆学历史分期问题，戎军涛和吴杏冉（2008）在《中国图书馆学理论发展史的历史分期问题研究》一文中进行了详细的阐述，文中在谢灼华、李刚、倪波、周文骏、石梅等的划分观点基础上，将中国图书馆学理论发展史的分期划分应为：20世纪初至40年代为中国图书馆学的形成时期，20世纪50~70年代为中国图书馆学的曲折发展时期，80~90年代初为中国图书馆学理论变革时期，90年代初以来为中国图书馆学理论变革中平稳前进时期。

为了方便利用已有的统计数据，便于统计分析，本章基本沿用戎军涛和吴杏冉文中的观点。本文所作的百年图书馆学期刊研究，时间从1911年到2010年，正好100年的时间。将1911~2010年这100年划分为三个阶段。

（1）1911~1949年为第一阶段，这一阶段也称为民国时期。这个时期是我国图书馆学专业期刊正式形成时期。

（2）1950~1979年为第二阶段，这一阶段是新中国成立后的图书馆学期刊初步发展期，其中经历了"文化大革命"时期，图书馆学期刊所剩无几。

（3）1980~2010年为第三阶段，这一阶段是图书馆学期刊恢复、繁荣与平稳发展期。

2.2 图书馆学期刊百年发展解析

本节主要针对图书馆学百年发展史中不同阶段期刊数量，发文量进行统计，并分析不同发展阶段的核心作者群，主要研究议题，对图书馆学期刊百年发展做一详细解读。

2.2.1 各时期图书馆学期刊数量及发文量

图书馆学学术期刊是展示图书馆学学术成果，开展学术交流，检测图书馆学发展进程，鼓励图书馆学研究人员开展研究的重要工具。同时，学术期刊的多少，也反映不同时期学术研究的状况和学术空气、学术繁荣的程度。民国时期（1911~1949）和1950~1979年阶段期刊数量以及发文量的统计主要参考：南京图书馆编《图书馆学论文索引（第二辑）》、南京图书馆编《图书馆学论文索引（1949.10~1980.12）》、范凡《民国时期图书馆学著作出版与学术传承》以及部分期刊论文。1980 年后的期刊数量主要参考吴晞、夏勇的文章《我国 93 种图书情报学期刊评析》以及北京大学主编的《中文核心期刊要目总览》1992 年、1996 年、2000 年、2004 年、2008 年、2012 年共六版，关于图书馆学情报学核心期刊内容以及 G25 类目下的期刊数量。1980 年后的发文量主要参考南京图书馆编《图书馆学情报学论文索引（1981～1989）》、中国学术期刊全文数据库的"图书情报与数字图书馆"目录下收录的所有文章。同时参考"全国报刊索引（1950～）"G25 类目下的文献信息。

民国时期，尤其是抗日战争前随着中国图书馆事业发展及图书馆学研究的兴盛，图书馆界专业刊物的出版也是空前发展。

据统计，从 1915 年起至 1948 年的三十多年里，我国先后创办了 136 种图书馆学期刊（有关数据统计不大相同），如郭卫宁（2004）文中的 144 种，谈金恺（1991）文中的 160 种，赵长林（1995）文中的 130 余种，谷玉萍（1995）文中的 140 种。表 2-1 列出了 1911～1949 年图书馆学期刊出版的大致情况。

然而，在那动荡的年代，只有 7 种期刊出版了 10 年以上，大部分只出版了几期就停刊了，如出版 1 年的就有 39 种（其中有 19 种仅出版了 1 期），出版 2 年的有 24 种。从而形成了出版期刊种数频增，持续年限较短，刊期变化频繁的特征。到新中国成立前，图书馆学情报学期刊无一幸存。

表 2-1　1911～1949 年图书馆学期刊出版情况

序号	刊　　　名	主　办　者	创刊时间(年.月)
1	浙江公立图书馆年报	浙江公立图书馆	1915
2	河南第一学生图书馆馆报	河南第一学生图书馆	1922
3	北平图书馆协会会刊	北平图书馆协会	1924.8
4	金陵大学图书馆丛刊	金陵大学图书馆	1924
5	出版周刊	上海商务	1924.1
6	广州特别市立第三小学校儿童图书馆周年纪念特刊	广州特别市立第三小学校儿童图书馆	1925
7	中华图书馆协会会报	中华图书馆协会	1925.6
8	图书馆杂志	上海图书馆协会	1925.6
9	上海通讯图书馆月刊	上海通讯图书馆	1925.8
10	成都草堂图书馆周刊	草堂图书馆	1926
11	图书馆学季刊	中华图书馆协会	1926.3
12	图书馆	江西省立图书馆	1926.3
13	上海民众图书馆特刊	上海民众图书馆	1926.9
14	北平图书馆馆务年报	北平图书馆	1927
15	浙江省立图书馆报	浙江省立图书馆	1927.12
16	图书馆两周刊	上海民众日报馆	1928
17	国立中山大学图书馆周刊	国立中山大学图书馆	1928.3

续表

序号	刊　名	主　办　者	创刊时间(年.月)
18	国立北平图书馆馆刊	国立北平图书馆	1928.5
19	江苏省立国学图书馆年刊	江苏省立国学图书馆	1928.11
20	武昌文华图书科季刊（后更名为《文华图书馆学专科学校季刊》）	武昌文华大学图书科	1929.1
21	福建省立图书馆年报	福建省立图书馆	1929
22	广州图书馆协会会刊	广州图书馆协会	1929.4
23	安徽省立图书馆季刊	安徽省立图书馆	1929.4
24	国立北京大学图书部月刊	国立北京大学图书部	1929.10
25	江西省立图书馆馆务汇刊	江西省立图书馆	
26	江苏（省立）苏州图书馆馆刊	陈子彝	1929
27	图书馆增刊	清华大学图书馆	1929.9
28	中华图书馆协会年会报告	中华图书馆协会	1929
29	上海图书馆协会会报	上海图书馆协会	1929
30	江苏省立苏州图书馆馆刊	江苏省立苏州图书馆	1929
31	福建省立图书馆年报	福建省立图书馆	1930
32	中央大学图书馆副刊	国立中央大学	1930
33	学风	安徽省立图书馆	1930
34	北平特别市立第一普通图书馆周年纪念刊	北平特别市立第一普通图书馆	1930
35	建瓯县公立图书馆十周年纪念刊	建瓯县公立图书馆	1930
36	辽宁省立图书馆刊	辽宁省立图书馆	1930.9
37	福建图书馆协会会报	福建图书馆协会	1930.9
38	中国新书月报	上海华通书局	1930.12
39	燕京大学图书馆报	燕京大学图书馆	1931.1
40	山东省立图书馆季刊	山东省立图书馆	1931
41	读书月刊	国立北平图书馆	1931.10
42	图书馆学周刊	福建《民国日报》副刊	1931
43	图书馆学周刊	《华北日报》副刊	1931
44	图书馆周刊	北平世界日报	
45	中国图书馆声	上海图书馆用品社	1931
46	铜山县公共图书馆年刊	江苏省铜山县公共图书馆	1931
47	浙江省第二学区图书馆协会会刊	浙江省第二学区图书馆	1931
48	北京市立第一普通图书馆馆刊	北京市立第一普通图书馆	1931
49	厦门图书馆声	厦门图书馆	1932
50	中国出版月刊	杭州浙江私立流通图书馆	1932
51	广东省立图书馆馆刊	广东省立图书馆	1932.1
52	无锡图书馆协会会报	无锡图书馆协会	1932
53	浙江省立图书馆刊	浙江省立图书馆	932

序号	刊　名	主　办　者	创刊时间(年.月)
54	浙江省立图书馆月刊	浙江省立图书馆	1932.3
55	图书馆月刊	成都学友互助社第一图书馆	1932.4
56	图书评论	南京图书评论社	1932.9
57	期刊索引（月刊）	上海中山文化教育馆	1932
58	图书印刷月报	图书印刷日报社	1933
59	中央军校图书馆报	中央军校图书馆	
60	周刊	中央陆军军官学校图书馆	1933.1
61	人文月刊	上海人文月刊社	1933.1
62	河南图书馆刊	河南图书馆	1933.2
63	浙江图书馆馆刊	浙江省立图书馆	1933.2
64	中央军校图书馆月报	南京中央军校图书馆	1933.3
65	广东国民大学图书馆馆刊	广东国民大学图书馆	1933.5
66	广州大学图书馆季刊	广州大学图书馆	1933.6
67	图书馆	陕西省立第一图书馆	1933.11
68	世界佛学苑图书馆刊	世界佛学苑图书馆	1934
69	浙江省第一学区图书馆协会会刊	浙江省第一学区图书馆协会	1934.4
70	培正中学图书馆馆刊	广州培正中学图书馆	1934.4
71	日报索引	上海中山文化教育馆	1934.5
72	天津市市立通俗图书馆月刊	天津市市立通俗图书馆	1934.5
73	河北（省立）女子师范学院图书馆月报	河北（省立）女子师范学院	1934
74	图书馆月报	河北省立女子师范学院	1934
75	江西图书馆馆刊	江西南昌省立图书馆	1934.11
76	商务印刷所图书馆通讯	商务印刷所图书馆部	1935
77	大夏图书馆报	上海大夏图书馆	1935.4
78	文澜学报	杭州浙江省立图书馆	1935
79	图书馆半月刊	陕西省立第一图书馆	1935.6
80	满铁图书馆研究会年报	大连满铁图书馆	1935
81	工读周刊	上海图书学校	1935.12
82	厦大图书馆报	厦门大学图书馆	1935
83	图书展望	浙江省立图书馆	1935.10
84	学觚	国立中央图书馆	1936
85	江苏（省立）苏州图书馆年刊	江苏省立苏州图书馆	1936.6
86	图书馆通讯	上海商务印刷所图书馆	1936.1
87	集美学校图书馆季刊	厦门集美学校	1936.4
88	工读半月刊	上海工读半月刊社	1936.5
89	浙江省图书馆协会会刊	浙江省图书馆协会	

续表

序号	刊　名	主　办　者	创刊时间(年.月)
90	佛教图书馆报告（月刊）	北平佛教图书馆	1936.7
91	书林	广州市立中山图书馆	1937.3
92	国立暨南大学图书馆馆报	上海暨南大学图书馆	1937.4
93	北平私立木斋图书馆季刊	北平私立木斋图书馆	1937.2
94	北京近代科学图书馆馆刊	北京近代科学图书馆	1937.9
95	沈阳图书馆通讯	（单位不详）	1938.8
96	读者战线	江西省立图书馆	1939
97	图书季刊	国立北平图书馆	1939.3
98	籍园	浙江籍园图书馆采编组	1940
99	浙江图书馆通讯	浙江图书馆	1941
100	图书月刊	四川江津国立中央图书馆	1941.1
101	出版通讯	中直部出版事业处	1942
102	图书集刊	四川省立图书馆	1942.3
103	出版消息	上海乐华图书公司	1943.2
104	出版界	重庆出版界月刊社	1943.12
105	中法汉学研究所图书馆馆刊	中法汉学研究所图书馆	1945.3
106	图书馆学报	中国图书馆学社	1945.4
107	图书月刊	台湾省图书馆	1946
108	文心月刊	吴县私立文心图书馆	1947
109	国立中央图书馆馆刊	国立中央图书馆	1947.3
110	上海市立图书馆馆刊	上海市立图书馆	1947.10
111	中山大学图书馆图书导报	中山大学图书馆	1947
112	江苏流通图书馆馆讯	江苏流通图书馆	1947
113	北平师范学院图书馆馆刊	北平师范学院图书馆	1947

资料来源：范凡. 2011. 民国时期图书馆学著作出版与学术传承. 北京：国家图书馆出版社

从表 2-1 中可以看出，在民国时期图书馆学期刊曾出现繁荣时期，特别是 1924~1937年，这十多年，出版的图书馆学期刊数量有 91 种，占民国时期总期刊数的 80%。在表中统计出的 113 种图书馆学期刊中，有 91 种都是在 1915 年到抗日战争爆发之前创刊的，而抗战爆发之后一直到 1949 年，除去敌伪创办的不算，全国只有不足 20 种创刊或复刊。20世纪 20~30 年代创办的几种学术价值高和影响大的图书馆学期刊，如《图书馆学季刊》、《国立北平图书馆馆刊》、《武昌文华图书科季刊》和《学风》无一不是因为抗战的爆发而被迫终止。

从表 2-1 中不难发现，民国时期图书馆学期刊主办者主要分为以下几类：一是国家图书馆出版的刊物,如《国立北平图书馆馆刊》(1928 年)、《图书季刊》(国立北平图书馆)(1939 年)等;二是省立、图书馆出版的刊物,如《辽宁省图书馆馆刊》(1930 年)、《学风》(安徽省立图书馆)(1930 年)等;三是市立图书馆出版的刊物,如广州市立中山图书馆、《厦门图书馆声》(厦门图书馆)(1932 年)《书林》(1937 年)等;四是图书馆协会出版的刊物,如《上海图书馆协会会报》(1929 年)、《无锡图书馆协会会报》(1932年)等;五是高校图书馆出版的刊物,如《武昌文华图书科》(1929 年)、《国立北京大学图书部月刊》(1929 年)等。另外还有部分报纸发行方主办(民国日报、华北日报、北平世界日报等)以及一些图书出版发行机构主办的。由此可以看出,当时的图书馆学期刊主办者类型比较丰富,办刊渠道多样化。

从刊名角度分析,此阶段主要使用"刊"、"报"作为图书馆学期刊名称。"刊"又可以分为年刊、季刊、月刊、半月刊、周刊等,直接在刊名表现出版的周期。"报"又分为年报、馆报、会报等,从时间及主办者来区分期刊名称。比较有意义的是,民国时期的图书馆学文章有相当一部分是发表在报纸上的,而到如今却很难在报纸上见到图书馆学方面的文章。直到新中国成立后至 1979 年前,仍有部分文章是发表在报纸上,但是从 1979 年以后,图书馆学文章就极少在报纸上发表。

民国时期(1911 ~ 1949 年)在报刊上发表的有关图书馆学论文共计 5324 篇。这一数字,不能说绝对准确,但大体上反映了那一时期图书馆学论文总的发表数量。另据谈金恺撰文提供的每年发表数量进行统计,共计 5435 篇,相差不多。发文量最低的一年为 1914年,最多的一年为 1935 年的 671 篇。年均发文量为 136 篇。如表 2-2 和图 2-1 所示。

表 2-2 民国时期(1911 ~ 1949 年)图书馆学论文发文量统计表 单位:篇

年份	1911	1912	1913	1914	1915	1916	1917	1918	1919	1920	1921	1922	1923	1924	1925
数量	9	5	8	5	10	6	13	17	8	40	31	41	61	51	121

年份	1926	1927	1928	1929	1930	1931	1932	1933	1934	1935	1936	1937	1938	1939	1940	1941	1942	1943	1944	1945	1946	1947	1948	1949
数量	160	69	314	199	199	361	347	391	581	671	616	301	56	71	75	70	56	73	80	29	75	75	48	7

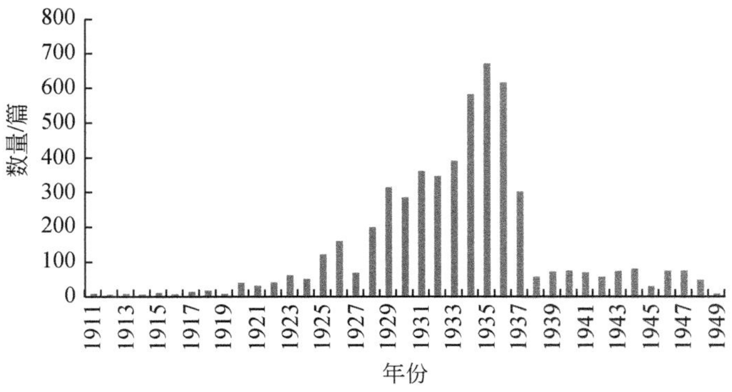

图 2-1 民国时期(1911 ~ 1949)图书馆学论文发文情况

资料来源:谈金恺 . 1991. 略论解放前我国图书馆专业期刊的发展 . 图书馆论坛,(8)

表 2-2 中显示出，1911～1919 年，图书馆学论文几乎以个位数计算，而从 1920 年开始，论文数量逐年增加（中间有些个别下降），1929 年发文量达到 314 篇，相比 1928 年增加 57%，1935 年达到论文发表数量的高峰期 671 篇，直到 1937 年抗日战争爆发前，论文数量保持在 300 篇以上。1938 年后发文数量急剧下降。

新中国成立后，社会政治基础稳定，经济得以恢复和发展，文化教育事业日趋繁荣，图书情报事业进入了一个恢复发展与调整时期。图书馆学期刊犹如雨后春笋般涌现出来。但图书馆学期刊的出版工作仍受到极"左"路线的严重干扰和破坏。1976 年 10 月，粉碎"四人帮"后，特别是党的十一届三中全会以来，我国进入了一个新的历史发展时期。随着"科学春天"的到来，被迫停刊的图书馆学情报学期刊相继恢复出版，各省市创办的此类期刊也纷纷问世，使这一类期刊迅速发展，如表 2-3 所示。

表 2-3　1950～1979 年图书馆学期刊出版情况

序号	刊　　名	主　办　者	创刊年
1	文物参考资料	文化部社会文化事业管理局文物参考资料编委会	1950
2	浙江图书馆通讯	浙江图书馆	1950
3	浙江省立图书馆通讯	浙江省立图书馆	1950
4	图书馆通讯	浙江图书馆	1953
5	广西图书馆简讯	广西省第一图书馆	1953
6	图书管理员参考资料	北京图书馆	1954
7	浙江图书馆馆刊	浙江图书馆	1954
8	图书馆工作	北京图书馆	1955
9	江西图书馆通讯	江西省图书馆	1955
10	中国科学院图书馆通讯	中国科学院图书馆	1956
11	国际书店进口业务通讯	北京国际书店	1956
12	图书馆学通讯	北京图书馆	1957
13	科学情报工作（后更名为科技情报工作）	中国科学技术情报研究所	1957
14	广东省图书馆通讯	广东省中山图书馆	1957
15	国外书讯	中国图书进口公司	1958
16	图书馆	北京图书馆	1961
17	图书馆工作参考资料	中国科学院图书馆	1961
18	科技情报工作	黑龙江省科技情报所	1961
19	科技情报工作	中国科技情报所	1962
20	综合科技动态（第二分册 情报工作）	中国科技情报所	1963
21	农业科技情报工作	中国农业科学院科技情报研究所	1964
22	兵工情报工作	中国科学技术情报研究所	1964

续表

序号	刊　名	主　办　者	创刊年
23	赣图通讯	江西省图书馆学会	1972
24	图书馆	（不详）	1972
25	图书工作通讯	内蒙古图书馆	1972
26	图书工作通讯	陕西省图书馆	1972
27	内蒙古图书馆工作	内蒙古自治区图书馆学会	1973
28	冶金情报工作	冶金部情报标准研究所	1973
29	图书馆通讯	广东省高等学校图书委员会	1973
30	四川图书馆	四川省中心图书馆委员会	1973
31	图书馆与读者		1974
32	图书馆工作	河南省图书馆	1974
33	电子情报工作	电子工业部科技情报所	1975
34	铁道情报通讯		1975
35	图书馆工作	中国科学院图书馆	1975
36	科技情报工作通讯	中国科技情报所	1975
37	图书馆阵地		1976
38	图书馆通讯	山西省图书馆	1976
39	图书馆通讯	黑龙江省图书馆	1976
40	北图通讯	北京图书馆	1977
41	出版工作	国家出版事业管理局研究室，中国出版工作者协会	1978
42	黑龙江图书馆	黑龙江省图书馆学会，省图书馆主办	1978
43	浙江图书工作	浙江省图书馆	1978
44	闽图通讯	福建省图书馆	1978
45	科技情报工作	四川省科技情报所	1978
46	图书情报工作动态	中国科学院图书馆	1979
47	国防科技情报工作通讯	国防科委情报资料研究所	1979
48	世界图书	中国图书进口公司	1979
49	图书馆工作与研究	天津市图书馆学会	1979
50	科技情报工作通讯	河北省科技情报学会	1979
51	图书馆学刊	辽宁省图书馆学会	1979
52	吉林省图书馆学会会刊	吉林省图书馆学会	1979
53	宁夏图书馆通讯	宁夏回族自治区图书馆学会	1979
54	青海图书馆	青海图书馆学会	1979
55	会刊	山东省图书馆学会	1979
56	图书馆工作	安徽省图书馆学会，安徽省中心图书馆委员会	1979

续表

序号	刊　　名	主　办　者	创刊年
57	图书馆工作	江西省图书馆	1979
58	湖南科技情报工作	湖南省科技情报学会	1979
59	四川图书馆学报	四川省图书馆学会	1979
60	四川科技情报工作	四川省科技情报所	1979
61	贵州图书馆	贵州省图书馆学会	1979

资料来源：南京图书馆.1982. 图书馆学论文索引. 北京：书目文献出版社

本数据主要参考南京图书馆编《图书馆学论文索引 1949–1980》，数据记录不是太全。但依然可以从表 2-3 中看出，在 1964 年之前，每年的期刊创刊数都在两三种左右，而从 1972 年开始有上升趋势，1979 年新办期刊就达 16 种。而据胡俊荣的《中国图书馆学情报学期刊近百年历程及发展趋势》统计，从新中国成立后到"文化大革命"前的 16 年间，各省市先后创办了 35 种期刊，其中北京多达 19 种，其他 16 种分布在广东、广西、湖南、江西、上海、浙江、山东、山西、黑龙江、青海和新疆等省（自治区、直辖市）。

这一阶段图书馆学期刊名称主要以"通讯"、"工作"来命名，部分沿用民国时期的刊名。刊名向多样化发展，此阶段"情报"一词开始在图书馆学期刊中出现。

主办者主要集中在各省图书馆及图书馆学会、省市科技情报所以及其他大型图书馆（如北京图书馆、中国科学院图书馆等）。

特别应该指出的是，在这一时期创办的专业期刊中，有 5 种一直出版至今，它们是 1956 年创办的《中国科学院图书馆通讯》（现名为《图书情报工作》）；1957 年创办的《图书馆学通讯》（现名为《中国图书馆学报》）和《科技情报工作》（现名为《中国信息导报》）；1964 年创刊的《农业科技情报工作》（现名为《农业图书情报学刊》）和《兵工情报工作》）（现名为《情报理论与实践》）（胡俊荣，2004）。目前，《中国图书馆学报》、《图书情报工作》和《情报理论与实践》3 种期刊均是我国图书馆学情报学的核心期刊。从 1966 年 5 月开始的"文化大革命"使全国绝大多数期刊被迫停刊。从 1966 年至 1971 年形成了我国近现代期刊发展史上的一段空白。图书馆学情报学期刊出版事业也遭到了极大摧残。从 1971 年开始，我国图书馆学情报学期刊才逐渐恢复出版和创办新刊。如 1972 年创办的《赣图通讯》和《图书馆》；1973 年创办的《内蒙古图书馆工作》和《冶金情报工作》；1974 年创办的《图书馆与读者》；1975 年创办的《电子情报工作》和《铁道情报通讯》；1976 年创办的《图书馆阵地》等 22 种期刊。《图书情报工作》于 1975 年复刊。

1961 年以前，我国图书馆界有几个专业刊物，但 1961~1965 年，仅保留《图书馆》杂志一家。我国的图书馆事业遭受严重破坏，许多图书馆被迫关门，图书馆类杂志普遍停刊。据统计 1967~1977 年发表论文仅 391 篇，年均产出论文不到 4 篇，特别是 1969 年、1970 年和 1971 年的论文数量降到了零点，图书馆界学术研究几乎处于停滞状态。直至 1978 年以党的十一届三中全会为标志的改革开放，迎来了图书馆发展的春天。

据南京图书馆编《图书馆学论文索引 1949—1980》，共收录 70 种专业期刊，8770 条目。

依据《全国报刊索引》，通过分类号为 G25（图书馆，图书馆事业）进行查找，此阶段共发表图书馆学论文 2816 篇，其中在图书馆学专业刊物上发表的情况如下：图书馆学通讯（500 篇），中国科学院图书馆通讯（284 篇），图书馆（198 篇），文物参考资料（198 篇），北图通讯（38 篇），四川图书馆学报（31 篇），图书馆工作与研究（27 篇），浙江省立图书馆通讯（24 篇），吉林省图书馆学会会刊（20 篇），四川图书馆（20 篇），共计 1340 篇，其他主要来自于文汇报（209 篇），光明日报（161 篇），人民日报（87 篇），解放日报（51 篇）。

自 20 世纪 80 年代中期以后，全国出版的图书馆学情报学期刊一直保持在 70 余种，1990 年达到了 104 种（胡俊荣，2004）。1990 年和 1997 年，国家新闻出版署两次对各类期刊进行整顿调整后，全国图书馆学情报学期刊从数量、档次到品种已形成了一个比较合理、稳定的期刊体系。据统计，从 1978 年至 2002 年，仅 25 年时间就创办 149 种图书馆学情报学期刊。到 1991 年 10 月底，全国共有专业期刊 93 种（停刊或被合并的除外）。目前尚在出版发行的图书馆学情报学期刊有 76 种，其中 49 种期刊是经国家新闻出版机构注册、有正式刊号、并公开向国内外发行的刊物，国家核心期刊达到 19 种。这说明我国的图书馆学期刊已进入稳定的发展时期。表 2-4 为 1980～1991 年图书馆学期刊的出版情况。

表 2-4　1980～1991 年图书馆学期刊出版情况

序号	刊　　名	刊期	主办机构	发行范围
1	北京高校图书馆	季	中国人民大学图书馆	内部
2	大学图书馆学报	双月	全国高校图书工作委员会（简称图工委）	国内外
3	大学图书情报学刊	季	安徽省高校图工委	内部
4	电子情报工作	双月	中国电子学会情报学会电子情报研究所	
5	纺图学刊	季	全国纺织高校图工委	内部
6	福建图书馆学刊	季	福建省图书馆学会	国内
7	复印报刊资料：图书馆学情报学资料工作	月	人民大学书报资料中心	国内
8	复印报刊资料：出版工作、图书评价	月	同上	国内
9	高校图书馆工作	季	湖南省高校图工委	国内
10	贵图学刊	季	贵州省图书馆学会	内部
11	桂渝高校图情学报	半年	广西、重庆高校图工委	
12	国外情报科学	季	吉林工业大学情报所	国内
13	国外图书情报工作	季	中国科学院文献情报中心	国内
14	航空情报工作	季	航空科技情报所	内部
15	河北图苑	季	河北省高校图工委	内部
16	核情报工作与研究	双月	核科技情报研究所	内部
17	河南高校图书情报工作	季	河南省高校图工委	
18	河南图书馆学刊	季	河南省图书馆学会	国内
19	黑龙江图书馆	双月	黑龙江省图书馆学会	国内
20	吉林高校图书馆	季	吉林省图工委	内部
21	江苏图书馆学报	双月	江苏省图书馆学会	国内

序号	刊　　名	刊期	主办机构	发行范围
22	江西图书馆学刊	季	江西省图书馆学会	国内
23	津图学刊	季	天津市高校图工委	内部
24	晋图学刊	季	山西省高校图工委	国内
25	科技情报工作	月	国家科委科情司	国内外
26	连续出版物管理与研究译丛	半年	全国高校图书馆期刊工作委员会，南京大学图书馆	内部
27	煤图学刊		煤炭高校图书馆协会	内部
28	内蒙古图书馆工作	季	内蒙古自治区图书馆学会	内部
29	农业图书情报学刊	双月	中国农学会情报学会，中国农学图书馆协会	国内
30	企业技术开发	双月	湖南省情报学会，省科技情报所	国内
31	青海图书馆	季	青海省图书馆学会，省图书馆	
32	情报工作通讯	月	机械工业部情报所	
33	情报科学	双月	黑龙江省情报学会，省情报所	国内外
34	情报科学技术	双月	国防科技情报学会，中国国防科技信息中心	国内
35	情报科学文摘	双月	中国科技情报所	国内
36	情报理论与实践	双月	北方科技信息研究所机械科技情报所等	国内外
37	情报探索		福建省情报学会，省科技情报所	
38	情报学报	双月	中国科技情报学会	国内外
39	情报学刊	双月	四川省情报学会，省情报所	国内外
40	情报业务研究	双月	内蒙古自治区情报学会，区科技情报所	国内外
41	情报杂志	季	陕西省情报学会，省科技情报所	国内
42	情报资料工作	双月	中国社会科学情报学会，中国人民大学书报资料中心	国内外
43	全国林业院校图书馆工作	半年	全国林业院校图书馆工作编辑部	内部
44	儿童图书馆与中小学图书馆	季	天津市少儿图书馆	国内
45	山东图书馆季刊	季	山东省图书馆学会	国内
46	陕西图书馆	季	陕西省图书馆学会，省图书馆	国内
47	少年儿童图书馆	季	湖南省少年儿童图书馆	
48	世界图书	月	中国图书进口总公司	国内外
49	水利电力情报工作	双月	水利电力情报所	
50	四川图书馆学报	双月	四川省图书馆学会	国内
51	天文文献情报	季	中国科学院天文学文献情报网陕西天文台	
52	铁道情报通讯	双月	铁道部科技情报所中国铁道科技委员会	
53	铁路高校图书情报研究		铁路高校图书馆情报协作委员会	
54	图书馆	双月	湖南省图书馆学会，省图书馆	国内外

续表

序号	刊　　名	刊 期	主办机构	发行范围
55	图书馆报导	半年	（不祥）	内部
56	图书馆工作	季	安徽省图书馆学会，省中心图书委员会	国内
57	图书馆工作与研究	季	天津市图书馆学会，市图书馆	国内外
58	图书馆界	季	广西壮族自治区图书馆学会，区图书馆	国内外
59	图书馆理论与实践	季	宁夏图书馆学会，宁夏图书馆	国内外
60	图书馆论坛	季	广东省图书馆学会，省高校图工委	国内外
61	图书馆学刊	双月	辽宁省图书馆学会，省图书馆	国内
62	图书馆学情报学参考资料	月	书目文献出版社图书馆学编辑室	内部
63	图书馆学文摘	季	山西省图书馆学会，省图书馆	国内
64	图书馆学研究	双月	吉林省图书馆学会，省图书馆	国内外
65	图书馆研究与工作	季	浙江省图书馆学会，省图书馆	内部
66	图书馆与读者	季	西安交通大学图书馆	
67	图书馆与读者	季	成都科技大学图书馆	内部
68	图书馆员	双月	四川省图书馆，省中心图书委员会	国内
69	图书馆杂志	双月	上海市图书馆学会，市图书馆	国内外
70	图书情报工作	双月	中国科学院文献情报中心	国内外
71	图书情报工作动态	双月	同上	内部
72	图书情报论坛	季	湖北省图书馆学会，省图书馆	内部
73	图书情报通讯	季	河北省图书馆学会，省图书馆	内部
74	图书馆情报研究		北京大学图书馆系	内部
75	图书情报知识	季	武汉大学图书情报学院	国内外
76	图书与情报	季	甘肃省高校图工委	内部
77	图书情报工作	季	辽宁省高校图工委	内部
78	文献工作研究	双月	上海空军政治学院图书档案系	内部
79	文献情报学刊	季	福建省高校图工委	
80	西北高校图书馆通讯	季	西北五省高校图工委	内部
81	新疆图书馆	季	新疆图书馆学会，新疆图书馆	
82	现代图书情报技术	季	中国科学院文献情报中心	国内
83	现代情报	双月	中国科技情报学会，吉林省情报学会	国内
84	冶金高校图书馆	季	全国冶金高校图书馆协作组	
85	冶金情报工作	月	冶金部情报标准研究总所，中国金属学会情报学会	
86	医学情报工作	双月	中国医科院这情所，中国高等医药院校图书馆协会	内部
87	云南图书馆	季	云南省图书馆学会，省图书馆	内部

续表

序号	刊　　　名	刊 期	主办机构	发行范围
88	浙江高校图书情报工作	季	浙江省高校图工委	内部
89	政法图书馆		司法部部属院校图书馆协会	
90	知识工程	季	中国科学院武汉文献情报中心	内部
91	中国科技期刊研究	季	中国科学院自然科学期刊编辑研究会	国内
92	中国图书馆学报	季	中国图书馆学会	国内外
93	中医药图书情报	双月	全国中医药图工委	

资料来源：吴晞，夏勇．1992．我国93种图书情报学期刊评析．大学图书馆学报，（05）：50～57

从表2-4我们可以看出，我国图书馆学期刊创刊的高峰期分布在20世纪70～90年代，鼎盛期是在80～90年代的10年间。这与图书情报事业的发展进程是密切相关的。1978年中国科技情报学会和1979年中国图书馆学会的成立，标志着我国图书情报事业作为独立的行业屹立于社会百业之林，随着图书情报学科研究的兴盛与图书情报工作研讨交流活动的繁荣，图书馆学情报学也随之应运而生。90年代以后，随着期刊数量接近饱和，图书馆学情报学期刊开始从粗放式发展向专业化进程缓慢转变，新刊的产生也大为减少。

从表2-4中分析，与民国时期以及新中国成立后至1980年前的期刊名相比，刊名呈现多样化趋势，这与改革开放后"百家争鸣，百花齐放"的大政方针是分不开的。刊名从"通讯"、"学报"、"学刊"、"探索"、"研究"等的发展过程，体现图书馆学学术研究的一个整体概况。图书馆界的学者们，从注重实际应用交流发展到注重理论研究，最后注重理论与实践相结合的研究态势。

与前两阶段的刊物创办者相比，本阶段的创办者主要以各省图书馆、情报学学会、各省高校图工委为主。不难发现，过去的刊物以公共图书馆及其他公共机构为主创办，新阶段的图书馆学期刊则以各省高校图工委为主要创办者。高校图工委最早出现在1981年11月26日。当时教育部成立了全国高等学校图书馆工作委员会及其秘书处，之后，全国各省（自治区、直辖市）相继成立了类似的下级机构，用于对图书馆事业的协调建设和管理。本阶段"情报学"在图书馆学期刊中也开始占相当的比例。

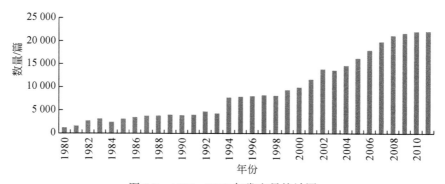

图2-2　1980～2010年发文量统计图

从图2-2中的数据可以看出，从1980年的1220篇，经过30年的发展，2010年已达

21 976 篇，年均发文篇数增长近 20 倍。从年度文献产出量看，20 年来在期刊上共发表图书馆学相关论文 277 255 篇，年平均产出论文 13 202 篇。从图中可以明显看出，图书馆学产出期刊论文数只在个别年度略有些回落，整体增长呈上升趋势。1980～1993 年以前，图书馆学期刊年均发文量不超过 5000 篇，1994～2000 年，发文量保持在 10 000 篇以下，自 2008 年以后则年均发文量达 20 000 篇以上，并保持上升趋势。

2.2.2　各时期图书馆学期刊主要研究议题

不同时期研究的议题受当时所处各种环境的影响，无论是经济环境还是政治环境。例如，民国时期的研究议题，受新图书馆运动的影响和西方图书馆学思想的影响，会更侧重介绍国外图书馆情况，并结合国内图书馆知识，加以应用。更注意应用层面。新中国成立初期至 20 世纪 70 年代末，祖国各项事业百废待兴，图书馆学论文也主要侧重于图书馆的使用心得和一些相关业务的通信、报道与总结，同时，注重对国内外图书的评价与交流，重视基层图书馆如县图书馆等的建设。80 年代至今，图书馆事业繁荣并平稳发展。情报检索、网络技术以及各项研究应运而生。研究的内容更加细化，并且与多学科交叉渗透。

民国时期，图书馆界刊物栏目设置具有鲜明的时代特色并且内容颇丰，达到了宣传、研究、交流的目的。归纳起来有以下几种（郭卫宁，2004）。

1. 民国时期

（1）馆藏介绍、新书推介。从 1915 年 12 月出版的《浙江公立图书馆年报》开始，不论是各图书馆馆刊、协会会刊还是其他机构所办的图书馆刊物大都设有介绍馆藏和国内外新出书刊的栏目并刊载关于各种图书评、题跋。如《中华图书馆协会会报》就专设有"新书介绍"一栏，"新书介绍"一栏选择国内外最近出版图书（暂以国立北平图书馆所入藏者为准）为之介绍，既以供研究与实施之参考。各图书馆亦将之为采访之借镜。海内贤达及各出版家或赐以著述或寄示书目，即当代为介绍不第可获宣传之效有相得益彰之美。台湾省图书馆编的《图书月刊》所设"新书介绍"一栏，介绍国内外名著和台湾省出版物及馆所藏的善本书籍和台湾地方文献。设有此栏的还有：《图书馆季刊》、《学库旬刊》、学友互助社第一图书馆的《图书馆月刊》、广州培正中学图书馆编的《图书馆报》、国立北平图书馆的《图书季刊》、《中央军校图书馆月报》、《天津市立通俗图书馆月刊》、《图书展望》、《上海市立图书馆馆刊》、《丰湖月刊》等不胜枚举。

（2）概况及业务研究，图书馆概况和馆务公布是民国时期图书馆界刊物的一项重要内容，如《广东图书馆月刊》的"馆务消息"、"本馆章则"专栏；北京图书馆的《年度报告》对该馆的行政管理、建筑设施、书籍采访、分类、编目、员工名录等都有刊载；《浙江省立图书馆月刊》设有"馆务"一栏；《江苏省立苏州图书馆馆刊》主要栏目内容有各种会议纪要、阅览人数统计、收支对照表等；上海图书馆协会编的《图书馆》栏目有"图书馆消息"、"本会消息"、"会务"等；《燕京大学图书馆报》中的"工作统计"，等等。

（3）国内外图书馆介绍。很多刊物，具有代表性的如《文华图书馆学专科学校季刊》

刊有"国外图书馆概况"、"图书馆参观"等内容，宣传了西方先进图书馆思想与实践，促进了国内外图书馆先进经验的交流；而《中华图书馆协会会报》"图书馆界"一栏则"注重中华图书馆协会与各地方协会会务之进行，个人会员之现状及活动状态，亦当尽量登载并述国内外图书馆界之大事、零讯、俾消息，得以沟通，史家因而保存……"

（4）文献学、目录学及文史研究。20世纪30年代以后，图书馆专业期刊内容大为改观，水平大大提高。从以往比较单一的书目报道、业务统计扩展为研究图书馆学、目录学、文献学，以至文史学问，研究图书馆工作、图书馆事业为主。如《图书馆学季刊》目录学方面主要为传统的图书学论著，书评、序跋、考证、古籍书目等。中山大学图书馆的《图书馆报》就介绍了清代考证文章；北平图书馆的《图书馆季刊》介绍了中国古籍与文化；四川省立图书馆编的《图书集刊》对中国历史文化遗产进行整理研究，对古籍手稿进行考据校订具有较高的学术价值。著名学者蒙文通、钱穆、熊子真、冯璧如等常在此刊发表学术论著。还有《燕京大学图书馆报》刊登有古籍整理方面的内容；《山东省立图书馆季刊》除刊载图书馆学、文学内容外还兼有金石、文物考古等方面的资料；浙江省立图书馆编的《文澜学报》专著一栏，包括考订、考勘、序跋、目录等。

（5）图书馆学理论研究。民国时期不能说每一种图书馆刊物都称得上图书馆学期刊，但是它们给我国第一批图书馆学家提供了研究探索的园地。如《图书馆学季刊》，该刊的办刊宗旨是"本新图书馆运动之原则，一方稽考我先民对于斯学之贡献，一方参酌欧美之成规，以期形成一种合于中国国情之图书馆学"。刊有刘国钧、杜定友等名家的撰述及大量译著。《文华图书馆学专科学校季刊》，以提倡图书馆学，促进图书馆事业，研究实际问题和解决应用方法为目的，不仅要引起图书馆界同志的研究兴趣，并以普及民众图书馆常识为使命。

（6）其他。除上述内容外有的刊物上还有"读者来鸿"、"时论撮要"、"文艺"、"出版消息"、"出版界"等栏目。天津（私立）南开大图书馆编的《图书馆双周》刊有该校毕业论文存目。

2. 新中国成立后至 1979 年

自新中国成立后至1979年，图书馆学期刊研究内容较民国时期更具实用性。

（1）图书馆学理论。任何一种文化研究都脱离不开当时的社会背景。这个阶段仍在讨论什么是图书馆学，图书馆学的研究对象包括哪些。新中国成立初期，阶级斗争一直存在，不少文章对图书馆是否存在阶级性提出了探讨。甚至一本图书馆学书籍的出现，也会冠上"社会主义"的大名。对于卢震京的《图书馆学辞典》，也被很多人批判为社会主义的"毒草"，有毒害的书。直到20世纪80年代，才为张文彬、杨威理两人"平反"。涉及的各种规章制度，例如，制定岗位职责、图书馆业务研究和辅导、一些辅导经验的讨论、图书馆员的基本功、主要职责，以及优秀图书馆员的介绍等，则大多来自基层。

（2）图书馆的宣传与流通。主要讨论流通工作如何开展，早在1959年就学习苏联的经验，讨论开架借阅问题。另外，还涉及预约、催还等内容。文章多涉及县乡、农村的流通书库、图书下乡等。在图书宣传方面，提到建立读书会，设立读书小组。要加强与读者的联系，进行图书辅导，设书展，读者可以推荐图书。学习苏联经验，推行开架借阅。阅览统计，讨论如何改进借书工作，进行经验交流，同时进行流通站、流通书车工作经验交流。

（3）参考咨询。参考咨询工作以及资料搜集工作，如何为科研工作服务。图书馆工作如何为农业、工业以及教学服务。

（4）图书采访与藏书建设。这主要包括藏书建设中图书采购经验介绍、如何节约经费开支、藏书补充方式、采访体会、外文图书采访、图书交换、图书登记、典藏、藏书剔旧、图书养护等。

（5）图书分类主题编目。概念的普及，比如"索书号的组成"，"国际标准书号"，刘国钧的"图书分类法"，散文诗、传记等具体归类问题。图书分类法，包括中国人民大学图书馆图书分类法、中国科学院图书馆图书分类法、中国图书馆图书分类法以及其他分类方法。还有冒号分类法、杜威十进制分类法等。

总的来说，本阶段主要侧重于图书馆实践工作的一些经验总结和实践交流，并且在理论认识上尚处于摸索阶段。

3. 20 世纪 80 年代后

从 20 世纪 80 年代开始，图书馆学期刊研究内容更加侧重于现代化的研究领域，主要表现在以下几个阶段。

（1）1980～1989 年。科学技术的飞速发展，新学科、新技术及边缘科学大量涌现。随之是图书资料的激增和科研人员利用书刊资料方式的改变。这样，传统的手工检索已不能适应其要求，迫切需要采用现代技术。而电子计算机功能的不断完善及其应用领域的逐步扩大，为图书资料检索的自动化提供了条件。随着科学技术的发展，目前世界各国都广泛采用电子计算机等现代化技术设备进行情报检索，我国也已对其进行了研究和利用。通过以上关键词列表可以得知，此阶段主要研究对象为"情报检索、情报分析、自动标引、程序设计"等，与计算机技术、情报技术密切相关。相关研究热点内容如图 2-3 所示。

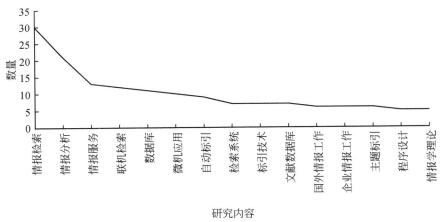

图 2-3   1980～1989 年图书馆学期刊主要研究内容

（2）1990～2000 年。经过了前面近 10 年的"情报检索"、"标引"研究的热潮，直到

20世纪90年代中期，依然以讨论"数据库"、"图书馆自动化"为主要研究内容，到了1998年，开始掀起"知识经济"的研究，2000年相关研究的文章达600多篇，直至现今，仍为一个研究热点。如图2-4所示。

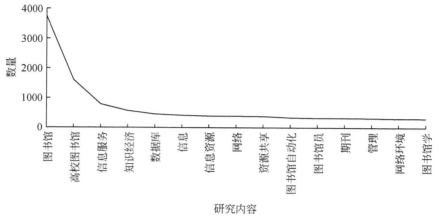

图2-4　1990～2000年图书馆学期刊主要研究内容

（3）2001～2010年。从20世纪90年代开始，各类型图书馆，包括高校图书馆、公共图书馆、数字图书馆都是高频出现的词语。另外，信息服务、图书馆学、资源共享，也是近20年研究的热点。值得一提的是知识管理。"知识管理"已经成为近几年图书馆学的研究热点，可以说该主题论文数是直线上升的。在知识经济时代，生产力的发展不再主要依赖于资本、自然资源和劳动力等传统资源，而是更多地依赖于知识，依赖于信息和信息的传播与利用。创造和传播知识已经成为发展生产力的极其重要的因素。随着知识管理概念的深化和信息技术的发展，选择有效的知识管理的策略，优化数字图书馆资源的配置，已经成为图书馆得以持续发展的关键因素。可以预见，知识管理在未来几年仍将是图书馆学的研究热点，随着知识管理的相关理论在图书馆学的应用以及图书馆学研究对象向知识转移，图书馆学和知识管理的结合会越来越紧密。相关热点内容如图2-5所示。

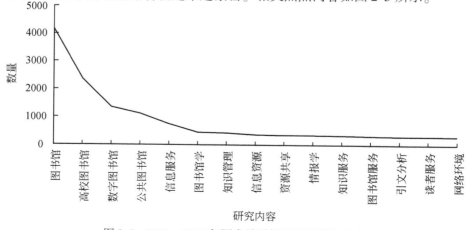

图2-5　2001～2010年图书馆学期刊主要研究内容

2.2.3 各时期的核心作者群

在由不同学科构成的学术版图中，并不存在一个抽象意义上的"图书馆学"，离开了从事学术研究和专业工作的图书馆学人，图书馆学只是一个空壳而已。因此，图书馆学正是诸多图书馆学人在学术思考、研究实践、学术交流的过程中形成了话语和理论的构建，由此而建成了自身的学术大厦。因此，学术共同体的形成是分析学术认同的前提和基础。无数的学术作者，构成了学术共同体（刘宇和凌一鸣，2011）。学术作者是期刊论文的重要外部特征之一，是决定期刊论文质量的关键；而核心作者更是期刊质量稳固和继续发展的坚实基础。对图书馆学期刊的核心作者进行分析研究，不仅可以反映期刊本身的情况，也可窥探图书馆学研究的总体现状。

核心作者群是指那些发文量较多，影响较大的作者集合。为了确定核心作者的数量，本文依据文献计量学中著名学者普赖斯（Price. D）所提出的计算公式进行了统计：

$$M = 0.749 \left(N_{max} \right)^{1/2}$$

式中，M 为论文篇数，N_{max} 为所统计的年限中发表文章最多的那位作者的论文数，只有那些发表论文数在 M 篇以上的作者，方能称为核心作者，也即多产作者。

1. 民国时期图书馆学期刊核心作者群

民国时期图书馆学期刊发文量最多的为杜定友 97 篇，依上述公式 $M = 0.749 \left(97 \right)^{1/2}$ 得出 $M = 7.37$ 篇，也就是说，在这一时期作者发文数量超过 7.37 篇（按整数 8 计算），即为核心作者。据李钟履编《图书馆学论文索引（第一辑）》著者索引进行统计，共有 68 名作者发表文章在 8 篇以上。由于篇幅所限，仅列出发文 10 篇以上的作者共 47 位，如表 2-5 所示。

表 2-5 民国时期图书馆学期刊发文 10 篇以上核心作者

序号	作者姓名	发文量/篇	序号	作者姓名	发文量/篇
1	杜定友	97	13	陈东原	21
2	吕绍虞	59	14	蒋复玉	20
3	沈祖荣	37	15	王文莱	19
4	于震寰	35	16	李继先	19
5	钱亚新	32	17	马宗荣	19
6	刘国钧	29	18	李小缘	18
7	陈训慈	27	19	何多源	18
8	喻友信	24	20	许振东	18
9	余少文	22	21	邢云林	17
10	袁同礼	22	22	舒纪维	17
11	徐旭	22	23	陈豪楚	16
12	严文郁	21	24	李钟履	14

序号	作者姓名	发文量/篇	序号	作者姓名	发文量/篇
25	俞颂明	14	37	许雪昆	11
26	蒋镜寰	14	38	蒋元卿	11
27	李洁非	13	39	孔敏中	10
28	顾家杰	13	40	朱家治	10
29	照远	13	41	沈丹泥	10
30	李靖宇	12	42	陈文	10
31	金敏甫	12	43	陈鸿飞	10
32	洪焕椿	12	44	程长源	10
33	徐家璧	12	45	郭重威	10
34	程伯群	12	46	徐家麟	10
35	戴志骞	12	47	章新民	10
36	陈独醒	11			

2. 1950~1980 年图书馆学期刊核心作者群

据前所述，$M = 0.749 (41)^{1/2}$ 得出 $M = 7.37$ 篇，也就是说，在这一时期作者发文数量超过 4.79 篇（按整数 5 计算），即为核心作者。笔者参考南京图书馆主编的《图书馆学情报学论文索引 1949.10~1980》对发文量在 5 篇以上的作者进行了统计，共有 176 名作者发表文章在 5 篇以上。由于篇幅所限，仅列出发文 10 篇以上的作者共 44 位，如表 2-6 所示。

表 2-6　1950~1980 年图书馆学期刊发文 10 篇以上的核心作者

序号	作者姓名	发文量/篇	序号	作者姓名	发文量/篇
1	刘国钧	41	14	孟广均	17
2	杜定友	36	15	黄宗忠	17
3	龙廷彰	34	16	王恩光	16
4	卢中岳	27	17	张琪玉	16
5	白国应	24	18	顾家杰	15
6	何纪华	23	19	惠世荣	15
7	阎立中	21	20	杨沛霆	14
8	肖自力	20	21	陈光祚	14
9	吴尔中	20	22	范文津	14
10	鲍振西	20	23	侯汉清	14
11	苏大梅	20	24	黄俊贵	14
12	庄义逊	19	25	鲁文	14
13	丁宏宣	18	26	金天游	13

序号	作者姓名	发文量/篇	序号	作者姓名	发文量/篇
27	项戈平	13	36	汪家熔	11
28	胡耀辉	13	37	李钟履	11
29	黄景行	13	38	丁志刚	10
30	许邦兴	12	39	朱天俊	10
31	佟曾功	12	40	来新夏	10
32	张秀民	12	41	李修宇	10
33	周文俊	12	42	李枫	10
34	彭裴章	12	43	赵万里	10
35	王重民	11	44	冀淑芬	10

1981～2010 年图书馆期刊核心作者群,据中国期刊网的技术人员统计,发文 10 篇以上的作者数量就有 10 000 多个。由于时间跨度大,统计内容繁杂,这部分内容仅以四大核心期刊《中国图书馆学报》、《大学图书馆学报》、《情报学报》和《图书情报工作》为统计源,微观了解一下发文量、影响力较大的作者群(表 2-7)。

表 2-7　1981～2010 年四大图书馆学期刊发文前 40 名的核心作者

序号	作者姓名	发文量/篇	作者单位
1	邱均平	50	武汉大学
2	王知津	33	南开大学
3	叶继元	32	南京大学
4	侯汉清	32	南京农业大学
5	吴慰慈	27	北京大学
6	马恒通	27	河北师范大学
7	叶鹰	25	浙江大学
8	文榕生	23	中国科学院文献情报中心
9	刘兹恒	22	北京大学
10	倪波	21	南京大学
11	肖希明	21	武汉大学
12	黄如花	21	武汉大学
13	张晓林	20	中国科学院文献情报中心
14	马张华	19	北京大学
15	何荣利	19	沈阳农业大学
16	于鸣镝	19	大连轻工业学院
17	肖珑	18	北京大学
18	张晓林	18	四川大学
19	郑建明	18	南京大学

序号	作者姓名	发文量/篇	作者单位
20	毕强	18	吉林大学
21	高波	18	华南师范大学
22	黄俊贵	17	广东省立中山图书馆
23	焦玉英	17	武汉大学
24	程焕文	17	中山大学
25	白国应	17	中国科学院文献情报中心
26	徐引篪	17	中国科学院文献情报中心
27	夏勇	17	浙江大学
28	张玉峰	17	武汉大学
29	王永成	16	上海交通大学
30	陈传夫	16	武汉大学
31	孟连生	16	中国科学院文献情报中心
32	华薇娜	15	南京大学
33	冷伏海	15	中国科学院文献情报中心
34	江乃武	15	吉林农业大学
35	林曦	15	中国科学院文献情报中心
36	孟广均	15	中国科学院文献情报中心
37	蒋永福	15	黑龙江大学
38	柯平	14	南开大学
39	刘家真	14	武汉大学
40	沈固朝	14	南京大学

2.3　影响图书馆学期刊发展的部分因素

从民国时期发文最多的一年1935年的671篇发展到1980年的一千多篇，再到2010年的两万多篇，图书馆学期刊以几十倍的速度增长。图书馆学期刊的出版周期从原来的半年刊、季刊发展为半月刊、月刊甚至旬刊，我国图书馆学期刊呈现一片繁荣稳定的发展状态。其主要原因，除经济发展因素外，笔者认为同时受以下几个因素的影响。

2.3.1　职称评定、论文评奖

在社会生活中，知识分子通过自己的刻苦努力，学识和能力达到了一个较高的层次，为了体现和承认这种成就，就出现了职称晋升。衡量一个人学识和能力变化的一个重要方面是其工作业绩，最直接的体现形式应该是其研究领域的研究成果，论文既是成果的一种体现形式，又是独立的参考指标，在职称评审中有相当重要的参考价值。

1977～1983年为职称制度恢复和重新建立阶段，由任命制演变为职称评定制。自

1981 年 1 月 30 日由国务院批准颁发的《图书、档案、资料专业干部职称暂行规定》（已失效）后，我国图书馆界开始有了自己的技术职称，并明确图书资料专业职称是反映图书资料专业干部的学识水平、业务能力和工作成就的称号。1979 年 3 月，教育部颁布了《关于高等学校图书和资料情报人员职务名称确定与提升的暂行规定》，1983 年 9 月全国有 22 个职称系列（含图书资料）职称评定工作，暂停下来。1986 年后进入职称制度改革和建立专业技术职务聘任制（简称"职改"）阶段。1986 年的《图书、资料专业职务试行条例》中对副研究馆员和研究馆员提出了论著的要求，有一定（较高）水平的论著、译著，没有注明量的要求。

1986 年 1 月，中共中央、国务院转发了《关于改革职称评定、实行专业技术职务聘任制度的报告》；1986 年 2 月，国务院又配套发布了《关于实行专业技术职务聘任制度的规定》；1986 年 4 月，中央职称改革工作领导小组转发了文化部制定的《图书、资料专业职务试行条例》及其《实施意见》。为了保证该《条例》在高校中的施行，根据该《条例》精神和国家教育委员会下发的《关于国家教委所属高校教师以外专业技术职务聘任制工作的几点意见》（试行）的要求，1987 年 6 月，国家教委职称改革工作领导小组发布了《国家教委所属高校实行图书、资料专业职务试行条例的实施细则》（试行），对高校系统图书资料系列专业职务聘任工作中的一些具体细则进行了规范。

1989 年是人们常说的首次专业技术职务评聘阶段，已由 22 个系列增加到 29 个系列。1990 年至今即专业技术职务评聘工作转入经常化和研究深化职改的阶段。随着各省市对职称评聘工作的量化，图书馆学论文由 1993 年的 4263 篇，增至 1994 年的 7696 篇，增幅为 80% 以上。

2000 年文化部颁发的《全国图书资料系列高级职称评审基本条件试行》条例，对学术著作及发文量都做出了明确要求，2001 年后，图书馆学论文数突破 10 000 篇/年。

2.3.2 基金制度

1. 学术基金

学术研究，至少在初期是一项费钱的事业，稳定的基金资助，是其健康发展的重要制度保障。学科基金制度，主要涉及两个相关问题，一是资助者，二是受资助者。不同资助主体或基金主体，有其偏好的研究假定，研究主题，研究路径和意识形态倾向，它们无可避免地潜入研究者的研究过程中，可能会干扰研究的正当过程、结果或者对结果的解释与说明。目前粗略地讲，有三类主要的资助或者基金主体：国家中不同层级的政府所出资的基金主体（如国家社会科学基金、国家自然科学基金、各省科研及其他基金项目），国家内部由企业或民间出资的私人基金主体（所谓的横向课题），以及跨国基金主体。

图书馆学者主要获得的是第一类基金主体资助，即国家及不同层次的政府出资的基金。纵观各类基金项目，1980~1989 年，图书馆学者所受到的基金资助寥寥无几。据统计，从 1990 年开始到 2000 年，各类基金项目逐步增长（表 2-8），在 2001~2011 年，各类图书馆学项目基金增长较快（表 2-9）。

表 2-8 1990~2000 图书馆学项目基金资助情况

基 金 名 称	数 量	基 金 名 称	数 量
国家社会科学基金	96	国家自然科学基金	76
国家高技术研究发展计划（863）	14	高等学校博士学科点专项科研基金	10
教育部基金	5	黑龙江省自然科学基金	4
河南省自然科学基金	3	国家科技攻关计划	3
航空科学基金	3	江苏省科技攻关计划	3
教育部科学技术研究项目	2	黑龙江省社会科学基金	2
教育部留学回国人员科研启动基金	2	江苏省教育厅人文社会科学研究基金	2
陕西省自然科学基金	2	辽宁省教育厅高校科研基金	2
江苏省自然科学基金	1	湖南省自然科学基金	1
湖南省教委科研基金	1	湖北省软科学研究计划	1
美国国家科学基金（NSF）	1	广东省自然科学基金	1
福建省自然科学基金	1	河南省软科学研究计划	1
福建省卫生厅青年科研基金	1	安徽省教育厅科研基金	1
广东省软科学研究计划	1	中国农业科学院院长基金	1
天津市科委基金	1	全国教育科学规划	1
陕西省教委基金	1	山东省教委基金	1
地质行业基金	1	国家软科学研究计划	1
湖南农业大学青年科研基金	1	安徽省科技攻关计划	1
国家重点基础研究发展计划（97）	1		

表 2-9 2001~2011 图书馆学项目基金资助情况

基 金 名 称	数 量	基 金 名 称	数 量
国家社会科学基金	1677	国家自然科学基金	761
湖南省社会科学基金	169	湖南省教委科研基金	136
江苏省教育厅人文社会科学研究基金	78	国家科技支撑计划	69
高等学校博士学科点专项科研基金	63	中国博士后科学基金	57
国家高技术研究发展计划（863）	48	跨世纪优秀人才培养计划	47
浙江省教委科研基金	46	陕西省教委基金	40
中国科学院知识创新工程基金	38	海南省教育厅科研基金	37
辽宁省教育厅高校科研基金	36	国家科技基础条件平台建设计划	33
广东省自然科学基金	32	全国教育科学规划	32
上海市重点学科建设基金	28	安徽省教育厅科研基金	27
福建省教委科研基金	26	湖北省教委科研基金	24
山东省软科学研究计划	24	河南省教委自然科学基金	23
河南省软科学研究计划	22	教育部科学技术研究项目	21
中国科学院"西部之光"基金	21	国家重点基础研究发展计划（97）	20
社会公益研究专项计划	20	四川省教委重点科研基金	18
江苏省普通高校自然科学研究计划	17	国家软科学研究计划	16
黑龙江省自然科学基金	16	教育部留学回国人员科研启动基金	16
山东省自然科学基金	16	华南农业大学校长基金	16
河北省软科学研究计划	16	广东省软科学研究计划	16
国家留学基金	15		

从表 2-8 和表 2-9 中可以看出，自 2000 年以后，无论是国家还是各省市对图书馆学研究论文的基金投入量大幅增加。其中，国家社会科学基金由 1980~1989 年的 96 项，增至 2001~2011 年的 1677 项，增长 17 倍之多。国家自然科学基金也从 76 项，增长到 761 项。其他各省（市）的科研基金项目也都呈大幅度增长趋势。从各省（市）的基金资助来看，排在前列的有湖南省、江苏省、浙江省等。不断增长的科研基金项目，推动着各类学术成果的繁荣。自 2000 年至今，图书馆学期刊发文量从一万篇增至二万多篇。

2. 期刊奖励基金

为进一步发挥国家社科基金的示范引导作用，推动期刊资助管理规范化、制度化，国家出台了《国家社科基金学术期刊资助管理办法》（暂行），于 2012 年 6 月推出国家社会科学基金第一批学术期刊资助名单，其中包含两家图书馆学期刊《中国图书馆学报》、《大学图书馆学报》。资助的宗旨是，通过有重点、持续性的资助，促进我国学术期刊改善办刊条件，提高办刊质量，扩大学术传播力和社会影响力。每种期刊每年资助 40 万元。年度考核优秀或者经费缺口确实较大的，可适当奖励或增加 10 万~20 万元。有此种制度的保障，期刊不用担心经费的问题，不仅不收版面费，而且还会付给作者一定的稿酬，以此吸引更多的优秀文章，非常有利于期刊的发展。

2.3.3　核心期刊

近年来，高校及研究机构越来越重视科研成果的评价，以成果评价的结果来衡量学者、机构的科研能力及学术水平。在诸多评价指标中，发表成果的期刊的学术影响已成为一个重要的指标。

也就是说，成果的水平由刊物的水平来衡量。而刊物的水平，目前比较多的做法是以是否是核心期刊来判断。核心期刊，指的是刊载某一学科或某一领域有关的信息较多、水平较高，能够反映该学科领域最新成果和前沿动态，并且期刊文献计量指标较高（如影响因子高、他引率高、半衰期长等）和学术影响力较大的期刊。核心期刊的别名有"来源期刊"、"统计源期刊"和"学术榜期刊"等，也就是一些知名的文献检索机构所建立的引文索引数据库所选中的期刊，如美国的 SCI 期刊、社会科学引文索引 SSCI 期刊、工程索引 EI 期刊等。核心期刊除了文献计量的基本功能外，已经广泛应用于期刊和论文的学术评价、科研成果鉴定、职称评审、项目评审、学位申请等。

据统计，目前有影响力的核心期刊版本有《中文核心期刊要目总览》、中文社会科学引文索引（CSSCI）、中国人文社会科学核心期刊、RCCSE 中国核心学术期刊、中国人文社科学报核心期刊，中国科学引文数据库来源期刊（CSCD）、中国科技论文统计源期刊（中国科技核心期刊）及全国报刊索引核心期刊。与图书馆学研究者相关的核心期刊主要为前两者，即《中文核心期刊要目总览》和《中文社会科学引文索引》（CSSCI）。《中文核心期刊要目总览》已于 1992 年、1996 年、2000 年、2004 年、2008 年出版过五版，现为最新的 2011 年（第六版）。如表 2-10~表 2-12 所示。

表 2-10 1992 年、1996 年图书馆学、图书馆事业类核心期刊一览表

序号	刊　名		序号	刊　名	
	1992 年	1996 年		1992 年	1996 年
1	中国图书馆学报	中国图书馆学报	11	图书馆工作与研究	图书馆杂志
2	图书情报工作	图书情报工作	12	图书与情报	图书馆
3	图书馆杂志	大学图书馆学报	13	图书馆学刊	图书馆学研究
4	大学图书馆学报	图书馆理论与实践	14	江苏图书馆学报	
5	图书馆学研究	图书馆建设	15	山东图书馆季刊	
6	黑龙江图书馆	图书馆情报知识	16	情报资料工作	
7	四川图书馆学报	图书馆论坛	17	图书馆界	
8	图书情报知识	图书与情报	18	图书馆论坛	
9	图书馆	图书馆工作与研究	19	高校图书馆工作	
10	图书馆理论与实践	四川图书馆学报			

注：专业期刊 1992 年共 62 种，1996 年共 69 种

表 2-11 2000 年、2004 年图书馆学情报学核心期刊一览表

序号	刊　名		序号	刊　名	
	2000 年	2004 年		2000 年	2004 年
1	中国图书馆学报	中国图书馆学报	10	图书馆	图书馆论坛
2	图书情报工作	图书情报工作	11	图书馆论坛	现代图书情报技术
3	大学图书馆学报	大学图书馆学报	12	图书与情报	情报资料工作
4	情报学报	情报学报	13	图书馆理论与实践	情报理论与实践
5	图书馆杂志	图书馆杂志	14	情报科学	图书馆工作与研究
6	图书情报知识	情报科学	15	图书馆工作与研究	图书馆理论与实践
7	情报理论与实践	图书馆建设	16	图书馆建设	图书情报知识
8	现代图书情报技术	图书馆	17	情报杂志	现代情报
9	情报资料工作	情报杂志			

注：专业期刊 2000 年共 96 种，2004 年共 70 种

表 2-12 2008 年、2011 年图书馆学情报学核心期刊一览表

序号	刊　名		序号	刊　名	
	2008 年	2011 年		2008 年	2011 年
1	中国图书馆学报	中国图书馆学报	11	图书情报知识	情报科学
2	图书情报工作	大学图书馆学报	12	情报资料工作	现代图书情报技术
3	情报学报	情报学报	13	图书馆理论与实践	情报杂志
4	大学图书馆学报	图书情报工作	14	情报杂志	情报资料工作
5	图书馆杂志	图书馆论坛	15	图书馆工作与研究	图书馆理论与实践
6	图书馆论坛	图书馆	16	图书馆理论与实践	图书馆工作与研究
7	图书馆	图书馆建设	17	图书馆学研究	图书馆学研究
8	情报科学	图书馆杂志	18	图书与情报	图书与情报
9	图书馆建设	图书情报知识	19	国家图书馆学刊	国家图书馆学刊
10	现代图书情报技术	情报理论与实践			

注：专业期刊 2008 年共 68 种，2011 年共 76 种

2.4 结 语

　　本章研究的主要对象为百年图书馆学期刊的发展。图书馆学期刊包含有目前所提及的所有情报学期刊。从期刊数量的发展来看，民国时期就有一百多种图书馆学期刊，经历过一段时间的衰落，如今期刊数量稳定在九十多种。从图书馆学期刊的发文量及文章内容来看，民国时期的图书馆学期刊，除了发表图书馆学方面的论文外，还有大量的文献学、目录学文章，并有很多报道馆藏的文章出现。这一时期年均发文量按百篇计算。到了新中国成立后一段时间，图书馆学期刊刊载的文章更加重视基层图书馆的建设，基层人物的报道。开始借鉴如苏联等国家的经验，并引入一些先进的思想。但这一阶段图书馆学事业受迫害比较严重，据统计，年均发文量仅只能按个位数计算。真正使图书馆走入春天的阶段是 1979 年以后，从此阶段开始，图书馆学期刊开始复兴。大量的紧跟时代的各项研究开始出现，各项基金制度开始跟进，新的阶段的图书馆学期刊发展受几种因素影响，诸如职称评定、核心期刊制度等，只有通过有效地掌控并平衡这些因素，图书馆学期刊才可健康发展。

第3章　中国图书馆组织的历史考察

3.1　引　　言

3.1.1　"学会"与"协会"

　　"学会"与"协会"在英语中，可以被解释为一个学术组织名词（即汉语所表达的"学会"）的单词包括 society、institute、institution 和 academy 等，在表述这个义项时的差别很小，甚至可以互换。在实际使用时，society 的出现频率最高，权威的英语语言词典在解释 institute、institution 和 academy 时常用 society，且有循环解释、同义复指的现象，可见确实难以细分区别。如英国最权威的多卷本的《牛津英语词典》（*The Oxford English dictionary*）对 society 一词的第Ⅲ组义项为：为了一些共同的兴趣利益或目的而组织结合起来的一群人，他们为了一个共同的誓约而联合，拥有一致的信仰和理念（Simpson，1989c）。在这组大义项下还有多个细微的分支释义，如"为了促进某专门领域研究的目的，通过会议和出版品等形式而联结在一起的一群人"；"一群人集合在一起，例如，为了讨论或辩论的目的，欢宴或是交际"。该词典对名词义 institute 的解释是"用以促进诸如文学、科学、艺术、职业或教育目的而创立的一个学会（society）或组织；也可以表示在其中进行研究工作的那栋建筑物。通常被赋予资格称号或作为一些特殊学会或某类学会的名称，如文字学会、哲学会、机械学会。参见 institution 的第七项解释，其用法与之相同。"（Simpson，1989b）《牛津英语词典》institution 的第七项解释即为"一个为了促进达到某些目标而创立的设施，组织或协作机构。……这个名称也常应用于工作在慈善或教育机构内的那栋建筑。"（Simpson，1989）academy 在该词典中的相关义项是指"为了用以培养教育和促进文学、艺术或其他专门科学的一个 society 或 institution。"（Simpson，1989b）由此，我们可以认为 society 一词最具"学会"义的代表性，institute 与 institution 在表"学会"义时几乎可以等同，此外 institute、institution 和 academy 还可以指组织化的学校、学院、研究所以及这些机构外在的有形的建筑体。后面的讨论中一般都以 society 一词作为"学会"义的代表，并将与 association 的协会义进行比较辨析。

　　汉语中作为名词义的"学会"指"由研究某一学科或某个学术领域的人组成的学术团体"（《现代汉语大词典》编委会，2000）。1896 年 11 月 5 日的《时务报》刊登了梁启超（2002）《变法通议》系列文章之一的《论学会》，旗帜鲜明地使用了中文"学会"一词，第一次向国人系统全面地介绍了西方的科学学会。谭嗣同（1981）也在 1898 年 4 月 15 日第 35 号的《湘报》上发表了《学会》一文，强调了学会学术交流，启发智慧的功用。

　　在英语中，一般以"association"来表达"协会"。《牛津英语词典》中"association"有八组义项，与我们研究相关的作为组织名词"协会"义的第二项解释为："组合起来执行一个共同的目标或促进一项共同的事业的一群人；由人们组成的以实现他们目标的整个组织；一个学会（society）"（Simpson，1989a）。除此之外"association"还有联合、联盟、结交、联想等意思。

　　"协会"一词在《现代汉语大词典》里有两个解释，一个做谓动词讲，意"会合"，《清史稿·礼志五》载"我朝协会一室"，这个用法现在已经基本不用，也只有查阅这本收汉语词汇最多的大部头多卷本工具书才能看到，也有可能汉语"协会"一词的语源就出自此处。另一种解释就是名词义的，"为促进某种共同事业的发展而组成的群众团体"（《现代汉语大词典》编委会，2000）。

　　行业协会是一种历史悠久的民间组织。在欧洲，中世纪海外商业的扩张，催生了"基尔特"（Gild）这种城市商人及手工业者成立的封建性行业组织，以保障本行业及行业成员的利益为宗旨。据现存资料，从公元9世纪，英国就出现了诸如治安行会（Frith Gild）、英格兰骑士行会（Anglica Cnihtene-Gild）等最初的行业组织形式。之后的手工业行会及同业公会与其一脉相承，同为代表商人和新兴市民阶级共同利益的自治性社会团体，即现代行业协会的雏形（庞兰强，2010）。不过，在这一时期，由于商品经济的生产与交换活动存在于专制的政治文化制度环境中，市场过程欠缺独立性、自由性和竞争性，因而传统的行会组织，一般都具有对外垄断业务，对内统制业务和保护同业的功能作用，都带有封建主义生产关系的性质。中世纪末期，随着资本主义生产关系的出现，当时的具有浓厚封建传统的行业组织越来越不适应现实生产、流通的需要，甚至成为资本主义生产力发展的束缚，到18世纪欧洲产业革命以后，封建行会制度逐渐退出历史舞台，被现代的行业组织形式所代替（杨晋，2006）。

　　行业协会在中国也有着悠久的历史。中国古代的行会组织是一种为维护同行业利益而设立的同业性组织。根据现有材料考证，其萌芽最早是在春秋时期，当时称其为"肆"，汉代称为"行列"、"市列"，到唐代正式称为"行"，到了明清时代，由于城市数量的不断增加以及工商业的繁荣，行业划分越来越细，行会的数量也日渐增多，当时称为"公所"或"会馆"。中国古代行会的主要职能是避免同行业的竞争，同时限制外来竞争。到了近代，中国开始由封建社会逐步沦为半殖民地半封建社会，外国资本的进入，近代工业的创立，使传统中国以小农经济为基础的封建生产关系发生变化，相应地，封建行会开始向近代行会的过渡（杨晋，2006）。1902年出现中国第一个商会"上海商业会议公所"，1903年清政府商部发布《商会简明章程》，规定"凡属商务繁盛之区"，可设"商务总会"，"商务稍次之地"，可设"分会"并将以前所用"商业公所"名称，一律改称为"商会"。各地在成立商会之后，又出现专业组织，清光绪末年，各行业相继成立同业公会。1929年，民国政府颁布《工商同业公会会法》，使行业组织进一步规范发展，以维护同业利益及矫正弊害为宗旨。新中国成立以后，组建工商业联合会，接管旧商会，改组同业公会，新的同业公会执行公私兼顾、劳资两利、城乡互助、内外交流的政策，在宣传教育、工商调整、劳资协议、完成税收、城乡物资交流、协助政府发行公债、举办公益事业、以及推动私营工商业接受社会主义改造等方面，都起了积极作用。社会主义改造完成以后，计划经济体制建立，同业公会自行解体。直到改革开放以来，随着我国经济体制改革和政治体制改革的进行，我国的行业协会才重新发展起来（陆璇，2006）。

"professional association"，国内将之翻译为专门职业协会或专业协会。这里我们有必要先理解"professional association"中"profession"的含义。"profession"一词源于拉丁语"profess"，原始的意思是公开地表达自己的观点或信仰。杰西·H.谢拉（Jesse H. Shera）认为"profession"一词是亚伯拉罕·弗莱克斯纳在1915年为判断某一社会职业是否具备专门职业属性而提出的（Shera，1972）。国内许多学者就将"profession"翻译为专门（性）职业、专业职业，或者专业。根据国内学者赵康先生的介绍，专业概念的界定已经是一个困扰专业社会学界半个世纪的理论问题，西方对专业概念最经典的描述为"专业是一个正式的职业；为了从事这一职业，必要的上岗前的训练是以智能为特质，卷入知识和某些扩充的学问，它们不同于纯粹的技能；专业主要供人从事于为他人服务而不是从业者单纯的谋生工具，因此，从业者获得经济回报不是衡量他职业成功的主要标准"（赵康，2000）。国内学者对职业与专业的关系也有比较恰当的理解，"职业只是人们谋生的一种手段，无需以高度学理为基础，强调继承、重复。专业职业简称专业，是指一群人经过专门教育或训练，具有较高深和独特的专门知识与技术，按照一定专业标准进行专门化的处理活动，从而解决人生和社会问题，促进社会进步并获得相应报酬待遇和社会地位的专门职业。专业必须以一套严格高深的理论为基础，需要接受长时间的专业化训练，提出一种独特、明确、必要的社会服务和奉献，强调研究、创新，是智力外化的劳动。由此可见，职业是专业的基础，专业是职业分化的结果，是人类认识自然和社会达到一定深度的表现。"（赵兰玉，2006）关于职业专业性、专门职业的属性特征和判定标准在学术界多有讨论，提出过多套判断和界定的标准方案，其中有的标准多达七八条。陈彤参考台湾学者刘孔中的译法，将"profession"一词译作"专门职业"，从社会学的角度提出了专门职业应具备的几个特征：首先，专门职业的从业者具有高度专门化的知识和技能，是某一领域的专家。其次，专门职业通常实行"职业自治"（professional autonomy）。所谓职业自治，具有宏观和微观两个层面的意义：就宏观层面而言，是指整个职业界通过组成职业团体来进行自我管理，以独立于政府的控制；就微观层面而言，是指作为个体的从业者必须保持自身的独立性，就职业领域的问题做出自己的独立判断，而不屈从于他人。再次，专门职业的从业者必须具有高度的职业道德和利他主义精神。最后，专门职业与公共利益有着密切的关系，对于人们的生命、健康和财产有着重大的影响（陈彤，2006）。在理清专门职业、专业概念的基础上，我们就不难理解专门职业协会（专业协会）是"由提供某种服务的、拥有某方面知识和经验的专家个体所构成的协会，经常地，协会的成员仅局限于获得某种职业资格认证的人。"（鲁篱，2003）

本书所研究的中国图书馆协会或者中国图书馆学会是指面向图书馆从业人员和图书馆学研究人员的社会组织。

3.1.2　研究综述

1990年台湾汉美图书有限公司出版了台湾学者陈敏珍的硕士论文《美国图书馆学会

与英国图书馆学会对图书馆事业发展之比较研究》（以下简称"陈文"），其与台湾学者宋建成。所著《中华图书馆协会》（1980）（简称宋著）是中国图书馆学界仅有的两部专论图书馆学（协）的著作。根据"陈文"所做的文献综述可知，西方 1970 年以前有关英美两国图书馆协会的文献多半是消息性、简介性的资料，1970 年以后才陆续出版较有系统的研究（含专业论文与专著），但多半偏重历史发展的研究，虽然有些文献已将两个协会共同探讨，但多半限于事实陈述，而未进一步解释其异同，并未深入分析其成因；台湾的文献也只有个别协会的介绍性资料（陈敏珍，1990）。以上是 1990 年以前关于西方最具代表性的英美两国图书馆协会的研究情况。笔者的后续检索发现，在 PQDD 中以"Library Association"为题名或关键词进行检索，可得到为数不算多的十余篇博士论文，除去"陈文"综述中已经提到的以外，在 1990 年之前的还有有关音乐图书馆协会史（Morroni and Am，1968）、美国图书馆协会与第一次世界大战（Young and Price，1976）等博士论文；1990 年之后的有关于西弗吉尼亚图书馆协会发展史及其对西弗吉尼亚图书馆事业的影响（Julian and Anthony，1990）、俄克拉荷马州图书馆协会史（Haney and Davis，1996）、纽约城市学院图书馆协会史（Segal and Judith，1991）、对美国图书馆协会两位非洲裔女主席的分析（McLinn and Shackelford，2006），以及三篇专门研究密歇根州女性图书馆协会（Carlson and Lee，2002；Jackson and Louise，1998；Nowicke and Elizabeth，1998）的博士论文。这个检索结果说明在国外研究性最强的博士论文中，关于图书馆协会的研究多是历史和个案研究。国外的研究论文也同样如此，虽然不是个案或历史研究也基本上是专门讨论图书馆协会的某一个方面，诸如专门讨论美国图书馆协会在图书馆的联邦立法方面的作用（Leigh and Russell，2008），专门对美国印第安人图书馆协会、美国华人图书馆协会、美国亚太图书馆协会等美国外裔民族/人种图书馆协会角色的调查（Echavarria and Andrew，1997），分析图书馆协会工作职员的角色、责任、关系（Scepanski and Jordan，1997）等。创刊 30 余年，备受国际图书馆界尊敬，在图书馆管理领域一流的同行评议期刊《图书馆管理》曾在 2006 年出版的第 27 卷 1/2 期上刊登了一组以图书馆协会为主题的研究论文，清一色的个案研究：Koehler 和 Wallace（2006）研究分析了国家图书馆协会图书馆职业（员）伦理准则的类型；Pors（2006）利用法团主义的理论模型分析了丹麦图书馆协会、丹麦图书馆研究协会等图书馆社团组织在丹麦图书馆事业中的角色；Karhula（2006）考察了芬兰图书馆协会、芬兰研究图书馆协会、芬兰情报学家学会、芬兰-瑞典图书馆协会的角色和面临的挑战，探讨了这四个图书馆相关协（学）会之间进一步的团结协作；Abram（2006）从一个资深图书馆（学）专业人员的视角，以加拿大图书馆协会为例，探讨了图书馆协会在会员网络、提供职业发展机会、维护图书馆职业和用户权利等方面如何应对技术革新的挑战；Garraway（2006）简明概述了新西兰图书馆协会的历史和开展的专业活动，讨论了面对会员人数减少、会员对协会兴趣减弱的趋势，新西兰协会近年来所做的努力和改革，展望了 2010 年的协会百年纪念；Broady-Preston（2006）通过建立评价专门职业内涵、专门职业协会角色的评估框架，对英国图书馆与信息专业人员特许协会的角色、目的和影响进行了评价；Walker（2006）回顾了南非图书馆协会组织的发展史。图书方面，除了"陈文"已经介绍的协会个案史研究著作外，基本多是某图书馆协会的手册、指南、说明或是图书馆协会名录性质的工具书，如已经修订再版的 *World Guide to*

Library, *Archive*, *and Information Science Associations*。不过国外的图书馆学导论类著作或教科书一般都设有一章或接近一章的篇幅专门概述图书馆协会等图书馆专业团体（组织），如谢拉（1986）的不朽名著《图书馆学引论》第六章"机构、组织、资料"，下设"专业团体"和"图书馆文献及其书目组织"两节；Rubin（1998）的《图书馆学情报学基础》专设一章"图书馆协会与图书馆员：一个变化的职业"；日本图书馆协会（2008）主编的JLA图书馆情报学系列教材（第一辑）之一的《图书馆概论》专设"图书馆相关团体"一章，下设"全国规模的职能团体（图书馆协会）"、"日本图书馆协会及其制定的图书馆政策"、"图书馆相关团体"、"图书馆相关学术研究团体"四节，修订第二辑系列教材中的《图书馆概论》将图书馆相关团体与学习指南合并为一章，除新增"图书馆学习指南"一节外，仍有"国际和全国规模的图书馆协会"、"日本图书馆协会的图书馆政策"、"图书馆相关团体"、"图书馆相关学术研究团体"几节（JLA図書館情報学テキストシリーズII网站，2008）。这里需要特别说明的是国外的研究文献除日本有涉及图书馆学术团体（图书馆学会）外，笔者所见西方其他国家的研究文献几乎都是关于图书馆协会的。

在国内研究方面，除前面提到的"陈文"和"宋著"外，台湾学者对图书馆学（协）会的研究主要集中在中国台湾图书馆学会与澳大利亚图书馆协会（林素甘，2000）、美国图书馆协会（丘子恒，2000）、中国图书馆学会（张嘉彬，2004）等图书馆协（学）会的个案比较上。此外台湾学者曾经就海峡两岸图书馆学会重名的问题，依据台湾的《人民团体法》讨论了台湾图书馆学会的改名问题（廖又生，1999）。大陆方面，1949年以前虽然没有关于图书馆协会的专著或研究性论文，《中华图书馆协会会报》等图书馆（学）期刊只刊登有关中华图书馆协会、各地方图书馆协会和外国图书馆协会的一些事务性资料介绍和报道，但图书馆学家的图书馆学概论性著作常常将图书馆协会专列一章，如杨昭悊（1923）《图书馆学》第八篇"促进图书馆教育的机关"第四章"图书馆协会"，杜定友（1927）《图书馆学概论》第三十九章"图书馆协会"等。这方面，新中国成立后的图书馆学概论类著述或教材极少见专列一章，哪怕一节是关于图书馆协（学）会的，很多全书没有"图书馆协（学）会"一词。作为高等学校图书馆学核心课教材的《图书馆管理教程》是近年来唯一的例外，全书最后的第十八章"图书馆事业管理"第四节"图书馆事业的行业化管理"中介绍了西方国家利用图书馆协会进行图书馆行业管理，讨论了我国图书馆事业实行行业化管理的必要性和策略，建议重视图书馆协会、学会、委员会等民间组织的作用（付立宏和袁琳，2005）。我们较为熟悉的是在图书馆（学）史的著述中看到的对民国期间有关图书馆协会的论述，如《中国图书与图书馆史》原版（谢灼华，1987）及2005年修订版（谢灼华，2005）、《陕甘宁边区的图书馆事业》（赖伯年，1998）、《20世纪西方与中国的图书馆学：基于德尔斐法测评的理论史纲》（范并思，2004）等。中国内地也没有图书馆协（学）会的研究专著面世，在硕士论文中，1989年北京大学信息管理系（当时名为图书馆学情报学系）郑莉莉教授指导了穆金光（1989）的硕士论文《美国政府与图书馆学会在图书馆事业发展中的作用及其与中国的比较》，可见当时国内的图书馆学界尚未注意到图书馆学会与图书馆协会的区别，两者混为一谈。在博士论文中，中国科学院黄颖（2004）的博士论文《图书馆治理的比较制度分析》曾论及图书馆协会，将其作为公民"获得图书馆服务"权利的制度因素之一。中国对图书馆学（协）会的研究文献在图书专著和学位论文方面很少，主要集中在一些期刊及会议论文上，数量也不是非常多，这又体现在如下四个方面。

（1）对中华图书馆协会及民国一些地方图书馆协会的历史研究。1961 年刊登在《中国图书馆学报》前身《图书馆》上的《试评"中华图书馆协会"》（1961）一文是新中国成立后最早一篇论述图书馆协会的文章。然而遗憾的是，这篇出自新中国第一代图书馆学本科生集体之手的文章是在全国反右斗争的背景中写就的，烙上了鲜明的时代特征。全文充斥着阶级斗争，对中华图书馆协会进行了全盘批判，将其定性为"为帝国主义、封建主义和官僚买办资产阶级服务的反动文化组织"。20 世纪 80 年代随着拨乱反正、政治气氛的缓和，图书馆学界开始客观地审视中华图书馆协会的积极作用（胡夫和尤鉴，1982；罗友松等，1981；许有成，1982），不过阶级斗争、政治偏见的后遗症依然存在（马启，1982；徐文，1987），直到 90 年代以后政治色彩才完全褪去（郎杰斌，1993；农伟雄和关建文，1993；沈占云，2006）。此外还有一些关于延安图书馆协会（陈琳，2000；张文玲，1980）、伪满洲图书馆协会（董慧敏，1982）、天津图书馆协会（刘尚恒，2003）的零星论文。

（2）对国外图书馆协会的介绍和评述。具有代表性，有一定深度和研究性的成果涉及美国图书馆协会（徐澎，2006）、美国医学图书馆协会（王伟等，1998；夏旭和谢山，2002）、美国专门图书馆协会（彭俊玲和王彦祥，1998）、印度图书馆协会（韩扬云，1985）、日本图书馆协会（吴骏，2003；张蓉，2007）。另外值得一提的是刘兹恒（1995）曾从成立背景、宗旨、组织结构、会员及专业活动（包括图书馆立法、专业教育、专业资格、国际活动、馆员待遇、出版活动）等方面对美国图书馆协会与中国图书馆学会进行了较为全面的比较研究。

（3）中国图书馆学会成立后，面对中国图书馆界的新生事物，图书馆人积极探索图书馆学会的各项建设，从 1979 年至 20 世纪 90 年代初期，发表了 50 余篇文章。这些文章多为学会运作的经验交流、心得体会，为数不多较有研究性的文章在图书馆学会的归属（杨帆，1993）、特点（王丽云和闻德峰，1984）、功能（王启宇，1987）、结构体系（孙德辉，1986）、学会秘书长（金正爱，1993）、学术交流活动（刘德元，1987；曲伸，1981）等方面进行了探讨，也有对图书馆学会作整体性讨论的（曾昭球，1994；刘学丰和陈瑞林，1992；孙德辉和马德筠，1993；许万雄，1993）。这一时期的研究都比较重视图书馆学会的学术研究性，此后国内对图书馆学会的专门研究陷入低谷，开始了向图书馆协会转型的探讨。

（4）20 世纪 90 年代中后期以来有关建议成立中国图书馆界的行业协会或中国图书馆学会向图书馆协会转型的相关讨论。这些建议或讨论最先出现在一些探讨图书馆事业管理、宏观管理或其他主题的论文中（傅安平，1998；黄俊贵，1998；凌美秀，1997；彭俊玲和杨敏，1999a），2000 年以后也有论及（国家图书馆学刊，2008；范并思，2005；凌美秀等，2004；苏广利，2001；于良芝，2005）。1999 年起出现了专门论及建立中国图书馆协会或图书馆学会向图书馆协会改革的论文（樊伟，2005；傅安平，1999；龚永年，2000；李广德等，2003；彭俊玲和钟小钰，1999b；肖红凌，2007）。彭俊玲和钟小钰的论文同时集中研究了图书馆学会与图书馆协会，可惜文中虽然比较了学会与协会的区别，并分析英美图书馆协会和中国图书馆学会的特点，但并未再进一步深入剖析图书馆学会与图书馆协会之间的联系，没有意识到国外图书馆学会的存在，所以文章最后又将图书馆学会与图书馆协会混在一起论及中国图书馆事业的行业管理，忽略了图书馆学会的学术研究。而肖红凌的文章虽然在论及日本的情况时指出"日本的图书馆协会和我国图书馆学会的性质和功能有所不同（日本还另有纯学术性的图书馆学会，如日本图书馆学会）"，意识到了日本的图书馆学会组织，可惜只有这寥寥数语，而且并不知道日本图书馆学会早已改名为日本图书馆情报学会。可能是因为其文章主要讨论图书馆行业协会建设，并未在图书馆学会方面展开，所以文章对中国图书馆学会学术研究功能的讨论与建议比较薄弱。此外梁灿兴在《什么是图书馆事业原理》一文中虽专门有一节"图书馆学会与图书馆协会之辩"（梁灿兴，2005），但内容相对还比较简单，既没有深入展开讨论，也没有意识到国外的图书馆学会。还有吴稌年虽然也谈有学会与协会的区别，但其在研究近代图书馆学转型时，仍是将图书馆学会与图书馆协会视为同一概念，尽管笔者后文也认同早期的图书馆协会兼具图书馆学会的性质，但两者毕竟是有区别的，这一点他的文章没有重点论及（吴稌年，2007）。

3.2　民国时期的图书馆组织

3.2.1　民国时期的图书馆学会

1. 第一个学会性组织：广东图书馆管理员养成所图书馆研究会

1922 年 2 月，时为广东省教育委员会图书仪器事务委员的杜定友以教育会名义拟定成立全省"图书馆管理员养成所"，培训对象为中学在职教员，进行短期图书馆学教育。1922 年 3 月 27 日，杜定友主持召开了"图书馆管理员养成所"开学典礼，他亲任所长，并发表了演讲。全省中等以上 97 所学校中有 44 所派教员来学习，加上其他进修人员，共有 52 名学员。教员除杜定友外，还有陈德芸、黄希声等。4 月 13 日图书馆管理员养成所组织成立了"图书馆研究会"，杜定友被推举为会长，穆耀枢为编辑部主任，孤志成为文牍部主任，陈德芸为调查部主任，李华龙为庶务部主任。研究会以解决图书馆草创时期问题为主，互通声气，联络感情，使图书馆学得以普及，图书馆事业得以扩充。研究会的成立，使我国图书馆界开始有了第一个学会组织。4 月 19 日下午，图书馆养成所举行毕业典礼（王子舟，2002）。养成所仅开办三周，其图书馆研究会存在时间则更短，仅一周，还没有形式专门的学术研究氛围，但毕竟开了我国图书馆学学会类组织之先河，具有重要历史意义。

2. 图书馆管理学会与全国图书馆研究会的倡议

1922 年 7 月 3 日至 8 日，中华教育改进社在山东济南召开第一次年会，戴超（即戴志骞）、沈祖荣、洪有丰、杜定友、戴超夫人（Julie Rummelhoff）、朱家治、孙心磐 7 人出席了图书馆教育组会议（卢浩，2003）（图 3-1）。在 7 月 5 日上午的会议中，戴超因病不能到会，他的议案由洪有丰代表提出讨论，其中就有《组织图书馆管理学会案》，由于此议案无附议，暂不讨论（中华教育改进社第一次年会分组会议记录，1922）。参加本次年会的沈祖荣在会后应中华教育改进社主任干事陶知行（即陶行知）的邀请，在 1922 年 11 月的《新教育》杂志上发表了《民国十年之图书馆》一文。在文章最末，沈祖荣（1922）就提倡图书馆办理的方法方面提出了五个注意点，其中最后一点就是"全国图书馆研究会"。他（沈祖荣，1922）认为"中国图书馆，其所以不能发达者，又在各该馆各自为法，孤立无助；推原其故，由未联络研究机关，以谋协助也。诚能组织全国图书馆研究会，以馆中馆长、馆员、主任为基础，再征求全国有关同志加入此会，则会员愈多，见闻愈广，集思广益，知识交换，合群策群力，以改良其办法，则此种事业，定有进步。不然，一盘散沙，毫无统系，同为此种事业，而意见分歧，各处异制，即有良法，无人学步，纵多流弊，不知铲除，长此以往，预谋发展，未之有也。"沈祖荣所提议的这篇文章虽然在时间上已经是在中华教育改进社年会后的四个月，明显晚于戴超会中的议案，但如程焕文的分析一样，"我们尚无法判断这篇论文究竟是作于年会之前还是之后……文中内容与第一次年会毫无牵涉来看，似应作于第一次年会之前"（程焕文，1997）。姑且不论孰先孰后，它们是目前有史可查的国内图书馆界对建立全国性图书馆学会类组织的最早倡议，尽管两位图书馆学前辈大师的建议最终都未付诸实现。

图 3-1　中华教育改进社第一次年会图书馆组合影（1922.7 山东济南）
左起：孙心磐、朱家治、洪有丰、戴超夫人（Julie Rummelhoff）、杜定友、沈祖荣、戴超

3. 天津市图书馆学会的筹备

据 1931 年 2 月 28 日出版发行的《中华图书馆协会会报》报道"天津市属各图书馆服务人员及一部分在市立师范图书馆学讲习班毕业者，最近发起组织天津市图书馆学会，开业已举定筹备委员五人起草该会组织简章，并具备发起理由书呈报市党部请其派员指导组织，想不日当可正式成立，其筹备委员萧纲、崔文奎、杨传勋、林凤春、段复生等。2 月 2 日所具发起理由书谓：'查凡百事业之发展贵有群策群力之合谋，教育文化之前进，尤

赖集思广益之鞭策。现代文明各国，社会团体林立，学术结社蜂拥，而其对社会国家之贡献且均百倍于政府，要皆职是之故。我国自五四运动以来，知识界亦猛感学术结社之需要，是故民八之后，学会文社潮起云涌，出版讲演风靡全国……同人等服务津市图书馆教育事业，向感大家联络之必要，近从图书馆学术讲习班终课，尤觉同志设会研究之急需，毕业师生共同聚餐之日，决定发起组织'天津市图书馆学会'，以期追随全国各地市是学同业之后。'"（天津图书馆学会，1931）由于所查史料有限，笔者未见有后续报道，所以尚不能确定这个图书馆学会后来是否真正成立并开展活动，但估计可能性不大，笔者所查众多图书馆学史料及相关工具书（包括一些天津地方文献）均未见提及。

4. 金陵大学图书馆学会的发起与延续

如果天津市图书馆学会没有最终成立，那么金陵大学图书馆学会将是我国乃至可能是世界上第一个以"图书馆学会"命名且开展活动的图书馆学会。即便天津市图书馆学会成立了，金陵大学图书馆学会的成立时间也与其相差不远，且有史可载存在了相当一段时间。1913年时任金陵大学图书馆馆长的美籍图书馆学家克乃文，在金陵大学文科设图书馆学课程，开中国图书馆学教育之先河，1914年金陵大学教育系下创设图书馆学组，是中国最早的图书馆学专业（尽管是选修性质），1927年金陵大学又在文学院创办图书馆学系，刘国钧、李小缘、洪有丰、万国鼎等著名图书馆家都在此任教，金陵大学图书馆学系成为与武昌文华图书馆专科学校相媲美的图书馆学教育重镇。20年代起，金陵大学已由中国人接办，时局也相对稳定下来，学校各项工作渐入轨道，学术空气重新浓了起来，以学生为主活跃在各系科的各种学会成为学生社团活动中最有生气的部分。历史系的同学中对历史有研究兴趣者，率先自愿组织起来，于1929年10月23日发起成立了历史学会。继历史学会成立后，校内其他各院系学科的同学也纷纷效仿，如政治学会、社会学会、经济学会、文学会、理学会、化学会、数学研究会、植物学会、动物学会、园艺学会等达二三十个。学会团体活动以组织同学在课余时间互相切磋学问，开展社会调查，进行演讲、实验、办刊等各种生动活泼的学术活动为主，有着较强的学术性和专门性。学会并订有自己明确的章程，并聘请本学科有权威的教职员作专门指导（张宪文，2002）。金陵大学图书馆学会也就在这个时候发起成立了。

在1931年上学期，金陵大学图书馆学系发起组织了图书馆学会（发起的确切时间和这一阶段开展的活动史料不足，还有待进一步考证）（图3-2）。1931年下学期中改选彭耀南、钱存训、周德洪、毕慕康、高小夫五位执行委员，刘国钧、李小缘、万国鼎、陈长伟、曹祖彬等为顾问，计划开展的活动包括征求会员、出版刊物、学术讲演、参观各大图书馆、建议学校当局扩充图书馆学系、工作及实习、会务推进等（图书馆学会消息，1931）。1931年11月21日下午，图书馆学会20余人就曾组织参观南京的中央党部、外交部、铁道部三机关图书馆（图书馆学会消息，1931）。1934年11月16日，金陵大学图书馆学会在北大楼会客室召开正式成立大会，选举出总务胡绍声，研究余文豪，事务贾逢源、刘（衡如）国钧（1934）任馆长，他们分别从我国图书馆人才需求迫切、图书馆学的内涵及意义、本学会今后的注意点等三方面作了发言。此后学会开展的活动甚为积极，如举行学术演讲、主编图书馆学季刊之讨论撮要栏，参观南京各大图书馆等。1935年初新学期伊始召开的第一次大会（1935）又改选总务胡绍声、研究余文豪、事务张忠祥为新干事。同时决定本学期每半月举行学术演讲一次，讨论撮要仍继续编辑，此外聘请本校图书馆刘国钧馆长为顾问、中文编目部曹祖彬、西文编目部汪兆荣、周克英、流通部陈长伟为指导。此后学会举行了多次学术演讲，主讲者有多位国内图书馆界的各流，如 1935 年 6 月曾请外交部图书馆主任朱家治先生（1935）演讲"开架式圕之效率问题"，对开架式的意义、开架图书馆的原则、开架式的设施、开架式的利弊等方面进行了详细的阐述。据笔者目前掌握的史料来看，至少至 1939 年春图书馆学会仍然存在（《南大百年实录》编辑组，2002）。其多年来开展的活动在金陵大学评价极高，"图书馆学会乃本校各学会中最重实际主义之研究团体，成立时间虽不过久，但工作极为实际。如上学期曾举行多次学术演讲，并主编圕学季刊之时论撮要一栏，研究空气，极为浓厚。"（图书馆学会大会纪要，1935）

图 3-2　金陵大学图书馆学班合影（1929.12）
钱先生回忆第一批图书馆学会会员出自其中

　　1940 年因抗战西迁成都的金陵大学又在文学院内设立了图书馆学专修科，对于图书馆学会是否恢复活动目前说法不一。据 1943 年 4 月的《五年来之金陵大学文学院》记载"图书馆学，本系训练专门技术人员之学科除讲课外，并着重学生课外活动与实地习练，30 年秋（民国，即 1941 年笔者注）即成立图书馆学会，除本科学生为当然会员外，图书馆职员及对图书馆学有兴趣者，均得参加，每次开会均请有专家讲演，听着莫不兴奋。该会又为求学理与实行打成一片，更倡集体工作，如成都市出版情形调查及本城图书馆考察，分别写作报告，此外会员又辑华西坝各图书馆所藏目录之目录，刻整理中。"（南京大学高教研究所校史编写组，1989）但是张宪文（2002）主编的《金陵大学史》却记载"1940 年，金大图书馆学研究进一步发展，成立了全校性的图书馆学会，除图书馆学本科生为当然会员外，图书馆职员及对图书馆学有兴趣者均可参加。学会经常邀请有关专家讲演，重视理论与实际相结合，倡导对图书馆事业发展状况进行考察，先后进行过'成都市出版情形调查'及'成都图书馆考察'，并分别写成研究报告。此外，图书馆学会会员还收集华西坝各图书馆所藏目录，进行分类整理，以便于典籍的管理并方便读者查阅。"可见两处说法的年份不一致，《金陵大学史》已属二手编纂资料，本段内容的描述基本源自《金陵大学史料集》。一般而言，史料集可靠性更高，估计是民国 30 年秋换算错误为 1940 年了，而且 1940 年图书馆学专修科刚招完生开始上课，可能还来不及组建图书馆学会，到次年 1941 年再成立图书馆学会也是合理的。除此之外，1941 年 2 月 30 日出版的《中华图书馆协会会报》（1941）刊登了如下消息："金陵大学文学院图书馆学座谈会，由该校图书馆全体职员，暨图书馆学系，以及图书馆学专修科同学所组织。本学期特发起座谈会，每隔一二周，举行一次，冀收集思想广益之效，经短时间之筹备，先后已开会五次，均在刘国钧、陈长伟、曹祖彬三位先生宅中召集，五次论题：（一）营业目录之参考价值，（二）如何使读者还书迅速，（三）剪裁工作制方法为功用，（四）小册子管理及功用，（五）开架式及闭架式之利弊。每次先有主讲人作详细精密之讲解，继由会员交换意见，理由经验，均有讨论报告，此种稿件，将来陆续拟在中华图书馆学（原稿如此，实应为'协'，笔者注）会会报发表云。"这里的"图书馆学座谈会"是否就是"图书馆学会"？如果是，那么这则消息刊发于"1941 年 2 月 30 日"，那这个座谈会或学会应该早于 1941 年 2 月 30 日，也就不可能是 1941 年秋，又有可能是 1940 年秋了，根据这则消息内容上说"本学期特发起座谈会，每隔一二周，举行一次，先后已开会五次"，如果平均 1.5 周一次，五次接近两个月了，出版此内容的那期是两期合刊，抗战期间出版滞后性又强，也无法确定消息的写作收稿时间，1941 年 2 月 30 日是出版日，还有学校 2 月份是否在放寒假，那个本学期到底是 1940 年下半年还是 1941 年年初，不好确定。据南京大学沈固朝、刘树民教授（2005）所称"1941 年秋，图书馆学专修科发起成立图书馆学会，在北大楼（当时的文学院）召开成立大会"不确切，实将金陵大学 20 世纪 30 年代和 40 年代西迁成都两个时间段的图书馆学会情况混淆到了一起，1941 年金陵大学在成都没有南京原址所谓的"北大楼"。

综上，根据目前所掌握的史料，笔者初步判定金陵大学图书馆学会组建筹备于 1931 年上半年（具体时间不详待考）并对外宣称图书馆学会，此后已经开展活动，如选举执行委员、聘请顾问、学术讲演、参观图书馆等，1934 年 11 月 16 日举行正式成立大会。学会至少延续到了 1939 年春。金陵大学西迁成都建立图书馆学专修科后成立有"图书馆学座谈会"或"图书馆学会"，是否为同一个组织不能确定，成立时间也不能确定。有"是同一个组织，成立于 1940 年秋"、"不是一个组织，学会成立于 1940 年秋，座谈会成立于 1940 年秋至 1941 年 2 月某个时间"、"不是一个组织，学会成立于 1941 年秋，座谈会成立于 1940 年秋至 1941 年 2 月某个时间"三种可能。即便 1940 年后成立的名称上并不叫"图书馆学会"而是"图书馆学座谈会"，根据这个座谈会的介绍，其活动内容与我们前文所提作为学会起源的意大利"自然奥秘学院"非常相似，所以仍称其为金陵大学图书馆学会也不无不当。此外从我系主任沈固朝教授据 1948 年 11 月出版的《金陵大学六十周年纪念册》之《文学院之事业及现状》一文对图书馆学专修科的毕业生的整理统计来看，1943～1946 年都有毕业生，但 1947 年以后已无记载，估计自 1946 年金陵大学回迁南京复校后，图书馆学专修科已经彻底停办的可能性较大，图书馆学会（座谈会）可能也已经无形解散。

5. 民国最后一个图书馆学会：中国图书馆学社

民国很长一段时间里图书馆学的高等专业教育都设在私立大学（教会大学也属私立大

学），如文华大学图书科及后身文华图书馆学专科学校、杜定友创办的上海国民大学图书馆学系、金陵大学图书馆学系，除了 1930 年江苏省立教育学院民众教育系设有图书馆学组外，一直没有在国立大学中设置图书馆学专业。早在 1922 年教育改进社第一次年会的图书馆教育组会议中戴超（中华教育改进社第一次年会分组会议记录，1992）（当日因病由洪有丰代转）就提出《中国师范学校及高等师范应增设图书馆管理科案》；此后在中华图书馆协会第一次年会上会员纷纷提议在国立大学开办图书馆学教育，如上海图书馆协会提交的《请教育部指定国立大学添办图书馆学专科训练图书馆应用人材案》、施维藩提交的《请中央大学添设图书馆学科案》、山西公立图书馆提交的《请教育部于最近期间在中央大学或国立北平大学师范院开设图书馆专科》，欧阳组经（中华图书馆协会执行委员会，1929）也提议在中央大学附设图书馆学专科或单独设立图书馆专门学校，但未见效果。4 年之后的中华图书馆协会第二次年会上，李燕亭、杜定友、何日章、刘国钧、刘纯甫、钱存训、吴子平七人（1933）联名提交《建议行政院及教育部指拨的款于北平设立图书馆专科学校案》，侯鸿鉴也提交《再请教育部令国立大学添设圕学专科案》（中华图书馆协会执行委员会，1933），可惜最终政府仍未付诸实施。直到 1941 年 8 月 25 日在重庆璧山开学的国立社会教育学院才改变这一局面。该校设有图书博物馆学系（简称"图博系"，因课程主要偏重于图书馆学，1949 年改名为图书馆学系），这是我国历史上第一个集图书馆学博物馆学为一体的教学机构，也是第一个国有公办的四年制图书馆学高等教育机构，汪长炳任系主任，杨家骆、徐家麟、岳良木、顾颉刚、黄元福、严文郁、鲁润玖、蓝乾章、熊毓文、钱亚新、顾家杰、李芳馥、周连宽等国内图书馆学界、文化界有相当名望的专家十余人在此任教（顾烨青，2005）。中国图书馆学社就是该校师生发起成立的图书馆学研究团体。

　　中国图书馆学社成立于 1945 年 3 月 30 日，是以国立社会教育学院图博系教授为主，并吸收当时在国内图书馆界的学者及图博系在校学生而组成的学术团体。它以研究图书馆学术，发展图书馆事业为宗旨，内部组织设理事会及监事会。汪长炳、严文郁、徐家麟等教授被选为理事。理事会下特设编辑出版委员会，计划陆续编印各种丛书，经常发行刊物《图书馆学报》（图 3-3）。社址暂设四川璧山社教学院图博系。该社经费来源为社员社费及捐助费，有社员一百余人（顾烨青，2005）。对于该学社的建立，当时的图书馆学界曾这样评论到"中国图书馆学术之建立，中国图书馆事业之推动，实至刻不容缓，中华图书馆协会经二十年努力，虽功绩昭著，然此项事业艰巨，究非独力所能竣工，兹有中国图书馆学社乃应运而生，共襄

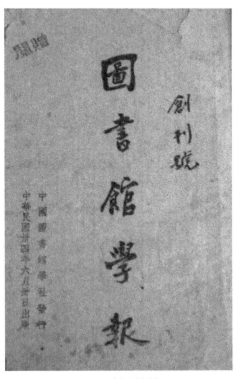

图 3-3　创刊号封面

伟业，实堪称幸事。"（毛世锟，1945）遗憾的是，不久以后国立社会教育学院东迁苏州，笔者再未找到关于该学社的文字记载，似乎无形解散了，而其社刊《图书馆学报》则是只在重庆璧山发行了创刊号后便永久停刊了。这不仅是目前有史可查的民国期间最后一个图书馆学会，也是在中国图书馆学会出现之前我国唯一一个冠以"中国"且正式成立并运行的图书馆学会（图3-4）。

图3-4　中国图书馆学社成立大会合影（1944年春　璧山）

3.2.2　中华图书馆协会

1. 起源：北京图书馆协会

北京图书馆协会于1918年12月21日下午在北京大学文科事务室召开成立会，各馆代表到会者共20人，这是我国历史上第一个图书馆协会。会议议决通过会章及附则各六条，并选举职员。根据协会章程，协会以图谋北京各图书馆间之协助互益为宗旨。协会会员以图书馆为单位，但须设有专任职员，以个人藏书加入协会的，经协会职员会认可可以成为准会员，享会员同等权利，但无投票权。此外各馆可开展馆际互借活动，但费用自理，"各图书馆所藏图书，凡经本会会员之介绍者，得互相来往参考之。各图书馆互借图书，应由各图书馆自为交涉"。清华图书馆代表袁同礼当选为正会长，副会长北京大学图书馆代表李大钊和汇文大学图书馆代表高罗题（Mr Galt）得票相同，即提出高君请众认可，高君当选为副会长，李君当选为中文书记，协和医学校图书馆代表吉非兰女士（Miss Crilfillon）当选为英文书记（北京图书馆协会成立纪闻，1919）。可惜不久"因为教育部不准立案，加以经费困难就停顿了"（杨昭悊，1923）。北京图书馆协会（1918年）的成立开中国图书馆协会之先河，具有重要的历史意义。

2. 中华教育改进社图书馆教育组：催生地方图书馆协会与中华图书馆协会

在中华教育改进社第一次年会图书馆组最后一天的小组讨论中（1922年7月7日上

午），病愈的戴超提议《请中华教育改进社组织图书馆教育研究委员会案》，此案经与会的沈祖荣、洪有丰、朱家治、孙心磐、戴超夫人等［杜定友因其原统一全国分类法建议未被与会同仁接受已愤然告假而返（王子舟，2002）］讨论后，拟有理由及组织大纲，决议通过（中华教育改进社第一次年会分组会议记录，1922）。"一个机构，两块牌子"的中华教育改进社图书馆教育组（图书馆教育研究委员会）作为中华教育改进社的下属组织，为后来的各地方图书馆协会的广泛兴起和中华图书馆协会的建立奠定了基础，甚至被人称为"中华图书馆协会之由来"（袁同礼，1968）、"协会之史基也"（洪范五，1968），中华图书馆协会自己也称其为全国总会的"发轫"（中华图书馆协会执行委员会，1933）。1926 年 7 月北伐战争开始，中华教育改进社渐渐停止活动（卢浩，2003），而图书馆教育组（教育研究委员会）也于 1925 年 4 月 25 日成立，6 月 2 日举行成立仪式后参加了 1925 年 7 月在太原举行的中华教育改进社第四次也是最后一次年会，完成了其历史使命。

　　1923 年 8 月 20 日至 24 日，中华教育改进社第二次年会在北京清华学校举行。这次年会的图书馆教育组议决通过五项议案，其中之一就是戴志骞（中华教育改进社第二届年会图书馆教育组，1923）提出的《组织各地方图书馆协会案》。1924 年 2 月 20 日，中华教育改进社图书馆教育研究委员会致函清华学校图书馆原提案人戴志骞请其担任发起人（图 3-6）。改进社得其函复后，即邀北京图书馆管理员于 3 月 16 日下午 2 时在该社事务所召开北京图书馆协会筹备会，议决协会草案。3 月 30 日下午 2 时在该社事务所开成立会，戴超被推举为会议的临时主席，冯陈祖怡为临时书记。大会（图 3-5）（本会概略，1924）讨论通过了修正的协会章程，并选举职员，戴超当选会长，冯陈祖怡为副会长（图 3-7），查修为书记。此后不久戴超赴美，1925 年改选袁同礼为第二届会长、冯陈祖怡为副会长，查修为书记。后查修也赴美，1926 年 10 月再次改选徐鸿宝为第三届会长，钱稻孙为副会长，蒋复璁为书记（北平图书馆协会报告，1929）。北洋政府期间，时局不稳，爆发了两次直奉战争，北京图书馆协会在奉系政府权势之下，进行诸多阻滞，陷于停顿多年，1928 年 7 月 17 日协会（1928）在北京图书馆举行常会欢迎韦棣华女士，同时袁守和（同礼）提出委员制，谋划协会改组（北京图书馆协会将改组，1928）。1928 年 12 月 23 日，北平图书馆协会[1]修改通过新会章，选举产生新职员（执行委员 7 人，监察委员 5 人）（北平图书馆协会之新简章与职员，1928）。

　　北京（平）图书馆协会成立后，各地的图书馆协会也纷纷成立。1924 年 4 月，章仲铭、陈益谦、高克潜发起浙江省图书馆协会；5 月何日章、李燕亭等发起开封图书馆协会，杨廷宁等发起南阳图书馆协会；6 月王文山等发起天津图书馆协会，杜定友、孙心磐、黄警顽等发起上海图书馆协会，洪有丰等发起南京图书馆协会等（程焕文，1997）。

　　现将各地方图书馆协会成立的简况转录如下，其中还包括了 1925 年中华图书馆协会成立后的新成立的各地方图书馆协会。资料来源于宋建成（1980）的整理，在其基础上笔者又作了部分修改并补充了台湾图书馆协会、延安图书馆协会和伪满洲国图书馆协会（尽

---

　　① 1928 年 6 月 4 日，张作霖由北京退回沈阳途中，在皇姑屯被日本帝国主义者阴谋炸死。同时，南京国民党政府任命阎锡山为京津卫戍总司令，全权接收北京事务。阎锡山进驻北京后，南京政府于 15 日宣布统一告成。6 月 20 日宣布改直隶省为河北省，改北京为北平。故此次协会会议也正式将北京图书馆协会更名为北平图书馆协会

管他们的建立与中华图书馆协会关系不大）（表3-1）。

图 3-5　1924 年北京图书馆协会合影

图 3-6　北京图书馆协会（1924）会长戴志骞　　图 3-7　北京图书馆协会（1924）副会长冯陈祖怡

（海外攻读图书馆学的第一位中国女性）

表 3-1　民国期间各地方图书馆协会基本资料

图书馆协会	成立时间	会址	出版刊物	备注
北京	1918 年 12 月 21 日			因为教育部不准立案而止
北京（平）	1924 年 3 月 30 日	清华学校图书馆	《北平图书馆协会会刊》	1924 年 8 月出版第一期时名为《北京图书馆协会会刊》。1929 年 6 月出版的第二期起改为《北平图书馆协会会刊》。1933 年 5 月出版第五期后停刊
浙江	1924 年 4 月 26 日	浙江公立图书馆		1926 年 4 月 18 日改名为杭州图书馆。协会会址设浙江省立图书馆
开封	1924 年 5 月	河南第一图书馆		
南阳	1924 年 5 月			
上海	1924 年 6 月 27 日	上海总商会图书馆	《图书馆杂志》（1925 年 6 月创刊）、《上海图书馆协会会报》	通讯处：上海中华路民立中学图书馆
南京	1924 年 6 月	东南大学图书馆		后改金陵大学图书馆为通讯处
天津	1924 年 6 月	南开大学图书馆		
江苏	1924 年 8 月 3 日	东南大学图书馆		
广州	1925 年 4 月 2 日	广东大学图书馆	《广州图书馆协会会刊》（1929 年 4 月创刊）	
济南	1925 年	齐鲁大学图书馆		
苏州	1925 年	苏州图书馆		
台湾	1927 年 12 月 12 日			
武汉	1928 年	湖北省立图书馆		
太原	1929 年 5 月 20 日	山西公立图书馆		
福建	1929 年 9 月 17 日	福建省立图书馆	《福建图书馆协会会报》（1930 年 9 月创刊）	
山东	1930 年 3 月 18 日（一说 3 月 8 日）	山东省立图书馆		济南图书馆改称
浙江省立第二学区	1930 年 5 月（一说 6 月）	嘉兴市立图书馆	《浙江第二学区图书馆协会季刊》（1932 年 4 月创刊）	
无锡县	1930 年 11 月	无锡县立图书馆	《无锡图书馆协会会报》（1931 年 1 月创刊）	
瑞安县	1930 年	利济医院		
安徽	1931 年 6 月 22 日（一说 25 日）	安徽省立图书馆		
浙江省立第一学区	1932 年 5 月 22 日		《浙江第一学区图书馆协会会刊》（1934 年 4 月创刊）	自杭州图书馆协会改称
江西	1932 年 11 月 14 日	江西省立图书馆		

续表

图书馆协会	成立时间	会址	出版刊物	备注
四川	1934 年 3 月 13 日	成都市立图书馆		
浙江	1936 年 4 月 19 日	浙江省立图书馆	《浙江省图书馆协会会刊》（1936 年 5 月创刊）	
伪满洲国	1939 年		《学丛》，从 1939 年到 1941 年约出了三期（指第一卷的一、二、三号）	
延安	1941 年 7 月 20 日	（延安）中山图书馆	《延安图书馆协会会刊》	
兰州	1945 年 4 月 8 日	省立兰州图书馆		
广东省	1947 年 3 月 10 日	广州市立中山图书馆		
重庆	1947 年 4 月 19 日	国立罗斯福图书馆		

中华教育改进社北平年会图书馆教育组所通过的五项决议案中还有一项是韦棣华代表文华大学图书科全体提出的"呈请中华教育改进社转请政府及美国政府以美国将要退还之庚子赔款三分之一作为扩充中国图书馆案"。该提案期望在 20 年内，就尚未退还庚子赔款（崔志海，2008）项下，每年提出美金 20 万元用于发展图书馆事业，其中谈到一点就是"扶助'中国图书馆协会'组织及其发展"。这是在我国图书馆界第一次出现"中国图书馆协会"的提法，孕育了日后的中华图书馆协会。

1924 年 5 月，美国国会参众两院再次通过议案（程焕文，1997），决定将从 1917 年 10 月起的庚款余款计 1254.5 万美元全部退还（宓汝成，1996），这是美国实施的第二次庚款退款。由于退还庚款并未详列分配使用的方法，仅指用于中国的文化教育事业，正在美国游说的韦棣华为了促使这笔退款用于中国的图书馆事业，参加了 1924 年 6 月 30 日至 7 月 5 日召开的美国图书馆协会第 46 届年会，并于 7 月 1 日第二次全体会议上宣读论文《近来中国图书馆之发展》（*Recent Library Development in China*），竭力呼吁"我们必须派遣一位美国图书馆专家去调查中国图书馆事业！他必须是出自美国的图书馆代表；他应被视为是美国图书馆界的权威；其言辞应有极大的分量；他应建议我们成立一个令中国外交部感到荣耀且获美国政府认可的组织；他应将一些中国最著名的教育家吸纳到该组织之中；这位代表应努力掀起一场真正的图书馆运动，应要求他组建中华图书馆协会（the Chinese Library Association），并将其与美国图书馆协会联系在一起。这将是将中美两个伟大的国家联系在一起的一条新的纽带。美国图书馆协会正处在 50 周年纪念的前夕，而中华图书馆协会则正处在诞生的前夜"（Wood，1924）。由于韦棣华的努力，美国图书馆协会最终决定派圣路易斯公共图书馆（St. Louis Public Library）馆长、前美国图书馆协会主席（会长）鲍士伟博士（Dr. Bostwick，Arther Elmore）作为代表于 1925 年来华考察图书馆事业（程焕文，1997；宋建成，1980）。

同时，美国为保证退款不被中国政府拨入国库，经美国国务院同意，要求中国特设一个机构来进行管理。这个机构的名称就叫"中华教育文化基金会",也称为"中华教育文化基金董事会"。该基金会的"组织章程"规定,由中方 10 人、美方 5 人共同组成董事会,首届人选由中美两国政府分别遴选推荐。中方于 1924 年 9 月 17 日由大总统曹锟特派颜惠庆、范源濂、顾维钧、施肇基、黄炎培、蒋梦麟、张伯苓、郭秉文、周诒春和丁文江(稍后补派)10 人着手筹备;在行将就绪时接受美方推荐的 5 人,即孟禄(P. Monroe)、约翰·杜威(J. Dewey)、培克(J. E. Baker)、顾林(H. T. S. Green)和贝诺德(C. R. Bennett)。该机构于 10 月 1 日正式成立(宓汝成,1996;李致忠,2008)。1925 年 6 月 2 日至 4 日,该基金会在天津裕中饭店举行会议,集议 4 次,讨论通过了分配款项六项原则,分配款项之补充原则第二条即为"文化事业,暂定以图书馆为限"(李致忠,2008)。从此图书馆事业的建设开始接受中华教育文化基金会的资助(如国立北平图书馆、武昌文华图书馆专科学校、北京大学图书馆、清华大学图书馆、科学社明复图书馆等(张殿清,2006)),韦棣华的呼吁终得以实现。

回接前文,闻悉鲍士伟博士即将来华,1925 年 3 月北京图书馆协会最先行动起来,"以为得从速在鲍氏抵华之前,俾于中国图书馆事业有所赞助,组织全国性图书馆协会,特设委员会筹备一切"(北平图书馆协会报告,1929)。该委员会设委员 10 人,高仁山任主席,邀请已先后成立的南京、江苏、上海、天津等各地图书馆协会和国内热心教育文化者发起成立全国图书馆协会,所谓"请集全国图书馆及斯学专家,为中华图书馆协会"(中华图书馆协会执行委员会,1933)。发起倡议的"以私人资格加入发起者"共 56 人,除了图书馆界人士,如韦棣华、沈祖荣、胡庆生等外,都是国内政治、军事、外交、文化、教育、体育等各界的大腕级人物,如蔡廷干、熊希龄、于右任、蔡元培、梁启超、陶行知、马叔伦、傅增湘、陈裕光(金陵大学校长)、王正廷(中国第一位奥委会委员)等,此外还包括中华教育文化基金会 10 位中国董事中的 7 位,即颜惠庆、范源濂、黄炎培、蒋梦麟、张伯苓、周诒春和丁文江。这 56 人中的很多人日后都成为中华图书馆协会的董事或名誉会员。中华图书馆协会的受重视程度可见一斑!1925 年 4 月 12 日在北平中央公园来今雨轩召开了发起人大会,推选邓萃英为临时主席,议决组织筹备会,推定北京等地方图书馆协会会长及邓萃英等 15 人为筹备委员,袁同礼为临时干事,洪有丰、李良钊为书记。4 月 19 日在北京师范大学乐育堂召开第一次筹备会,正式推选熊希龄为筹备会主席,干事书记依旧,同时推选候补董事,并确定下次筹备会在上海召开(中华图书馆协会执行委员会,1933)。

与此同时,上海图书馆协会也在筹备建立全国性图书馆协会。1925 年 4 月 5 日下午,上海图书馆协会在上海总商会图书馆召开全体会议,讨论组织全国图书馆协会事宜。杜定友主持会议时称开封、浙江等图书馆来函倡议上海图书馆协会组织全国图书馆协会,后经讨论先行通函各处图书馆征求意见,收到青岛、安徽、山西、河南、江西、苏州、山东、开封、常熟、南通、金陵等处图书馆先后来函,赞成在沪设立全国图书馆协会。上海图书馆协会遂决定在 4 月 22 日至 25 日为全国图书馆代表来沪开会日期,会后众代表可参加欢迎鲍士伟大会(王子舟,2002)。

北京也在筹备全国性图书馆协会的消息直到 4 月 22 日开会前不久才传到上海,杜定友根据各地众多图书馆已经派代表赴上海的实际情况,急电北京图书馆协会会长袁同礼,请其来沪，共商成立全国图协大计。袁同礼以事未果，派蒋慰堂（蒋复璁）来沪商谈，未得圆满结果，再度请袁速来沪商谈。4 月 21 日晚，袁同礼抵沪后与杜定友会商北京、上海两会合并办法，谈至翌晨四时方始议妥（金敏甫，1936）。

4 月 22 日下午二时在徐家汇南洋大学图书馆召开谈话会，有各地代表 60 余人，推杜定友为主席，讨论全国图协成立事宜，未有结果。第二天正式召开第一次讨论会，上午为致辞和演讲，下午继续讨论全国图协成立问题，包括组织法、宗旨、名称、地点等，意见颇不一致，仍无结果。会后杜定友为避免全国出现一南一北两个图书馆协会，积极奔走于各代表之间协商。4 月 24 日继续会议，终于通过了协会组织办法，定名为中华图书馆协会，会章另组起草委员会五人议定之。4 月 25 日上午 10 时代表们集会于北四川路横滨桥广肇公学三楼，讨论通过了会章草案，随后由杜定友宣告中华图书馆协会正式成立。下午 2 时改开成立大会，杜定友被推为临时主席，推举蔡元培、梁启超、胡适、丁文江、沈祖荣、钟叔进、戴志骞、熊希龄、袁希涛、颜惠庆、余日章、洪有丰、王正廷、陶行知、袁同礼 15 人为董事部董事，执行部部长为戴志骞（1925 年 11 月才从美国返回，回国前其职由袁同礼暂行代理），副部长为杜定友、何日章，并聘执行部干事 33 人。会议最后决定 6 月 2 日美国庚款会委员会在北京开会时举行中华图书馆协会成立仪式（宋建成，1980；王子舟，2002）。4 月 26 日下午 3 时，美国图书馆界代表鲍士伟博士乘约佛生总统轮抵沪，开始了他在华为期 7 周（4 月 26 日至 6 月 16 日）的考察，所到之处都受到了我图书馆界人士的热烈欢迎。6 月 2 日下午 3 时，中华图书馆协会在北京南河沿欧美同学会礼堂举行成立仪式。李小缘等各省区图书馆派来的代表参加了仪式，交通部南洋大学图书馆等寄赠祝词。主席颜惠庆致开幕词后，教育部次长吕健秋（吕复）及鲍士伟先后演说。北京大学音乐传习所奏国乐后，由董事部部长梁启超和韦棣华（1924）先后演说，演说完毕即摄影以作纪念（图 3-8）。大会还特赠美国图书馆协会牛车一具（该车瓦质，长营造尺一尺六寸，明器之属，出洛阳邙山象庄，制作古朴，审为元魏时物）用作纪念（图 3-10），并赠鲍士伟[①]搨本多种，藉谢其来华盛意（本会赠送美国图书馆协会纪念物，1925）。

3. 中华图书馆协会的内部治理结构

中华图书馆协会的内部治理结构大致可分为三个阶段：1925 年 5 月至 1929 年 1 月为董事部及执行部阶段；1929 年 2 月至 1937 年 1 月为执行委员会和监察委员会阶段；1937 年 2 月至 1949 年无形解散为理事会及监事会阶段（宋建成，1980）。

根据 1925 年 4 月 25 日全国图书馆代表集会讨论通过的协会组织大纲，中华图书馆协会成立伊始设董事部及执行部分别负责会务。董事部设董事 15 人，由会员公选之（通信选举），并设部长一人，由董事互选之，梁启超为第一任董事部部长。董事部的职权为规定方针、筹募经费、核算预算及决算、审定会员及名誉董事资格、推举候选董事等。执行部设正部长一人（第一任部长为戴志骞），副部长二人（第一任为杜定友和何日章），由会员公选（通信选举）；另设干事若干人，由部长聘任。执行部的职权为拟定方针、编制

---

① "搨本"和"拓本"都是名迹的复制本。但它们的获取途径和方法又有所区别。"搨"即"摹搨"，是将纸或绢等材料覆在真品上进行复制，"拓本"是用纸和墨在金石或其他刻物上进行椎拓所获取的书法或图像

图3-8　全国图书馆界欢迎鲍士伟博士合影

图3-9　中华图书馆协会成立式全体摄影（1925年6月2日）
前排左四起沈祖荣、鲍士伟、梁启超、袁同礼、韦棣华、朱家治、李小缘、洪有丰、黄警顽

预算及决算、执行董事部议决事项、组织各项委员会等。为推动会务工作，设总事务所于北京，分事务所于上海（实际一直未设立），均以各地方之干事分担事务。总事务所由部长指派各干事分担事务。初设有书记一人，主管会议记录及保管文卷薄册，后因协会事务日繁，又增设常务干事。总事务所书记为于震寰，常务干事严文郁。执行部"为共同研究学术或处理特别问题起见"组织设立了各委员会，初设分类、编目、索引、出版、图书馆

中华圖書館協會贈送美國協會瓦質牛車

图3-10　中华图书馆协会赠送美国图书馆协会的瓦质牛车

教育五个委员会。

1929年南京年会时对协会组织大纲进行了修改，董事部和执行部的名称分别改为监察委员会和执行委员会，监察委员会设监察委员9人，较原董事部减少6人，由会员公选（票选），其职权仅局限于监察委员会进行事项，如必要时可弹劾全体会员，核定预算及决算。监察委员会由委员中公选主席及书记各一人，首任主席为柳诒徵，书记杨立诚。执行委员会设执行委员15人，由会员公选（票选）；另设常务委员5人，由执行委员互选之。执行委员会的职权为规定方针、筹募经费、编制预算及决算、通过会员入会手续、推选常务委员及候补执行委员等。执行委员会中互选一人为协会主席，首任主席为袁同礼。执行委员会下属各专门委员会也改组更新为分类、编目、索引、检字、图书馆教育、编纂、建筑、宋元善本书调查、版片调查委员会和季刊、会报两编辑部。1932年改组后宋元善本书调查委员会合并至版片调查委员会。1933年又新增图书馆经费标准委员会和审定杜威分类法关于中国细目委员会以研究专门问题。

1936年青岛年会中，因其学术团体多用理事会及监事会两名称，遂议决将监察及执行委员会易名为监事会及理事会，仍设监事9人，理事15人，理事互选常务理事5人，其中推一人为理事长，首任理事长为袁同礼。监事会只设监事，无主席。此决定自1937年1月起实施。1944年重庆第六次年会时曾再度修改会章并重新选举了理事及监事，袁同礼继任理事长（后直至协会解散），未及选举产生常务理事（此次年会只开了半天）。

中华图书馆协会成立初期的会员分四种：①机构会员，以图书馆为单位；②个人会员，图书馆员或热心图书馆事业者；③赞助会员，捐助协会经费 500 元以上者；④名誉会员，在图书馆学术或事业上有特别成绩者。同时规定机构会员和个人会员的入会须由协会会员二人以上介绍，经董事会审定。协会的发起人为协会当然基本会员。1929 年年会后会员类型调整为：①机构会员。以图书馆或文化教育机构为单位，各地图书馆协会为当然机构会员。②个人会员。图书馆员或热心图书馆事业者。③永久会员。凡个人会员一次缴足会费 25 元者。④名誉会员。在图书馆学术或事业上有特别成绩者。会员入会时须由一名会员介绍经执行委员会通过。1937 年提高永久会员的一次性会费为个人 50 元，会员入会如找不到介绍人，可向协会事务所递交入会志愿书和调查表以作入会申请。会员的权利除选举权外还包括：①每三个月收到《图书馆学季刊》（不另收费）；②每两个月收到《中华图书馆协会会报》（不另收费）；③每年收到协会会员录（每年出版一次）；④研究及事务上的便利（如会员若有关于图书馆行政上任何疑难问题均可通信咨询会中，当尽力指导不收取手续费）；⑤各图书馆所需之书籍杂志或愿交换的复本均可在会报内另栏刊登广告，不收广告费；⑥会员订购协会各项出版品一律九折。而会员也应尽缴纳会费之义务。成立初期机构会员每年会费 5 元，个人会员会费每年 2 元。因物价上涨，1943 年增至个人会员全年 20 元，永久会员一次性 200 元，机构会员全年 200 元（民众教育馆、县立图书馆、中等以下学校图书馆 100 元），1945 年又随物价涨至个人会员 200 元，永久会员 4000 元，机构会员 2000 元。1947 年又调整为个人会员每年 1 万元，机构会员甲种 5 万元，乙种 3 万元，由会员自行认定，暂停接受永久会员会费（宋建成，1980）。

1936 年 6 月统计会员总数为 850 人，其中，机构会员 288 人，个人会员（含永久会员）536 人，名誉会员 26 人。1944 年年底统计，会员减至 710 人，其中名誉会员 18 人，机构会员 157 人，个人普通会员 465 名，个人永久会员 70 名。1947 年 12 月目前有文献记载可查的最后一次会员统计（中华图书馆协会个人会员名录，1948）显示个人会员总计 769 名，其中永久会员 65 名，名誉会员 8 名，机构会员不详。

4. 中华图书馆协会的年会

中华图书馆协会的组织大纲规定"每年开年会一次，其地点及会期由前一年决定之。但遇必要时候得开临时会"。但实际上在中华图书馆协会的历史上只召开过六次年会。1929 年举行第一次年会于南京，1933 年举行第二次年会于北平，1936 年第三次年会在青岛，1938 年、1942 年、1944 年举行第四至六次年会于重庆（宋建成，1980）。

1929 年 1 月 28 日至 2 月 2 日，中华图书馆协会第一次年会在南京金陵大学召开，共113 名个人会员和 62 个机构会员参会（图 3-11）。会议中心议题为"训政时期之图书馆工作"，年会会议分为演讲会、会务会、分组讨论会三种。分组讨论会设定编纂组、图书馆行政组、分类编目组、建筑组、图书馆教育组、索引检字组。会员可加入一组讨论。年会举行期间每日都有学术演讲及宣读论文会，收到论文 24 篇，有 5 篇宣读。分组会议也收到论文多篇，其中杜定友等的论文还进行了宣读。分组会议共议决通过会员提交的议案 88件，另参考 2 案，保留案 12 案，未议 7 案。会务会议议决 2 案，另 6 案未及讨论。分组会议的各项议案涉及图书馆事业的方方面面，大到呈请教育部从速筹办中央图书馆，小至采用"圕"新字。此次年会不仅是中华图协的第一次年会还是"国民政府建都南京后第一次有学术团体开会，故政府的招待，论文的研究，工作的讨论，盛极一时。"（宋建成，郑恒雄，陈炳昭，1981）

图3-11   中华图书馆协会第一次年会开幕典礼（金陵大学大礼堂前合影）

1933年8月28日至8月31日第二次年会在北平清华大学举行，各省市会员及来宾共200余人参会（图3-12）。本次年会的中心议题为"图书馆经费及图书馆与民众教育"。分组会议共通过议案30案，皆有关图书馆事业前途之进展，如保障图书馆经费之安定与独立，推广图书馆之用于大多数民众等。另参考7案，否决及不成立案17案，迟到未议4案。会务会议议决9案。年会期间每日有演讲会一次，作图书馆学术演讲，杜定友作《民众检字心理之研究》、余庆棠作《从欧游感想到图书馆之大众化》、陶兰泉作《清代殿版书之研究》的演讲。分组会议结束后原定有杜定友、徐旭、蒋一前、钱亚新等的论文宣读，因时间关系未完全宣读，后都刊载于《图书馆学季刊》。

图3-12   中华图书馆协会第二次年会开幕典礼（清华大学礼堂前合影）

1936年7月20～24日，中华图书馆协会第三次年会在青岛山东大学举行，此次年会是与中国博物馆协会年会联合召开的，到会会员及来宾共150余人（图3-13），大会期间还举行了图书馆用品展览会。此次年会注重论文、研究成绩与实际问题的商讨，若一般提案过于理想者希望会员不必提出，以期节省讨论时间。分组会议共议决 59 案，涉及人事、经费、购书、图书馆教育、民众教育、推广事业、分类、书目、排检索引等方面，如要求编制图书馆联合目录，推广馆际互借，统一图书分类法等。会务会议议决 12 案，如改执行委员会为理事会，监察委员会改监事会等。年会期间仍有演讲及宣读论文，沈鸿烈、沈祖荣、陈训慈、侯鸿鉴、皮高品、李石曾等先后演讲。闭幕式时临时决定下届年会继续与中国博物馆协会联合举行，可惜抗战爆发后未能实现。

图 3-13　中华图书馆协会第三次年会开幕留影

　　1937 年中国学术团体联合办事处在南京成立，目的为联系国内各教育界团体，举行联合年会，节省费用。抗战后，该办事处随政府西迁重庆。中华图书馆协会于 1938 年 9 月加入。联合办事处举办 1~3 届年会时，中华图书馆协会均将其年会与之共同进行，协会会员一则参加联合年会，一则出席协会年会。第一次联合年会暨中华图书馆协会第四次年会于 1938 年 11 月 27~30 日在重庆川东师范学校礼堂举行，以"抗战建国之各种教育实施问题"为联合年会讨论中心，与会的中华图书馆协会个人会员 61 人，代表机构会员 21 人，总计出席人员 82 人。联合年会议决案中有关图书馆事业的共 8 项，包括分区编制联合目录、设立难童及难民图书阅览室等案，均获一致通过。联合年会交图书馆协会单独讨论的提案 5 件，包括在西南及西北重要县市成立中小学巡回书库及图书站、编订抗战文献目录、以国产材料制造图书馆用品等内容。此外还有协会会务会提案 10 项。年会期间还在重庆青年会西餐厅举行联谊会，一是以联络会员之情谊，二是以听闻来宾中对于图书馆事业之意见，由沈祖荣任主席。

　　第二届联合年会暨中华图协第五次年会于 1942 年 2 月 8~9 日在重庆国立中央图书馆召开，中华图书馆协会个人会员 34 人，机构会员代表 6 人参会，蒋慰堂代表中华图书馆协会参加联合年会主席团。由于此次联合年会召开较为仓促，2 月 8 日下午年会各学术团体开会时间未曾分配，中华图书馆协会会员临时举行谈话会，由沈祖荣担任主席。2 月 9 日下午 6 时举行会员联谊会，蒋慰堂、沈祖荣先后演说，并通过临时动议，推沈祖荣、陈训慈、蒋慰堂筹备组织陪都区图书馆员联谊会，由沈祖荣负责召集。

中华图书馆协会第六次年会于1944年5月5日下午1时在重庆国立中央图书馆杂志阅览室召开，仅半天。到会者也仅60余人，不及全体会员之十二分之一，此次年会主旨为集思广益与联络感情。大会共收到各方提案10项，其中协会个别讨论的7项，通过6项，包括充实原有训练图书馆人员机构继续培养人才，以应战后复兴之需要等，杜定友的"确定图书馆节案（每年11月11日）"决议保留；关于抗战期间全国图书文物损失责成敌人赔偿、充实中小学图书馆设备、大学图书馆应直隶校长以利实施等三案关系比较重大，理事会决议递交联合大会讨论，希望引起更广泛注意，而利推行。关于会务方面，主要商定修改协会组织大纲及拟改选协会理事、监事两案。可惜受时间所限组织大纲未能修正完成，仅选举当选理事候选人沈祖荣等30人，监事候选人袁同礼等18人。

第六次年会后一年，抗战胜利，可惜中华图书馆协会的年会未再举行。纵观中华图书馆协会六次年会，抗战前的三次颇有实效，重庆的三次则大打折扣，不仅参会人员少，会议日程短（最短者仅为半天），会议内容也少有重要意义的实际问题，年会多半沦为联络感情会，原因是由当时的战争时局所造成。

5. 中华图书馆协会的编辑出版活动

中华图书馆协会也专门设有出版委员会（后更名为编纂委员会）从事编纂及出版，刊行期刊、丛书、报告三类[①]（宋建成，1980）。

1）期刊

《中华图书馆协会会报》（*Bulletin of the Library Association of China*）为双月刊，1925年6月30日创刊，1937年曾停刊，1938年7月在昆明复刊，1940年10月从第15卷起在成都发行，第17卷三四期合刊起在重庆发行，1946年12月第20卷四至六期合刊起在南京发行，1948年5月第21卷三至四期合刊后停刊。该刊为中华图书馆协会作为传达全国图书馆或地方图书馆协会消息之刊物，以加强会员间之联络，以期为全国图书馆事业之通信机关。栏目内容包括论文（简短精要，鸿篇巨制刊登在《图书馆学季刊》）、目录、图书馆界、新书介绍、中文期刊生卒调查表、期刊要目汇录等（图3-14）。

《图书馆学季刊》（*Library Science Quarterly*）1926年3月创刊，季刊，至1937年6月停刊，历时10年6个月，共计11卷，42期，累计38本，其中第3卷第一二期、第4卷第三四期、第5卷第三四期、第9卷三四期为两期合刊，注明作者的文献共计427篇。该刊的宗旨为"本新图书馆运动之原则，一方参酌欧美之成规，一方稽考我先民与斯学之贡献，以期形成一种合于中国国情之图书馆学。"刊载的范围包括："（一）提出关于图书馆学及图书馆种种问题并研究其解决方法，尤注重于本国图书馆之历史、现状、及改进之方法。（二）引起公众对于图书馆之兴趣，促进图书馆之设立，并供给组织上所必需之知识。（三）介绍中外各种目录及关于目录学之研究。（四）供给关于各种学科之书目作读者自

[①] 本节内容不加特别说明处均摘引自宋建成.1980.中华图书馆协会.台北：台湾育英社文化事业有限公司：182-189.

修之参考。（五）关于与图书馆学有联属之其他学术，如版本印书术等，本刊亦为之介绍与批评。"纵观《图书馆学季刊》42 期，其开设过的栏目有（按在《图书馆学季刊》中出现的先后顺序排列）：插图、论著、序跋、调查、书目、书评、纪载、杂俎、附刊、通讯、文艺、调查及报告、讨论、专著、时论撮要、补白、附载、序跋汇录、目录、索引，共计 20 种（刘宇，2007）。《图书馆学季刊》是 20 世纪二三十年代我国学术性最强、最为重要、最有影响力的图书馆学专业期刊，它的影响不仅局限于图书馆学领域，更广及文史领域，在相关学科也拥有自己作者队伍与忠实的读者（刘宇，2007）。

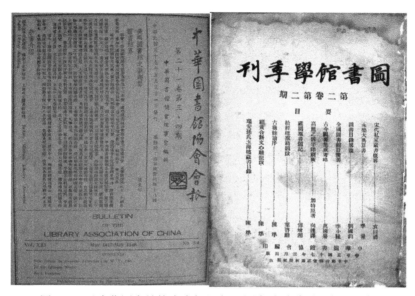

图 3-14　《中华图书馆协会会报》与《图书馆学季刊》封面示例

此外由于《图书馆学季刊》发表会员著作甚多，其中对数种篇幅较长者予以单行出售；有时为酬投稿者雅意，另印单行本若干为赠。如《英国国立图书馆藏书源流考》（李小缘）等。1937 年中华图书馆协会还出版有《图书馆学季刊总索引》（第一号，自第一卷至第十卷）。

2）丛书

由中华图书馆协会组织出版的丛书包括《老子考》（王重民编，1927）、《国学论文索引》（正编至四编，北平图书馆索引组编辑，1929～1936）、《日本访书志补》（王重民撰，1930）、《文学论文索引》（正编至三编，北平图书馆编，1932～1936）、《官书局书目汇编》（朱士嘉编，1933）、《现代作家笔名录》（袁涌进编，1936）、《北平各图书馆所藏中国算学联合目录》（邓衍林编，1936）、《古逸书录丛辑》（赵士炜辑）、《党义标准书目》（委托杜定友编，后未正式出版）。

3）报告

中华图书馆协会还出版有不少调查及报告，包括《中华图书馆协会第一次年会报告》、

《中华图书馆协会第二次年会报告》、《中华图书馆协会概况》、《全国图书馆及民众教育馆调查表》、《十周年纪念论文》、*Libraries in China*（1929 年、1935 年版，为致第 1、第 2 次国际图书联合会英文论文集）、《中华图书馆中国博物馆协会联合年会指南》。

3.3 中国图书馆学会

3.3.1 中国图书馆学会的筹备、流产与成立

1956 年 7 月文化部召开全国图书馆工作会议时，会中一部分图书馆学专家及图书馆工作者提议组织中国图书馆学会，当即召开座谈会并推举了筹备委员会的委员 25 名，后又补充 9 名，并留空额 3 名，共计 37 名。1956 年 12 月 11 日，中国图书馆学会筹备委员会在北京正式成立，并举行了筹备委员会第一次会议，主席左恭。会议推选文化部副部长兼北京图书馆馆长丁西林为筹备委员会主任委员，王重民、左恭、向达、刘国钧、沈祖荣、杜定友、李小缘、洪范五、徐家麟、张照、贺昌群、冯陈祖怡 12 人为常务委员，左恭兼任秘书长。其后，在京筹备委员会委员又先后召开了两次筹备会议，并在第三次筹备会议上通过了《中国图书馆学会章程（草案）》和《中国图书馆学会筹备委员会暂行办法（草案）》（程焕文，1997；李钟履，1957）。1957 年 5 月 l8 日召开的中国图书馆学会筹备委员会第一次在京委员座谈会上，除通过了一部分省、市的分会筹备委员名单外，并决定争取年底召开总会成立大会（准备结合科学论文讨论会），各省、市分会则最好于当年 10 月以前筹备成立，并将选出的分会筹备委员名单及成立时间提前报总会（北京文津街一号北京图书馆内）审核备案（朱踵武，1957）。经过新中国成立后近 7 年的图书馆事业恢复、建设和发展，中国图书馆学会已呼之欲出。然而，在筹备委员会正式向各筹备委员函发通知积极筹备中国图书馆学会的同时，1957 年 2 月，毛泽东主席在最高国务会议上作了《关于正确处理人民内部矛盾》的报告，其后在全国范围内掀起了一场整风运动和"反右"斗争。随着思想战线和政治战线上反右斗争的不断扩大化，大批的"资产阶级右派分子"受到批判，处于萌芽状态的中国图书馆学会亦随之被窒息（程焕文，1997）。

1978 年 3 月 26 日至 4 月 8 日，国家文物事业管理局在南京召开"全国古籍善本书目编辑工作会议"，会议期间，北京图书馆率先提出恢复成立中国图书馆学会的倡议，经过协商，推选北京图书馆、中国科学院图书馆、北京大学图书馆、北京大学图书馆学系、武汉大学图书馆学系等 12 家单位为筹备委员会成员，在京单位为常务委员，北京图书馆为主任委员。1978 年 4 月 28 日，召开了常委会议，决定由常务委员单位各派一名工作人员组成筹备小组，集中在北京图书馆办公，起草《中国图书馆学会章程》（草案）和《中国图书馆学会成立大会和第一次科学讨论会工作计划要点》。1978 年 11 月 16～23 日，"全国古籍善本书目"领导小组会议在成都召开，与此同时召开了"中国图书馆学会筹备委员会扩大会议"，会议讨论了学会章程（草案）和工作要点。会后，由国家文物局正式向中宣部申请恢复成立中国图书馆学会，并得到批准。1979 年 6 月，在天津再次召开了筹备委员会会议，会议对学会成立的各项具体工作和成立大会的召开作了进一步的安排，至此，各项筹备工作就绪。此间，在有关部门的领导和关怀下，各省（自治区、直辖市）先后成立了各自图书馆学会的筹备委员

会，一些专业系统也成立了自己的图书馆学会筹备委员会。这些学会的筹备委员会各自推选出中国图书馆学会成立大会的代表和理事候选人（《中国图书馆学会综览》编写组，1996）。1979 年 7 月 9～16 日，召开中国图书馆学会成立大会，也是中国图书馆学会第一次会员代表大会和第一次全国图书馆科学讨论会在山西省太原市召开。出席大会的有来自全国 29 个省（自治区、直辖市）图书馆学会（筹委会）、北京地区中央国家机关、科研系统、高等院校图书馆学会的代表近 200 人，其中，包括汉、蒙、藏、回、满、哈萨克等民族的代表和在北京工作的台湾籍图书馆工作者。国家文物事业管理局副局长齐光、山西省革命委员会副主任史纪言出席大会并致辞。中国科学技术协会委派代表出席大会进行指导。大会由北京图书馆馆长刘季平主持，上海图书馆馆长顾廷龙致开幕词，国家科学技术委员会副主任、中国社会科学院副院长于光远专程到会转达中央有关领导同志对图书馆事业的指示并作了报告，刘季平就我国图书馆事业中当时面临的几个问题作了专题发言。大会通过了《中国图书馆学会章程》，民主选举产生了由 69 名理事组成的第一届理事会，北京图书馆馆长刘季平当选为理事长、丁志刚、黄钰生、顾廷龙、汪长炳、梁思庄、佟曾功当选为副理事长，谭祥金任秘书长。聘请刘国钧、皮高品、吕叔湘、赵万里、钱三强等 13 人为名誉理事。会议还讨论建立了相应的研究组织，原则通过了学术委员会、编译委员会名单并确定了工作机构及其负责人（中国图书馆学会，2008）。1979 年 8 月学会加入中国科学技术协会（中国图书馆学会，2008）。中国图书馆学会挂靠国家图书馆，其办事机构行政上隶属国家图书馆（中国图书馆学会，2008），秘书处常设于国家图书馆。

1980 年 8 月 18～23 日，中国图书馆学会两位副理事长（北京图书馆副馆长丁志刚、北京大学图书馆副馆长梁思庄）应菲律宾国家图书馆馆长奎耶松邀请，以个人身份出席在菲律宾马尼拉举行的第 46 届国际图书馆协会联合会大会（图3-15）。会议期间两位副理事长与国际图书馆协会联合会主席和秘书长商议了恢复中国图书馆学会在国际图书馆协会联合会会员席位的问题，并提出了前提条件，达成了以坚持一个中国，在任何情况下不允许出现 "两个中国" 或 "一中一台" 为基本前提的 8 点正式书面协议。1981 年 4 月 24 日，国际图书馆协会联合会执委会一致同意 8 点协议，并欢迎中国图书馆学会恢复参加国际图书馆协会联合会活动。5 月 18 日国际图书馆协会联合会主席访问我国时重申，国际图书馆协会联合会将严格执行 8 点协议，国际图书馆协会联合会的任何单位都不能以任何形式改变执委会的决定。1981 年中国图书馆学会恢复了在国际图书馆协会联合会中的协会会员资格（《中国图书馆学会综览》编写组，1996）。

至 2009 年，中国图书馆学会已先后于 1979 年 7 月 9～16 日（太原）、1983 年 10 月 31 日～11 月 6 日（厦门）、1987 年 11 月 5～8 日（深圳）、1992 年 4 月 25～27 日（南京）、1997 年 7 月 30 日～8 月 1 日（昆明）、2001 年 9 月 24～25 日（成都）、2005 年 7 月 18～19 日（桂林）召开过七次会员代表大会，选举产生了七届理事会。

2001 年 9 月 24 日第六次全国会员代表大会表决通过的学会章程增加学会的英文译名为 China Society for Library Science，CSLS（中国图书馆学会章程，2001）。2005 年 7 月 19 日第七次全国会员代表大会表决通过的学会新章程中将学会英文译名改为 Library Society of China，LSC（中国图书馆学会章程，2005）（图3-16）。

2003 年 12 月 9 日注册开通学会网站 www. csls. org. cn，2004 年 1 月正式运行，2005 年

图 3-15　中图学会代表出席第 46 届国际图联大会期间与国外同行合影
（前排左一梁思庄，右一丁志刚）

图 3-16　中国图书馆学会会徽

因学会英文译名更改，网站域名于 2005 年 12 月 7 日更改注册为 www. lsc. org. cn （中国互联网信息中心，2005）。2006 年学会网站全面改版，设立了十多个频道，数十个栏目，扩大了信息传输量，加快了网页更新速度，实时报道学会的各项重大活动，全年浏览量达八万余次（中国图书馆学会，2009）。

3.3.2　中国图书馆学会的内部治理结构

中国图书馆学会（简称中图学会）由全国会员代表大会、理事会、常务理事会、秘书处、专门工作委员会、分支机构、地方学会等组成。全国会员代表大会是中图学会的最高权力机构。大会每四年一届，代表的人选除上届理事会全体理事外，基本上是按地区和系统分配名瓶，然后再按会员人数多少进行调剂，最后由各地区、各系统学会民主协商选举产生（刘兹恒，1995）。理事会是全国会员代表大会的执行机构，在闭会期间领导本会开展日常工作，对全国会员代表大会负责。由理事长、副理事长、秘书长及全体理事组成。理事长为学会法定代表人，负责召集和主持理事会或常务理事会，检查全国会员代表大会、理事会或常务理事会决议的落实情况，代表学会签署有关重要文件。常务理事会由理事会采取无记名投票方式选举产生，由理事长、副理事长、秘书长及常务理事组成。秘书处为学会的日常办事机构。在全员聘任的基础上，秘书处专职人员已逐步由行政调配方式向选聘制和招聘制过渡，实行双向选择，竞争上岗，择优聘任；在用人方式上专职与兼职相结合；在分配制度上自负盈亏，实行按岗定级，岗位工资（中国图书馆学会，2008）。秘书长为专职，行使的职权包括主持办事机构开展日常工作，组织实施年度工作计划；协调各分支机构、代表机构、实体机构开展工作；提名副秘书长以及各办事机构、分支机构和实体机构主要负责人，交理事会或常务理事会决定；决定办事机构、代表机构、实体机构专职工作人员的聘用及处理其他日常事务等。

　　理事会还下设各种专门工作委员会。这些委员会从第一届理事会以来，几经调整和扩充，第七届理事会下设学术研究委员会、编译出版委员会、图书馆交流与合作委员会、科普与阅读指导委员会。学术研究委员会现又下设图书馆学理论专业委员会等 15 个专业委员会。编译出版委员会现下设图书馆学著作编辑出版专业委员会、图书馆学期刊编辑出版专业委员会、图书馆年鉴编辑出版专业委员会 3 个专业委员会。科普与阅读指导委员会下设专家委员会（顾问性质）、阅读文化研究委员会等 6 个委员会。学会会刊《中国图书馆学报》编辑部也是理事会的下属机关。

　　此外，中图学会根据开展活动的需要，依据图书馆事业在不同领域内形成的工作系统还设立专门从事本学会业务活动的分支机构，称分会、委员会。分支机构是全国学会的基础和组成部分，接受学会理事会或常务理事会的领导，不另定章程，不具有法人资格，其法律责任由全国学会承担。分支机构接受全国学会和挂靠单位的领导。全国学会领导分支机构，对其承担监督、管理、指导、协调、服务工作。分支机构的办事机构在行政、财务、外事、人事等方面受挂靠单位领导（中国图书馆学会，2006）。目前共有专业图书馆分会（原中央国家机关和科学研究系统图书馆学会）、高校图书馆分会、党校图书馆委员会、团校图书馆委员会、工会图书馆委员会、医院图书馆委员会、中小学图书馆委员会、军队院校图书馆委员会 8 个分支机构。各省（自治区、直辖市）（除台湾和海南省外都有）以及所辖市、地（盟州）、县的地方图书馆学（协）会①也是中国图书馆学会的组成部分，总计约 300 个（王旭东和胡秋玲，2008），在业务上接受中图学会的指导，同时它们自身也根据当地情况加入了各级地方政府的科学技术协会或社会科学界联合会②，成为科学技术协会和社会科学界联合会的组成部分。中国学会内部治理结构如图 3-17 所示。

---

①　部分地方图书馆学会已经更名图书馆协会，如北京图书馆协会、杭州图书馆协会等
②　绝大部分地方图书馆学（协）会类似中国图书馆学会是各级科学技术协会的下属学会（中国图书馆学会、中国科技情报学会和中国档案学会都属于中国科协的交叉科学类学会），少部分归属社会科学界联合会，如北京图书馆协会归属北京市社会科学界联合会（北京市档案学会也属社会科学界联合会，北京科技情报学会属北京市科学技术协会）、苏州市图书馆学会属于苏州市社会科学界联合会的团体会员（但苏州市档案学会与苏州市信息学会属于苏州市科学技术协会）。此外还有如深圳不是单一的图书馆学会与情报学会，有深圳图书情报学会与深圳竞争情报研究会均属于深圳市科学技术协会

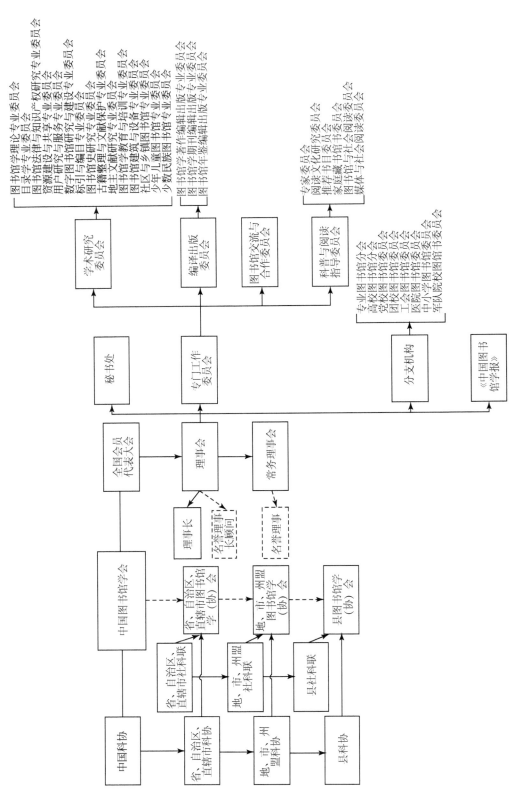

图3-17 中国图书馆学会内部治理结构图

　　为了充分发挥理事会行使"领导本学会各机构开展工作"的作用，2006 年 2 月 17 日七届二次常务理事会审议通过了《理事建议案审理小组人员构成及管理办法》。根据该办法，理事会前，理事可就学会的工作内容、前景规划、机制改革、学术研究、学科发展等方面提出意见和建议；秘书处负责理事建议案的收集、分类、整理和登记，并交建议案审理小组审议；建议案审理小组对建议案进行梳理、归并、筛选后，提出是否纳入常务理事会或理事会议程的建议，并对上会建议案的受理者提出相关建议；常务理事会或理事会前，秘书处将需审议的建议案发送至全体与会者；常务理事会或理事会对建议案进行审议，并确定受理者；审议通过的建议案由受理者负责落实，并将落实情况报秘书处，秘书处负责协调、督促；在下一次理事会上，秘书处根据受理者落实建议案情况的报告，通报建议案的处理、进展和落实情况（中国图书馆学会，2006）。截至 2007 年三月，两年时间内已有 23 人次提出建议案 32 件，已有 16 件得到落实，进一步规范了学会的组织运作机制和民主决策机制。学会还通过每年召开一次由各分支机构和各地方学会秘书长参加的秘书长会议，达到相互沟通、及时交流工作经验的目的（中国图书馆学会，2008）。

　　中图学会的会员有个人会员、团体会员、荣誉会员和名誉会员四种类型。凡承认学会章程，并符合会员条件者，均可申请入会，经学会批准后成为会员。会员条件（中国图书馆学会章程，2005）：

　　（一）个人会员

　　（1）具有馆员、讲师、工程师等中级以上专业技术职务的图书馆工作者。

　　（2）高等院校本科毕业在图书馆界有三年以上工作经历者，或有三年以上图书馆工作经历并具一定学术水平者。

　　（3）获得硕士以上学位的图书馆及相关行业和机构工作者。

　　（4）热心支持本会工作的图书馆及相关行业和机构的领导者。

　　（二）团体会员

　　凡愿意参加本会有关活动，支持本会工作的科研、教学、生产、设计等各级各类图书馆或信息、情报机构以及相关企事业单位和依法成立的学术性群众团体。

　　团体会员包括：事业团体会员和企业团体会员。全国学会的理事、常务理事所在单位（非政府机关、非企业单位）为全国学会当然事业团体会员（中国图书馆学会，2006）。

　　（三）荣誉会员

　　凡对图书馆学科或本会工作有重大贡献的会员，经其所在学会（各系统分会、委员会或省、自治区、直辖市学会）推荐，本会常务理事会通过，可授予荣誉会员称号。

　　（四）名誉会员

　　凡对我国图书馆事业或本会事业作出重要贡献、给予重要支持和协助的社会各界人士，经本会常务理事会讨论通过，可授予名誉会员称号。

　　此外，2002 年 7 月 25 日在陕西省图书馆召开的中图学会六届三次理事会上，国家图书馆党委副书记杨炳延所作《与时俱进，开创学会工作新局面，为新世纪图书馆事业发展服务》工作报告中"关于 2002～2003 工作年的主要工作"部分提出要与高校系统密切合作，面向图书馆、情报和信息管理等相关院系中高年级本科生、硕士生和博士生，发展学生会员（中国图书馆学会，2006）。2007 年 8 月 4 日，在兰州召开的中图学会七届三次理事会受理了李国新等7名理事联名提交的"关于建立学生会员制度的建议"，并由学会秘书处、图书馆学教育与培训专业委员会起草《中国图书馆学会学生会员管理办法》（中国图书馆学会，2007）。2008年3月20日上午在国家图书馆文会堂召开的七届六次常务理事会审议并原则通过了《中国图书馆学会学生会员管理办法》（试行）（崔彤，2008）。截至2008年9月，学会的学生会员制度尚未完全建立起来。

学会的个人会员享有选举权、被选举权、表决权，对学会工作批评建议权和监督权，优先或优惠参加学会组织的国内外学术研究与交流活动，优惠或免费取得学会有关资料，优先在学会主办的刊物上发表论文等权利；团体会员享有优先参加学会有关活动，优惠或免费取得学会有关学术资料，优先获得学会给予的技术咨询，请求学会协助举办培训班等权利。同时，个人会员与团体会员也有遵守学会章程，执行学会决议，积极参加学会各项活动，完成学会委托工作，向学会反映有关情况，提供有关信息，交纳会费等义务。

根据学会会员管理网站http：//www.lsc.org.cn/CN/grhy.html所列各地区（系统）全国学会个人会员名单，总数为8625人（统计时间为2008年9月12日）。由于各地区（系统）上报的时间不一，从2006年6月6日至2008年9月10日，数据难免有误差，但估计应该在9000人左右，不到1万人。截至2008年6月，事业团体会员210个，其中七届理事所在单位97个（事业团体会员名单，2008）。截至2008年3月企业团体会员共计42个（中国图书馆学会，2008）。

个人会员的会费标准为15元/（人·年），60元/（人·届）。委托分支机构和地方学会代为收取，会费的1/3留分支机构和地方学会作为《工作通讯》等的联络费，2/3交全国学会。会费可逐年交纳，也可按届（一届四年）交纳（中国图书馆学会，2008）。团体会员的会费标准为事业团体会员：500元/年，2000元/届；企业团体会员：2000元/年，8000元/届；企业理事所在单位：10 000元/届。分支机构代为发展的事业团体会员的会费标准由分支机构会员大会或会员代表大会制定。企事业团体会员会费直接交本会；分支机构系统代为发展的事业团体会员会费由全国学会收取，全国学会留取会费的20%，作为会员证书、《工作通讯》和事业发展金，其余拨给分支机构作为业务活动经费；会费按届交纳（中国图书馆学会，2008）。

3.3.3 中国图书馆学会的会议活动

中图学会召开的学术会议可以包括两大类，一是主要由学术研究委员会下属各专业委员会召开的专题研讨会，二是综合性、全国性的学术会议。

中图学会成立后，学术研究委员会首先召开了三次全国性的科学讨论会（1979年7月太原、1980年10月杭州、1982年10月昆明），后因考虑到学会会员和图书馆工作人数众多，专业面又较广，召开全国性科学讨论会的规模不宜过大，继而以后的学术活动主要以召开专题研讨会的方式进行。这些专题研讨会主要有学会下设学术研究委员会的各专业委员会（以前有的称研究组）主持召开，也有同时与有关单位联合召开的。从学会成立到20世纪90年代中期，各类专题研讨会就图书馆学理论、图书馆事业发展战略、图书馆工作实际、文献资源布局、文献工作标准化、自动化等领域的问题展开了热烈的讨论和交流

（《中国图书馆学会综览》编写组，1996）。进入21世纪后，各专业委员会继续结合各自的专业领域，紧跟时代发展要求，更加倡导理论联系实际的学风，更加关注事业发展的重大现实问题，在公共图书馆、图书馆立法、图书馆权利、数字图书馆、元数据、图书馆与Web2.0等专题领域开展了积极的讨论，繁荣和引导图书馆学学术研究。

　　近年来各专业委员会组织的学术会议交流在形式方面也多有创新，可圈可点。如图书馆学理论专业委员会在召开第五届全国图书馆学基础理论研讨会前的讨论决定会议主题时，委员们通过电子邮件反复发表看法，就像是一次小型的学术研讨会，各人互相之间平等而又心情舒畅地充分表达意见，最后形成决议（图书馆学理论专业委员会，2008）。这种学术交流机制使得该专业委员会极具凝聚力；图书馆法律与知识产权研究专业委员会召开学术会议讨论时则本着推出新秀（每年都有学生发言）、内外兼顾（邀请国内外同行介绍国内外立法情况）、各类型图书馆兼顾、理论与实践并重的原则，在获奖论文中精心遴选发言人，平衡发言主题，为同行交流相关问题提供了机会（图书馆法律与知识产权研究专业委员会，2008）；第一届图书馆史学术研讨会不邀请任何官员和领导参加会议，研讨会的参加者完全是清一色的学术研究者。不设主席台，全体代表在会议厅入口处自己领取自己的名牌，自己选择座位围坐起来，放上自己的名牌，牌随人走，每个代表都是主席。不搞开幕式，就做个开场白，把一些事情大致说明一下，然后直接进入学术研讨，让研究者自己做主。不追求规模和声势，会议的规模严格控制在30～40人，避免研究队伍的龙鱼混杂，研究水平的整体低劣。不安排主旨和中心发言，会议程序册中所列的各单位时间的论文及其作者名单不是发言顺序，只是相近研究主题的随机排列，发言者完全采用自愿顺序，发言的内容也不要求局限于提交的论文，发言人在发言时，大家可以随时提问，随时讨论，不拘一格（程焕文，2006）；又如地方文献研究专业委员会为促进全国地方文献研究与学术交流活动进行深入的研究，完善了工作机制，组成了由主任委员和副主任委员单位组成的工作组和区域负责人，工作组主要负责专业委员会的日常工作，区域负责人负责本地区的信息交流与学术活动的落实。组建了地区性地方文献专业委员会，选举了主任、副主任和委员，促进有关各省地方文献工作的开展，设立了"地方文献网络采集平台"，使地方文献工作有了及时交流信息的场所（地方文献研究专业委员会，2008）。

　　自20世纪末起，停顿多年的全国性、综合性学术会议又开始恢复，但形式更加多样，内容更加丰富，尤其是出现了四个在图书馆界影响面最广的综合性会议，即年会、峰会、青年论坛和百县馆长论坛。

　　中图学会自1999年起每年举办一次大型的学术年会，到2008年已是第十届。每一届都有千余名全国各地及国外的同行参加征文活动并与会，累计与会代表近万人，征集学术论文八千余篇，结集出版论文集十余部，被认为是集合学术需求，传播科研成果，活跃学术思想，推广先进技术，促进学科发展的图书馆人学术交流的盛会（卓连营和胡秋玲，2007）。年会每年都有一个主题，征集论文，反映图书馆学和图书馆事业的时代要求。在年会的组织形式上，每年设一个主会场和若干个分会场。2005年年会增设"专家大讲堂""思想对对碰""锵锵三人行"等形式新颖的学术交流版块，均极富感召力、吸引力和互动性，传达并体现出一种时尚、亲和、求真、务实的意味和风格。2006年年会主会场取消了沿袭已久的大会主席台，演讲人成为唯一的主角，同时打破以往由专家学者做"主旨报告"的成例，特邀了深圳市文化局副局长李南生女士、杭州图书馆褚树青馆长、北京大学图书馆戴龙基馆长，围绕年会"图书馆发展与和谐社会构建"的主题，深圳"图书馆之城"建设、《杭州地区图书馆服务公约》、高校图书馆《图书馆合作与信息资源共享武汉宣言》的拟订和实施，作了重点发言（卓连营和胡秋玲，2007）。自 2006 年起年会会场内外的互动效果明显增强。2006 年年会，学会首次联合"新浪读书频道"，在会议期间对与会专家进行了现场采访，而且对整个会议进行了全程报道；在龙源期刊网主办的第七分会场中，还特别设置了"新浪在线访谈"环节，让与会代表有机会"做客新浪"并在第一时间进行网络播报（王旭东和胡秋玲，2008）。2007 年年会上，厦门大学图书馆的 6 位志愿者提供了网络直播服务，将 8 月 5 日大会现场和 8 月 6 日部分分会场的现场消息通过 MSN 群服务投递到各位关心年会的网友面前，任何一个网友只需要拥有一个 MSN（windows live messenger）账号就可以接收即时会议消息。场外网友通过 MSN 可以同时参与多个分会场的讨论，互动效果异常好。如 8 月 6 日下午第十二分会场的"图书馆服务宣言大家谈"，与会专家与场外在线的网友就《图书馆服务宣言》（草案）的立意、措辞、影响、涵盖范围等进行了细致、认真的讨论和交流，会议气氛热烈。除了以上 MSN 群即时发布与讨论外，各个主题报告的相关文档、现场照片都上传发布到网站 http：//blog. xmulib. org/lsc2007，免费提供浏览下载学习。2008 年年会的开幕式也进行了现场视频直播。

为了充分履行中图学会"为国家文化、教育、科技发展战略、政策和经济建设中的重大决策，以及我国图书馆事业的法规政策的制定提供咨询服务"的职责，中图学会于 2005 年创办了"新年峰会"。每次会议召开前，学会在征询有关专家意见的基础上，精心拟定图书馆界面临的热点、关键问题为会议议题；邀请相关学界专家，各级公共、高校、专业图书馆馆长以及政府部门官员等各方代表参会；对议题的落实进行相关的部署和督促。学会开展的民主调研、促进科学决策、发挥决策作用的民主机制挣脱了"人"的约束，关注并以之为核心的是"最大的事"和"与大事最相关的人"，故谓之为"峰"，与参会人的官职、官位、职称、级别、知名度等没有直接关系，只与参会人做的事有直接关系，所以与通常意义上的"峰会"有本质不同（王旭东和胡秋玲，2008）。它是以其探讨问题的前沿、与会代表的权威、学术争鸣的热烈、对年度学术研究热点的引领而称为"峰会"（李国新，2006）。中图学会已经先后于 2005 年 1 月（哈尔滨）、2006 年 1 月（海口）、2006 年 12 月（苏州）、2008 年 1 月（济南）召开了四次新年峰会。峰会"重在落实"的办事风格以及和谐的议事气氛等，得到业内人士的普遍认可。事实证明，"中国图书馆法"立法进程的重新启动、《信息网络传播权保护条例》的信息反馈、《中国图书馆服务宣言》的起草，以及"中国图书馆学会志愿者行动"的实施等一系列图书馆事业大局的大政方针的制定以及重要政策的实施都与峰会有直接的关联（卓连营和胡秋玲，2007）。

20 世纪 80 年代到 90 年代中期，国内曾召开过七次全国中青年图书馆学情报学学术研讨会，分别由国内北京大学等七所图书馆学情报学教育单位承办，共有 2900 多人参加征文，实际近 600 名中青年参加会议，推动了图书馆学与情报学研究的发展，促进了中青年图书馆学情报学研究者的迅速成长（周礼智，1994）。进入 21 世纪以后，中图学会于 2002 年起每两年举办一次面向 40 岁以下青年学者参加的学术研讨会——青年论坛，至今已经举办四届。第一次举办的青年论坛就与以往研讨会形式不同，根据青年人思维活跃、敢想敢说的特点，策划、设计了主旨讲坛、专题论坛、专题沙龙、个人空间等富有青年特色、形式活泼多样的交流活动。论坛形式活泼，台上台下互动，无论是发言、提问，还是研讨交流，代表们都很踊跃，充分展示了青年人敏捷的思维与创新意识，展示了青年图书馆工作者最新学术观点和研究成果，是一次求真、求实、求新的具有重要意义的青年学术盛会（中国图书馆学会，2006）。此后的历届青年论坛都始终体现创新，其目的就是要通过形式和内容的变化，张扬青年特点，促进学术交流，展现青年风采，营造公正、开放、活跃、民主的学术氛围（卓连营和胡秋玲，2007）。如第二届青年论坛专家和青年馆员论辩结合，互相交流，思想交锋时有出现，场面极为活跃。10 多位浙江大学信息资源管理系的研究生、本科生作为图书馆界的准青年代表参与旁听报告。与会人员还在咸亨酒店，围绕"图书馆可以经营吗?"正方、反方唇枪舌剑，展开"绍兴夜话"大辩论（中国图书馆学会，2007）。第三届青年论坛在会议内容和形式上又做了新的尝试。20 分钟结束开幕式，三个半天时间全部用于代表研讨。论坛没有邀请专家做主旨报告，而是结合论坛征文，设置专题论坛还海选产生自选话题进行讨论。以武夷山景点命名的二十多个三人组合，既张扬了青年的特点，也强化了青年论坛一贯倡导的团队合作、交流沟通的精神。通过集体讨论的形式进行充分的交流与研讨，真正实现了"所有与会者都拥有提问和发言的权利，同时也承担回答提问的义务"的"青年论坛精神"，最大限度地展示了青年与会者的个性和才华。论坛还首次设置了论坛荣誉称号的推选机制，通过评选学术之星、论坛之星、创意之星，既激励了与会代表参与的积极性，也为青年才俊崭露头角提供了机会和平台。本次青年论坛中还第一次引进了"征文述评"板块，既是征文评审工作的汇报，也让大家从整体上了解青年图书馆员、图书馆学研究者的所思、所想、所研究。此外本次论坛设计的"幔亭夜话"板块，让大家既能够入乎学术之中，又出乎学术之外，就事业与生活、做人与做学问、事业工作生活中的酸甜苦辣、喜怒哀乐等广泛的话题进行交流。特别值得一提的是，厦门大学图书馆对本次论坛实施了网络实时直播，现代信息技术使会场内外融为一体，场内场外的交流互动使会议的影响、现场与远程与会者、问题讨论的深度和广度都大大拓展，这是中国图书馆学会的历史上第一次成功实现的会议实时网络直播，对今后图书馆界的会议形式也产生了重要影响（李国新，2006；卓连营，2006）。

为充分诠释和体现第四届论坛的主题，论坛在内容、形式和成效等方面，又有新的突破和发展。此次论坛采取学术与实践相得益彰的专题发言、典型案例的模拟研讨、富有职业特点的服务礼仪情景展演和服务语言创意 PK，以及专家精辟的现场点评等多种形式进行（中国图书馆学会，2008）。这一届的青年论坛与众不同的一个环节是"自由空间"，它不同于以往会议的自由发言和讨论，采取了很新颖的形式，将立式的话筒放在讲台的一侧，想要发言的代表需要走到会场的前方，面向所有参会人员来阐述自己的观点。这样创新、大胆的发言形式设计，突出了青年论坛鼓励青年图书馆员大胆表达自己的观点，彰显青年图书馆员的青春风采的特色（王萱，2008）。青年论坛，不仅以思维的多样性、意见的多样性等创新特点，体现了学术研究的百花齐放、百家争鸣，成为我国图书馆界青年才俊思想创新、展现聪明和才智的舞台，而且因其生动活泼、理论和实践并重的论坛形式，成为青年一代图书馆工作者互相切磋借鉴、成长进步、锐意进取的大舞台，由此赢得业内外人士的普遍关注（中国图书馆学会，2008）。

　　为了推动和发展我国县级公共图书馆事业，进一步发挥其在城镇、农村基层文化事业中的积极作用，促进和谐社会的构建，中国图书馆学会于 2005 年起每两年举办一次百县馆长论坛。该论坛是中图学会为基层图书馆服务的一项新举措，参会对象主要为各地区县、社区乡镇基层图书馆馆长和政府主管部门领导、专家学者、民间团体的代表等。中图学会组织的以基层图书馆的生存与发展为主要关注对象的学术交流活动，通过媒体的广泛传播，引发了社会各阶层包括中央领导对基层图书馆特别是县级图书馆状况的高度重视。为此，《人民日报》还在 2006 年 1 月 13 日 "社会观察" 栏目辟专版予以登载（卓连营和胡秋玲，2007）。

　　此外中图学会还积极参加中国科学技术协会（简称中国科协）的年会的分会场会议。中国科协的年会是目前全国规模最大的多学科学术会议，也是对中国科协所属的 187 个全国性协会、学会的学术水平、组织能力、影响力和凝聚力的集中检阅。依靠中国科协所提供的广阔平台，中国科协年会的图书馆学分会场对扩大图书馆界的影响，提高图书馆界的声誉，促进图书馆学研究成果走向社会有重要作用。中图学会已连续几年在中国科协学术年会上举办自己的分会场。中国科协 2005 年学术年会中中图学会负责组织此次年会的第 32 分会场，会议主题为 "和谐社会中的图书馆"，有 150 多位代表与同行参加了学术交流讨论会。该届年会的一个显著特点是七旬高龄的中国工程院院士朵英贤主动要求参加中国图书馆学会分会场，自始至终全神贯注，积极提问，并应邀在闭幕式上即席讲话。这在中国图书馆学术讨论会的历史上还是第一次。这也说明了在当今知识经济社会中，图书馆越来越受到社会各界的关注，这对图书馆同仁来说，不啻为一种鞭策和鼓励（倪晓建，2008；中国图书馆学会，2008）。2006 年的科协分会场图书馆学会申请的会议主题是信息素养，第五分会场的其他学会申请的主题也大致相同，所有的组织都在为提高全民科学素养做工作。中国科协，也是图书馆学会第一次尝试联合中国青少年科技辅导员协会、中国地理学会、中国科学家探险协会和自然博物馆协会等 4 个学（协）会，将会议按主题进行组合，邀请了多学科的院士、专家从不同角度作专题报告，之后又分别组织各学（协）会的单元会议，使会议既有各学科综合性，又具有本学科的独立性，两者做到了有机结合（中国图书馆学会，2006；王旭东和胡秋玲，2008）。

3.3.4　中国图书馆学会的编辑出版活动

　　中图学会下设编译出版委员会，作为其在全国范围内负责指导及组织图书馆与信息领域编译出版活动的工作机构。编译出版委员会的任务包括组织并开展图书馆与信息领域的各种编译出版活动；按照编译出版委员会的任务，策划各专业委员会的编译出版与交流活动；受中图学会委托，代表中图学会参与有关专业编译出版与交流活动；完成学术著作、年鉴、期刊等出版物的编辑、出版和发行工作（中国图书馆学会编译出版委员会，2008）。根据开展编译出版活动的需要，编译出版委员会现下设 3 个专业委员会，即图书馆学著作编辑出版专业委员会、图书馆学期刊编辑出版专业委员会、图书馆年鉴编辑出版专业委员会。下面分编辑（译）出版图书馆学著作、期刊、年鉴三部分加以简述。

1. 编辑（译）出版图书馆学著作

早在 1983 年，学会接受中国大百科全书出版社委托，协助组织编写了《中国大百科全书》中的"图书馆学、情报学、档案学"分卷，于 1993 年由中国大百科全书出版社出版。1986 年学会协助文化部图书馆司组织编辑《当代中国的图书馆事业》一书，于 1995年出版。1987 年学会编译出版委员会与文化部图书馆事业管理局科教处、北京图书馆学研究部编辑出版《国际图书馆协会联合会第 48 届至 50 届大会论文选译》，为我国图书馆界提供了了解国际图书馆界动态的参考资料（《中国图书馆学会综览》编写组，1996）。为庆祝中华人民共和国成立 40 周年暨中国图书馆学会成立 10 周年，反映中国图书馆事业和图书馆学情报学研究成就，由学会与全国高等学校图书馆工作委员会主持，出版了张白影、荀昌荣、沈继武主编的《中国图书馆事业十年》（1979～1989）。学会编译出版委员会还主编了《中国图书馆学情报学论丛》共 10 辑。学会为进一步推动全国学术活动和理论研究，在每次学术讨论会后，都尽量编印一些文摘、文集或资料汇编，供学习参考（杜克等，1995）。这些会议论文集资料和其他岗位培训教材、博士文库、纪念文集、会议论文集和规范、手册等各种类型的图书馆著作很多都由图书馆学著作编辑出版专业委员会依托国家图书馆出版社①出版发行。如学会最早的三次全国科学讨论会会议文摘《中国图书馆学会第一、二次科学讨论会议文摘》、《中国图书馆学会第三次科学讨论会论文摘要》由书目文献出版社分别于 1982 年和 1986 年出版（董小英，1996b）。近年来学会年会的论文集也由北京图书馆出版社（国家图书馆出版社）出版，精选"首届百县图书馆馆长论坛"的论文，结集出版《县级图书馆生存发展启示录》。学会还与文化部社会文化图书馆司沟通策划、组织出版了图书馆岗位培训教材，共 16 册。根据中华人民共和国劳动和社会保障部、中华人民共和国文化部制定的国家职业标准，已出版《图书资料馆员》、《古籍馆员》和《文献修复师》三种职业标准，其职业资格岗位培训教材的审稿与出版工作即将展开；出版了作为图书馆员自律规范的《中国图书馆员职业道德准则（试行）》（含解说）；策划并组织国内图书情报学博士点编辑出版了《信息管理科学博士文库》，截至2007 年年底已出版 23 种，反映了当时我国图书馆学情报学的研究水平，而且也从一定程度上起到了发现新人、培养新人的作用。

为反映新时期图书馆学研究的基本状况，同时宣传当代杰出中青年学者的研究成果，与丛书编委会密切配合，编辑出版《当代图书馆学研究文库》丛书，已出版两辑 18 种 18位当代杰出中青年图书馆学者的个人文集。为纪念中国近代图书馆事业百年和学会成立 25周年，出版了《中国图书馆百年纪事（1840—2000）》、《20 世纪西方与中国的图书馆学》、《20 世纪中国图书馆学研究文库》（全套共 8 种，已出版 3 种），主编《中国图书馆百年系列丛书》（全书分《百年大势》、《百年情怀》、《百年人物》、《百年文萃》、《百年建筑》

---

① 国家图书馆出版社成立于 1979 年，由中华人民共和国文化部主管、中国国家图书馆主办，初名书目文献出版社，1996 年改为北京图书馆出版社，2008 年 5 月起更名为国家图书馆出版社。建社近 30 年，依托中国国家图书馆的丰厚馆藏，并与国内外著名图书馆密切合作，致力于影印古代典籍和各类稀见文献；编辑出版图书馆学、情报学、信息管理科学著作和译作；出版各种书目、索引等中文工具书；编辑出版各种文史著作和传统文化普及读物。参见：国家图书馆出版社（原北京图书馆出版社）简介 [EB/OL] [2008-11-20] . http://www.nlcpress.com/cn/bsjj/index.asp

等 5 个分册，除《百年人物》外皆已出版）；配合古籍保护计划，与全国古籍保护中心办公室合作，出版了 5 个标准——《古籍普查规范》、《古籍修复技术规范与质量要求》、《图书馆古籍特藏书库基本要求》、《古籍定级标准》、《古籍特藏破损定级标准》，并配合全国开展古籍普查人员、版本鉴定人员、古籍等级审定人员、古籍修复人员的培训，出版《古书版本鉴定》（修订本）。

为促进图书情报工作的规范化、标准化，出版了《中图法》电子版、《新版中国机读目录格式使用手册》及其系列手册、《中国少年儿童文献分类主题词表》、《西文编目实用手册》、《图书馆文献采访工作手册》系列丛书等；配合中图法修订工作，出版了《分类法研究与修订调研报告》，还出版了《中国分类主题词表第二版及其电子版手册》，在编目方面出版了《最新详解英美编目规则 第二版》、《缩微文献著录及机读数据制作手册》、《学位论文编目实用指南》、《中文书目规范控制的理论与实践》 等；出版了吴慰慈主编的《图书馆学新探》等各级各类基金项目的成果出了 7 种；为适应数字化建设需要，出版了数字时代的图书馆丛书 7 种；出版了国家级和部委级研究项目的成果和翻译出版了反映国外本领域先进理论、技术和方法的著作，如《中国图书情报网络的研究》、《图书馆信息服务与管理》、《欧洲联盟信息政策研究》 等研究成果和《21 世纪国会图书馆数字战略》、《引文索引法的理论及应用》 等国外著作；此外还出版了大量目录学方面的工具书，如《英藏法藏敦煌遗书研究按号索引》、《中国散藏敦煌文献分类目录》、《二十世纪全国报刊词学论文索引》、《中国各民族神话研究外文论著目录》、《江南区域史论著目录》、《二十世纪宋史研究论著目录》、《中国博士论文提要（人文社科）2005 年卷》 等（戴龙基，2006）。

中国的图书馆学和图书馆事业虽有百余年的历史，但长期缺乏对整个事业状况、学科状况、研究成果进行综括、前瞻、提炼、解说的大型工具书和指导性文献（如事业发展、学科发展白皮书、分类年鉴、图书馆学著述总目、提要、图书馆学中英词典等）（戴龙基，2006）。为此，2007 年中图学会和国家图书馆联合组织人力编纂了《中国图书馆事业发展报告》，最终完成并出版了包括一个综合报告、八个分报告在内的《中国图书馆事业发展报告 2007》。该报告反映了 2006 年度中国图书馆事业发展的基本情况，是图书馆行业基本状况及发展前景的权威表述，同时也是这一行业有序发展的标志性文本，具有对内规范、引领，对外公示、宣传的重要作用（中国图书馆学会，2008）。

2. 编辑出版图书馆学期刊

编译出版委员会对中国图书馆学期刊事业进行了宏观的组织与协调。1984~2009 年已经主办了 10 次全国图书馆学期刊工作研讨会，评选了 6 次全国图书馆学优秀期刊，以学会名义颁发优秀图书馆学期刊证书，制定《图书馆学期刊编辑规范》、《图书馆学期刊年度统计规范》、《图书馆学期刊评比规范》、《全国图书馆学期刊优秀编辑评选办法》、《全国图书馆学期刊优秀编辑评选标准》和《推荐受表彰的老编辑的办法》等文件。2004 年 8 月在甘肃敦煌召开的全国图书馆学期刊优秀编辑、老编辑表彰暨经验交流会上，学会首次对评选出的 24 名优秀编辑和 16 名在编辑岗位上工作 15 年以上的老编辑予以表彰（徐引篪，2006）。

1）会刊——《中国图书馆学报》

《中国图书馆学报》（*Journal of Library Science in China*，ISSN 1001-8867）（简称《学报》）是中图学会的会刊，由中图学会与国家图书馆主办，文化部主管。《学报》创刊于1957 年 4 月 30 日，初时名为《图书馆学通讯》，由北京图书馆编辑出版，双月刊。1959年改月刊，1960 年起又改季刊，并于同年 6 月与北京图书馆主办的《图书馆工作》合并，取名《图书馆》，1965 年停刊。1979 年 6 月 30 日《图书馆学通讯》单独复刊，由学会和北京图书馆主办，《图书馆学通讯》编辑部编辑、文物出版社出版，季刊（图 3-18）。1984 年将副刊名"中国图书馆学会会刊"改名为"中国图书馆学报"。1987 年改由北京大学出版社出版，1989 年由书目文献出版社出版。1991 年 1 月 15 日正刊名正式易名为《中国图书馆学报》，1994 年改双月刊至今。2003 年起由编辑部编辑出版（陈源蒸，张树华和毕世栋，2004；邹华享和施金炎，1988；周文骏，2007）。截至 2008 年年底，已出版34 卷 178 期，学术论文近 4000 篇。现刊名由顾廷龙题写。2008 年 6 月 15 日开通远程稿件处理系统，作者可登录《学报》网站 http：//www. ztxb. net. cn 进行网上投稿，读者现可检索浏览《学报》创刊以来各期论文的题名信息。2009 年《学报》辟有"理论研究·实践研究"、"事业发展·现代化建设"、"综述·评价"、"探索·交流"、"信息·动态"等栏目。在全国近百种图书情报学专业期刊中，《学报》的影响因子等重要指标均位居第一；在 CSSCI（中文社会科学引文索引）社会科学期刊影响因子排序中仅次于《经济研究》排名第二；在《中文核心期刊要目总览》的各个版本中始终位居本学科核心期刊榜首；在"中国优秀图书馆学期刊"评比中连续六次名列第一；先后入选中国期刊方阵、第二届国家期刊奖重点期刊奖（我国近百种图书情报学专业期刊中唯一获此殊荣的期刊）（彭斐章和武利红，2007）。《学报》目前已与 30 多个国家的 200 多个学术团体建立了交换关系。不少文章被《中国出版年鉴》、《中国文艺出版年鉴》及国外著名检索期刊或工具书如*Library Literature*（《图书馆文献》）、LISA（《图书馆学情报学文摘》）、*Ulrich's International Periodicals Directory*（《乌利希国际期刊指南》）和《最新连续出版物题录》等收录（彭斐章和武利红，2007）。

题《图书馆学通讯》

郭沫若

图书本是心条理，

更将条理化图书。

客观事汇凭登录，

遗产菁英赖蓄储。

归类别门成秩序，

节时省力有乘除。

稻田亩产千斤黍，

此与农耕并不殊。

刊于《图书馆学通讯》"庆祝建国十周年专号"封二

图 3-18　郭沫若手迹七律《题〈图书馆学通讯〉》

2）内部通讯——《中国图书馆学会工作通讯》

《中国图书馆学会工作通讯》（*Library Society of China Newsletter*）（简称《工作通讯》）是由中国图书馆学会主办，面向全体理事和所有交纳会费的个人会员、团体会员免费赠送的信息类内部刊物（非会员订阅 30 元/年）（图 3-19）。该刊注意普及与提高、理论与实

图 3-19　《中国图书馆学报》与《中国图书馆学会工作通讯》封面示例

践的结合，可读性强，适合广大会员和图书馆工作者阅读参考，是会员之间进行业务和学术交流的园地。《工作通讯》创刊于 1993 年，双月刊，截至 2008 年年底共出版 124 期。现可在学会网站 http：//www. lsc. org. cn/CN/gztxgqmc. html 浏览下载 2005 年第 1 期（总第 101 期）以来的目次信息，学会会员可登录进行全文浏览。《工作通讯》设主编、副主编各 1 人，编委 2 人，现辟有组织建设、学术活动、国际交流、行业协调与指导、教育培训、科普与阅读、出版发行、共建共享、业内动态、新馆介绍、会员社区等栏目，作者投稿一经采用，即致薄酬（中国图书馆学会，2008；《工作通讯》，2008）。

3.3.5　编辑出版图书馆年鉴

年鉴是一种全面记录事业的年度发展状况，系统汇集年度重要文献信息的工具书。为了系统反映我国图书馆事业的年度发展状况，有效地进行年鉴的编制，中国图书馆学会编译出版委员会专门下设图书馆年鉴编辑出版专业委员会，由北京大学信息管理系、北京大学信息传播研究所具体负责编辑操作，1996 年出版首卷《中国图书馆年鉴》（简称《年鉴》），后于 1999 年、2001 年、2003 年、2005 年、2006 年共出版发行了 6 卷，2006 年以后将每年出版一卷（表 3-2）。

表 3-2　《年鉴》历年编辑情况

出版年	涉及范围/年
1996	1990～1995
1999	1996～1998
2001	1999～2000
2003	2001～2002
2005	2003～2004
2006	从此以后改为按年编辑

3.4　结　　语

3.4.1　图书馆学（协）会微观活动的先进经验与启示

在图书馆学（协）会最具有共性的外部治理环境和内部治理结构方面：

（1）适当降低图书馆学（协）会的法人注册登记门槛，简化管理部门体制有利于图书馆学（协）会争取更多社会资源并独立自主的开展工作。日本在这方面已作有益的探索，中国在历史上这方面的限制较多，对学（协）会的发展造成了不利的影响。当然关于这一点不是由图书馆学（协）会自身能够决定的，有待于政府政策制度层面的解决，图书馆学（协）会对此要有应对改变的准备，要有高度的敏感性。

（2）完善的内部治理结构有助于图书馆学（协）会更好地开展活动，以充分发挥其功能。图书馆学（协）会合理规模的理事会有利于提高决策效率，理事会成员结构的广泛性对社团获取更多社会支持，提高社会地位很有帮助。大陆法系国家（地区）普遍设置有监事（会）制度，它能更好地监督图书馆学（协）会的财产情况和理事们的执行情况。一个完善的选举机制能使学（协）会领导层的产生更民主、公平和科学。齐全的会员类型和吸取更多的会员是图书馆学（协）会生存和发展的基础。

在图书馆学（协）会开展的专业活动方面，由于图书馆学会与图书馆协会本身性质、功能的不同，各自开展的活动互有侧重，同时也有共性。召开各类会议、编辑出版相关文献是两者最为共同的领域。重视学术奖励和资助是图书馆学会的一项重要工作，图书馆协会更多地在在职培训、职业资格鉴定、法制活动、社会公众教育和行业维权方面开展工作。上述各活动领域值得借鉴的经验包括以下两个方面。

（1）完善的议案机制对于年度大会，尤其是图书馆协会的年会而言能更好地发挥群策群力的优势，利于解决协会需要处理的各种问题。合理的会议规模、较为频繁的会议次数、有针对性的会议目的，重视会议论文的宣读发表，发挥同行评议功能能更好地体现图书馆学会交流性质的本原。会议形式的生动、新颖、活泼能更好地调动与会者的积极性，改善会议气氛，提高会议讨论和议事的效率。鼓励支持会员按兴趣自由组合开展小组研究，有利于发扬民主和学术创新。

（2）出版会务报道性会刊和纯理论学术会刊是图书馆（学）协会的惯例，依托现代网络手段，使用电子化递送会务通信既节约成本也更及时便捷。图书馆学会对理论学术性会刊采取开放存取的方式有利于图书馆学学术研究的交流与传播，其带头组织编辑出版图书馆学高校教材、研究专著和工具书能更好地引领图书馆学的发展。图书馆协会定期出版行业年鉴、统计资料是履行其行业管理职能的体现；多出版简明易懂、操作性强的指南、手册对提高广大一线图书馆员的技能大有裨益；编制出版行业白皮书是向社会公众展示图书馆事业全貌，争取支持，赢得信任的重要手段；出版图书馆普及读物也有助于培养公众图书馆意识，有利于发展读者。

3.4.2 图书馆学（协）会宏观模式的先进经验与启示

（1）一个国家可以没有图书馆学会，但一定要有图书馆协会。高度集中的计划经济体制被证明不适应当前社会经济体制的需要，原先在其体制下衍生出的图书馆事业管理体制也是不符合图书馆发展规律的，它摒弃图书馆的社会管理，忽视了图书馆管理的民主和自治（顾烨青，2007）。尽管当前我国实现完全意义上的全国性图书馆行业协会还面临诸如"我国图书馆发展经费受到上级主管部门的制约而不能脱离母体而存在，因而发展到现在仍然不是一个独立的行业，附属性比较强"（顾烨青，2007）等很多阻碍，但在"小政府，大社会"的改革背景下，政府下放图书馆行业管理的职能给民间协会、给图书馆人自己管理将是大势所趋。拥有中国图书馆界全国层次的图书馆协会是历史的必然，这一点我们必须要有清晰的认识。

（2）在一国中可以同时存在图书馆学会和图书馆协会，对已经具备图书馆学会的国家来说，这是一种优势，一笔可贵的财产。只要各司其职，对繁荣图书馆学术研究和促进图书馆事业的发展是有利的。日本与韩国都同时具有图书馆协会与图书馆学会，全国统一的图书馆协会都只有一家，而图书馆学会均不止一家。在其他领域也不乏学会与协会并存的实例，如日本博物馆协会（Japanese Association of Museums）与全日本博物馆学会（The Museological Society of Japan）、大韩出版文化协会与韩国出版学会、中国焊接协会与中国焊接学会、中国造纸协会与中国造纸学会，中国保险行业协会与中国保险学会等。图书馆协会作为行业协调管理的组织，在一国的全国层面而言，也确实只需要有一个国家级的综合性图书馆协会即可，多了反而造成多头领导，不利于图书馆事业的协调发展；图书馆学会则不然，学术研究本来就提倡"百花齐放，百家争鸣"，存在多个以研究图书馆学为宗旨的图书馆学会使得图书馆学学术研究更多样化、集团化，从而更有利于促进图书馆学研究的繁荣。日本图书馆协会与其他众多的图书馆学会互在各自侧重的专业领域内活动，没有出现职能重复、资源浪费，甚至是互抢地盘、恶性竞争的局面。它们是各司其职、和谐共生的并存发展，于日本的图书馆学术研究与事业发展只有利而无弊，这种图书馆学会与图书馆协会并存的发展模式很值得我们参考借鉴。

3.4.3 对中国图书馆学会定位的思考

1. 在争议声中向"图书馆协会"拓展的中国图书馆学会

中图学会在 2000 年前所开展的专业活动领域表明其基本符合"学会"的名称和性质。自 2001 年起中图学会开展图书馆员职业资格认证的调研，2002 年 8 月还向文化部社会文化图书馆司起草《关于中国图书馆学会承担全国性行业学会职业培训的报告》。与此同时，中图学会于 2002 年 4 月启动的图书馆员职业道德建设研究工作。这些活动的开展都预示着中国图书馆学会开始涉足"协会"领域。2002 年 7 月 25 日在陕西省图书馆召开的中国图书馆学会六届三次理事会上，国家图书馆党委副书记杨炳延所作《与时俱进，开创学会工作新局面，为新世纪图书馆事业发展服务》工作报告中"关于 2002～2003 工作年的主要工作"部分提出，"在政府职能转变过程中，进一步强化学会的学术权威和专家队伍优势，积极争取政府的授权和委托，配合做好图书馆评估、专业技术职称评审、职业资格认证等工作，开辟学会工作新领域"（中国图书馆学会，2006）。在同天召开的全国各系统分会、委员会及地方学会理事长座谈会上，周和平指出，学会今后的定位要与政府职能转变紧密联系；学会应该从学术性社会团体逐步向社会中介性组织转变。不断拓展职能，承担行业管理机构的职能；学会应当在图书馆理论研究和行业标准推行中担当重任；积极促进职业资格认证和行业培训工作（中国图书馆学会，2006）。可是到 2002 年，要求中国图书馆学会转为"协会"已经被明确提出，但与此相对应的实践活动还未完全展开，基本上还处于口号和理论准备阶段，广大图书馆人甚至很多图书馆界的专家对此还不甚关注。此后随着在图书馆实践领域发生多起涉及图书馆权利的突发事件，图书馆学术界也开始关注图书馆权利问题，与此问题密切相关的组织保障——图书馆协会一时也成为讨论的关注点之一。

此外在政府职能转移的大背景下，中国科协为此也进行了系列的改革，要求所属学会逐步承担部分政府职能。基于上述多种因素的影响，中国图书馆学会在 2005 年 7 月召开的第七次全国会员代表大会上发布了"十一五"规划审议稿，该规划重点突出了中国图书馆学会"行业协调"、"权利代言"的作用，明确提出了要逐步承担"协会"的某些职能，很明显地看到中国图书馆学会试图向行业协会转变的痕迹（余姝，2005）。自此中图学会"协会"化正式浮出水面。也就是在此时，图书馆界对学会是否要协会化也产生了公开的分歧，上到副理事长，下到一般会员代表都有不少对中国图书馆学会向协会转变发出不同声音者："我们要明确学会能做哪些事情，与图书馆无关的事情我们最好不要涉足，学会就应该以学术活动、学术研究为主，相应地配合政府做一些力所能及的事情。学会应当有所为，有所不为，应定位在学会自身的建设发展上"（姜火明，2005）"就行业协会的职能来看，'学会'改为'协会'尚不成熟，因为政府职能正在转变当中。所以，"十一五规划"中有关'协会'的内容学会要不要做，是一个值得思考的问题"（姜火明，2005），"我个人认为，规划报告中对学会的定位可以说是不够准确的。我记得其中讲到信息服务费的定价问题，我觉得这完全是一个协会的职能，学会不应该插手，而且就目前来说，学会无法完成这项任务。作为学会，最主要的工作还是应该起到引领学术研究潮流的作用"（姜火明，2005），"中国图书馆学会向行业协会的转变条件在现阶段并不成熟"（姜火明，2005），"学会仅仅作为一个群众性组织，既没有足够的权威，也没有足够的能力来完成这项艰巨的任务"（姜火明，2005），"作为学会，最主要的工作还是应该起到引领学术研究潮流的作用"（姜火明，2005）。尽管此次的"十一五规划"审批稿存在争议，一年后（2006 年 2 月 18 日）经中国图书馆学会七届二次常务理事会审议还是通过了，最后明确中国图书馆学会将"发挥学术团体和行业协会的双重功能"（王旭东和胡秋玲，2008），与原审批稿在"协会化"最大的不同是将原先争议最大的收费价格问题删去了。此后中国图书馆学会在具体实践中的代表图书馆行业进行立法博弈、颁布《图书馆服务宣言》、制定图书馆行业标准，如《公共图书馆建设标准》等都无一例外的向世人昭示中国图书馆学会正大踏步地向"中国图书馆协会"迈进，主张"协会"化的意见最后还是占了上风。

2. 对中国图书馆学会定位的讨论

就中国图书馆学会的现状而言，虽然中文名称上还是"学会"，实际已是在扮演学会与协会的双重角色，开展的专业活动也一步步地向协会领域拓展，那么中国图书馆学会的发展趋势是否继续定位于双重角色，还是彻底转向协会抑或另组建新的"中国图书馆协会"呢？这是一道难题。笔者能力有限，这里仅提一些个人的看法或思路，供讨论。"中国图书馆协会"的成立是必然的，而中国图书馆学会的学会性也值得保留和发扬，这似乎使中国图书馆学会同时兼具学会和协会性是最佳选择。然而这在具体实践操作中却会遇到很多问题，比如，强调学术研究性的学会，其会员一般都是具有较高研究水准的学者，加入学会以交流讨论较为高深的理论问题为主，对于广大服务于图书馆一线的图书馆员而言，他们并没有太多的理论问题需要研究，职业性、行业性的图书馆协会才是他们的最佳选择。这就势必造成双重职能下的中国图书馆学会会拥有两批不同类型的个人会员，图书馆学会性质的会员可以同时是图书馆协会的会员，但大部分图书馆协会性质的会员不属于图书馆学会的会员。本以学术年会面貌出现的年会最终成为大部分馆员的暑期旅游集会，也正是这个原因。能不能处理组织好学会与协会各自区别较大的活动对中国图书馆学会来说是一个很大的考验。

除此之外，还可以有两种模式选择：①现有中国图书馆学会彻底转型为图书馆协会，可考虑原中国图书馆学会下设的学术研究委员抽出单独另组图书馆学会；②保持现有中国图书馆学会的学会性，另新建"中国图书馆协会"。两种模式各有利弊，第一种模式如现任中国图书馆学会理事长詹福瑞所言："由学会过渡到协会有其优势，比如，职业资格认证、图书馆评估、职业道德的建设，学会在其中发挥了很重要的作用，已经承担了协会的一些职责，因此它向协会过渡比单独成立一个协会更加便利也更加便于操作"（姜火明，2005），这是优势。但是作为原中国科协下属的学术研究性为主的学会转型为纯协会后，将很难符合中国科协对下属学会的要求，此外原中国图书馆学会需要改名为中国图书馆协会（或其他协会名）。新组建的图书馆学会名称也是问题，若仍是"中国图书馆学会"将与原来的相混淆，这个新建的图书馆学会是否取代原图书馆学会在中国科协的位置也是一个很复杂的问题。模式二的优势在于与中国科协的关系不用改变，也不用变更会名、变更宗旨等严格受限于国家对社团登记管理的规定，但新建"中国图书馆协会"的成本比较大，难度也不小，如何将中国图书馆学会已经开始承担的协会功能合理移交给"中国图书馆协会"，如何将中国图书馆学会在行业管理方面、社会责任方面已经树立起来的良好声誉移植到"中国图书馆协会"也不是一个简单的问题。不管采取这两种模式中的哪一种，如何能像日本一样妥善处理好图书馆学会与图书馆协会之间的关系，都是需要认真面对的。

第4章 中外图书馆学之交流（1911～2010）

4.1 引 言

20 世纪初，随着我国封建藏书楼的衰落，产生了近代意义上的图书馆事业，近代图书馆学也由此逐步形成。我国现代图书馆学的发展得益于不断汲取和借鉴世界各国先进的理论和经验。1949 年以来，为了实现近代图书馆学向现代图书馆学的过渡，我国图书馆界人士积极探索新中国图书馆事业发展的途径与方法。20 世纪 50 年代，我国效仿苏联的图书馆事业，通过翻译苏联的著作、向苏联派遣留学生等方式学习苏联图书馆的建设经验。60～70 年代，受中苏关系的破裂，以及"文化大革命"的影响，我国图书馆事业和图书馆学遭到严重的创伤。80 年代以后，随着改革开放的实行，我国图书馆界主动参与国际事务，积极引入西方图书馆界的先进理论与方法，推动中外图书馆学的交流与合作。从某种意义上说，近百年来，中国图书馆事业和图书馆学的发展史就是一部中外图书馆界全面接触、吸收与融合的历史。我国图书馆事业和图书馆学正是在中外交流中不断发展与成熟起来的。

4.1.1 研究内容的界定

中外图书馆学的交流方式多种多样，本文主要从留学生、翻译著作、国际学术交流三个方面对中外图书馆学的交流进行研究。其中，翻译著作和留学生，主要是指我国翻译国外的图书馆学著作以及我国派出的留学生。而国际学术交流主要是指国际会议和人员交流两个方面。国际会议，既包括我国参加的国际会议，也包括在我国举行的国际会议；人员交流既包括国外图书馆界专家、学者来访的情况，也包括我国图书馆界专家、学者出访的情况。特此说明，20 世纪 90 年代以来，我国内地开始与台湾、香港、澳门地区的交流与合作。在国际学术交流这一部分特别增加了境内外学术交流的内容，以便了解境内外学术交流的概况。

4.1.2 研究阶段的界定

本章对 1911～2010 年这 100 年来中外图书馆学的交流历程进行了梳理，并按照我国图书馆事业和图书馆学的发展轨迹将这一百年划分为四个阶段：

（1）民国时期（1911～1949 年）为第一阶段。这个时期是我国现代图书馆学形成与发展时期。主要经历了由日本转向美国的学习过程。

（2）1949～1976 年为第二阶段。新中国成立后，图书馆学在继承了民国学术传承的基础上得到了一定的发展。20 世纪 50 年代，我国通过翻译苏联图书馆学著作、派学生赴苏联留学以及苏联专家来华讲学等途径，全面学习苏联的图书馆学和图书馆事业。这对于完善我国的图书馆学体系具有一定的积极意义，但是在"文化大革命"期间，图书馆学和图书馆事业基本停滞。

（3）1977～1994 年为第三阶段，这一阶段是"文化大革命"之后的恢复发展期。随着我国实行改革开放，图书馆界也顺应时代潮流，恢复和加强了对外联系与交流。

（4）1995～2010 年为第四阶段，这一阶段是信息时代图书馆学的快速发展时期。信息时代的到来，改变了传统的图书馆管理理念与技术，新技术环境下的图书馆学面临着诸多机遇与挑战。图书馆学研究领域不断扩大，不再局限于传统实体图书的管理，关注更多的是图书中所蕴含知识的管理，图书馆界之间的交流内容、方式等都发生了根本变化。

4.2　交流研究之一 —— 留学生

留学生是进行文化交流与传播的"载体"，是文化交流的使者。他们一方面学习国外的先进知识，通过消化、吸收从而内化为自身的知识；另一方面他们也宣传本国优秀的文化，起到了文化交流的"桥梁"作用。在图书馆领域，留学生为中外图书馆学的交流，为我国图书馆事业以及图书馆学的发展作出了重要贡献。他们既是西方图书馆学的吸纳者，也是中国图书馆学的构建者。

我国近代图书馆事业萌芽于 19 世纪末 20 世纪初。由于西学东渐，尤其是一些留学回国的有识之士积极介绍和传播西方的图书馆事业，加速了我国近代图书馆事业以及近代图书馆学的产生。20 年代以来，图书馆事业以惊人的速度发展。快速发展的原因是多方面的，其中一个重要的方面是一批学有专长的留学生回国，宣传西方图书馆学理论，引进西方图书馆技术，有相当数量的图书馆专业的留学生担任主管领导特别是图书馆领导，创办图书馆协会，掀起新图书馆运动，推动了图书馆教育事业和图书馆学研究的进展（武世俊，1995）。

本文所列的图书馆界人物主要来源于麦群忠（1991）编的《中国图书馆界名人辞典》、俞君立（1996）主编的《中国当代图书馆界名人成功之路》、刘景龙和胡家柱（1989）主编的《中国图书馆馆长名录》、宋景祁（1930）主编的《中国图书馆界人名录》、吴仲强（1999）主编的《中国图书馆学情报学档案学大辞典》等工具书以及相关论文。按照引言部分的阶段界定，将这些图书馆界人物按他们所处的年代分别进行统计分析。

4.2.1　民国时期的留学生

1. 1911～1923 年的留学生

民国时期的留学生主要以留美为主，尤其是第一代海外留学生。除了马宗荣留学于日本、杜定友毕业于菲律宾大学外，其余都是清一色的留美者，而菲律宾大学实施的也是美式图书馆教育。这一批留学生是近代图书馆留学海外的第一代，接受的是欧美图书馆学思想及教育，为我国近代图书馆事业以及图书馆学的产生与发展奠定了坚实的基础。主要人物如表 4-1 所示。

表 4-1　1911～1923 年的留学生（按留学顺序排序）

中英文姓名	留学经历	主要贡献或著作
沈祖荣 Samuel Seng （1884～1977）	1914～1916 年留学美国纽约公共图书馆学校	第一个赴美专攻图书馆学，推动中国现代图书馆运动，创办中国图书馆教育，在分类、编目等理论方面多有建树，著有《中华全国图书馆调查表》、《仿杜威书目十类表》、《简明图书馆编目法》等
胡庆生 Thomas Hu （1895～1968）	1917～1919 年留学美国纽约公共图书馆学校	宣传图书馆，从事图书馆教育，著有《仿杜威书目十类法》、《教育与公共图书馆》
戴志骞 Tse. Chien. Tai （1888～1963）	1917～1918 年留学美国纽约州立图书馆学校、1924～1925 年获美国爱荷华大学教育学博士	曾任清华大学图书馆主任、中央大学图书馆馆长，一度任中央大学副校长，中华图书馆协会首届董事，执行部部长。著有《图书馆管理法》、《图书馆学简况》、《图书馆之建筑》等
杜定友 Ding UDoo 或 Tu Ting-yo （1898～1967）	1918～1921 年留学菲律宾大学，获图书馆学、教育学、文学学士学位	宣传图书馆学思想，创办图书馆教育，在图书馆学理论、分类、检字、实务方面作出贡献，主要著作有《图书馆通论》、《图书目录学》、《校雠新义》等
洪有丰 Hung Yo-feng （1893～1963）	1919～1921 年留学美国纽约州立图书馆学校	参与"新图书馆运动"，宣传现代图书馆作用，从事图书馆教育，著有《图书馆组织与管理》
马宗荣（江山，2012） （1896～1944）	1919 年留日，1929 年毕业于日本东京帝国大学	著作《现代图书馆序说》、《现代图书馆经营论》、《现代图书馆事务论》
袁同礼 Yuan T'ung-li （1895～1965）	1920～1922 年留学美国哥伦比亚大学，获文学学士学位，1923 年留学纽约州立图书馆学校，还在伦敦大学及巴黎 Ecole Nationale des Chartes 肄业，1945 年获美国匹兹堡大学名誉博士学位	组建国立北平图书馆，从事中国古籍善本的搜集工作，介绍西方先进的图书馆技术。著有《西文汉学书目》、《俄文汉学文选书目》、《国会图书馆藏中国善本书目》等
李小缘 Li Siao-yuan （1898～1959）	1921～1925 年留学美国纽约州立图书馆学校，获图书馆学学士学位，1923 年在哥伦比亚大学学习，获社会教育学学士学位	从事图书馆学教育、规划图书馆事业发展，著有《图书馆学》、《全国图书馆计划书》、《中国图书馆事业十年来之进步》等
刘国钧 Liu kwoh-chuin （1899～1980）	1922～1925 年留学美国威斯康星大学麦迪逊校区哲学系，加修图书馆学，1925 年获哲学博士学位	主编《图书馆学季刊》，从事图书馆学教育、创建西北图书馆，从事图书馆学理论和图书分类研究，著有《图书馆学要旨》、《中国图书馆分类法》等

续表

中英文姓名	留学经历	主要贡献或著作
杨昭悊 Yang Tsao-tsu （1891~1939）	1922~1923 年留学美国洛杉矶公共图书馆学校，1924~1925 年留学美国伊利诺大学图书馆学院	积极引进图书馆学。主要著作有《图书馆学》、《图书馆员之训练》
李燕亭 Li Yen-ting （1893~1964）	1923 年获美国南加州大学硕士学位，并与杨昭悊同在美国洛杉矶公共图书馆学校留学	先后在 1924~1945 年和 1948~1949 年任河南大学图书馆主任，兼化学系教授。译有《图书馆员之训练》，论文有《美国图书馆的社会化》、《河南中山大学图书馆之建筑及其计划》

资料来源：①武世俊.1995.留学生与近代的中国图书馆事业.徐州师范学院学报（哲学社会科学版），（1）：14-18.②《图书馆学季刊》中的"作者略历"栏目.③顾烨青.2010.中国近现代图书馆学人史料建设：现状与展望.大学图书馆学报，（3）：5-14.④范凡.民国时期图书馆学人.图书与情报，2011（1）：131-133

从表 4-1 可以看出，这一时期的留学生共有 11 人，除了马宗荣留学日本（由于自 1917 年以后中国的图书馆由"取法日本"完全转向了"追逐美国"。因此拥有日本学术背景的马宗荣不太受重视（江山，2012），但是其在图书馆学方面的贡献是实实在在的，所以本文将其列出来），杜定友留学菲律宾以外，其余 9 人都留学美国。而当时菲律宾的图书馆教育几乎照搬美国模式，所以共有 10 位留学生接受的是美式图书馆学教育。其中有两位获得国外大学的博士学位，其博士论文见本章附录 1。

这一批留学生以留美者居多，虽然数量少，但是在我国图书馆事业以及图书馆学的发展中起到了不可替代的作用。留美图书馆学家接受了全新的美国图书馆学教育，了解了美国图书馆学以及图书馆事业的发展状况。当他们学成归国后，利用自己掌握的西方图书馆学知识，为我国图书馆事业的发展奔走呼号，做出了许多具有开创性的事情。如成立中华图书馆协会、开办图书馆学教育、创办图书馆杂志、加强图书馆界的学术交流等。正是有了第一批留学生为我国图书馆事业和图书馆学的起步与发展奠定了坚实的基础，才有了近代图书馆事业以及图书馆学的不断成长与壮大。

2. 1925~1949 年的留学生

20 世纪 20 年代中后期至 1949 年新中国成立之前，随着 20 世纪第一批留学海外的图书馆学家相继回国，他们积极宣传西方的图书馆学理念，仿效西方图书馆学的教育方法以及课程设置，在国内开办图书馆学教育，为我国图书馆界培养了一批人才。这批国内培养出来的图书馆人才为了开阔视野、学习国外最新的图书馆理论与方法也纷纷选择出国深造。相较于 20 年代前中期而言，这批图书馆界人才大多数是先接受了国内图书馆学教育，然后出国留学，因而他们都具有较好的文化基础。本文对这一时期的留学生进行了初步统计，结果如表 4-2 所示。

表 4-2　1924~1949 年的留学生（按留学时间顺序排序）

序号	姓名	留学经历	主要贡献或著作
1	裘开明	1924 年留学美国纽约州立图书馆学校，1925 年获硕士学位。同年入哈佛大学文理学研究院攻读经济学，1933 年获哈佛大学博士学位	著作《中国图书馆编目法》、《汉和图书分类法》、《中日文图书分类法》等
2	桂质柏	1926 年留学美国哥伦比亚大学图书馆学院，1928 年获硕士学位。1931 年获美国芝加哥大学图书馆学博士学位	我国第一个获芝加哥大学图书馆学博士（白国应，2001）
3	谭卓垣	1922 年留学美国哥伦比亚大学图书馆学院。1930 年赴美国芝加哥大学图书馆学研究院，1933 年获博士学位	我国第二个获芝加哥大学图书馆学博士（郑锦怀，2011a）
4	查　修	1927 年留学伊利诺伊大学图书馆学校，1929 年、1930 年、1933 年分别获图书馆学学士学位、文学硕士学位和政治学博士学位（郑锦怀，2011b）	
5	王文山	1926 年留学美国，获哥伦比亚大学图书馆学硕士学位、华盛顿大学政治学硕士、博士学位	译文有《美国国会图书馆》
6	邓光禄	1928 年在美国南加州大学图书馆研究院进修。1931 年毕业于华西大学，获美国纽约大学学士学位	抗日战争期间曾与刘国钧、李小缘、梁思庄等编辑《中华图书馆协会会刊》
7	严文郁	1930 年留学美国哥伦比亚大学图书馆学研究院，1932 年获硕士学位	著有《中国图书馆发展史》
8	吴光清	1930 年赴美国哥伦比亚大学进修图书馆学，1931 年获学士学位。1932 年获密歇根大学图书馆学硕士学位。1941 年入芝加哥大学图书馆学研究院攻读博士学位，1944 年获博士学位	在美国国会图书馆东方部工作，主要学术领域为图书馆史、印刷出版史、目录学、书志。第三个获芝加哥大学图书馆学博士（钱存训，2005）
9	蒋复璁	1930 年留学德国柏林大学图书馆学研究所	著作有《蒋百里先生全集》、《徐志摩全集》
10	梁思庄	1930 年在美国哥伦比亚大学图书馆学院学习，1931 年获图书馆学学士学位	研究领域在西文编目、参考咨询和图书馆知识普及等方面
11	冯汉骥	1931 年留学美国哈佛大学，后入宾夕法尼亚大学，1936 年获人类学哲学博士	研究领域：考古学、人类学等
12	汪长炳	1932 年留学美国哥伦比亚大学图书馆学院，1934 年获硕士学位	致力于图书馆管理和图书馆教育
13	李芳馥	1934 年留学美国哥伦比亚大学图书馆学院，1935 年获硕士学位，并在芝加哥大学图书馆学研究院深造，修完博士课程	
14	岳良木	1934 年留学美国哥伦比亚大学图书馆学院，1936 年回国	毕业论文获全美外国留学生最佳论文奖（岳传龙，2011）

序号	姓名	留学经历	主要贡献或著作
15	徐家麟	1935 年留学哈佛大学，1936 年入哥伦比亚大学图书馆学研究院，1937 年获硕士学位	著作有《中国编目论略之略》、《论图书馆作业之学术化与事业化》等（柯愈春，2009）
16	齐济侨	1935~1940 年分别在瑞士和法国半工半读，其中 1935~1938 年在瑞士日内瓦国际图书馆任学习馆员并于日内瓦社会学院图书馆学系毕业，1938~1940 年在法国里昂中法大学图书馆任馆员，并肄业于里昂大学经济系	
17	曾宪文	1937 年赴美国密歇根大学研究图书馆学习	
18	戴镏龄	1936 年留学英国爱丁堡大学，1939 年获文学硕士学位	
19	陆华深	1937~1939 年在德国莱比锡图书馆任交换馆员和柏林普鲁士邦立图书馆实习员	
20	刘修业	1937 年赴英国伦敦大学图书馆专修科进修。1939 年赴美，在国会图书馆任中国书籍编修工作	
21	于震寰	1939 年赴美国哈佛大学图书馆实习	
22	朱士嘉	1939~1942 年在美国国会图书馆工作，1942~1946 年进美国哥伦比亚大学研究院学习，获博士学位	著作有《美国国会图书馆藏中国地方志目录》、《中国地方志综录》等
23	杨威理	1925 年生于台湾，1943 年赴日本留学	著作有《西方图书馆史》
24	严文兴	1939~1945 年留学美国匹兹堡大学	曾任浙江大学图书馆馆长，代表中国图书馆学会出席 1982 年新西兰图书馆协会年会
25	邓衍林	1945 年赴美国哥伦比亚大学研究院深造，获教育学硕士	著有《中文参考书举要》、《中国边疆图籍录》等书
26	童世纲	1946 年，受美国哈佛燕京图书馆之聘，留在美国工作，利用工作余暇，在波士顿大学攻读公共管理专业并取得了硕士学位	任普林斯顿大学图书馆副馆长，美国亚洲学会图书馆委员会主席
27	顾家杰	1947 年留学美国，先后在美国丹佛大学图书馆学系、芝加哥大学研究院图书馆学系学习，并在耶鲁大学图书馆实习，获硕士学位	《中国科学院图书馆图书分类法》的倡导者和组织者之一
28	张铨念	1947 年留学美国哥伦比亚大学图书研究院	
29	孙云畴	1947 年留学美国哥伦比亚大学图书研究院，1949 年获硕士学位	《高校图书馆法》、《如何管理好高校图书馆》
30	钱存训	1947 年赴美，作为北平图书馆交换馆员到芝加哥大学图书馆进修，1952 年获芝加哥大学图书馆硕士学位。1957 年获图书馆学博士学位	芝加哥大学远东图书馆馆长，著作有《纸和印刷》、《美国图书馆的东亚藏书近况》等。第四个获芝加哥大学图书馆学博士（钱存训，2007）

续表

序号	姓名	留学经历	主要贡献或著作
31	关懿娴	1948 年赴美，肄业于密歇根大学，1952 年赴英攻读图书馆学	
32	彭湘源	1948～1950 年在美国进修英美文学和图书馆学，获西门斯学院硕士学位	
33	金云铭	1948 年留学美国哥伦比亚大学图书馆学院，1949 年 12 月回国	著作有《中国图书分类法》、《中国文化界人物总鉴》等。被誉为"活的字典"
34	喻友信	1948 年留学美国哥伦比亚大学图书馆学院	译作《图书馆使用法的指导》（郑锦怀，2012）
35	胡绍声	1948 年留学美国哥伦比亚大学图书馆学院（郑锦怀，2012）	
36	陈誉	1948 年留学美国哥伦比亚大学社会工作研究生院，1950 年获理学硕士学位	著作有《社会科学情报工作导论》；编译《美国及世界其他地区图书馆事业》
37	钱丰格	1949～1951 年赴美国密歇根大学图书馆系半工半读，获图书馆管理系硕士学位	
38	徐亮	美国（杨子竞和张坤，2008）	
39	徐燮元	美国（杨子竞和张坤，2008）	
40	黄星辉	赴美国哈佛大学图书馆担任中文编目工作，并在该大学和密歇根大学图书馆学校继续研究图书馆学	
41	冯陈祖怡	美国	我国第一个出国留学研究图书馆学的女性

资料来源：①麦群忠.1991.中国图书馆界名人辞典.沈阳：沈阳出版社，②宋景祁.1930.中国图书馆界人名录.上海：上海图书馆协会，③刘景龙，胡家柱.1989.中国图书馆馆长名录.南京：南京大学出版社，④杨子竞，张坤.2008.20 世纪上半叶海外"海归派"对中国图书馆事业的贡献.图书与情报，（1）：132-135

从表 4-2 中可以看出，这一时期的留学生共有 41 人，其中留学美国的有 35 人，占总人数的 85.36%。他们中有一些我们常见的名字，如裘开明、桂质柏、查修、严文郁、汪长炳、李芳馥、岳良木、徐家麟、钱存训、吴光清、关懿娴、金云铭、彭湘源、冯陈祖怡、梁思庄等。在这些留学生中，有些人后来留在美国工作，如裘开明、钱存训、吴光清、童世纲、房兆楹等。他们虽然身在美国，但是还是借助于各种机会，为中外图书馆界的交流，为我国图书馆事业的发展作出了贡献。

同时值得注意的是，在留美的人员当中，顾家杰、张铨念、孙云畴三位是通过教育部留美学生考试（设有图书馆名额）而出国留学的，这也是政府公费派遣学生出国研究图书馆学之始（严文郁，1983）。其中顾家杰和张铨念是公费出国，而孙云畴是自费出国的（陈源蒸等，2004）。

赴英留学的有关懿娴和戴镏龄两人，其中关懿娴是先留学美国，再留学英国。赴德留学的有陆华深、蒋复璁两人，赴日留学的是杨威理。赴法国和瑞士留学的是齐济侨。

从这些留学生获得的学位来看，获得博士学位的有裴开明、查修、桂质柏、王文山、谭卓垣、钱存训、吴光清、朱士嘉、冯汉骥、李芳馥 10 人，占总人数的 24.4%，虽然这一时期获得博士学位的人占了少数，但是从他们发挥的作用以及他们的影响力来说，却是不可小觑的。为了进一步了解他们在国外的研究情况，将其博士论文目录进行汇总，见本章附录 1。

徐亮、徐燮元、冯陈祖怡这三位图书馆学人，只是在文献中看到过他们留学美国的记载，但是笔者没有找到详细的资料来加以证实。

3. 民国时期留学生的特点分析

1）留学国家分析

从留学国家上来看，留学最多的国家是美国，这说明民国时期我国对美国图书馆事业的推崇与重视。留美居多的原因是：①美国具有一流的图书馆院校以及较高水平的图书馆学教育。之前纽约州立图书馆学院、伊利诺伊州大学仅授予图书馆学学士学位，此后增设硕士学位。而且芝加哥大学图书馆学研究院在 1928 年开始设置博士学位，桂质柏首获此荣誉（杨子竞和张坤，2008）。②留学高潮与国内新图书馆运动的影响。20 世纪 20 年代，中国掀起留美热潮。仅 1924 年留学学生有 1637 人，其中攻读图书馆学者仅 1 人（舒新城，1929）。虽寥若晨星，但其后在增加。早期留学回国的沈祖荣、胡庆生、戴志骞等着力宣传美国图书馆的优越性，致使人们发现"日本之近代图书馆知识实由美国而来，推本穷源，则图书馆界之渐转其眼光于美国意固其所"（杨子竞和张坤，2008）。

2）留学学校分析

据初步统计分析，在上述留学生中，留学去向最多的是美国哥伦比亚大学和芝加哥大学两所院校。哥伦比亚大学图书馆学院的历史最早要追溯到 1887 年时任哥伦比亚学院图书馆馆长的杜威所开办的图书馆管理学校，是当时世界上第一个图书馆学校，1889 年迁往纽约州首府奥尔巴尼，改名为纽约州立图书馆学校，1926 年又迁回哥伦比亚大学（李刚，2008）。其办学特色为注重图书馆实际应用与管理。芝加哥大学图书馆学研究院建立于 1928 年，是历年来一直被评选为高居首位的专业学院，也是最早授予图书馆学博士学位的大学（钱存训，2007）。以注重理论研究及社会科学方法著称。这两所大学因各自的办学特色，代表了当时图书馆领域较高的办学水平，因而受到国内图书馆界的推崇，很多留学生纷纷前往，学习他们先进的知识，接触与吸收新的图书馆理念及方法，为国内图书馆事业和图书馆学的发展奠定了基础。

3）留学生之间的关系

从留学人员之间的关系来看，前后两个时间段留学生之间具有师承关系。1924 年之后的留学生大多数毕业于私立武昌文华图书馆专科学校、南京金陵大学图书馆学系等几个早期的图书馆学系，他们都接受过早期留学回国的图书馆学家的教育，深受他们的影响。如沈祖荣等在武昌文华图书馆专科学校任教，李小缘、刘国钧等在南京金陵大学图书馆学系任教，杜定友在上海民国大学图书馆学系任系主任等。这些早期的图书馆学家具有良好的西方图书馆学教育背景，他们的言传身教，对随后的留学生产生了深远的影响。

4）留学生知识背景分析

1924 年之后的留学生大多是在接受了国内的图书馆教育后出国留学的。根据表 4-2 的统计，这一时期毕业于武昌文华图书馆专科学校的留学生，共有 17 人，占留学生总人数的 41.46%。还有一些来自于南京金陵大学图书馆学系的留学生，如金云畴、吴光清、钱存训、胡绍声等。他们都深受第一代留美学者的影响，接受过他们的教育，具有较好的文化修养和素质。

民国时期的这些留学生，在我国图书馆事业最需要人才的时候出国学习西方先进的图书馆学知识，怀着振兴祖国图书馆事业的理念，积极推进图书馆建设，对图书馆事业与图书馆学教育起到了先导的作用。他们在学成回国后，将自己的所学用于我国图书馆事业的建设，借鉴西方的教育模式，创办图书馆学学校，并将西方的图书馆知识不断地本土化，使之适用于我国的图书馆事业。与此同时，为我国培养了一大批图书馆界的精英，不仅对民国时期的图书馆学及图书馆事业的发展作出了巨大的贡献，也为新中国图书馆学及图书馆事业的发展奠定了深厚的基础，培养了大量优秀的人才。

4.2.2 1949～1978 年的留学生

新中国成立以来，我国图书馆事业在遭受了 20 世纪 30～40 年代战争的破坏之后，处于一个重建的时期。新中国成立之初，我国选择与借鉴苏联发展模式，学习列宁图书馆学理论与方法。为了更好地向苏联学习图书馆事业及图书馆学建设经验，直接接受苏联图书馆学教育，50 年代我国先后派出了一批人赴苏联留学。同时，国内一些开设图书馆学专业的院系，也恢复招生，他们也为我国图书馆界培养了一批的人才。学术界通常将这一代统称为"留苏"的一代，是因为这代人是在苏联的模式下成长起来的，他们直接或间接地接触的是苏联图书馆学教育。对这一时期的留学生进行初步统计，结果如表 4-3 所示。

表 4-3　1949～1978 年留学生情况统计表

序号	姓名	留学经历
1	戴月棣	1950～1951 年在美国宾州西顿山学院学习英国文学，1951～1954 年分别在美国伊利诺大学和纽约昆斯学院攻读图书管理专业
2	蔡焌年	1951 年于美国斯坦福大学获心理学硕士学位，同年在斯坦福大学胡佛图书馆工作
3	程济昌	1953 年去苏联留学，1960 年毕业于莫斯科动力学院电机系，获苏联国家授予"优秀电机工程师"称号
4	李葆年	1954 年赴苏联留学，攻读装饰雕塑专业
5	赵世良	1954 年留学于苏联莫斯科图书馆学院，翻译了《图书馆藏书》、《图书馆读者工作》等专业论著，在数量上成为中国译注外国图书馆学论著的第一人
6	魏月芬	1955～1958 年于苏联列宁格勒林学院肄业

序号	姓名	留学经历
7	谢绂忠	1955 年赴苏留学，1958 年获副博士学位
8	佟曾功	1955 年留学苏联，1959 年毕业于苏联国立莫斯科图书馆学院研究生部，获教育科学副博士学位。任《图书馆工作》、《图书情报工作》、《计算机与图书馆》等杂志的主编
9	鲍振西	1955 年赴苏联莫斯科国立图书馆学院学习，任《北图通讯》主编
10	李锦芳	1955~1958 年先后就学于北京大学俄语系和捷克斯洛伐克查理士大学文学院
11	彭斐章	1956 年留学苏联，1961 年毕业于苏联国立莫斯科图书馆学院研究生部，获教育学副博士学位。著作有《目录学概论》、《目录学资料汇辑》、《目录学》等
12	赵 琦	1959 年毕业于苏联国立莫斯科图书馆学院。创办《图书馆学刊》
13	郑莉莉	1959 年毕业于苏联莫斯科国立图书馆学院图书馆学系。合译《普通图书馆学》
14	李洪福	1955~1960 年在苏联哈尔科夫农业机械学院农业机械系学习
15	符志良	1957 年肄业于匈牙利布达佩斯埃得维士·罗兰科学大学文学院，自 1957 年一直在中国科学院图书馆工作
16	王成筠	1957 年肄业于苏联乌拉尔工学院冶金系
17	杨云秀	1958 年从南斯拉夫留学回国后至 1985 年在中国人民解放军某科研单位工作，任科长、处长。其中 1971~1973 年曾在阿尔巴尼亚工作，为援阿专家工作组成员
18	周介仁	1959 年毕业于苏联第聂波罗彼得罗夫斯克农学院
19	王中英	1959 年毕业于苏联草聂伯尔彼得罗夫斯克矿业学院地质系地质普查与勘探专业
20	邓守强	1960 年毕业于苏联第涅伯尔彼得罗夫斯克冶金学院
21	吕济民	1961 年苏联莫斯科文化学院副博士研究生毕业，长期从事博物馆学研究和博物馆事业管理
22	王玉林	1962 年赴朝鲜平壤金日成综合大学留学。1964 年回国，在北京图书馆参考书目部工作
23	吴善勤	1964~1965 年赴英国国家物理实验室船舶部进修。1983 年任上海交通大学图书馆长
24	左 因	1965 年毕业于苏联莫斯科音乐学院，1983~1985 年任中央音乐学院图书馆长
25	田孟君	毕业于苏联东方大学和苏联红军军事工程学校
26	吴延华	1967 年毕业于加拿大多伦多约克大学，获学士学位，1969 年在美国俄亥俄州立大学获硕士学位，1971 年在美国威斯康星州大学获图书馆硕士学位。1970~1974 年在美国威斯康星州立大学医学院图书馆任图书馆专家，1976~1980 年任美国华盛顿霍华德大学图书馆东南亚图书馆长

资料来源：①麦群忠.1991.中国图书馆界名人辞典.沈阳：沈阳出版社，②刘景龙，胡家柱.1989.中国图书馆馆长名录.南京：南京大学出版社，③吴仲强.1999.中国图书馆学情报学档案学人物大辞典.亚太国际出版有限公司

根据表 4-3 的统计，这一时期共有留学生 26 人，留学去向以苏联为主，共有 18 人，占总数的 69.23%。其中赵世良、佟曾功、鲍振西、彭斐章、郑莉莉、赵琦等留学生毕业于苏联莫斯科图书馆学院图书馆学系，他们是专门去苏联学习图书馆学的。除他们以外，在赴苏的留学生中，还有一些人是非图书馆学专业的，如冶金专业、农学专业、地质专业等，虽然他们起初并不是图书馆学专业出身，出国留学也没有学习图书馆学专业，但是他们回国后从事着与图书馆事业相关的工作，他们实际工作中为我国图书馆事业的发展作出了巨大的贡献。

除了大量留苏人员外，还有留学其他国家的，如留美的有戴月棣、吴延华和蔡焕年3人；留英的有吴善勤1人；留朝鲜的有王玉林1人；留南斯拉夫的有杨云秀1人；留捷克斯洛伐克的有李锦芳1人；留学匈牙利的有符志良1人等。他们接受不同国家的图书馆学教育，具有不同的留学背景，在回国后同样为我国图书馆事业的发展注进了新鲜血液。

从留学数量上来看，这一时期留学人员数量较少，一方面是新中国刚建立不久，国内经济条件的限制；另一方面是我国国内自身图书馆学教育的建立。随着新中国的建立，一些大学恢复图书馆学专业的招生，加上前两代留学回国的一部分人仍在发挥着重要的作用，他们为新中国培养了大批优秀的图书馆学人才。

从留学时间上来看，主要集中在1950~1965年，以留苏者居多。1966~1976年，由于"文化大革命"的影响，我国处于封锁闭关的状态，几乎没有留学生出国学习。

"留苏"的一代虽然数量较少，但是他们为新中国图书馆事业的起步与发展奠定了基础，通过出国留学，学习苏联及其他国家的图书馆学理论与方法，为新中国图书馆事业以及图书馆学的重新确立与发展作出了应有的贡献。

4.2.3 1979~1994年的留学生

"文化大革命"的十年，严重摧残了刚建立起来的图书馆事业和图书馆学，许多图书馆被迫长期关闭，图书馆学教育被迫停顿多年，众多图书馆学家也被迫停止了理论研究，图书馆事业处于停滞状态，留下了图书馆学发展中的十年空白期。

随着改革开放的实行，20世纪80年代以来，图书馆事业处于恢复与重建时期。高校图书馆学专业恢复招生，图书馆学教育逐步恢复。1977年，北京大学、武汉大学两所院校的图书馆学系正式恢复高考。1978年之后，许多高校陆续创办开设图书馆学系或专业。随着国内开设图书馆学专业的院校增多，图书馆学教育体系的完善，以及国内良好的政治经济环境，我国具备了培养图书馆学专业人才的能力。与此同时，大量具有开放意识的图书馆学人，为了积极掌握国外的最新动态，学习他国的先进经验，纷纷选择出国深造。据初步掌握的资料，将部分出国人员情况进行汇总，结果如表4-4所示。

表4-4 1978~1994年部分出国人员情况统计表

序号	姓名	留学经历
1	白景文	1979~1982年留学英国伦敦及曼彻斯特大学，其间曾参观访问了英国著名高等学府及各大图书馆，并赴荷兰、德国、波兰及苏联参观访问
2	阎立中	1980~1981年在美国哥伦比亚大学图书馆学院进修，并短期担任美国希顿·霍尔大学图书馆编目馆员
3	许绵	1980~1981年作为交换馆员，派往澳大利亚国立大学图书馆亚洲部工作、学习
4	宋鸿国	1981年毕业于美国纽约州立大文理学院图书馆与情报学研究院
5	谭祥金	1980~1982年于澳大利亚国家图书馆
6	蒋亦寿	1980年和1982年在加拿大Montreal和Laval大学进修，访问学者
7	姜炳炘、杨仁娟	1982年1月，赴澳大利亚国立大学图书馆工作与学习一年

续表

序号	姓名	留学经历
8	刘光伟、孙蓓欣	1982 年 6 月，应美国国会图书馆邀请赴该馆进修
9	阎宗林	1982~1983 年在美国进修医学图书馆学和情报学
10	李季芳	1982~1984 年赴美国夏威夷大学攻读图书信息研究专业，获硕士学位
11	李爱珠	1983 年赴美国耶鲁大学图书馆进修和考察
12	肖桂林	1983~1985 年在美国伊利诺大学进修图书情报学和政治学
13	孟广均	1984~1985 年作为访问学者在美国罗萨里学院图书馆学情报学研究生院进修
14	孟连生	1984~1985 年赴美国希登霍尔大学进修。2003~2004 年在澳大利亚悉尼科技大学作为访问学者学习进修
15	陈培久	1984~1985 年以访问学者身份在加拿大多伦多大学图书情报学院进修并从事研究工作
16	夏勇	1984~1985 年在美国加州立大学北岭分校图书馆进修并工作
17	蔡捷	1984 年 4 月~1985 年 4 月在日本图书馆情报大学进修
18	龚义台	1984 年 10 月~1986 年 11 月在英国伦敦城市大学情报系任高级研究员，1986 年 9 月获该系硕士学位
19	陈光祚	1985 年赴英国拉夫巴勒大图书馆学情报学系从事一年的访问研究
20	王小健	1985 年去美国西方储备大学进修图书情报学一年
21	徐引篪	1985~1986 年作为访问学者在日本图书馆情报大学研修一年，主攻方向为二次文献的编制
22	许志强	1985~1987 年以访问学者在美国加利福尼亚州、斯坦福研究图书馆组织总部进修，兼任顾问、程序员、分析员
23	于湖滨	1985~1986 年赴美国哥伦比亚大学和罗格斯大学进修图书馆学
24	顾鋆文	1985 年和 1991 年先后两次赴日本进修和考察访问
25	王元禄	1986 年赴澳大利亚昆士兰大学进修
26	沈津	1986 年曾为美国纽约州立大学石溪分校访问学者，在普林斯顿大学东亚系、葛四德东方图书馆、芝加哥大学远东图书馆、犹他州扬百翰大学图书馆讲学
27	季绿琴	1986~1987 年曾赴西德康斯坦司大学图书馆工作
28	王保和	1988 年 7 月 22 日，国家图书馆报刊资料部王保和作为交换馆员赴新西兰国家图书馆工作
29	赖茂生	1989~1990 年赴日本庆应大学进修一年
30	吴建中	1988 年赴英国留学，在威尔士大学学习图书馆学与情报学，1992 年获英国威尔士大学哲学博士学位
31	黄纯元	1988 年留学日本东京大学，1996 年修完博士课程回国，在华东师范大学信息学系任教，1997 年获东京大学教育学博士学位
32	李仁年	1991 年 10 月~1992 年 4 月她作为高级访问学者在莫斯科文化学院图书馆学系进修
33	张晓林	1992 年从美国哥伦比亚大学毕业获图书馆学博士学位，2000~2001 年在美国匹兹堡大学信息科学学院作高级访问学者
34	程焕文	1992~1993 年在美国洛杉矶加州大学图书馆学信息学研究院做访问学者
35	盖明举	1994 年 1 月到美国亚拉巴马大学图书情报学院作高级访问学者一年
36	吴光伟	留学比利时

资料来源：同表 4-3。

根据表4-4中初步统计的数据，这一时期的留学人员共有38人（实际数字远远不止）。他们出国留学的方式是多样的。像白景文、吴建中、黄纯元、张晓林、宋鸿国、李季芳、吴光伟这几位学者是专门出国留学的，他们通过在国外大学的学习，取得了相应的学位。

很多人以进修或访问学者的方式出国，这种留学方式时间较短，一般为一年或两年。像阎立中、谭祥金、孟连生、孟广均、陈光祚等，他们都是为了更好地了解国外的最新动态，学习国外的先进知识，在各自的工作岗位上更好地实现自身的价值而选择以进修的方式出国学习。这样的学习也更具目的性，回国后能够将自己的所学应用到实际工作中去。

还有一些人员以交换馆员的身份出国，像许绵、王保和等，他们长期从事图书馆工作，深知国内图书馆工作中急需解决的问题，通过与其他国家图书馆馆员的交换，可以学习国外图书馆的管理方法，从而解决我国图书馆工作中存在的问题。

这个时期出国留学的去向发生了变化，主要是以美国为主。根据表4-4的统计，留学美国的有18人，占留学人员的47.3%，主要有张晓林、阎立中、孟广均、孟连生等；其次是留学澳大利亚有5人，他们是谭祥金、许绵、姜炳炘、杨仁娟、王元禄、孟连生；然后是留学日本的有6人，他们是徐引篪、黄纯元、赖茂生、顾鋈文、蔡捷；留学英国的有4人，他们是白景文、陈光祚、吴建中、龚义台；留学加拿大的有2人，他们是蒋亦寿、陈培久；其余还有留学新西兰、德国、苏联、比利时的各1人（因有的学者去往多个国家，重复计算本次统计中的人数）。

这个时期的留学人员虽然数量较多，而且留学国家多元化，但是他们所发挥的作用以及回国后在图书馆界的影响力都不及前几代人。主要是因为20世纪80年代以来，随着改革开放的大潮，我国与世界各国图书馆事业的联系加强，学术交流也日益增多，国内的学者可以很方便地了解并掌握国外图书馆事业以及图书馆学的最新发展动态。另外，之前有过留学经历的人，他们在80年代又频频出国考察进修，通过他们也可以间接地传授国外图书馆学方面的理念、动态与发展状况。因此，虽然80年代以来留学的人数较多，但是他们在整个80年代成长起来的一代图书馆人中占的比例较小，因而他们留学回国后的名气不及前几代人。

4.2.4　1995年至今的留学生情况

1995年以来随着计算机以及互联网的普及应用，方便了人们之间的交流与联系。随着我国经济的快速发展，就业压力的增大，越来越多的人想走出国门，切实体会和见识国外的发展情况，留学成为一种热潮。美国因其经济、文化、教育等方面的优势，往往是留学的较好去向，深受留学生的喜爱。由于这个阶段留学者较多，无法统计出具体的人员名单，所以本文着重统计了留美学生获硕士学位和博士学位的人数。根据美国图书馆学情报学教育协会（ALISE）年度报告（ALISE, 2012）以及已有的统计数据（杨蕾, 2007），以数字的形式大概反映这个时间段留学美国的情况如表4-5所示。

表 4-5　1995～2011 年的留美学生情况统计表

年份	硕士/人	博士/人	其他/人	总数/人
1995	160	30	15	205
1996	216	40	18	274
1997	155	45	6	206
1998	193	45	22	260
1999	203	55	31	289
2000	230	58	29	317
2001	约 156	约 61	—	约 320
2002	160	92	21	381
2005	122	81	2	205
2008	165	80	21	266
2009	233	61	21	315
2011	218	33	7	258

注：表格中的"其他"项主要是指一些本科生以及肄业生的人数

资料来源：①1995～2002 年的数据来源于：杨蕾. 2007. 中美恢复外交关系以来两国图书馆界交流与合作研究. 图书情报工作，（7）：139. ②2005～2011 年的数据来源于 ALISE 网站

从表 4-5 这些数字可以看出，留学美国的人数是相当多的，尤其是赴美攻读图书馆学方面硕士学位的人最多。一方面，因为美国开设图书馆学情报学的院校较多，并且在国际上具有较高的影响力。通过出国攻读硕士学位，可以学到国外最新的知识，了解国外最新的动态，同时可以提高学历层次，增加就业砝码。另一方面，20 世纪 90 年代以来，我国开设图书馆学专业的院校经历了改系名、课程调整、人才培养方向的变化等之后，图书馆学教育也发生了变化，开始注重硕士生和博士生的培养。而美国的图书馆教育较为发达，图书馆学院校较多，成为国内图书馆学专业本科毕业生的首选。

赴美攻读博士学位的人相对于攻读硕士学位的人来说，数量要少得多。但是博士生作为受教育水平较高的群体，其人数本来就少。从表 4-5 可以看出，自 1995 年以来一直处于上升趋势，最高达到 92 人。但是自 2009 年以来，呈现明显的下降趋势，到 2011 年只有 33 人出国攻读博士学位。这可能是因为随着我国国内图书馆学教育体系的完善，开设博士站点的院校增多，可以满足高层次图书馆学专业人才继续深造的需求。

而本科生去美国留学，获得美国学士学位的人数一直较少，这主要有两个方面的原因。一是国内大学开设图书馆学专业的院校能够满足国内学生的需求。二是由于美国与我国教育体制的差异，培养人才方式的不同，其对专业的要求比国内严格。所以国内的学生往往申请硕士及以上学历较为容易些。

纵观上述不同时期的留学生，他们在各自所处的不同时期，为我国图书馆事业的发展作出了相应的贡献。通过出国学习，了解了国外先进的图书馆知识、管理方法以及理念，将这些知识引入国内，开拓了国内图书馆界的视野，为我国图书馆学和图书馆事业的发展输入了新鲜血液，使之充满活力。同时他们将自己在国外所学知识带回国内时，也在不断探索如何使它们适应我国的国情，使之中国化、本土化。正是有了这些致力于图书馆事业的留学生，才有图书馆事业及图书馆学的持久发展与进步。

4.3　交流研究之二——翻译著作

　　翻译著作是了解、吸收与借鉴国外图书馆理论与实践的一个重要途径。译著对于开拓中国人的视野，沟通中外文化，打破传统思想的桎梏，起着重大的影响。

　　在20世纪最初的10年内，我国一些有识之士已经开始关注国外的图书馆学，他们著述或译述了一些国外图书馆的著作，传播了国外图书馆知识，开拓了国人的视野。如王国维翻译的《世界图书馆小史》发表于1909～1910年《学部官报》，该书是国内最早的系统介绍外国图书馆历史的译著（范凡，2012）。全书共四章，前三章分别介绍上古期、中古期、近世期世界各国图书馆的发展史。最后一章为"图书馆管理法"，介绍了"图书馆的书屋"、"取书之法"、"分类及书架排列法"、"目录及编纂法"、"图书馆之行政"、"馆员"、"选书之法"、"购书之法"及版权条例，全面地介绍了当时的图书馆管理水平（来新夏，2000）。1909年，孙毓修通过"援仿密士藏书之约，庆增记要之篇，参以日本文部之成书，美国联邦图书之报告"，写成《图书馆》一书，并在商务印书馆的《教育杂志》上连载。这是中国学者对图书馆系统论述的第一部专著，具有开创性的意义（范并思等，2004）。1910年谢荫昌译述日本户野周二郎的《图书馆教育》，开启了我国图书馆界翻译日本图书馆著作的先河。

　　本文将分三个时间段来统计各个时间段内图书馆著作的翻译情况。三个时间段分别是：1911～1949年（即民国时期）、1949～1979年、1980～2010年。通过对这三个时间段内有关图书馆学译著的统计，分析它们各自的特点。

4.3.1　民国时期的著作翻译

　　民国时期的著作统计主要来源于两个时期的工具书，一是民国时期的工具书，如杨家骆（1930）编的《民国以来出版新书总目提要》、现代书局（1933）编的《现代书局图书总目》、开明书店（1935）编的《全国出版物总目录》、卢震京（1940）著的《图书馆学大辞典》下册中收录的《中文重要图书馆学书目目次》等；二是新中国成立之后有关民国时期著作的工具书和著作，如重庆图书馆（1957）编印的《图书馆学论文资料索引》（内部材料仅供参考）、李钟履（1958）编的《图书馆学书籍联合目录》（1958年）、北京图书馆（1994）编的《民国时期总书目：文化科学·艺术》等工具书以及范凡（2011a）的《民国时期图书馆学著作出版与学术传承》，这本书中所总结的民国时期翻译的著作。通过逐个筛选，将属于翻译的著作挑选出来，进行统计汇总，最后得出民国时期的译著共有58本。详细书目信息见表4-6。

表4-6　1911～1949年翻译著作一览表

序号	书名	原著	译者	出版地	出版者	年份
1	图书馆小识	日本图书馆协会	通俗教育研究会	北京	通俗教育研究会	1917
2	图书馆管理法	（日）	朱元善编译	上海	商务印书馆	1917

续表

序号	书名	原著	译者	出版地	出版者	年份
3	图书馆指南	（日）	顾实编译	上海	医学书局出版	1918
4	图书馆学指南	（日）田中敬	杨昭悊	北京	法政学报社	1920
5	图书馆学（上、下）	（日美）	杨昭悊编译	上海	商务印书馆	1923
6	儿童图书馆之研究	（日）今泽慈海、竹贯宜人	陈逸	上海	商务印书馆	1924
7	读书法	（美）康霍叟	包怀百译	南京	有正书局	1925
8	简明图书馆编目法	（美）爱克斯（S. G. Akers）	沈祖荣	武昌	文华图书科	1929
9	儿童图书馆	美国图书馆协会	王京生	上海	译者自刊	1929
10	图书馆员之训练	（美）佛里特尔（J. A. Friedel）	杨昭悊、李燕亭	上海	商务印书馆	1929
11	图书馆学九国名词对照表		徐能庸编译	上海	商务印书馆	1929
12	学生学习法	（美）孔好塞	唐谷		开明书店	1929
13	学看外国文的研究	（英）Michael West	周胜皋		民智书局	1929
14	先秦经籍考	（日）内藤虎次郎	江侠庵编译		商务印书馆	1931
15	修学欲能增进法	（美）韦伯尔	郑宗海译		商务印书馆	1932
16	图书馆与成人教育	美国图书馆协会	杜定友编译	上海	中华书局	1933
17	图书馆之分类与编目		吕绍虞编译	上海	大夏大学大夏学报社印行	1933
18	实用学生修学法	（美）康豪塞尔原	陈友松译		商务印书馆	1933
19	各科之效用与学习法	（美）散得维克	俞人元译		商务印书馆	1933
20	心智使用法	（美）基脱逊	俞人元译		商务印书馆	1933
21	怎样修学	（美）克劳福	刘良模译		长城书局	1933
22	图书馆的财政问题	（美）卫迟（C. P. P. Vitz）	戴镏龄	武昌	文华图书馆学专科学校	1934
23	图书之体系		吴鸿志编译		文华图书馆学专科学校	1934
24	图书馆使用法		吕绍虞编译	上海	教育编译馆	1934
25	社会学书目类编（汉法对照）		萧瑜编译		立达书局	1934
26	宋代刊本刻工名表初稿	（日）长泽规矩也	邓衍林			1934
27	目录学概论	（英）福开森（J. Ferguson）	耿靖民	武昌	文华图书馆学专科学校	1934

序号	书名	原著	译者	出版地	出版者	年份
28	标题目录要论	（日）加藤宗厚	李尚友	武昌	文华图书馆学专科学校	1934
29	图书分类法	（日）村岛靖雄	毛春翔	上海	开明书店	1934
30	西洋图书馆史略	（英）萨费基（E. A. Sarage）	毛坤	武昌	文华图书馆学专科学校	1934
31	世界民众图书馆概况	（美）鲍士伟（A. E. Bostwick）	徐家麟	武昌	文华图书馆学专科学校	1934
32	图书馆使用法的指导	（美）哈勤斯、江生	喻友信	武昌	文华图书馆学专科学校	1934
33	民众图书馆的行政	（美）骆约翰亚当（John Adams Lowe）	章新民	武昌	文华图书馆学专科学校	1934
34	图书利用法	（美）勃朗（Z. Brown）	吕绍虞	上海	商务印书馆	1935
35	世界各国国立图书馆概况	A. Esdalle	严文郁	武昌	文华图书馆学专科学校	1935
36	图书分类指南	（美）美利尔（W. S. Merill）	张鸿书	武昌	文华图书馆学专科学校	1935
37	西文图书修理法	Donald M. Kid	洪儋训			1936
38	大学图书建筑	（美）吉罗德（J. T. Gerould）	吕绍虞	北平	中华图书馆协会	1936
39	编目部的组织与管理	（美）曼因	钱亚新	北平	中华图书馆协会	1936
40	美国图书分类法评论	（美）布黎斯（H. E. Bliss）	喻友信			1936
41	书的故事	（苏）伊林	张允和	上海	中华书局	1936
42	图书馆博物馆美术馆间的关系	（英）罗伯赐	章新民	北平	中华图书馆协会	1936
43	世界图书馆史话		吕绍虞编译			1936
44	公共图书馆预算	（美）锡尔曼	陈宗登	北平	中华图书馆协会	1937
45	书的故事	（苏）伊林	胡愈之	上海	三联书店	1937
46	现代图书馆编目法	（美）俾沙普	金敏甫	上海	商务印书馆	1937
47	标题总录（上下册）		沈祖荣编译	武昌	文华图书馆专科学校	1937
48	中国印刷术源流史	卡德	刘麟生		商务印书馆	1938
49	读书三味	（日）鹤见祐辅	李冠礼、萧品超		国魂书店	1938
50	黑白—书的故事	（苏）伊林	董纯才	上海	开明书店	1939

续表

序号	书名	原著	译者	出版地	出版者	年份
51	日报期刊史	（法）淮尔	宋善良	长沙	商务印书馆	1940
52	大学图书馆行政	（美）蓝登（Randall），戈德利（Goodrich）	徐亮	长沙	商务印书馆	1941
53	怎样增进修学效能	（美）克劳福	施蛰吾，储沅		纵横社	1941
54	图书分类法	（美）开利（G. O. Kelley）	钱亚新	贵阳	文通书局	1942
55	读书方法论	（美）艾德勒	张静斯	重庆	大华书局	1944
56	英国图书馆	（英）麦考温（L. R . Mclolvin）、累维（J. Revie）	蒋复璁	上海	商务印书馆	1949
57	书志学	（日）小见山寿海	李尚友	北平	中华图书馆协会	（不详）
58	世界图书馆小史	（英）悌德，托玛	王国维	北平	中华图书馆协会	（不详）

注：在进行筛选过程中，将编译的图书也算成了翻译著作

　　从表4-6的数据统计，民国时期的译著共有58本（包括编译的图书）。除了李尚友翻译的《书志学》无法查找出版年代外，其余的都可以看出它们的出版年代。从出版时间上来看，翻译著作几乎贯穿了整个民国时期，平均每年都有一本翻译著作。但是这些不同时间出版的译著实际上发挥的作用是不同的，最初的译著相对来说作用更大些，如《图书馆小识》、《图书馆指南》等。因为一方面当时国内没有图书馆学方面的专业人才，另一方面图书馆学在国内刚开始，还没有相应的实践基础，这些方面的限制使得当时国内还不具备能够写出图书馆方面著作的条件，所以不得不从国外翻译同类的著作。而随着留美一代图书馆学家的相继回国，他们将自己在西方的所学应用到国内的图书馆事业中，这时候的译著所发挥的作用就相对小一点。但是为了解决当时国内急需解决的一些问题，仍然需要继续向国外学习，而翻译国外的著作成为一个有效简便的途径。这些译著为我国图书馆事业的发展起到了重要的参考作用。

　　从翻译的主体来看，文华图书馆学专科学校的师生是翻译著作的主力。1917年沈祖荣学成回国，与韦棣华女士于1920年创办文华图书科，1929年文华图书科独立为私立武昌文华图书馆学专科学校。该校很多课程采用英语教学，对国外图书馆学著作的接触较多，再加上他们的老师大多都有留学经历，主张通过翻译著作来介绍国外图书馆的情况，为我国图书馆事业的发展提供借鉴与参考。在表4-6中共有12本图书是由文华图书馆学专科学校的师生翻译出版的，这一统计结果与彭敏惠在《文华学子和文华图专丛书》一文中所做的文华图专丛书概况的统计是基本相吻合的（彭敏惠，2010）。

　　从翻译的内容来看，涉及图书分类与编目、图书馆管理、图书馆学、图书利用、目录学、学校图书馆、儿童图书馆以及西方图书馆学等方面的内容。此外还有很多介绍学习方法的图书。除了目录学是我国传统图书馆研究的内容外，其他大多数是借鉴西方国家图书馆研究的内容，一定程度上反映了民国时期图书馆学研究内容的西方化特点。

从翻译著作所属国家来看，翻译日美图书馆学著作，以 1924 年为时间界点（吴碧薇，2004）。1917～1924 年，共有 6 本翻译（编译）著作，其中来源于日本的有 3 本翻译著作和 2 本编译著作，分别为：日本图书馆协会著的《图书馆小识》、日本田中敬著的《图书馆学指南》、日本金泽慈海和竹贯宜人著的《儿童图书馆之研究》、顾实编译的《图书馆指南》、朱元善编译的《图书馆管理法》。此外，还有杨明哲编译的《图书馆学》（上下册），该书综合日美的图书馆学著作而成。从这一点可以看出，我国图书馆界最早翻译的是日本图书馆学著作。这可能与当时的社会环境有关，明末清初以来，中国的典章制度大多效仿日本，图书馆事业也不例外。

1924 年之后，我国图书馆学受美国的影响较大，主要是因为第一批留美图书馆学者相继回国，随之而来的是美国先进的图书馆管理理念与方法，国内开始把目光转向美国。为了更加清楚地看出 1924 年之后著作翻译的情况，1925～1949 年出版的译著按照时间和所属国家进行统计，详细数据见表 4-7。

表 4-7　1925～1949 年译著情况统计表

国家	1925年	1929年	1931年	1932年	1933年	1934年	1935年	1936年	1937年	1938年	1939年	1940年	1941年	1942年	1944年	1949年	合计
美国	1	4		1	5	4	2	3	2				2	1	1		26
英国		1				2		1							1		5+1
日本			1		3				1								5+1
苏联								1		1		1					3
法国												1					1

注：除去 10 本不知道国别的著作

从表 4-7 的数据看出，1925～1949 年，翻译著作所属国家主要分布在美国、英国、日本、苏联和法国几个国家。其中翻译最多的是美国的图书馆学著作，共有 26 本，占译著总量的 49.05%。其次是英国、日本的图书馆学著作，各有 6 本。其中日本小见山寿海的《书志学》，和英国悌德，托玛的《世界图书馆小史》由于无法考证年代，所以采用"5+1"的形式。

从译著出版时间来看，1925～1949 年，翻译著作主要集中在 1925～1937 年，这个时间段与我国 20 世纪新图书馆运动的第一次发展高潮时间段是相吻合的。20 世纪新图书馆运动第一次发展高潮的标志是 1925 年中华图书馆协会的成立，奠定了 20 世纪中国图书馆事业发展的基本格局。各类型图书馆的普遍设立，图书馆学教育的开展等标志着我国图书馆事业进入一个兴盛阶段（程焕文，2004a）。正是由于整个图书馆事业发展的大好环境，所以著作翻译也处于一个多产的阶段。1937 年之后随着国内政治环境的变化，近代图书馆事业进入衰落阶段，著作翻译数量明显减少。

1911～1949 年，从著作翻译的整体情况来看，民国时期著作翻译出现的高潮和衰落与20 世纪近代图书馆学和图书馆事业的高潮和衰落是一致的。1925～1937 年是近代图书馆学发展的兴盛时期，这一时期著作翻译数量很多，而 1937～1949 年是近代图书馆学的衰落时期，相应地，著作翻译数量明显减少。但是这些译著对我国近代图书馆学的发展起着至关重要的作用，通过这些翻译著作为我们介绍了国外图书馆学理论、技术与管理方法，为我国图书馆学和图书馆事业的发展提供了借鉴。

4.3.2 1949～1979 年的著作翻译

1949～1979 年的 30 年间，介绍和研究外国图书馆事业在图书馆学研究中占有十分重要的地位。因为这个时期我国图书馆事业处于建立与发展时期，急需了解世界，寻求适合国情的图书馆学理论、方法和经验，以此来构建我国图书馆事业和图书馆学。

翻译原著是介绍国外图书馆事业和图书馆学的基本手段，也是研究工作的必要环节之一。特别是在 20 世纪 40～50 年代，响应党和国家向苏联学习的号召，学习列宁图书馆事业的理论与方法，借鉴苏联图书馆事业建设的经验，翻译苏联图书馆学的著作成为主流。为了学习和借鉴苏联图书馆事业，我们图书馆界的一批精通俄文的专家学者，通过翻译苏联的图书馆学著作，以此来介绍和宣传苏联图书馆事业建设的经验，为国内学者提供了解苏联图书馆事业发展状况的平台。

根据 1958 年出版的李钟履（1958）编的《图书馆学书籍联合目录》、1955 年新华书店出版社（1955）编的《全国总书目：1949～1954》、1984 年董秀芬（1984）主编的《图书馆学情报学档案学论著目录》（1949～1980）、《当代中国的图书馆事业》编辑部（1988）编的《建国以来全国图书馆学情报学书刊简目》（收录范围是 1949～1986 年的书目）四种书目，这四种书目从收录时间来看，正好能够包涵 1949～1979 这个时间段，通过四本书目中所含不同的著作之间的相互补充，能够相对齐全地挑选出这段时间内的翻译著作。经统计得出 1949 年～1979 年这 30 年的翻译著作是 88 本。详细书目信息见表 4-8。

表 4-8 1949～1979 年翻译著作一览表

序号	书名	作者	译者	出版社	年份
1	黑白	［苏］马沙克	［英］金开德·B，董纯才重译	东北书店	1949
2	工会图书馆的群众工作	［苏］M·沃尔柯娃	林秀	时代出版社	1950
3	书的故事	［苏］伊林	胡愈之	生活·读书·新知三联书店	1950
4	苏联图书馆事业概观	［苏］华西里青科	舒翼翚	新华书店	1950
5	工会图书馆的群众工作	［苏］M·沃尔柯娃	庄途	工人出版社	1951
6	苏联小型图书馆适用十进分类法简表	［苏］克列诺夫	舒翼翚	人民日报印刷厂代印	1951
7	关于大众图书馆读者目录的组织	［苏］卡夫塔雪耶娃	苏大悔	中央人民政府文化部社会文化事业管理局	1951
8	图书馆学教学大纲	［苏］莫斯科国立莫洛托夫图书馆学院	北京大学图书馆学专修科		1951
9	苏联的图书馆事业		舒翼翚	中华书局	1952
10	俄文图书著者号码表	［苏］柳·芭·哈芙娜	东北图书馆	东北图书馆出版社	1953

续表

序号	书名	作者	译者	出版社	年份
11	图书馆与读者	［苏］T·沃兹涅先斯卡娅	严华、张先合	中南人民出版社/湖北人民出版社再版（1955）	1953
12	苏联的区内图书馆工作	［苏］波塔波夫	梁达	中央人民政府文化部社会文化事业管理局	1953
13	苏联大众图书馆工作	捷尼西叶夫	舒翼羣	中华书局	1953
14	图书馆目录学教学大纲	［苏］莫斯科国立莫洛托夫图书馆学院图书馆	北京大学图书馆学专修科		1953
15	图书馆学目录学名词俄中对照表（草稿）	［苏］哈芙金娜	李哲民	文化部社会文化事业管理局	1953
16	图书馆学教学大纲	［苏］莫洛托夫图书馆学院	北京大学图书馆学专修科		1953
17	怎样做好工会图书馆工作	［苏］沃尔科娃	庄途	工人出版社	1953
18	农村图书馆的儿童读者工作	［苏］卡斯宾娜	何纪华	时代出版社	1954
19	列宁论图书馆工作		苏大梅	中央人民政府文化部社会文化事业管理局	1954
20	苏联七年制学校和中等学校图书馆技术基本规程	苏俄教育部国立教科书教育学编辑部	刘瑞祥	时代出版社	1954
21	图书馆技术	［苏］克迪诺夫	苏大梅	时代出版社	1954
22	把书送给青年工人——列宁格勒的图书馆群众工作经验	尼·索柯罗娃	群力	群众出版社	1954
23	书籍宣传	［苏］伯力瓦洛夫斯基	邱则午	生活·读书·新知三联书店	1954
24	图书馆怎样做好社会政治书籍的宣传工作	［苏］哈扎诺夫	苏大梅	时代出版社	1954
25	农村图书馆农业书籍的宣传	麦契尔金	庄上峰	中华书局	1954
26	区图书馆工作计划	［苏］梅捷尔金，H.M	张琪玉	中央人民政府文化部社会文化事业管理局	1954
27	苏联科学院图书馆概况	［苏］列为节夫，沙弗拉诺夫斯基	光成和，郭庆芳	大陆出版社	1954
28	区内图书馆的书目提要咨询工作	［苏］格托马诺娅	西南图书馆	西南图书馆	1954

序号	书名	作者	译者	出版社	年份
29	反对图书馆工作中的形式主义	［苏］图书馆杂志社论	西南图书馆	西南图书馆	1954
30	苏联大众图书馆怎样宣传自然科学书籍		张造勋	中央人民政府文化部	1954
31	苏联农村的流动图书馆	［苏］德洛兹多娃	李哲民	中央人民政府文化部	1954
32	论大众图书馆的目录制法	［苏］克列诺夫	苏大梅		1954
33	克鲁普斯卡娅儿童阅读辅导	［苏］瑞托米洛娃	韩承铎	时代出版社	1955
34	图书馆怎样指导青少年阅读	［苏］M. A. 伊热夫芙斯卡娅	予达，宗全	五十年代出版社	1955
35	学生课外阅读指导	［苏］普希卡列娃	朱庆澜	新知识出版社	1955
36	苏联文献公布学		韩玉梅	中国人民大学出版社	1955
37	图书馆·苏联国立列宁图书馆、苏联科学院图书馆（苏联大百科全书选译）	［苏］华西里青科	苏大梅	人民出版社	1955
38	流动书库	［苏］鲍格莫洛娃	金初高	时代出版社	1955
39	图书馆基本技术（区、市、村图书馆和儿童图书馆）	俄罗斯苏维埃联邦社会主义共和国文化部文化教育机关管理总局图书馆管理局	苏大梅	北京大众出版社/北京出版社（1957）	1955
40	论苏联图书分类法草案	［苏］o. n. 捷斯连科	范文津	中华人民共和国文化部社会文化事业管理局	1955
41	苏联工会图书馆工作教材		苏大梅	工人出版社	1955
42	农村图书馆的房屋设备	［苏］国立列宁图书馆图书馆学科学方法研究室	杜定友		1955
43	图书馆藏书的组织	［苏］尤·弗·格里科尔耶夫	杜定友，朱镇海	中华书局	1955
44	俄文图书编目图例	［苏］n. n. 基霍米洛娃、r. r. 费尔索夫	李申	中华书局	1955
45	苏联农村图书馆工作		刘子亚	通俗出版社	1955
46	苏联出版事业简史	［苏］纳扎罗夫	高长荣	时代出版社	1955

续表

序号	书名	作者	译者	出版社	年份
47	苏联图书贸易的组织与技术	［苏］卡鲁林	张生林	生活·读书·新知三联书店	1955
48	提高书籍出版工作的质量	［苏］伊林	谢宏	时代出版社	1955
49	装订工人手册	［苏］巴郎金	张雁	中华书局	1955
50	苏联科学院图书馆成立二百四十周年	［苏］米尔诺夫著	许子森		1956
51	黑白	伊林	祝贺	中国青年出版社	1956
52	著录适用的简略字表		陈绍业		1956
53	集体农庄图书馆	H. 梅捷尔金	申英杰	时代出版社	1956
54	大型图书馆的读者服务组织	［苏］哈尔吉娜	重庆市图书馆编译		1956
55	苏联国立列宁图书馆图书馆学科学方法研究室做些什么工作	［苏］谢格林	刘光熹	南京图书馆	1956
56	十进分类法	［苏］托罗帕夫斯基	中苏友好协会总会图书资料室	时代出版社	1956
57	出版事业、书籍、杂志、书志学、书志学杂志（苏联大百科全书选译）	［苏］金涅维契	王成秋	时代出版社	1956
58	图书分类目录编制法	［苏］安巴祖勉	刘国钧	时代出版社	1957
59	俄文图书著者号码表	［苏］柳·芭·哈芙娜	中国人民大学图书馆	中国人民大学出版社	1957
60	苏联图书馆事业组织原理	［苏］丘巴梁	舒翼翚	中华书局	1957
61	俄文三位数著者号码表	［苏］哈芙金娜	陈国芙 何兆莲	中华书局	1957
62	中国印书术的发明和它的西传	［美］卡特	刘麟生	商务印书馆	1957
63	列宁论图书馆工作	［苏］克鲁普斯卡娅	李哲民	时代出版社	1957
64	了解书籍和书店的备货	［苏］阿·伊·果里金	孙清彬	文化部图书发行干部学校	1958
65	文献公布学（苏联大百科全书选译）		中国人民大学历史档案系	中国人民大学出版社	1958
66	图书分类表——供大众图书馆编制标准目录和铅印卡片之用	［苏］安巴祖勉	文敏	中华书局	1958

续表

序号	书名	作者	译者	出版社	年份
67	图书馆技术	［苏］克连克夫	苏大梅	中华书局	1958
68	图书馆藏书的保护（附：图书馆的防火措施）	苏联国立列宁图书馆卫生修整部主编	李哲民		1958
69	一个村图书馆员的经验谈	［苏］鲍尔金娜	金初高	中华书局	1958
70	大众图书馆的年度工作报告	［苏］弗鲁明	何政安	中华书局	1958
71	苏联初期图书馆事业史——1917-1920年的苏俄图书馆事业	［苏］华西里青科	舒翼翚	中华书局	1958
72	公共建筑设计手册（上册）	H. я. 科里，H. C 裘尔巴乌姆	吕净	建筑工程出版社	1958
73	小学学生图书馆	［苏］л. B. 布德娜娅	苏大梅	新知识出版社	1958
74	苏联图书馆事业四十年（论文集）	［苏］阿伯里柯沙娃	刘光熹	商务印书馆	1959
75	出版物的分组整理（使用规则）	［苏］高尔巴切夫斯卡娅	李哲民	北京图书馆	1959
76	出版物著录与字顺目录	［苏］节娃金娜	王宝贵	商务印书馆	1959
77	出版物著录统一条例（中小型图书馆目录及书目索引适用）	［苏］华西里夫斯卡娅	刘国钧	商务印书馆	1959
78	百科全书、辞典及其他（苏联大百科全书选译）		中华书局辞海编辑所	中华书局	1959
79	论图书的书型排列法	［苏］斯米尔诺夫，и. c 著	中国科学院图书馆	中国科学院图书馆	1959
80	1961年国际编目原则会议论文选译		全国第一中心图书馆委员会西文图书卡片联合编辑组	中国科学院图书馆	1962
81	1961年国际编目原则会议论文选译		全国第一中心图书馆委员会西文图书卡片联合编辑组	中国科学院图书馆	1962
82	为书籍的一生	［苏］塞金	叶冬心	生活·读书·新知三联书店	1963

序号	书名	作者	译者	出版社	年份
83	美国和法国的印刷出版业	莫特列夫，鲍萨尔特		中国科学技术情报研究所	1963
84	小学图书馆	［美］道格拉斯夫人	王振鹄	正中书局	1964
85	出版事业、书籍、杂志、书志学、书志学杂志	［苏］那扎罗夫，А. И	赵承克	时代出版社	1966
86	列宁论图书馆		《列宁论图书馆》翻译小组	北京大学图书馆学系	1975
87	科技情报工作人员的培养问题	［苏］吉里雅列夫斯基	王熹，陈仲实	科学技术文献出版社	1978
88	情报学浅说	［美］贝克	刘昭东	科学出版社	1979

从表 4-8 统计的数据来看，共有 88 本图书馆学著作是翻译而来的，它们的分布时间也较为均匀，平均每年有 3 本翻译著作。从翻译数量和出版时间来看，翻译的图书主要集中在 1950～1959 年这 10 年时间，共有 78 本，占总翻译量的 88.6%。1960～1979 年这 20 年的翻译著作只有 9 本，占翻译总量的 10.2%。20 世纪 60 年代开始翻译著作数量减少的原因，一方面是 60 年代初中苏关系破裂，我国图书馆事业处于封闭状态；另一方面是我国自身建设的问题，十年"文化大革命"，图书馆事业遭到严重的创伤，甚至停滞，因而造成著作翻译数量的锐减。

为了更清楚地了解 1949～1979 年著作翻译的情况，将这 30 年间的著作按时间和著作所属国家进行了分析，详细数据见表 4-9。

表 4-9　1949～1979 年著作翻译情况表

国家	1949 年	1950 年	1951 年	1952 年	1953 年	1954 年	1955 年	1956 年	1957 年	1958 年	1959 年	1962～1979 年	合计
苏联/本	1	3	4	1	8	13	14	7	5	9	5	3	73
美国/本									1			2	3

注：在表 4-9 的统计中排除了 12 本没有标明国家的译作。另外由于 1962～1979 年这十几年著作较少，所以将它们合在一起统计

从表 4-9 可以明显地看出，这个时期翻译的著作主要来源于苏联和美国（除没有明显标明国家的著作外），其中以苏联的著作为主，共 73 本，占总翻译量的 82.9%。单从这一数值来看，可见当时我国图书馆界对苏联图书馆著作的翻译数量之多，对苏联图书馆事业的追崇程度之高，并且在 1954 年、1955 年达到了一个翻译的高峰，译作数量达到 13、14 本之多。

此外，从表 4-9 中可以看到，1962～1979 年图书馆著作翻译数量明显锐减，中间出现过断层现象，这主要是国内环境的影响，同时也表明科学研究需要安定的社会环境、繁荣的经济基础做支撑。

为了探究翻译著作的主体，本文对翻译著作的作者进行了统计，共有 46 位译者（其

中含合译）翻译了 1 本著作，翻译 2 本的译者有 5 位，翻译 2 本以上著作的有 3 位，其他的是一些团体译者，如重庆市图书馆、北京市图书馆等。本文将翻译著作在 2 本以上的译者用表格形式展示出来，具体见表 4-10。

表 4-10 翻译著作在 2 本以上的译者一览表

序号	作者	数量	序号	作者	数量
1	苏大悔	10	5	杜定友	2
2	舒翼翚	6	6	刘国钧	2
3	李哲民	5	7	庄途	2
4	金初高	2	8	刘光熹	2

从表 4-10 可以看出，苏大悔是译著数量最多的译者，共翻译了 10 本著作。其翻译的著作主要有《关于大众图书馆读者目录的组织》、《列宁论图书馆工作》、《图书馆技术》、《图书馆怎样做好社会政治书籍的宣传工作》、《论大众图书馆的目录制法》、《图书馆·苏联国立列宁图书馆、苏联科学院图书馆（苏联大百科全书选译)》、《苏联工会图书馆工作教材》、《小学学生图书馆》等。还有一位译著较多的译者是舒翼翚，她的著作有《苏联初期图书馆事业史——1917～1920 年的苏俄图书馆事业》、《苏联图书馆事业组织原理》、《苏联大众图书馆工作》、《苏联的图书馆事业》等。他们两位是掌握俄文，并从事苏联图书馆事业介绍的研究者，也是大家公认的翻译苏联著作的大家，很多重要的俄文著作都出自他们之手。此外，老一代图书馆学者如刘国钧、杜定友、李哲民、金初高、韩承铎等，他们也翻译了相当数量的著作，为介绍和研究苏联图书馆事业作出了贡献。

从上述统计的数据以及分析可以总结为：1949～1979 年这 30 年，尤其是 1950～1959 年这 10 年，主要是向苏联学习的 10 年，通过翻译大量的苏联图书馆学著作来借鉴苏联图书馆学和图书馆事业的经验，为新中国成立以来图书馆事业和图书馆学的发展提供了指导。

4.3.3 1980～2010 年的著作翻译

随着我国 1978 年以来实行的改革开放，我国图书馆事业在经历了"文化大革命"的破坏之后，又重新恢复起来。随着我国国际关系的改善，我国图书馆事业在国际上的地位有所提高，与国外的交流也日益增多。1980～2010 年是我国现代图书馆事业恢复和快速发展时期。

根据董秀芬（1989）主编的《图书馆学情报学档案学论著目录》（1981～1985 年）、《当代中国的图书馆事业》编委会（1988）编的《建国以来全国图书馆学情报学书刊简目》（收录范围是 1949～1986 年的书目）、张白影（1989）主编的《中国图书馆事业十年》（1979～1987 年）三种书目工具书，通过三种工具书之间的交叉互补，统计相关的翻译著作。从时间上来看，这三本书目工具书涉及的时间范围为 1980～1987 年，关于 1988～2010 年这段时间内的翻译著作主要来源于 1996～2010 年的各年年鉴中有关书目的统计。由于我国图书馆年鉴最早的是 1996 年的，其中涉及的书目是从 1990 年开始的，所以这个时间段缺少 1988 年和 1989 年这两年的书目统计。为了弥补这两个时间段的缺失，通过查阅网上的相关资源，获得了一些书目信息（虽然不是很全面，但是至少能反映一些内容）。经过统计汇总，共得出 252 本译著，与前两个时间段内译著相比，这个时期翻译著作的数量明显增多。由于译著数量太多，本书不将它们逐一列举出来，通过将不同时间内翻译著作所属国家、每年翻译著作的数量分别进行了统计，来反映这段时间内著作翻译情况，详细情况见表 4-11。

从表 4-11 可以看出，我国图书馆界翻译著作出现了多国化的趋势，除集中翻译美国、苏联、日本、英国的著作外，还翻译了法国、加拿大、德国、匈牙利、新西兰、印度、波兰、瑞典、比利时、埃及等多个国家的著作。这是因为我国实行改革开放，加强了与世界各国的联系与交流。同时为了快速发展我国的图书馆事业，图书馆界开始全方位地引进与翻译各国的著作，从多个角度借鉴他国图书馆发展经验。

从翻译著作的数量来看，译著数量最多的来自于美国，有 69 本；其次是苏联，有 35 本翻译著作；日本和英国的翻译著作名列第三、四位，分别是 28 本和 26 本。美国成为翻译著作数量最多的国家，说明我国图书馆界由关注苏联的图书馆学转向美国的图书馆学，而美国作为文化事业发达的国家，其很多图书馆方面的理念、技术和方法位居世界领先水平，通过向美国学习，可以接触到最新的理念、方法和技术。

为了展现 1980~2010 年这 30 年翻译著作的大体趋势，对这 30 年每一年的著作数量进行了统计，如图 4-1 所示。

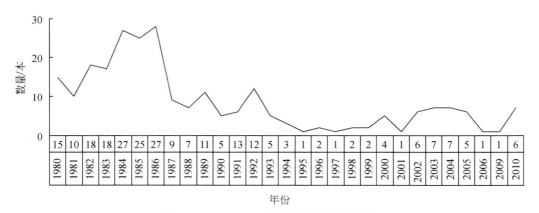

图 4-1　1980~2010 年翻译著作数量统计

从图 4-1 中图书馆翻译著作数量的统计可以看出，在这 30 年当中，20 世纪 80 年代的图书馆著作翻译出现过一个高峰，著作数量达到 167 种，占 30 年翻译总量的 66%。主要是由于我国实行改革开放，图书馆事业处于全面开放与发展时期，翻译著作也因此进入了最辉煌的时期。正是通过这些译著，了解了世界各国图书馆发展的状况以及已经取得的成果，我国图书馆事业得以快速发展。同时也正是借助于这些译著，我国学习到了国外最近的技术和理念，完成了向现代图书馆的转变。

表4-11　1980~2010年翻译著作所属国家情况一览表

单位：本

国家	1980年	1981年	1982年	1983年	1984年	1985年	1986年	1987年	1988年	1989年	1990年	1991年	1992年	1993年	1994年	1995年	1996年	1997年	1999年	2000年	2001年	2002年	2003年	2004年	2005年	2006年	2009年	2010年	合计
美国	3	1	5	1	6	5	10	2	1	3	2	6	2	1	2				1	2	1	1	2	4	1		1	6	69
苏联	3	2	3	4	1	6	4	1	1	3	1		2	1				1		1				1					35
日本	1		2	2	5	2	5				1	2		1		1						1	1	1				1	28
英国	1	4	3		2	1		3	2	2	1	1	1	2						1			2						26
法国			1					1											1			1			2				6
印度					1	1		1	1	1																			5
德国				1	1								1															1	4
加拿大			1		1																								2
比利时									1				1																2
捷克				1					1																				2
匈牙利				1																									1
新西兰					1																								1
波兰							1																						1
瑞典									1																				1
埃及																	1												1

注：排除了没有标明国家的翻译著作。1998年的2本著作因没标明所属国家，所以表中没有。另外缺少2007年和2008年的数据，下同

但是在 90 年代以后，图书馆翻译著作的数量急剧下降，并且每年译著的数量一直在 10 本以内。这一方面是因为 90 年代以来，受到版权问题及市场经济的影响，图书馆译作的出版受到了冲击，进入了低潮。另一方面是 90 年代以来，我国图书馆事业发展迅速，图书馆学相对成熟，我国自己培养了一大批的图书馆学人才，国内图书馆专著大量出版发行，这些都缩小了我国与外国的差距。

从这些翻译著作的主题来看，可以发现我国图书馆学的发展经历了由图书馆学到图书情报学再到信息管理学发展轨迹。在 1980～1993 年，出现最多的是有关情报学方面的著作，如情报检索理论研究、情报管理入门、情报检索入门、情报工作的组织、图书情报学定量方法、情报计量学等方面的著作。但是自 1993 年之后，开始出现图书馆信息科学、信息科学技术、信息检索、信息检索系统等主题词，图书馆学研究的范围越来越大，与相邻学科、边缘学科以及新兴学科的联系越来越紧密。

这一发展轨迹可以从我国图书馆学专业的改名中得到验证。1920～1983 年，我国开设图书馆学专业的学校设立图书馆学系；1984～1991 年，很多院校增设了情报学专业，很多图书馆学系改名为图书情报学系；1992 年北京大学图书馆学情报学系改名为信息管理学系，掀起了各大院系改名为信息管理学系（院）的热潮。

刘兹恒（2005）在其博士论文中曾这样论述："对国外图书馆学的翻译和介绍，开阔了中国图书馆学研究者的视野，提高了中国图书馆学研究者的图书馆学知识水平，沟通了中外图书馆学的学术交流。正是在翻译和介绍的过程中，中国的图书馆学研究者了解了国外图书馆学学科的基本理论、方法和流派；正是在翻译和介绍的基础上，中国的图书馆学研究者通过反思和实际的运用，发现了国外图书馆学知识所具有的科学性程度和适用范围，发现了国外图书馆学研究中的优点和不足，从而认识到了图书馆学本土化的必要性，并且开始在具体的图书馆学研究活动中，努力地对国外的图书馆理论和方法作出修正、改造和补充，以构建适合于中国实际的图书馆学理论、方法和技术。因此，翻译和介绍国外的图书馆学研究成果，为图书馆学本土化在中国的深化和拓展提供了基础性的条件，其意义是相当重大的"。这段描述十分精确地概括了翻译著作的重要作用。

4.4 交流之三——国际及境内外学术交流

国际及境内外学术交流的形式多种多样，有参加会议、人员交流、考察访问、书刊交换、馆员培训、项目合作等，本文图书馆学国际及境内外学术交流主要从参加、举办会议和人员交流两方面，回顾百年来图书馆学国际及境内外学术交流的历程，并对各个时期国际学术交流的特点进行分析。

4.4.1 民国时期的国际学术交流

民国时期是我国近代图书馆事业及图书馆学产生与发展时期。这一时期的国际学术交流主要以我国向西方国家学习，尤其是向美国学习为主。受国内环境的影响，图书馆界的国际学术交流形式简单、次数较少且断断续续。

1. 会议交流

国际图书馆协会联合会（简称国际图联，前称为国际图书馆及目录学委员会）是世界图书馆最具权威性和代表性的专业学术组织。中国作为国际图联的发起国之一，为国际图联的成立以及发展作出了应有的贡献。自 1927 年国际图书馆及目录学委员会正式成立以来，我国图书馆界人士积极参与国际图联事务，出席国际图联大会，与世界图书馆同行进行学术交流。

1929 年 6 月 14 日至 6 月 30 日，中华图书馆协会派清华大学图书馆馆长戴志骞博士为代表团团长、北京图书馆副馆长袁同礼以及武昌文华大学图书科高级馆员沈祖荣为代表出席在意大利罗马及威尼斯召开的第 2 届大会。中国共有 5 篇论文入选图书馆事业总计组，并在会上宣读。这 5 篇论文是：戴志骞《现代图书馆之发展》、胡庆生《中国之图书馆员教育》、顾子刚《中国图书制度之变迁》、沈祖荣《中国文字索引法》和《中国图书馆今昔观》（丘东江，2002）。

1929~1936 年，我国每年都派代表参加国际图联大会。据初步统计，先后有裘开明、胡天石、汪长炳、冯陈祖怡、俞鸿钧、余德春等代表中华图书馆协会参加国际图联大会，在了解国际图书馆事业的最新动向的同时，向世界介绍我国图书馆事业的发展状况。1937年之后，受国内战争环境的影响，我国未能按时派人参加国际图联大会。

2. 人员交流

人员交流是一种有效、直接的交流方式。民国时期，在所有国外来华人士中，以美国图书馆学家人数最多，其中最有轰动性的、具有重要影响的人物是美国图书馆界代表鲍士伟博士。1925 年 4 月 26 日下午，美国图书馆界代表鲍士伟博士到达上海，开始了为期 7周（4 月 26 日至 6 月 16 日）的考察，所到之处受到我国图书馆界人士的热烈欢迎。他先后参观考察了苏州、南京、长沙、武昌、北京、天津、济南等十多个城市和地区。他的来华，传播了西方图书馆的理念、方法和研究成果，介绍了西方图书馆的管理理念与方法，为我国图书馆事业的发展提出了宝贵的意见。

在鲍士伟来华之后，相继还有一些美国的图书馆学专家来华参观访问，介绍西方的图书馆学理念与方法，为我国图书馆事业的发展提供了建议。有施永高博士代表美国 ALA访华；美国爱欧瓦图书馆馆长；美国哥伦比亚大学图书馆学院院长兼图书馆馆长怀特博士；美国图书馆专家诺伦堡博士、沙本博士；美国 Swarthmore（Pa）大学图书馆馆长；美国图书馆协会白朗及美国国会图书馆副馆长克莱普先后来华参观访问。

此外还有法国图书馆专家莱爱尼女士，菲律宾图书馆学家美国人奥思博恩及其夫人来华参观。

同样，我国也派人员出国参观考察。民国时期的图书馆隶属于教育部，教育部及相关单位先后派李大年赴美国，杜定友赴日本，沈祖荣赴英国、法国、德国、意大利，袁同礼赴欧洲国家和美国，蒋复璁赴德国等出国考察图书馆事业。这一时期，出国考察的对象主要集中在美国、欧洲国家和日本，他们作为当时图书馆事业较发达的国家，在图书馆方面有很多值得我们学习和借鉴的地方。

4.4.2　1949~1978年的国际学术交流

新中国成立初期，由于帝国主义的封锁以及社会主义阵营与资本主义阵营的对立，我国选择社会主义道路，模仿苏联发展模式。从新中国成立到1981年恢复在国际图联的合法席位期间，我国一直未参与国际图书馆事务，也没有参加国际会议，更没有举办国际会议。这一时期的国际学术交流主要以人员交流为主，交流的历程经历了三个阶段：全盘苏化的阶段、闭关锁国的阶段以及复苏阶段。

1950年，随着《中苏友好同盟互助条约》的签订，苏联开始了对中国的全面援助，中国兴起了全面学习苏联的高潮，图书馆事业与图书馆学研究受苏联的影响很大（刘兹恒和朱荀，2010）。苏联派遣了大量图书馆学专家来华，我国也派代表团出访苏联。通过学习苏联图书馆的管理模式，缩短了当代中国图书馆活动的发展探索过程，推动图书馆事业在短时间内取得了较大的进步，具有重要的积极意义。

苏联多次向我国派出图书馆学专家介绍苏联图书馆事业的发展状况。1949~1950年，苏联档案学家米留辛分别到东北和北京参观，并介绍苏联图书馆事业及工作情况。1955年7月苏联派遣图书馆学专家雷达娅来我国工作。她于1955年7月至1957年7月在我国工作期间，对我国图书馆事业进行了考察和研究，参加各种图书馆工作会议，在各地的图书馆进修班、讲习班做专题报告，为图书馆员解答问题。1958年以A. X. 拉菲柯夫为团长的苏联科学院图书馆代表团来我国参观访问。

我国图书馆界也派人赴苏联参观考察并参加一些活动。如1957年，文化部派由左恭、杜定友、汪长炳、胡耀辉4人组成的图书馆代表团赴苏联和德国考察图书馆事业。这次考察团将其考察情况形成了一个详尽的考察报告，为我国图书馆事业的发展提供了借鉴。1962年，文化部派北京图书馆副馆长丁志刚参加苏联国立列宁图书馆成立一百周年纪念活动。

20世纪60年代初，由于中苏关系的破裂以及"文化大革命"的影响，中国图书馆事业遭受了严重破坏，图书馆学研究陷于停顿，这一时期的国际学术交流几乎中断，我国未参与国际事务，较少关注国外图书馆事业的发展状况。与此同时，几乎没有国外学者来我国参观访问。图书馆事业及图书馆学处于封闭、停滞状态。但是在"文化大革命"后期，这种状况有所好转，出现"复苏"征兆。主要有两件具有重大意义的事情。

一是中美图书馆界的互访。1972年尼克松访华，中美关系解冻，两国图书馆界迅速恢复了交流。1973年以北京图书馆馆长刘季平为团长，鲍正鹄为副团长的中国图书馆代表团出访美国，其余成员有杜克、陈鸿舜、黄宗忠等。在访美期间，先后访问了美国国会图书馆、国立医学图书馆、国立农业图书馆以及一些大学图书馆。由此揭开了中美图书馆国际交流的开端。1978年美国图书馆学会国际合作与关系委员会主席林瑟菲博士先后在天津举办研讨会，到北京、武汉、昆明等地参观并作学术报告。

二是1975年，刘国钧先生发表了《马尔克计划简介——兼论图书馆引进电子计算机问题》，这标志着中国图书馆学在停滞多年后开始复苏，又重新关注西方图书馆学事业发展的最新状况。

4.4.3　1979~2010 年的国际及境内外学术交流

伴随着改革开放的浪潮，我国经济实力日益增强，与各国恢复与重新建立了外交关系，我国在国际上的地位越来越高，这些有利条件为图书馆事业的发展提供了前所未有的空间，也为图书馆学的发展提供了更多国际交流的机会。

1981 年我国恢复了在国际图联的合法席位，之后我国参加和举办的国际会议明显增多，在国际图书馆界的地位随着我国经济、政治等多方面的发展逐步提升。并且随着海峡两岸政治关系的松动，自 20 世纪 80 年代起，海峡两岸图书馆界人士借助于参加国际会议开始了个人之间的接触与会晤。1990 年，随着台湾代表团首次来大陆参观访问，正式拉开了海峡两岸图书馆界交流与合作的帷幕。因此本文在对这一时期国际学术交流进行分析的同时，也对境内外学术交流进行了分析。

1. 国际会议

1）国际图联大会（IFLA）

1979 年中国图书馆学会成立，自成立之日起就将开展国内外学术交流，加强同国际图书馆界联系与合作，作为学会的主要任务之一。经过不懈努力，1981 年中国图书馆学会恢复了在国际图联的合法席位。此后，中国每年都派代表参加国际图联大会。

1993 年 8 月，第 59 届国际图联大会在西班牙巴塞罗那召开，北京图书馆副馆长孙蓓欣当选为 IFLA 执行委员会委员，并连任至 1999 年。此后 2001 年、2005 年和 2009 年，我国先后有吴建中、张晓林、朱强当选为 IFLA 管理委员会委员，中国图书馆人在国际图联最高管理层连续任职，表明了国际图书馆界对我国的认可，以及对我国图书馆发展的肯定。

1996 年 8 月 25~31 日，第 62 届国际图联大会在北京召开。本届大会是国际图联自 1927 年成立以来，首次在其创始国之一的中国召开的年会。大会的主题是"变革的挑战：图书馆与经济发展"。中国通过举办此次大会，向世界展示了中国图书馆事业，扩大了中国图书馆在全世界的影响。

2006 年，中文成为国际图联的工作语言，为中国图书馆学者参加 IFLA 大会提供了便利，为中外图书馆学者之间的学术交流提供了方便。这对中国来说具有重大的意义，鼓舞了更多的人参加国际图联大会的热情，也让世界听到中国的声音。2010 年第 76 届国际图联大会在瑞典哥德堡召开，中国图书馆学会首次成功申请并参加国际图联大会会前会，77 位中国代表参加了 2010 年 8 月 6~8 日在挪威首都奥斯陆举行的"享有阅读权力"卫星会议。

这些具有标志性的事件都表明中国图书馆界在国际图联中的地位越来越重要，我国图书馆事业的发展受到国际图联的肯定，这将鼓励我国继续加快发展图书馆事业，积极参与国际图联事务。

2）其他图书馆国际会议

A. 亚洲及大洋洲地区国家图书馆馆长会议

1978 年 10 月，国家图书馆馆长刘季平和澳大利亚国家图书馆馆长钱德勒等发起并组织，决定每三年召开一次亚洲及大洋洲地区国家图书馆馆长会议。会议的宗旨是交流信息、开展合作、促进亚洲及大洋洲图书馆的发展；通过合作促进欠发达国家的图书馆事业的发展；了解亚洲及大洋洲的国家图书馆的发展现状及趋势。

1979 年 5 月 14～18 日，北京图书馆副馆长丁志刚受馆长刘季平的委托，参加在澳大利亚图书馆召开的亚洲和大洋洲地区国家图书馆馆长国际会议。本次会议的主题是"亚大地区出版物资源共享"。这是新中国成立以来第一次参加的图书馆专业的国际会议。1989年和 2004 年，第 4 届和第 12 届亚大地区国家图书馆馆长会议在我国举行。该会议至 2010年已经成功举办 18 届。

B. 国家图书馆馆长会议

1974 年 1 月，加拿大国家图书馆馆长希尔贝斯特向世界各国国家图书馆发出信件，希望国家图书馆馆长们能聚在一起，讨论国家图书馆的各种问题。该倡议得到了一些国家图书馆馆长的响应。在国际图联第 40 届大会召开之前，在加拿大国家图书馆召开了国家图书馆馆长国际会议第一次会议。出席会议的有 14 个国家的图书馆馆长，重点讨论了"关于召开国家图书馆馆长国际会议的可能性"。此后，每年在国际图联大会期间均召开国家图书馆馆长会议。

1980 年 8 月，中国图书馆学会副理事长丁志刚、梁思庄应菲律宾国家图书馆馆长奎耶松的邀请，出席在菲律宾召开的国际图联大会，第一次参加了国家图书馆馆长会议。此后中国国家图书馆每年都派代表参加。至 2010 年已经举办 37 届。

C. 全球数字图书馆国际学术研讨会

全球数字化图书馆起步于早前的中美百万册数字图书馆项目（CADAL），至今已近 10年，其最终目的是数字化人类图书资源，实现任何人在任何地点和任何时候都能访问人类的知识储备。全球数字图书馆国际学术研讨会于 2005 年在中国浙江大学首次举办，之后的历年相继在埃及亚历山大、美国卡内基梅隆、印度阿拉哈巴德等地召开，2010 年的第六届会议再次回到我国的浙江大学举办。该学术研讨会有力地推动了数字图书馆技术的交流，促进了国际科技和文化合作，强化了全球数字化图书馆的影响力。

D. 亚洲数字图书馆国际会议（ICADL）

亚洲数字图书馆国际会议是亚洲人举办并且在亚洲召开的最有影响的有关数字图书馆的一年一度的国际会议。通过召开亚洲数字图书馆会议，对于加速各国数字图书馆的建设，吸收世界各国的先进经验，扩大亚洲地区的合作，增加交流和友谊起到了深远的影响。

自 1998 年在香港第一次举办以来，至 2010 年已经举办 13 届。每年轮流在亚洲国家举行，主要探讨数字图书馆相关技术、标准、实践、社会问题和未来发展趋势等，是亚洲各国交流数字图书馆技术、建设经验和研究成果的重要会议。经过多年的发展，ICADL 现已发展成为数字图书馆领域与 JCDL、ECDL 齐名的三大国际会议之一。

E. 中美图书馆合作会议

作为第 62 届国际图联大会会前会议，北京图书馆承办了主题为"全球的信息存取：挑战和机遇"的首届中美图书馆合作会议，至今已经成功举办 5 届。由中美两国轮流举行。通过中美图书馆合作会议，为中美两国图书馆界搭建了交流与合作的平台，便于了解双方的最新动向，从而促进中美两国图书馆事业的发展。

3）国际论坛

除了上面所述的国际会议之外，近年来一些国际性的论坛也为世界各国图书馆界的同仁提供了交流的机会，如亚太地区数字图书馆论坛、上海国际图书馆论坛、国家图书馆开展的"世界图书馆馆长论坛"等。

（1）亚太地区数字图书馆论坛。1997 年 9 月 22 日，由 IBM 公司倡议的亚太地区数字图书馆论坛在北京成立，包括北京大学、清华大学、北京图书馆在内的来自中国、韩国、日本以及中国香港和台湾地区的 17 所大学、图书馆和博物馆代表，成为论坛的发起成员。该论坛是一个非营利的机构，其宗旨是推动和促进数字图书馆的技术和标准在亚太地区的大学、博物馆和其他文化收藏机构中的应用。

（2）上海国际图书馆论坛。首届上海国际图书馆论坛于 2002 年在上海图书馆举行。主题是"知识导航与图书馆服务"。来自世界各地的 60 多名学者参加会议。该论坛每两年举办一次，至今已经成功举办 5 届。2010 年 8 月 24～27 日，第 5 届上海（杭州）国际图书馆论坛在浙江省杭州图书馆举行。来自 25 个国家和地区的 200 余位专家学者参加了本届论坛。论坛主题是"城市生活与图书馆服务"。

（3）世界图书馆馆长论坛。我国国家图书馆于 2006 年启动"世界图书馆馆长论坛"，至今已经成功举办 8 期。先后邀请了法国、新加坡、澳大利亚、俄罗斯、德国、美国、日本等国家的图书馆馆长作相应地报告。图书馆馆长是图书馆事业的领导者，图书馆馆长之间的交流是图书馆领域的高层次交流，他们都具有较高的文化水平，在图书馆领域都有较深的造诣，对图书馆事业的发展具有高度的敏感度，通过他们之间的交流，有利于更好地发现并解决图书馆事业中的问题，为图书馆事业的发展建言献策。

2. 国际会议的整体分析

除了参加和举办上述会议以及论坛以外，据初步统计，在 1979～2010 年，我国举办的国际会议有 79 次，参加的国际会议有 32 次①。对这些会议进行时间、主题以及国家的分析，可以看出不同时期会议主题的变化，从而把握图书馆事业发展的最新动向。

1）会议时间分析

从时间来看，20 世纪 80 年代是我国图书馆事业恢复与快速发展时期，由于我国实行

---

① 资料来源：李致忠编的《中国国家图书馆百年纪事》（1909～2009），陈源蒸、张树华、毕世栋编的《中国图书馆百年纪事》（1840～2000）、1990～1995 年的《中国图书馆年鉴》，张白影的《中国图书馆事业十年：1978～1988》，邹华享、施金炎编的《中国近现代图书馆事业大事记》以及相关网站。

改革开放，图书馆事业也走向了全面开放交流的道路，积极参加国际会议，与其他国家重新建立联系与交流。90 年代以后，随着对外交流的增多，各省（自治区、直辖市）图书馆、高校图书馆开始大量举办各种主题的图书馆专业或专题会议。进入 21 世纪以来，部分专题、专题会议出现主题化、系列化趋势，中国图书馆界逐渐成为世界图书馆交流的主要重心之一（刘兹恒和朱荀，2010）。2000 年以来，中国图书馆学会也开始对外开放，成为国际图书馆界专业交流的一个新平台。中国图书馆学会邀请世界各国的图书馆工作者来参加会议，进行学术交流，既扩大了中国图书馆学会年会的国际影响，也增加了各国图书馆之间的相互了解。

2）会议主题分析

从主题来看，不同时期图书馆界所关注的主题是不同的。1979～1994 年，国内外图书馆界关注的主题是图书情报学、情报技术、自动化、标准化等。从这些主题可以看出，这一时期图书馆界对情报学、图书情报以及情报技术的研究较多，这主要是因为情报学的诞生及发展，图书馆界开始关注图书馆学与情报学的融合，将情报学的一些技术方法用于图书馆学文献的分析之中。自动化也是这一时期探讨的一个热点问题，主要是因为随着计算机的普及，人们积极探索如何使用计算机来减轻工作负担，图书馆界也顺应实现自动化的潮流，学习和引进西方的自动化技术，加快我国图书馆自动化的建设。1995～2010 年，这个时期的会议主题集中在数字化、数字图书馆、网络文献与数字对象的保存、知识产权、古籍文献资源的保护以及数字化、元数据等方面。这主要是因为随着互联网的到来，计算机的普及应用程度越来越高，人们越来越依赖网络。随之带来的一些问题是如何将传统文献数字化，如何建设数字图书馆，如何保护这些电子资源等。此外，近年来图书馆界也开始关注古籍文献的保护，为了长期保存珍贵的古籍文献，往往通过将它们以数字化的方式来长期保存。如与英国合作的数字敦煌学项目。

从这些主题的变化也可以看出，图书馆界始终与时俱进，跟随时代发展的步伐，将最新的技术、管理理念等用于图书馆事业，不断地探索图书馆发展过程中遇到的问题，并且在国际交流中学习和借鉴他国的经验，缩小与他国的差距，加快我国图书馆建设。

3）会议参加国分析

从会议参加国来看，中美两国共同参加或举办的会议占了大多数。其会议形式主要有三种。一是共同参加国际图联大会、国家图书馆馆长会议等国际性会议。二是在两国国内举办的国际会议，1979～2010 年，我国举办的国际会议达 79 次之多，几乎都有美国代表参加。2000 年以来，中国图书馆学会年会也成为中美交流的一个新平台，美国每年都派代表参加。三是中美两国之间共同举办的会议，如中美图书馆合作会议，至今已经举办 5 届，中美数字时代图书馆学情报学教育国际研讨会至今已经举办 3 届。中美双方以此为平台，共同应对信息时代给图书馆事业带来的挑战与机遇。

3. 人员交流

1）代表团互访

人员交流的形式是多种多样的，既包括以代表团形式的团体交流，也包括个人交流。

从 20 世纪 80 年代以来，我国先后接待代表团来华参观访问共 168 次，派代表团出国参观考察共 106 次；来访国家有美国、英国、澳大利亚、日本、德国、菲律宾、朝鲜、委内瑞拉、加拿大、阿尔及利亚、意大利、智利、泰国、印度、巴基斯坦、尼日利亚、伊朗、坦桑尼亚、苏联、挪威、阿根廷、塞浦路斯、缅甸、贝宁、肯尼亚、保加利亚、匈牙利、波兰、蒙古、叙利亚、土耳其、新加坡、越南、塞尔维亚、俄罗斯、埃塞俄比亚 36 个国家和地区；出访国家有美国、英国、澳大利亚、日本、德国、菲律宾、朝鲜、委内瑞拉、加拿大、阿尔及利亚、意大利、智利、泰国、印度、巴基斯坦、尼日利亚、伊朗、坦桑尼亚、苏联、叙利亚、肯尼亚、罗马尼亚、保加利亚、捷克、荷兰、缅甸、匈牙利、瑞士、埃及、比利时、卢森堡、法国、南斯拉夫、土耳其、葡萄牙、墨西哥、阿根廷、波兰、塞内加尔、加纳、乌兰巴托、新加坡、俄罗斯、以色列、法国、新西兰 46 个国家和地区。

其中来访次数和出访次数较多的有美国、日本、英国、澳大利亚、苏联、俄罗斯等国家。

对这些来访与出访的代表团进行进一步的分析，1979～1989 年这 10 年间，出访与来访最多的国家是美国，其次是日本、英国、澳大利亚等国家。1990～2010 年，随着我国图书馆事业的发展以及在国际上的地位，我国不仅继续保持着与美国、日本、英国、澳大利亚等图书馆事业较发达国家的交流与联系，而且我国与韩国、朝鲜、伊朗、俄罗斯、新加坡等国家的交流与联系也越来越紧密。

从整体上来看，20 世纪 80 年代是我国图书馆事业全面发展，与各国建立新的联系与交流的时期，图书馆界的对外交流处于一个全面化、多元化的阶段。90 年代以来，随着计算机以及网络时代的到来，合作与交流显得尤为重要，我国图书馆界保持着 80 年代对外交流的良好势头，继续与世界上其他国家开展交流与合作，人员之间的交流与合作越来越频繁与紧密，与很多国家形成了定期会晤，定期互访的交流机制，双向交流机制也正在逐步形成与完善。

2）个人讲学

除了代表团形式的人员交流外，个人讲学、参观访问、学术报告等也是十分普遍的交流形式。这一时期应邀到我国讲学的专家有 98 人，其中美国的图书馆学专家占大多数，共有 66 人，占总量的 67.34%。其中有一些人不止一次在我国讲学，如林瑟菲博士、斯图尔特教授、帕尔默博士、海格博士以及美籍华人李华伟博士、李志钟博士以及刘智钦博士等。

首先，在这些来华专家中很多都是美籍华人，如著名的图书馆学家李华伟、刘钦智、吴文津、严文郁、李志钟等，他们虽身处国外，但仍关心祖国图书馆事业的发展，他们来华讲学，介绍国外的图书馆情况，为沟通中外图书馆的交流，为我国图书馆事业的发展作出了贡献。

其次是日本的图书馆学专家，如井上如、川崎良孝、前川恒雄、中井浩、石井五良、木村寿年等。此外还有英国、法国、德国、荷兰、匈牙利、委内瑞拉、加拿大、澳大利亚、西班牙等国著名的图书馆学家或图书馆馆长来我国参观讲学。他们的到来，为我国图书馆界了解国外图书馆事业发展状况，学习和借鉴他国图书馆建设经验，也加深了国内外图书馆学者之间的了解与友谊。

3）人员培训

为了学习国外最新的技术，派人员出国参加培训是一个简单有效的途径。为了进一步提高员工的业务水平和能力，加速国际化人才的培养，2007年国家图书馆首次选派10名人员赴美国国会图书馆接受为期一个月的专业培训，自7月1～28日，代表团参加了22场专题讲座，内容涵盖了服务开展、标准研究、资源建设、长期保存、馆藏介绍、工作组织、系统架构等多个方面。

2009年7月，由国家图书馆选派10名员工组成的培训团赴美国国会图书馆进行为期28天的有关数字图书馆理论与实践方面的培训。在美培训期间，培训团成员共参加40余场专业讲座培训，包括由国会图书馆亚洲部组织的14场讲座，由国会图书馆其他部门组织的10余场讲座和由访问的其他图书馆组织的10余场讲座。

除了赴国外参加培训外，世界各国的图书馆学者也纷纷来华，帮助我国图书馆员了解和掌握国外图书馆新技术。目前这种培训项目影响较大的要属"中美图书馆员专业交流项目"。该项目于2008年启动，为中美图书馆员之间的交流提供了很好的平台。该项目包括"图书馆馆长专题交流"、"图书馆职业教育专题交流"、"图书馆技术专题交流"、"图书馆专业普及交流和中文信息共享平台试点"等5个子项目组成。该项目对于提高我国图书馆工作人员的业务素质和文化水平，增强中美图书馆之间的相互了解，推动中美图书馆员之间的交流具有重要作用。

4. 合作与交流项目

这一时间段内的交流有个明显的特点，就是人员交流的正规化、定期化，一般以协议、意向书等形式将两国之间的交流规定下来，建立了一些实质性的交流与合作项目，有利于双方之间长期的交流与合作，从而构建了良好的双边交流机制。

早在1985年，中国图书馆学会与英国图书馆协会以两会协议的方式签订了1986～1988年交流与合作项目，作为两国间文化协定项目外的补充。商定中英双方每两年互派代表团一次，交换两会专业出版物等，这成为中国图书馆学会与其他国家签订类似协议的先例。在1990～2010年这种交流与合作形式越来越普遍，我国先后与美国、英国、韩国、法国、俄罗斯、新加坡、澳大利亚等国家建立了这种交流与合作项目。

随着数字时代的到来以及人类想要长久保存纸质文献的愿望，数字化成为一种时代选择。而大量的纸质文献以及电子文献如何长久的保存始终伴随着人们的实践工作中，是急需解决的问题。从这些交流与合作项目的主题来看，数字化、数字图书馆成为当前图书馆界的热点问题，很多项目都是围绕数字化或是数字图书馆的建设展开的，如2002年国际敦煌学项目——数字敦煌中文网站开通仪式在国家图书馆举行。国际敦煌学项目的合作旨在将中英两馆馆藏中所有敦煌手稿编目到数据库中，对大量手稿进行数字化，通过交互式万维网数据库将资源免费提供给中英两馆的读者及全世界学者。2008年文化部部长蔡武和美国总统人文委员会主席阿黛尔·比灵顿在美国国会图书馆共同签署了《中国国家图书馆与美国国会图书馆世界数字图书馆合作协议》。2009 年国家图书馆与哈佛大学图书馆签署善本数字化协议签约仪式。根据双方协议，国家图书馆将负责向该项目提供资金和技术支持并承担数据质量控制工作，哈佛大学图书馆负责提供技术设备并承担中文善本古籍的数字化、元数据制作、数据传递工作。

5. 境内外学术交流

境内外学术交流主要是指中国大陆与台湾、香港、澳门等地区图书馆界的学术交流与联系。20 世纪 80 年代以来，随着我国与世界各国图书馆界普遍建立了联系与交流，我国内地与台湾图书馆界的联系也正在以个人会晤的形式进行着，为海峡两岸的正式交流奠定了基础。

海峡两岸图书馆界的正式交流始于 1990 年。1990 年 9 月 2～20 日，应中国图书馆学会的邀请，以中国台湾师范大学教授王振鹄为团长的台湾地区图书馆界赴大陆图书馆参观团一行 14 人在北京、天津、上海、杭州、武汉、广州等城市进行参观访问，与大陆图书馆界学者进行广泛接触与学术交流。此次是海峡两岸图书馆界隔绝 41 年之后在大陆的首次交流，对海峡两岸的图书馆界来说具有重大的意义。此后，海峡两岸图书馆界自参观访问开始，加强了双方的接触与交流，奠定了两岸间相互了解的基础，形成了以举办学术研讨会、人员交流为主要形式的学术交流局面。

1）学术研讨会

海峡两岸举办的学术研讨会主要有：海峡两岸图书资讯学术研讨会、海峡两岸儿童与中小学图书馆学术研讨会、海峡两岸大学图书馆建筑学术研讨会等。

A. 海峡两岸图书资讯学术研讨会

1993 年 12 月 13～15 日，首届海峡两岸图书资讯学术研讨会在上海华东师范大学举行。这次活动是海峡两岸图书馆界首次联手举办的大型学术交流活动。海峡两岸图书资讯学术研讨会至 2010 年已成功举办 10 届，为海峡两岸图书馆界搭建了一个交流平台。

B. 海峡两岸儿童与中小学图书馆学术研讨会

为加强海峡两岸少年儿童图书馆与中小学图书馆业务合作与学术交流，1995 年 8 月 21～23 日，由天津市少年儿童图书馆与台湾世界华文儿童文学资料馆联合举办的首届"海峡两岸儿童与中小学图书馆学术研讨会"在天津召开。这次会议是 1995 年海峡两岸图书馆界的重要交流活动，是我国数量最大、从业人员最多的图书馆类型——儿童与中小学图书馆界的一次盛会，海峡两岸的儿童图书馆和中小学图书馆专家学者 50 余人参加了会议。此类研讨会至 2010 年已经成功举办 8 届。

C. 海峡两岸大学图书馆建筑学术研讨会

海峡两岸图书馆界与建筑界的交流活动起始于 1999 年在台湾淡江大学召开的海峡两岸图书馆建筑学术交流会议。大会以"变化中的图书馆和图书馆建筑"为题，共同探讨了信息时代图书馆建筑的发展趋势，交流了图书馆建筑建设的经验。海峡两岸大学图书馆建筑研讨会自 2006 年第 1 届的成功举办，至 2010 年已经举办 4 届。通过两岸图书馆界与建筑界的学术交流，为两岸的学者提供了很好的信息平台，促进了两岸大学图书馆建筑的持续发展。

D. 中文文献资源共建共享合作会议

1998 年 3 月，第四届海峡两岸图书资讯学术研讨会在广州举行，除了海峡两岸的图书馆界人士外，还邀请了香港图书馆人士参加。这是香港首次参加海峡两岸的学术会议。1998 年 6 月，由香港岭南大学主办，广州中山大学资讯管理系协办的"区域合作新纪元——海峡两岸图书馆与资讯服务研讨会"在香港召开。这次会议是在香港已经回归祖国和澳门即将回国祖国的新形势下举办的，中国图书馆界的一次盛会，促进了中国图书馆学界的交流与联系，并且在会上决定筹备"中文文献资源共建共享合作会议"。

该会议是以中文文献为主轴的国际合作会议，是迄今中文图书馆界最具代表性的盛会。会议的主旨是研讨跨地域的中文文献资源共建共享问题，意在通过具体的合作项目逐步实现中文文献资源共建共享，推动全球中文图书馆和中文资源收藏机构之间的交流与合作。会议每年召开一次，由各地轮流承办。

2000 年第一次会议在北京召开，具有重要的意义。这次会议是将 20 世纪 90 年代以来的海峡两岸四地图书情报界的合作与交流正式拓展到国际层面，旨在通过具体合作项目带动中文文献资源共建共享的逐步实施，标志着全球中文文献资源共享已从理论的探讨发展到现实操作的新阶段。该会议至 2010 年已经成功举办 8 届，为海峡两岸四地以及国际图书馆界提供了一个交流的机会。

2) 人员交流

1990 年台湾图书馆界一行来大陆参观访问，开了海峡两岸图书馆界正式交流的先河。1993 年 2 月 19 日，大陆图书馆界、图书情报教育界派出了著名学者、专家王振鸣、史鉴、庄守经、彭斐章、陈誉、周文骏教授一行 6 人，应台湾大学图书馆学系主任及图书馆学研究所所长吴明德教授的邀请，赴台湾进行为期 14 天的学术交流和参观访问。这是大陆图书馆界首次赴台交流，从而海峡两岸图书馆界的交流开始了由单向走向双向的新的历史阶段。海峡两岸人员交流主要有互邀讲学或参加会议、参观访问与考察等形式。

A. 互邀讲学或与会

台湾大学李德竹教授应南开大学邀请、台湾著名学者胡述兆应北京大学、武汉大学邀请先后来大陆做短期讲学；大陆方面有谭祥金、黄宗忠等先后应邀赴台进行短期讲学。通过这些专家学者的短期讲学，可以促进海峡两岸图书馆界的相互了解与交流。

先后邀请台湾顾敏教授参加"1998 全国情报学研究生学术研讨会"，邀请台湾胡欧兰教授、杨美华教授参加"现代图书馆管理与服务"报告会。我国大陆先后有上海交通大学图书馆杨宗英教授以及郑巧英副研究馆员应台湾新竹交通大学邀请，参加"数字图书馆学术交流会"。北京图书馆任继愈馆长等一行，应台湾法鼓大学邀请参加学术研讨会，并参观图书馆设施。

B. 参观访问与考察

先后有台湾汉学研究中心主任庄芳荣一行到北京图书馆、天津图书馆、陕西图书馆等地参观考察，台湾高校及科研机构图书馆代表团一行在淡江大学资料图书系邱炯文主任率领下到国家图书馆参观访问。

1996 年 11 月初，谭祥金到台湾进行为期 3 个月的学术考察，主要目的是对海峡两岸的图书馆事业和图书馆学情报学教育进行比较研究。2002 年广东省公共图书馆赴台考察团到台湾进行为期 10 天的访问，举行了"海峡两岸公共图书馆经营实务座谈会"。

此外，2009 年 11 月 16 日在深圳举办的"公共图书馆研究院成立大会"。该研究院第一次聘请了海峡两岸四地 58 位专家为研究员，台湾"中央图书馆"前几任馆长李志钟、王振鹄、庄芳荣和现任馆长顾敏、胡述兆、李德竹等均被聘为研究员（谭祥金，2010）。

随着香港、澳门的相继回归，近年来也加强了与澳门、香港等地的合作与交流。

2005 年广东省图书馆学会与澳门图书馆暨资讯管理协会联合在珠海召开"广东图书馆学会——澳门图书馆暨资讯管理协会新千年年会"，会议主题为"21 世纪的图书馆事业：数字化网络化与信息资源共享"。2008 年 9 月，为增进澳门大学图书馆与海峡两岸学术图书馆的合作与交流，澳门大学图书馆举行"澳门大学图书馆与合作图书馆联席工作会议"。

2005 年 5 月，香港图书馆学会会长陈丽业女士率领香港图书馆学会代表团一行 23 人在北京进行为期三天的参观学习。2008 年 4 月，由香港大学图书馆和汕头大学联合主办的第六届图书馆领导国际研修班在汕头大学学术交流中心举行。2008 年，中国图书馆学会派代表参加香港图书馆协会 50 周年纪念大会。会议主题为"回顾与前瞻——资讯世界中的亚洲图书馆"。

4.5 结　语

纵观这一百年来的中外图书馆学交流，可以发现图书馆事业的发展是与社会环境、经济发展等因素紧密相关的。图书馆事业作为一项公共文化事业，受到现实条件的约束。在这一百年中，我国图书馆事业的发展既有快速发展时期，也有遭到破坏，甚至是停滞不前的时期。这都归因于当时国内外环境的影响。

20 世纪 20～30 年代是我国近代图书馆由古代藏书楼向近代图书馆转变的快速发展时期。但是 1937～1949 年新中国成立前，由于国内战争的影响，图书馆事业遭到破坏，发展较为缓慢。1949 年新中国成立之初，我国效仿的是苏联模式，学习列宁图书馆事业的建设经验，图书馆事业在 20 世纪 50 年代处于一个快速发展的阶段，但是由于 60 年代国内的"大跃进"以及十年"文化大革命"，给刚建立的图书馆事业带来了严重的创伤。80 年代以来，我国实行改革开放，图书馆事业在对外开放的浪潮中发展起来。我国图书馆事业在吸收借鉴国外图书馆建设的同时，也在不断地尝试将其本土化，使之适应我国的环境。随着计算机技术以及互联网的发展，这些新技术给图书馆事业的发展带来了挑战与机遇，因而图书馆事业处于一个快速发展、瞬间万变的时期。

在中外图书馆学交流历程中，不得不提的人物是韦棣华。她是我国图书馆学的先驱人物，被黎元洪称为"中国现代图书馆运动之皇后"。1910 年，创办"文华公书林"，韦棣华亲任图书馆总理，这是我国最早的具有公共性质的图书馆之一。1920 年，韦棣华与沈祖荣等创办了文华大学图书科。1929 年，该科独立为文华图书馆学专科学校，这是中国第一所独立的图书馆学校。她先后派沈祖荣、胡庆生去美国留学，专门学习图书馆学。1925

年，韦棣华参加了美国图书馆协会和英国图书协会的有关活动，为我国图书馆事业的发展以及中外图书馆学的交流作出了巨大的贡献，促进了我国图书馆学的产生和发展。

本章从三个方面分别阐述中外图书馆学的交流方式，包括留学生、翻译著作、国际学术交流。留学生作为中外文化交流的一个载体，在我国图书馆事业的发展中发挥了重要作用，特别是早期的那些留学生，如沈祖荣、胡庆生、袁同礼、戴志骞等，他们是最早出国学习图书馆学的一代人，也是最早传播西方图书馆学思想的一代人。第一代留学生通过在国外的学习，掌握了西方图书馆学的知识，在归国后积极将这些知识用于中国的图书馆事业，并注重结合中国的实际情况，为我国图书馆事业以及图书馆学的发展作出了重大的贡献。

在近百年的图书馆学留学史中，出现过 20 世纪 20～30 年代的留美热潮、20 世纪 50 年代的留苏热潮以及 80 年代的留美高潮。20 世纪早期的留学生，大多数都是留学美国，主要是因为美国拥有较为先进的图书馆学学校，并且随着第一代留美学者的归来，他们积极宣传美国的图书馆学思想，激起更多的留学生前往美国留学。这些留美者为我国近代图书馆的确立与发展作出了巨大的贡献，是我国近代图书馆事业的奠基者与 "拓荒者"。新中国成立之初，图书馆事业百废待兴，选择向苏联学习列宁图书馆的建设经验，多次向苏联派遣留学生，20 世纪 50 年代掀起了一股留苏热潮。这一时期的留学生为新中国图书馆事业的建立与发展作出了贡献。20 世纪 80 年代以来，随着我国改革开放浪潮的推进，经济、政治方面得以改善，我国在国际上的地位提高，留学生也越来越多，留学去向也越来越丰富，但仍以美国为主，在国内掀起了一股留美热潮。美国作为当今世界上文化、经济等各方面较为发达的国家，一直深受留学生的喜爱。

著作的翻译是了解他国图书馆概况、学习他国图书馆事业建设经验的有效手段，也是沟通中外图书馆学的桥梁。著作翻译在这百年中出现过两个转变和三次高潮。第一个转变是民国时期，从翻译日本的著作，到翻译美国的图书馆学著作。在近代图书馆事业发展中，我国最初是取法日本，翻译了许多日本图书馆学著作。但是随着研究的深入以及第一代留美学者的归来，认识到日本的图书馆学归根到底源自美国，于是我国开始转而翻译美国的图书馆学著作。第二个转变是在新中国成立之后，由翻译苏联的图书馆学著作，转而翻译美国的图书馆学著作。1950～1979 年在我国翻译的图书馆学著作中，苏联的著作占了绝大多数。但是 20 世纪 60 年代伊始，随着中苏关系的恶化，翻译苏联著作的数量开始减少。80 年代以来，我国翻译多个国家的图书馆学著作，但以美国为主。三次高潮是指：1925～1937 年的第一次翻译高潮，以美国的图书馆学著作居多；1953～1959 年的第二次翻译高潮，以苏联的图书馆著作居多；1980～1989 年的第三次高潮，以美国图书馆著作居多，其次是苏联、日本、英国等国的图书馆著作。

纵观百年来我国图书馆学国际学术交流的历程，可以得出，开放与交流是图书馆学发展的动力，合作与交流是图书馆学发展的途径，闭关锁国必然导致图书馆学的封闭僵化。

民国时期，虽然由于国内环境的影响，但是我国仍积极参与国际事务，尽可能地与国际图书馆界建立联系与交流。我国是国际图联大会的发起国之一，自 1929 年到 1936 年每年都派代表参加国际图联大会。此外民国时期的人员交流主要以美国图书馆学家来华参观讲学为主，为我国图书馆事业和图书馆学发展提供建议。

新中国成立之初，我国选择苏联模式的发展道路，学习和借鉴列宁图书馆的建设经验，与苏联的交流较多。苏联多次派图书馆学专家来华指导工作，宣传苏联图书馆建设经验。与此同时，我国也派代表团赴苏联考察，并形成了考察报告，为新中国图书馆事业的建设提供参考。但是随着中苏关系的恶化以及"文化大革命"的发生，我国几乎没有参加国际会议，与国际图联的联系中断，处于闭关锁国的状态。

20 世纪 80 年代以来，随着我国实行改革开放，恢复了在国际图联的合法席位以及中国图书馆学会的成立，我国对外交流呈现出全方位、多层次的特征，积极参与国际事务，与世界各国进行沟通交流，双向交流机制逐步形成。不仅参加国际会议，而且举办国际会议，将国外图书馆界专家学者邀请到国内来，促进中外学者的了解与认识，建立长久的交流合作关系。不仅接待国外的代表团、邀请国外学者来华讲学，而且也多次派代表团出国参观考察，了解他国图书馆发展状况，开阔视野，学习与借鉴他国的经验。90 年代以来，中外图书馆界人员交流发生了重大的变化。代表团的互访越来越频繁，双向交流机制形成。同时交流形式也发生了变化，除了代表团的互访、参加年会、讲学等一般形式之外，出现了合作与交流项目、定期交流会晤机制、图书馆馆长交流与图书馆馆员交流等多种人员交流形式。

总体而言，80 年代以来，我国对外交流呈现出多向、多国的特征。一方面与美国保持着良好的交流关系，从参加和举办会议的国家来看，从代表团来访或个人来华讲学来看，美国是次数及人数最多的。美国因其经济、文化等方面的优势，图书馆理论、方法以及实践等方面都处于世界领先水平，通过与美国图书馆界的交流与合作，可以了解世界图书馆事业及图书馆学的发展状况，学习最新的图书馆技术与方法。另一方面，我国与日本、韩国等亚洲国家建立了长期的交流与合作关系，定期会晤机制形成，双方每年都会派代表团互访，通过这种定期交流的机制，促成双方之间长期的合作。此外，与英国、德国、法国、澳大利亚、意大利等欧洲国家也有一定的联系与交流，通过出国考察，或邀请他们来华参观等方式，学习和了解欧洲等国的图书馆经验。

值得一提的是，20 世纪 90 年代伊始，海峡两岸因为同文同种，开始建立交流与联系，随着相互之间了解的加深，海峡两岸四地的交流活动开始活跃起来，并且随着交流次数的增多，交流层次的深化，交流双方逐步形成了双向交流的机制。

通过这些广泛的学术交流活动，沟通了中国与其他国家以及境内外图书馆界的相互联系，开创了中国图书馆界与多国和境内外图书馆界广泛交往的局面，加深了我们与各国和境内外图书馆工作者的了解和友谊。同时通过参观访问、考察其他国家和境外图书馆事业及参加各种学术活动，开阔了视野，学习到了一些有益的经验，也了解到国际以及境外图书馆事业发展的动向，这为我国图书馆事业的发展提供重要的参考和借鉴。

我国图书馆学发端于 20 世纪初，至今已有百余年的历史，纵观图书馆学发展的历史可以发现，图书馆学和图书馆事业的发展史就是在不断学习、吸收、消化与融合西方图书馆学的历史。并且在留学生、著作翻译、国际学术交流这几个方面都是反映中外图书馆学交流的镜子，每一时期中外图书馆学的交流状况都会在这三个方面有所体现，也正是通过这三个方面，我国不断地学习国外图书馆理论与实践，从而发展自身的图书馆事业和图书馆学。

附录（按获得学位的时间顺序）

民国时期留学生博士目录汇总表

中文姓名	英文姓名	获得学位	毕业院校	获得时间
戴志骞	TAI，TSE-Chien	PH. D	爱荷华大学	1925
	论文题目：Professional education for librarianship			
刘国钧	Liu kwoh-chuin	PH. D	威斯康星大学	1925
	论文题目：The problem of meaning in contemporary American and British philosophy			
桂质柏	KuEI Chih-ber	PH. D	芝加哥大学	1931
	论文题目：Bibliographical and administrative problems arising from the incorporation of Chinese books in American libraries			
查 修	CHA，Lincoln HSiu	PH. D	伊利诺伊州大学	1933
	论文题目：Liability in the law of aviation			
谭卓垣	TAAM，Cheuk-woon	PH. D	芝加哥大学	1933
	论文题目：The Development of Chinese libraries under the Ch'ing dynasty，1644-1911			
裘开明	Chiu，Alfred kaiming	PH. D	哈佛大学	1933
	论文题目：A Study of the sources of Chinese agricultural statistics of collecting data and their findings about rural economic conditions			
吴光清	Wu，kwang-Tsing	PH. D	芝加哥大学	1944
	论文题目：Scholarship，book production，and libraries in China（1618-1644）			
钱存训	TSIEN，Tsuen-Hsuin	PH. D	芝加哥大学	1957
	论文题目：The pre-printing records of China，a study of the development of early Chinese inscriptions and books			

资料来源：袁同礼编的《中国留美同学博士论文目录》（1905～1960）中的有关资料

下篇
学科范式之萌芽与嬗变

第 5 章　从边缘到中心：信息管理研究的学科范型嬗变

　　如果要寻找一个能比较完整反映现代学科演化"规律"性特征的学科，"信息管理"是一个极好的样本。这个领域欧美称为"library and information science"，中国台湾学界一般翻译为"图书馆与资讯科学"。我国学界对应的学科名比较混乱，1992 年国家颁布的"学科分类与代码"一级学科名是"图书馆、情报与文献学"，包含图书馆学、情报学、档案学和博物馆学四个二级学科。1997 年经国务院学位委员会学科评议组审核的《授予博士、硕士学位和培养研究生的学科、专业目录》的相关一级学科名为"图书馆、情报与档案管理"。在 1998 年颁布的《普通高等学校本科专业目录》中，与之相关的本科招生目录有三个：信息管理与信息系统、图书馆学、档案学。我国从事这些学科研究和专业教育的学系一般称为"信息管理系"、"信息资源管理系"。在本文中，我们把包含图书馆学、情报学、档案学等二级学科的这个学术领域称为"信息管理研究"。对于情报学、图书馆学、档案学的研究范型或者研究范式的研究，海内外学界文章并不少见。目前的微观研究比较多，但是具有图书馆学、情报学、档案学视野，讨论学科范型的类型、流变极其复杂动因的文章尚不多见。本章欲以信息管理研究学科范型的变迁及其动因为主要研究内容，借以讨论现代人文社会学科变迁的"规律性"特征。

5.1　作为"辅助"与职业训练科目的图书档案情报学科

　　信息管理研究目前发育比较完善的学科是情报学，但是早期学科基础主要是图书馆学和档案学。虽然"图书馆学"一词最早由德国图书馆学家马丁·施莱廷格（Martin Schrettinger，1772~1851）于 1807 年提出，但是真正确立这门学科历史地位的还是美国人麦维尔·杜威（Melvil Dewey，1851~1931）。1876 年，美国建国 100 周年的时候，美国的图书馆工作者创办了 *American Library Journal*，1877 年改为 *Library Journal*，杜威任首任主编。1876 年 10 月 4~6 日，美国图书馆员在费城集会，会议通过了成立美国图书馆学会（American Library Association，ALA），杜威任首任秘书长。他任这一职务长达 14 年，直到 1890 年当选会长为止。1887 年，在哥伦比亚学院设立了图书馆管理学校（School of Library Economy），开了世界图书馆学教育的先河（Wiegand，1996）。大致可以说 19 世纪末到 20 世纪初图书馆学基本上独立于其他领域，成为一门独立的学科。但是，把图书馆学看成是一门辅助学科的观点一直流传下来，直到 1934 年，金陵大学著名教授刘国钧（1934）在中国图书馆学的经典——《图书馆学要旨》中还指出："图书馆学是教育学和社会学的一支。但图书馆学也可以说是一切研究任何学术所必需的工具。"

　　就学科建制而言，近代档案学教育机构的出现比图书馆学还要早一点。1821 年，法国国王路易十八颁布了建立文献学院（也有人译为档案学院）的法令，主要课程是古文书学和古文字学，1822 年就停办了，在学科发展史上并没有多大影响。它与 1854 年奥地利维也纳成立的"历史研究院"，1894 年德国马尔堡档案学院是欧洲档案教育史上著名的三代档案学院。档案学的教学机构出现比图书馆学教学机构早，试图提出独立的"档案学"也比图书馆学早。1804 年，德国学者约瑟夫·奥格一本论述文书分类的著作用了一个引人注目的书名——《一种档案学理论思想》。1806 年，德国档案工作者又出版了《档案学和登记室学》杂志，但该杂志很快夭折，直到 1834 年，一些德国档案工作者又创办《档案学、古文书学、历史》杂志，使用了档案学的概念，但这个杂志 1836 年就停刊了。直到 1885 年，法国历史学家朗格鲁在巴黎出版的《国际档案馆、图书馆和博物馆》杂志创刊号上发表"关于档案学的科学"一文，提出档案学应当是一门独立科学的见解（吴宝康，1988）。但是，在整个欧洲的 19 世纪，档案学都是作为历史学的辅助学科面目出现的，并没有自己独立的学科地位。

在中国，图书馆学和档案学也一直是弱小的学科，在 1949 年之前，档案学根本没有取得独立学科的地位，图书馆学的状况要好一点。1913 年，南京金陵大学在文科开设图书馆学的课程，而第一所图书馆学校则是 1920 年成立的武昌文华图书馆专科学校，其后有上海国民大学图书馆学系、金陵大学图书馆学科（辅修系）、江苏省立教育学院民众教育系图书馆组、上海图书馆学校、国立社会教育学院图书博物馆系，以及国立北京大学图书馆专修科等。1949 年后，武昌文华图书馆学校在院系调整时并入武汉大学。20 世纪 50 年代前期，除武汉大学、北京大学外，北京文化学院、中国科技大学、西南师范学院、吉林师范大学都曾先后创办过图书馆学专业，但是到 50 年代后期只有武汉大学、北京大学两个图书馆学系外，其余都先后停办了。（吴仲强等，1991）直到 1978 年以后图书馆学与图书馆教育才有新的大发展。1980~1990 年，中国的图书馆学专业的数量从两个增加到 52 个。这 52 个专业分布在全国各地的综合性大学、师范大学、医科大学、工科院校、农业大学等各类高等院校中（吴慰慈，2005）。

1934 年，武昌文华图书馆专科学校设立档案管理特种教席，标志着我国档案教育的问世。1939 年，该校兼办一年制的档案讲习班，1940 年正式改为两年制的档案专科，1947 年后又改为三年制。1946 年，殷钟麒等在重庆创办了一所私立的崇实档案函授学校。可以说，档案学教育是图书馆教育的副产品，没有自己独立的学科地位。1949 年以后，由于档案工作的需要，1952 年，中国人民大学创办档案专修班，1955 年在此基础上成立历史档案系（吴宝康，1988）。档案学在历史门之下获得了历史学辅助学科的地位。这正如吴宝康先生（1986）指出："建国前，曾经实际上存在着档案学是历史学的一门科目的观点。建国后，我们在学习和借鉴外国特别是苏联档案学的知识过程中，也曾接受过档案学是历史科学的一门辅助科目的观点，也就是说认为档案学是一门辅助科目，属于历史科学。直到目前，国外持这种看法的人还是不少的。"

1938 年，国际文献联合会（FID）成立。1943 年，布拉德福发现了"布拉德福定律"。如果以这两个具有深远影响的学术事件为起点，情报学已经走过了半个多世纪。"在半个多世纪的历程中，情报学经历了历史发展的四个里程碑：文献规律的研究和文献加工；机器自动查找情报；情报系统的建立和数据库的出现；信息管理的结构转变。在其发展过程中，情报学理论、情报技术和情报事业活动构成这个领域发展中的三大基本内容。"（卢太宏，1990）在国际情报学诞生 40 余年之后，中国在图书馆学、档案学基础上，诞生了情报学专业教育。1978 年，武汉大学创办了科技情报专业，招收了第一届科技情报专业本科生。在此之后，吉林工业大学、北京大学、西安电信工程学院、南京大学等一批院校相继建立了情报学专业，情报学教育在全国兴起（吴慰慈，2005）。

如果从研究内容和教学内容看，虽然出现了图书馆学、档案学甚至情报学的划分，20 世纪的大部分时间，这些学科即使挂了"××学"名称，本质上还是一种"术"。1911 年，梁启超（2004）说："近世泰西，学问大盛，学者始将学与术之分野，厘然画出，……学也者，观察事物而发明其真理者也；术也者，取所发明之真理而致用者也。"图书馆与情报学、档案学的主要内容，主要集中在工作方法、工作经验、职业训练程序方面。主要课程包括图书的分类编目、读者的服务方法、参考服务、文献检索、藏书建设、档案整理、档案保护等。图书馆学教育主要是为图书馆工作提供合格的馆员，档案学教育主要训练合格的档案工作人员，情报学教育主要是各级各类科技情报研究所培养资料调研管理人员。着眼点还是职业训练。如果说 20 世纪 90 年代以前整个学科处于人文社会科学的边缘地位，应该不是什么太脱离实际的判断。

5.2 "内在理路"——提升学术地位的学科范型嬗变

库恩在《科学革命的结构》中指出，科学的成长并不必然是直线积累的，相反地，它大体上是循着传统与突破的方式在进行着。所谓"传统"是指一门科学的研究工作，在常态情形下，具有共同遵循的基本假定、价值系统以及解决问题的程序。而所谓"突破"，则指一种科学传统积之既久，内部发生困难，尤其是对新的事实无法做适当处理。当这种困难达到一定的程度时，这一门科学的传统便不可避免地要发生基本性的变化，换言之，即"科学革命"。科学革命一方面突破了旧传统，另一方面又导向了新传统的建立，使研究工作进入一个全新的阶段（余英时，2004）。这个"传统"也就是库恩的所谓范型。"范型"有广义狭义之分：广义的范型是指一门学科中特定共同体的全套信念、价值和技术等构成的整体。（托马斯·库恩，2003）所谓学科信仰和价值也就是人们常说的不同学科的学科意识。凡是认同社会科学的学科，无不把实证主义作为自己的基本技术路线。学科意识、技术路线可谓学科范型。狭义的范型是指示范性的以往成就，一代宗师的成就本身就是学科学术成就的范型。范型和科学共同体有密切的关联，一个范型就是一个科学共同体的成员所共有的东西，而反过来，一个科学共同体由共有一个范型的人组成。大多数职业的科学家都能即刻回答出他们所属的共同体。一个科学共同体由同一个科学专业领域中的工作者组成。在一种绝大多数其他领域无法比拟的程度上，他们都经受过近似的教育和专业训练；在这个过程中，他们都钻研过同样的技术文献，并从中获取许多同样的教益。通常这种标准文献的范围标出了一个科学学科的界限，每个科学共同体一般有一个它自己的主题。一个范型支配的首先是一群研究者而不是学科领域（托马斯·库恩，2003）。

简单地说学科范型是一个研究领域内的学者共同体共享的认同与经验。一个领域内的学者共同体认同自己的学术传统与学术纪律（价值层面）、传统的学术典范（实体层面），这种认同程度的高低和学科的独立性与边界的清晰性关系密切。一个共同体内部学术经验的共享性是保证学科认同延续性的基础。在现代社会，随着学术工作的职业化，一个学术共同体内部虽有分歧，但是，他们却有着更为密切的利益联系。所以，每个学术共同体都希望自己从事的领域学科化、学术化，能在现代学术地图中占据中心地位，信息管理领域也是如此。

1887 年，杜威在哥伦比亚大学（当时还叫"哥伦比亚学院"）创办图书馆学校，哥大校长 Barnaed 默许，但是校董事长 Charles Silliman 反应激烈，他虽然无法阻止图书馆学校开学，但是却利用校舍委员会主席的身份，禁止图书馆学校在哥大教室上课。杜威只好在一间储藏室内上课。"由于招收女生，自始未经董事会的明确认可，加以又无经费、设备及场所，因此举世第一个图书馆学校，事实上只是哥伦比亚大学的一个'违法制造的单位'（bootleg unit）。"虽然连生存都感到如此困难，杜威并没有忘记要提高图书馆学的学科地位。第一学期结束以后，杜威向哥大董事会提出几项建议：①将 School of Library Economy 改为 School of Library Science；②将校长、图书馆长及担任教学的所有讲师，列入其教员名单中；③规定该 school 的入学资格，以大学毕业生或经考试及格者为限；④请董事会授权该 school 得授予 B. L. S.（图书馆学学士）M. L. S.（图书馆学硕士），及 D. L. S.（图书馆学博士）学位。但是哥大董事会明确否决了这几项提议，不同意改名为 School of Library Science 的理由是"图书馆学是种技艺，非一门科学。"（It is an art，not a science.）（胡述兆，1998）

哥伦比亚大学董事会的理由并非空穴来风，杜威图书馆学校的主要课程结构体现在三个方面：第一，要求学生具备某些"特质"，这体现在学生入学申请表格中（比如，健康、教育、外语、个人阅读倾向、图书馆经验、所属的教会出席教会生活的频率）（Wiegand，1996）；第二，特别重视图书馆管理能力和发展满足图书馆用户信息需要的专业技能的实践环节的训练；第三，培养学生决定图书馆公众读什么的"权威性"，也就是对读者的阅读辅导能力。他要求图书馆学校教授文献书目学的教师，重点讨论最好的作家、翻译作品、论文和主要的学会、协会及其出版物。正如 Wiegand 指出，杜威这种紧密面向图书馆实际工作的课程体系，实际上剥夺了图书馆员指导大众阅读的权威性，也限制了图书馆员成为一种类似律师那样高深职业的潜在能力。因为杜威对"图书馆员"职业未来的盲目的乐观主义，他无法看清这种课程体系的缺点（Wiegand，1996）。也就是说，杜威一方面想把图书馆学校变成哥大的一个正式学术单位，但是其完全是技能性训练的课程体系无法获得精英主义的大学董事会成员的支持。这无疑告诉图书馆学这个学术共同体需要把自己的学问变得高深莫测，弄得像一门"科学"，才能挤进科学的圣殿。而图书馆本身的工作实践在 20 世纪的大部分时间里并没有提出这样的要求，图书馆学的进步基本上来自于图书馆学家们提升自己学术地位的努力。20 世纪 20 年代，图书馆学的芝加哥学派搞出了一套完全脱离图书馆工作的高深理论体系，就是这一努力最好的例证。

芝加哥大学是 1892 年才成立的大学，但是，由于洛克菲勒的慷慨支持，首任校长哈珀（William K. Harper）的精心擘划、广聘名师，芝加哥大学很快成为美国研究型大学的典型（郭为藩，2006）。在学术史上以芝加哥学派命名的有：芝加哥社会学派（Chicago School of Sociology）、芝加哥建筑学派（Chicago School of Architecture）、芝加哥经济学派

（Chicago School of Economics）、芝加哥文学批判学派（Chicago School of Literary Criticism）、芝加哥电视学派（Chicago School of Television）。至于图书馆学的"芝加哥学派"，虽然为当今信息管理研究领域所公认，但是，还没有获得整个人文社会科学界的认同。就存在的时间段而言，图书馆学的芝加哥学派和社会学的芝加哥学派存在一个潮起潮落的先后顺序。社会学的芝加哥学派出名于1915年，20世纪30年代初，随着领军人物帕克的退休和职业社会学家的反叛，加之宏观社会背景的变化，第一个芝加哥社会学派退出了历史舞台。第二次世界大战后到60年代是所谓"第二个社会学芝加哥学派"时期。前后两个社会学芝加哥学派的理论取向和研究路线有所不同，前期强调社会心理学和城市社会学的研究，强调田野调查。第二个芝加哥学派在理论上继承米德开创的符号互动主义思想；在方法上则倡导使用生活史、自传、个案研究、日记、信件、非结构性访谈和参与观察等一系列定性研究路径（周晓虹，2004）。图书馆学的芝加哥学派大致从1928年芝加哥大学成立具有博士学位课程的图书馆学院开始，到60年代结束。这个时段也是芝加哥大学社会学派鼎盛、失落与中兴的时期。但是，我们并不能说图书馆学的芝加哥学派完全从社会学的芝加哥学派派生而来，这两种学派之间的联系还缺少实证的研究。只能说，芝加哥大学社会学派的鼎盛给图书馆学院的师生们提供了一个可以"模拟"的榜样，他们希望图书馆学也能获得类似社会学那样崇高的学术地位。如果我们了解芝加哥大学的校史，还必须注意，1929年，年仅30岁的耶鲁法学院院长赫钦斯（Robert M. Hutchins，1899～1979）出任芝加哥大学第四任校长，他非常反对大学课程的反智主义、职业主义（vocationalism），强调学科知识并不完全涵盖人类智慧，大学教学必须重视科际学识与文明精华。他的《知识社会》（1968）一书，使他被誉为倡导知识社会的先知先觉（郭为藩，2006）。

赫钦斯主政时正是芝加哥大学与芝加哥大学社会学派的鼎盛期，无疑会给1928年成立的年轻的图书馆学院追求学科化、学术化提供良好的外部环境。置身于美国最著名的研究型大学里的图书馆学院如果不能提供高度学术化的研究与教学，无疑是无法生存的。芝加哥大学图书馆学院一直到1942年为止，是美国唯一提供博士课程的图书馆学院。芝加哥大学图书馆学院不少来自社会学经济学等学科。这批人对图书馆业务并不熟悉，他们把原来学科的信念和研究方法带入图书馆学。日本学者小仓亲雄认为这一做法使芝大图书馆学院身份倍增，同时也大大提高了图书馆学的科学地位（范并思等，2004）。巴特勒（P. Bultler，1886～1953）先后获得过哲学、文学和神学等学位，芝大图书馆学院成立时应聘讲授印刷史课程，1933年，他出版了《图书馆学导论》，这本书在长达40年里一直是最主要的图书馆学理论教科书。他指出，图书馆人对自己职业理论方面的忽视是不可思议的，他的研究方法基本上是社会科学的方法，他抓住图书馆作为社会的一种现象，试图以社会、心理学、历史的方法解释图书、读书和知识传播，其中关于读书的研究是作为读书科学展开的，而知识传播的问题是作为通讯论和社会认识论继承发展的。这些方面可以说是芝加哥学派的传统（袁咏秋和李家乔，1988）。韦普尔斯（D. Waples，1893～1978）曾在哈佛大学、宾夕法尼亚大学分别获得文学硕士与教育心理学哲学博士学位，是芝大图书馆学院创办时期的四位教师之一。他的最大贡献是把社会科学中通行的实证主义的研究方法完整地带入图书馆学领域，1939年，他出版了《图书馆问题调查》系统总结了自己近10年对实证主义图书馆学研究方法的探讨。他的这种规范的社会科学实证主义研究方法影响了几代芝大图书馆学学生（范并思等，2004）。伯埃尔森（B. Berelson）是韦普尔斯的学生，他把科学社会学的内容分析方法引入图书馆学，用来分析读书和知识传播问题。1941 年，他的博士论文《舆论决定要因与传播媒体的关系》通过对报纸等印刷媒体中新闻标题内容出现频率的定量分析，论证了社会焦点问题及舆论的形成与印刷媒体的相关性。他的方法显然是标准的社会科学定量研究方法。这种方法的使用并非是无心插柳的结果，没有长时间的训练和主动的追求是达不到这个水准的。伯埃尔森指出图书馆学要成为一门"硬知识"，成为社会科学认同的学科，就必须采用和主流社会科学一样的方法。他指出：图书馆学研究的程序必须是公开的，所有设计的假说、设计、概念都必须是经过明确定义的。研究方法和研究结论都必须是可以交流的、研究的经验数据是"能够公开获得的"。数据的收集必须是客观的。研究的结果也必须是可重复的，可"证伪"的。图书馆学的知识必须是系统化的，可以累计的，研究成果可以用于解释、理解和预测图书馆现象。（范并思等，2004）伯埃尔森这些话无疑是对图书馆学芝加哥学派最好的总结。我们也可以看出，美国图书馆学提升图书馆学学术地位的主要路径是"图书馆学的社会科学化"。

比较而言，中国的信息管理学科学术地位更为低下，档案学在 1949 年以前还没有产生，情报学直到 1978 年以后才算真正登上学术舞台，如果把 1920 年武昌文华图书馆专科学校的成立作为中国图书馆学诞生的标志，那么在 1920～1949 年，中国图书馆学提升自己学术地位的主要路径和美国所走的"社会科学化"完全不同。因为历史学一直是中国的强势学科，相反，1949 年以前的中国社会科学相对而言非常弱小，1949 年以后，社会学、法学、政治学、经济学作为资产阶级社会科学基本上逐出大学的学科建制，所以中国图书馆学提升自己学术地位的路径不可能是"社会科学化"，而是"历史学化"。有清一代，考据学鼎盛，目录、版本、校勘、训诂之学达到了一个前所未有的学术高峰。概而言之，这些学问都是一种文献研究。它们和现代图书馆学有一种天然的亲缘关系。所以当现代西方图书馆学进入中国后，中国第一代图书馆学家们很快发现这两者可以很好地结合起来。比如，西方图书馆学核心之一是"图书分类学"，而当时的中国学界把分类学看成是目录学的一部分。蒋元卿指出："目录学者，学中第一紧要，读书之唯一门径也。"他说："类居部次之法，实可为目录学之灵魂也。"（蒋元卿，1937）本来第一代中国图书馆学家们的国学根底深厚，当他们用现代图书馆学方法组织中国传统材料时，得心应手，产生了一批重要的成果，中国的图书馆学笼罩了浓厚的史学氛围。刘国钧这位中国图书馆学大师，同时就兼任金陵大学文学院院长，这种崇高的地位是美国图书馆学家不敢想象的。中国现代图书馆学可以追溯的源头有两个：一是武昌文华图书馆专科学校，二是金陵大学图书馆学专修科。刘国钧就是后者的灵魂人物，他除了《图书馆学要旨》这本名著之外，还对中国书史、中国印刷史、中国哲学史作出了重要的贡献。李小缘这位获得美国图书馆学学士、教育社会学硕士学位的学者，早年就以《英国国立图书馆藏书源流考》著名（李小缘，1988），后又积十余年功力编辑了《云南书目》，（李小缘，1988）该书至今被史学界看成是研究西南史地、对外关系的经典。著名史学家王绳祖评价说："它提供的资料达三千种"，"尤其可贵的，是《云南书目》著录了好几百种外文资料"，"以内容而论，《云南书目》可谓囊括古今，网罗巨细，的确是国际目录学的一项优秀作品。"（王绳祖，2007）

王重民的敦煌学、目录学史、古籍善本研究在民国学术史上占据重要地位。余嘉锡的《目录学发微》（1912）、《古籍校读法》（1912）、《四库提要辩证》（1935）、王献唐的《关于图书学之一部》（1930）、裘开明的《美国哈佛大学哈佛燕京学社汉和图书馆汉籍分类目录：历史科学类》（1930）、袁同礼的《永乐大典现存卷目表》（1932）、姚名达的《目录学》（1934）、《中国目录学史》（1938）、杜定友的《校仇新义》等都是吸收了中国传统学术的图书馆学现代经典。这些著作的影响也不局限在图书馆领域，至今对历史学、文学和哲学史的研究尚有影响。中华图书馆协会的机关刊物——《图书馆学季刊》也发表了大量的基于中国传统学术的图书馆学成果，各种古代专题书目、地方书目近 20 余种。笔者统计南京大学馆藏《图书馆学季刊》的借阅者发现，1949 年以来，南大借阅该刊主要是中文历史等系科的师生，这说明它的影响力和影响范围之大。

如果说 1949 年之前，中国图书馆学界提升学科学术地位的路径是"史学化"，那么，1949 年之后的情况不同。1978 年之前，从事图书馆学研究教学的人太少，研究成果太少，加上政治化的学术环境，图书馆学能够存在已属万幸，所以看不出提高学术地位的特别努力。1978 年图书馆学恢复以后，学科弱小，地位低下的状况并没有改变。大致在 20 世纪 80 年代前期，"文化大革命"后培养的本科生和研究生走上高校教学研究岗位，他们对学科学术地位状况不满，他们认为图书馆学、档案学还没有摆脱职业训练的水准。但是，他们推动学科范型改变的路径已经不是"史学化"，而是从自然科学和管理学吸取理论方法，系统论、信息论、耗散结构论一时成为图书馆学、情报学主要的理论基础，但是，喧嚣退去，回顾 20 世纪 80 年代的研究成果，和这三论有关的而能存留在学术史上的屈指可数。可以说以"自然科学理论"改造图书馆学、档案学的取向基本上是失败的。

20 世纪 90 年代以后，信息管理研究领域进入了多元的、众声喧哗的时期。"图书馆学、情报学、档案学"这个少见的一级学科名就说明它缺少共同的理论基础，维系学科统一性的因素主要是技术与建制。图书馆学、档案学、情报学的主要技术手段都是计算机信息系统与互联网。这三个学科是历史地被安排在共同的大学教育建制之中，这也是维系学科统一性的重要因素。其实，从事信息系统开发的情报学和从事中国图书史研究的亲缘性还远不如与计算机专家、历史学家亲缘性密切，可是这些毫无共同语言的学者们就处在一个学科之中。从整个一级学科看，90 年代以后情报学一枝独秀，在学科内部，图书馆学、档案学被进一步边缘化，或者说，图书馆学、档案学逐步被情报学化。数字图书馆、电子文件管理这些和情报学关系密切的领域得到大的发展。图书馆学、档案学情报学化，1992 年"情报"改"信息"后，情报学进入信息管理阶段，其实就是情报学的计算机科学化，情报学靠近了知识地图的中心位置，图书馆学、档案学也搭便车往知识地图的中心靠近一些。整个"学科范型"已经计算机科学化，管理学化。从招生就业看，信息管理系往往好于文、史、哲这些老牌学科，似乎近 100 年来提升学科地位的努力已经达到目的。可是，在图书馆学、档案学科目名称变换的同时，学术共同体自身的知识结构无法完成相应的转化，"新瓶装旧酒"，到使图书馆学、档案学的传统特色面临丧失的危险。整个学科范型面临认同缺失，分崩离析的局面。可是，这个过程已经不是学科范型嬗变的"内在理路"可以解释清楚的。

5.3 "外在理路"——社会信息化 与技术推动的学科范型嬗变

学科范型的嬗变不是完全从"内在理路"可以解释得清楚。上文提到，美国图书馆学学科嬗变的路径是"社会科学化"，而中国图书馆学、档案学学科嬗变的路径是"史学化"，但是，这种解释基本具有局限性。美国图书馆学20世纪70年代以后，学科的嬗变主要不是出自学术共同体内部的推动，而是信息技术发展的外部因素的拉动，学科发生了"情报学化"转型。而中国这个过程发生了类似的转型，这个转型发生在20世纪90年代。中国传统的图书馆学、档案学的转型更为剧烈，而且导致这场转型的因素比美国更复杂。其中的因素包括：社会因素，可以说中国图书馆学、档案学的转型是整个社会市场化、信息化转型的一部分；技术因素，计算机技术，尤其是互联网的发展是导致学科转型的重大因素。

20世纪50年代，美国进入信息化社会，计算机文献检索技术发展很快，出现了"研究用电脑或类似的自动装置处理或传送信息的科学"（姚健，1997）。美国图书馆界很快把这种技术引进图书馆工作，开始了图书馆学的又一次提升自己学科地位的努力。"从60年代早期起，图书馆学院不断变革，将情报学和文献学的新研究成果整合到图书馆学核心课程中。"（Carroll C E，1970）1962年，美国匹兹堡大学首先将图书馆学院改为图书馆与情报学院（the Graduate School of Library and Information Sciences），这一改动迎合了信息技术发展的大潮。在现有的ALA认定的图书馆学院中，1990年，美国88%的图书馆学院的院名中含有"Information"一词。

院系名称的改变反映了美国图书馆学界对信息技术变革的敏感性，也是美国进入信息社会后图书馆工作转型的需求。图书馆工作在进入网络时代后，记录格式、存储方式、管理方式、服务方式都发生了深刻的变化，这种变化就是图书馆工作的"计算机化"与"网络化"，这个过程就是一个information化的过程，图书馆的所有业务都必须在这个基础上进行重组。类似的过程发生在图书馆学内部就是以情报学化为基点进行学科的重组，也就是我们前面反复提到的图书馆学、档案学的情报学化。1982年，美国对62所图书馆学院进行调查，发现各学院信息处理方面的课程大幅增加，其中计算机编程、信息检索课程增加最多。到20世纪90年代，很多图书馆学院已经不再把传统的"图书分类编目"列在核心课程之中，相反，图书馆自动化、图书馆网络、软件编程、数据库技术、数据分析和管理、信息系统、信息咨询、组织信息系统分析、局域网、互联网、信息政策等课程大量出现在课程表中。大多数图书馆情报学院已经不把图书馆员和档案馆员作为唯一的培养目标，而是转向培养更多公共机构需要的人才，培养能满足商业和政府机构管理信息需求的人才上来。据有关统计表明，自20世纪90年代中期以后，美国每年约有15%的图书馆员到其他行业工作，平均每6个图书馆学院毕业生中至少有两个不在图书馆工作，而塞伦对487名信息服务人员工作性质的调查时发现，73.51%的人曾在各类图书馆工作过，并拥有图书馆学学位。这些被调查者中目前有11.07%的拥有自己的公司，8.83%是无固定职业的图书馆员，88.5%从事固定的工作。具体分布如表5-1所示。

表 5-1　前图书馆员的新工作

工作性质	比例/%	工作性质	比例/%
管理性工作	29.57	信息经纪人	10.06
咨询员	21.77	书目编纂	9.65
研究人员	19.10	编目员	7.06
营销/促销	18.20	档案管理	6.78
编辑	17.45	图书评论	4.11
信息管理员	17.04	出版商	3.70
用户服务	14.58	文摘员	3.29
标引员	10.88	故事员	0.82
教师/培训人员	10.68	图书经销商	0.41
系统分析员	10.27	其他	12.73

　　上述数据反映引入情报学成分以后美国图书馆学情报学院对美国社会信息化进程的适应程度，反过来，社会信息化也必然导致这个学科的进一步转型。相反，如果不能应对这场深刻的社会与技术变革，那只有被淘汰。从 1976 年到 1992 年，美国有 20 所图书馆学院关门，包括非常著名的芝加哥大学图书情报学院、哥伦比亚大学图书馆学院，究其原因不外是缺乏财政支持和对信息业发展的忽视。随着 IT 行业的飞跃式发展，20 世纪 80 年代以后，美国对这个行业提供了大量就业机会，相应地，大学也产生了信息科学与管理信息系统等系科专业，如信息系统、信息和系统科学、通讯和信息系统、管理信息系统等专业。不过，一些图书馆学院虽然加上了 Information 的招牌，但是却没有抓住机会开设与信息科学有关的科目，也没有鼓励学生到这些领域就业。据美国《图书馆杂志》的一份年度报告统计，修读图书馆学情报学学位的学生，从 1970 年到 1990 年这 20 年中大部分还是到图书馆就业（范并思等，2004），如表 5-2 所示。

表 5-2　图书馆学院毕业生在图书馆就业比例

年份	比例/%
1975	78.2
1986	86.6
1991	95.6

　　表 5-2 的数据并不能完全说明问题，其实图书馆学情报学学院学生到图书馆就业率的提高，也可能是因为图书馆本身信息化程度的提高，需要吸收大量既懂图书馆学又懂信息技术的人才，图书馆学学生当然成为图书馆吸纳人才的首选。但是，并不排除是因为图书馆学院对新技术的忽视导致关门歇业的情况。20 世纪 90 年代以后，随着互联网的飞速发展，这种情况已经发生很大的改变，正如上文提供的数据表明 6 个毕业生中已经有两个不

在图书馆就业。

总体而言，美国图书馆学界对社会信息化和信息技术冲击的反应是主动的。整个学科范型的转变是顺应时代发展要求的，从图书馆自动化到网络时代的数字图书馆理论与技术，从单一为图书馆、档案馆培养人才到面向社会信息管理的需求。如果不能说图书馆学情报学已经成为当代学科群中的中心学科之一，那么，至少必须承认，这个学科已经从边缘向知识地图的中心迈进了许多。学科范型在社会需要和技术推动这些外缘因素的作用下也发生了巨大的改变。

中国的图书馆学、档案学也面临着同样的社会信息和信息技术冲击的环境。面对这些外缘性的学科发展机遇，应变的更为主动积极。1978 年，中国图书馆学界就创办了科技情报学专业，学科内部也发生了图书馆学、档案学、情报学化的趋势。20 世纪 80 年代中后期，计算机技术迅猛发展和在社会生活中日益普及，尤其是 90 年代以后 IT 行业和互联网的发展，完全改变了图书馆学、档案学、情报学的生存环境，整个学科范型开始迅速转型。1992 年，国家科学技术委员会把"科技情报"改为"科技信息"，这一改动理顺了多年来的名不符实的困惑。Information 在英文中原本语义非常清晰，据 1995 年版的《兰登书局韦氏大学辞典》列举：①关于某一事实或情形的知识；②通过学习、交流、研究得到的知识或数据；③为公众提供消息的服务或雇员；④通知、告知；⑤起诉；⑥信息论中指消息的可能变数；⑦存储、输入、输出阶段的计算机数据。这个词早在 1350～1400 年就在出现了，并非一个新词。

Information science 是指用计算机研究、存储、管理信息的科学（Random House，1991）。信息是数据处理的产物，知识则是信息与人类经验及分析能力相结合的副产品。这个语义清晰的词在 20 世纪 50 年代却被翻译成"情报"，完全歪曲了原意。这个翻译也是有意的误读，目的可能是为了提高传统的图书馆学、档案学的学术地位。在长期的军事斗争和政治斗争中，情报在中国是具有特殊含义的，可是，随着长期的和平环境和信息技术的发展，"情报"没有"信息"吸引人了。"信息"如日中天，1992 年的这个改名恰逢其时，真是神来之笔。图书馆学、档案学、情报学界心领神会，北京大学图书馆学情报学系立即改名为"信息管理系"，全国学界很快跟进，不久，全国相关系科几乎全改名为信息管理系或者信息资源管理系。但是，就学科名而言一些资深的情报学家反对把情报学改为"信息学"，所以就出现了怪事。1998 年的《普通高等学校本科专业目录》中，情报学已经不招本科生，改为信息管理与信息系统、图书馆学、档案学。"信息管理与信息系统"有本科专业，却没有相应的研究生专业，也就是到了研究生和博士生阶段还保持"情报学"。这种学科建制很不像成熟的人文社会科学，一般而言，本科专业都是大口径的，然后到研究生阶段再细分。比如，历史学系，本科就是大历史学专业，到了研究生阶段才按照二级学科，如古代史、近现代史、世界史分别培养。这是学科发展与教育的一般规律。但是，违背这个规律必然要付出代价，在信息管理系，"信息管理与信息系统"这个专业大有吃掉图书馆学、档案学的趋势。"信息管理与信息系统"的课程已经全面渗透到图书馆学与档案学。图书馆学、档案学教学的传统科目和"信息管理与信息系统"基本雷同（表5-3）。

表 5-3　××大学信息管理系图书馆学、档案学、信息管理本科专业核心课程

图书馆学核心课程	档案学核心课程	信息管理核心课程
经济学	经济学	管理学原理
管理学原理	管理学原理	系统原理与方法
系统原理与方法	系统原理与方法	概率与统计
信息导论	信息导论	信息导论
程序设计语言	程序设计语言	程序设计语言
信息传播技术	信息传播技术	信息传播技术
信息检索 I	信息检索 I	信息检索 I
信息存储与组织	信息存储与组织	信息存储与组织
Internet 实用技术	Internet 实用技术	Internet 实用技术
文献学	文献学	计算机图像处理
图书馆现代化管理	档案现代化管理	管理信息系统与软件工程
信息检索 II	文献保护与复制技术	信息检索 II
文献保护与复制技术	档案管理学	信息分析与研究
文献资源建设	科技档案管理学	大学物理及实验
目录学	科技文件工程学	

资料来源：××大学网站

表 5-3 揭示了学科范型转变的信息。首先，无论是图书馆学、档案学还是信息管理与信息系统，它们的学科理论基础已经既不会像芝加哥学派那样以"社会学"等基础，也不会像中国传统的以"历史学"为基础，而是以"经济学"和"管理学"为基础，学科的理论基础已经管理学化。目前，整个学科已经被划入管理学领域，修读信息管理系课程的学生已经拿管理学的学位。这其实是学科范型的重点变革。其次，课程设置的科目已经符合 Information science 的标准定义（指用计算机研究、存储、管理信息的科学）和欧美 Information science 几乎完全一致了。就学科而言，图书馆学和档案学已经基本被整合进"情报学"（Information science）。另外，从 21 世纪以来的办学实践来看，信息管理的学生就业面的确拓宽，社会认同程度提高了。学科范型的转换基本完成。

5.4　结语：音调未定的转型之路

雅斯贝尔斯（2007）说："大学是在一个制度架构之内完成它的任务的：科学研究、教学、学术训练、沟通。"学科就是基本的制度之一。任何学科都想在知识地图中占据中心地位，因为学科与知识地图中心的距离及其所处的位置决定了该学科作为"文化资本"的含金量，决定该学科的师生可以在学术社会里可以获得资源的质量与数量。正如 P. 布尔迪厄所说，学科之间的差异反映了社会差异，数学、物理学、经济学等被认为是最重要、最高贵的标准学科，不仅神话了这样一些学生："他们常常来自社会地位和文化资本都相对优越的家庭。"而且这样的学科也神化了这些学科的教授们，使他们在大学里享有

"自如的特权"（P. 布尔迪厄，2004）。所以，任何学科都想在知识地图中争取中心的位置，都存在一个从边缘向中心渐进的过程，这个过程在一定意义上说也是学科范型嬗变的过程。

学科范型的嬗变存在两个路径，一是内在的理路，主要是学术共同体通过自身的学术积累不断突破学术发展的瓶颈，在这个积累过程中，弱势学科总是向强势学科学习，从理念到研究方法进行的"模拟"。现代社会科学就是模拟自然科学的结果。信息管理学科，是从图书馆学这样一种职业训练科目中发展而来的，它的发展过程，如果从内在理路看，欧美走的是模拟"社会学"等实证社会学科的路径，中国走的是模拟"历史学"的路径。另外一个学科范型嬗变的路径是基于外缘性因素给予的机遇，也就是"外在理路"，社会信息化和信息技术的发展，给信息管理领域提供了极好的机遇，推动着学科范型的转变。往往外在的因素力量更为强大，正如我们常说的话——"社会生产力是决定一切的因素"，当社会存在这样的需要，而且科学技术的发展提供可能，那么，与之相适应的学科必然获得巨大的发展。信息管理学的产生正是如此。

问题在于学科范型转变的内在理路与外在理路并不可以截然分开。外在理路往往需要通过内在理路起作用，学术共同体的数量与质量是决定内在理路能否顺利发展的关键。目前，我国的信息管理研究学术共同体自身的学术视野与知识结构并不能很好的担负学科转型的历史使命。尤其是传统的图书馆学者、档案学者，他们的知识并未完全更新，这样即使有外在因素的有力推动，学科范型转变也步履艰难。图书馆、档案馆、情报资料工作虽然亦已信息化，但是，传统的业务模式并未基本改变，也就是说除了信息管理，这些部门还需要经过专门训练的文献管理、文件管理、古籍管理人才，一般"信息管理"专业毕业的学生还无法很快适应这些部门的工作，这也是图书馆学、档案学某些传统科目存在的现实依据。学科制度本身也是一个学术共同体再生产的机制，如果学术共同体觉得学科范型的转变危及自身的生存，不管是外在理路还是内在理路都会遇到学术共同体的阻断。目前，信息管理领域情报学的一枝独秀，已经危及到图书馆学、档案学的生存，这些学科在信息管理学化的同时，也在酝酿新的发展方向。比如，图书馆学开始回归历史学的路径，大力开展出版史、文献史、编辑学等。档案学中对知识管理的开辟，已经表现出良好的势头。到底学科范型如何进一步转变，尚未确定，统一的信息管理学学科的诞生还有待时日。

第6章 图书馆学视野中的文献学①范式

6.1 引　言

中国古代典籍之多，居于世界之首。单是《中国古籍善本总目》一书，就著录了除台湾地区以外中国各省（自治区、直辖市）公共图书馆、博物馆、文物保管委员会、大专院校和中等学校图书馆、科学院系统图书馆、名人纪念馆和寺庙等 781 个单位的藏书约 6 万多种，13 万部。此外还有大量古籍善本书散落在日本、美国、欧洲等国家和地区的图书馆、博物馆中。至于一般性的古籍，那更是数不胜数。

比如，中国国家图书馆，其古籍馆由原来的国家图书馆善本部和北海分馆合并而成。古籍馆藏有 27 万余册中文善本古籍，其中宋元善本 1600 余部；164 万余册普通古籍，其中有万余种地方志及 3000 余种家谱；3.5 万余件共 16 种少数民族语言的民族语文文献；还有 3.5 万片甲骨实物、8 万余张金石拓片以及 20 余万件古今舆图。古籍馆还藏有 2.5 万余册外文善本，其中包括反映西方早期书籍形态的摇篮本。另外，古籍馆还藏有 3 万余件新善本，主要内容包括辛亥革命前后的进步书刊、马列经典著作的早期译本以及革命文献、近代名家手稿等。

上海图书馆馆藏历史文献有 370 万册。中文古籍线装书共约 170 万余册。其中善本 25 000种 17 万册，属国家一、二级藏品 2256 种 13 526 册。另有 5400 余种 9 万余册地方志，8000 余种 10 000 余册清代朱卷等。

再以南京图书馆为例，其历史文献部主要收藏 1949 年（即新中国成立之年）以前印制、书写而成的各类文献资料的部门。现共有历史文献图书、报刊 230 万册，其中古籍约 160 多万册，目前已整理约 100 万余册，含善本 10 余万册，包括宋元刻本近 200 部，明清刻本近 7000 部。南京图书馆所藏历史文献仅次于中国国家图书馆和上海图书馆②。

图书馆存在着如此之多的古籍善本图书，那么作为图书馆的工作人员，在日常的图书馆工作中，难免会接触到与古籍相关的工作，包括古籍普查、古籍编目、古籍保护等。同时，各级公共图书馆还负有保存和研究本地地方文献的责任。中国作为一个有着五千年历史文化的文明古国，各省、市都保存有大量的地方文献。对这些地方文献进行整理和研究，也是十分必要的。

---

① 本章中的"文献学"特指与图书馆学有关的文献学，以文献目录学、图书史与藏书史研究为主要内容。若为单纯的文本考证，或具体的专科文献学，则归于具体的学科，不在本章所讨论的范畴之中。

② 本节中有关图书馆的古籍藏书数据均来自于该图书馆的官方网站介绍。

因此，在中国当代的图书馆学教育中，纳入中国古典文献学的教育，十分必要。关于文献学在图书馆学教育中所占的地位，北京大学信息管理系王余光教授有过深刻的论述。他认为："如果我们把计算机及相关技术作为一种工具，那么文献学应当是图书情报与档案管理的重要基础。进一步说，文献学教育对于图书情报与档案管理学科教育而言，就是专业的古典教育。这一教育不仅给予学生关于图书文献的基本知识，更重要的是给予学生一种图书文化、价值与传统。这或许可以说，图书情报与档案管理学科，作为一种应用学科，在技术层面上，是没有国界的，但在思想、文化、价值、传统上，是有国家、民族或区域特色的。而文献学教育，正体现了这一特色。"（王余光，2012）

在中国图书馆学正规教育的90年中，文献学及相关课程一直是这个专业的基础课程。早在文华图专时期，该专业就开设了与文献学相关的中国目录学、中国版本学等课程。20世纪50～80年代，北京大学与武汉大学的图书馆学系，也开设了相当数量的文献学及相关课程。由此，王余光（2012）教授着重强调："由于技术的因素，在图书情报与档案管理本科教育中，文献学及相关课程大幅减少，有些教学单位甚至取消了这方面的课程。我以为，这正是图书情报与档案管理教育中基础不扎实的重要原因。"

关于文献学的讲授范围，王余光（2012）教授也有自己的心得与体会，他认为，"在图书情报与档案管理学科中，中国文献学应当讲授：①文献知识与重要文献；②文献价值与社会性；③文献整理，内容包括对目录、版本、校勘、辨伪、辑佚、类纂等方法的介绍。在本科阶段，只开设基本知识的介绍，到研究生阶段，再以专题设课，以满足图书馆一些特殊岗位的需要。现在不少图书馆重视特色收藏、战略收藏、地方文献、家谱、古籍保护与利用等，但图书馆学专业的学生并不能胜任这些方面的工作。④文献整理成就的总结与文献学家。"

另外以图书馆界的学人为例，著名版本目录学家沈津先生，在1960年就职于上海图书馆善本组时，就开始追随顾廷龙先生学习目录学和版本学。他后来在版本目录学界所取得的巨大成就，是与在图书馆中接受的文献学教育分不开的。中山大学资讯管理学院教授、图书馆馆长程焕文（2009）也说："因为从事图书和图书馆史教学和研究的缘故，我时常涉猎目录学、版本学、文献学领域的著述，关注这些领域的人物和事情。"

在近代图书馆学出现以前，可以说中国古代的图书馆学都属于文献学的范畴，包括目录学、版本学、校雠学等。1925年6月2日，梁启超（2005）在中华图书馆协会上演讲时也谈道："学问无国界，图书馆学怎么会有'中国的'呢？不错，图书馆学的原则是世界共通的，中国诚不能有所立异，但中国书籍的历史甚长，书籍的性质极复杂，和近世欧美书籍许多不相同之点，我们应用现代图书馆学的原则去整理他，也要很费心裁，绝不是一件容易的事。从事整理的人，需要对于中国的目录学（广义的）和现代的图书馆学，都有充分智识，且能神明变化之，庶几有功。这种学问，非经许多专门家继续研究不可。研究的结果，一定能在图书馆学里成为一独立学科无疑。所以我们可以叫做'中国的图书馆学'。"

这所谓"中国的目录学（广义的）"，事实上就是我们现在所讲的中国古典文献学。可见，在图书馆学的学科体系与研究范式中，文献学占有着极为重要的地位。中国近现代的图书馆学，本身就有着两个重要的源头：一是中国源远流长的古典文献学的传统，二是世界领先的欧美图书馆学的东渐。民国时期的图书馆学课程也大量讲授有关目录学、图书史、版本学、藏书史等文献学的课程。中国的图书馆事业，乃是从古老的藏书楼发展而来。清末民初时期还处于从古代藏书楼向现代图书馆的转型阶段。中国文献学与西方图书馆学的交汇融合，才形成了现代的有中国特色的图书馆学。

下面，本章就按文献目录学、图书史、藏书史三个部分，分别介绍中国图书馆学视野中的文献学。

6.2　中国图书馆学视野中的文献目录学

6.2.1　中国图书馆学中的古典文献目录学

古典文献目录学是文献学的重要组成部分，在近代图书馆学产生以前，可以说它就是中国古代图书馆学的全部。古典文献目录学是一门源远流长的学问，产生于文献整理的活动当中。经过汉代刘向、刘歆，宋代郑樵，清代章学诚等目录学家的发展与完善，形成了以"辨章学术、考镜源流"为核心的中国古典目录学。对此，武汉大学彭斐章教授总结道："古典目录学的特点是注重文献整理，在历史的长河中，经过大批目录学家的努力，创造了如书序、叙录、解题、辑录、类例、注释、书目著录、通检等一系列有效的目录学方法，积累了丰富的融校雠活动、版本活动、目录活动于一体的实践经验，总结了与那个时代需要相适应的藏书、校书、征书、辑佚、揭示图书的一般原理与知识。目录学从整理文献的专门实务发展为读书治学的入门之学，正好说明目录学的学术价值与历史地位，同时，也进一步说明目录学自产生以来就是致用的一门学问。然而，在目录学强调技术方法和实用性的同时，理论研究有所忽视，显得比较薄弱，直到 20 世纪，才逐步进入理论建设与发展阶段。"（彭斐章，2008）

在近代，缪荃孙（1844~1919）对目录学的变革做出了重大的革新。他是清末民初图书馆事业的先行者、文献学大家。他于光绪三十三年（1907）创办江南图书馆，宣统三年（1911）创办京师图书馆，可谓近代图书馆事业的身体力行者。山东大学杜泽逊教授对他评价甚高："光宣之际迄于民初，言藏书，言版本校雠，言目录碑版，当推江阴缪艺风荃孙为大宗。"（杨洪升，2008）邓之诚也说："光绪以来，先生流略之学，海内推为第一。"（杨洪升，2008）

缪荃孙在文献学上的最大贡献，乃是创立了程式化的编目方法。缪氏一生编写藏书目录众多，除了自己的《藏书记》和京师图书馆的善本书目外，晚年居沪以后，仍在大量替别人编目，为简化工作流程，创立了程式化的编目方法。陈乃乾曾将其格式总结为：

××××几卷

××撰（撰人上有籍贯或官衔需照原书卷首抄写）××刊本（何时刊本需略具鉴别力）每半叶×行，行××字，白（或黑）口，单（或双）边，中缝鱼尾下有×××几字，卷尾题×××× （此记校刻人姓名或牌子），前有××几年×××序，××几年×××重刻序，后有×××几年××× 跋。××字××，××人，××几年进士，官至××××（撰人小传可检本书序跋或《四库提要》

节抄），书为门人××所编集（或子侄所编或自编），初刻于××几年，此则××据××刻本重刻者。×氏××斋旧藏，有××印。（陈乃乾，2009）

南开大学杨洪升先生（2008）认为：缪氏此举"为大规模编目摸索出了一条道路。……如果多人协作，这套方法也是切合实用的。我们今天的许多善本书目因工作量大而编成简目，可以从这里得到启示。""缪氏首开了记录书籍版框高、广尺寸之例，用以描述一些宋元珍善之本。这种方法荃孙在《艺风藏书续记》中开始使用，若其记元刊本《书集传》时云：'每半叶十二行，行二十一字。高七寸六分，广四寸三分。'记《蓝本纂图重言重意互注点校尚书》云：'宋刊宋印本。每半叶十行，行大字十九，小字二十四。高六寸六分，广四寸二分。'缪氏在编写《适园藏书志》和《嘉业堂藏书志》仍用此法，而《清学部图书馆善本书目》使用最多，以其收录宋元善本较多之故。后来许多版本学家皆踵其例。这种版本记录方法为人们了解书的全貌，鉴别版本提供了新的依据。"（杨洪升，2008）黄裳先生也认为："平心而论，这应算作一种进步，比起早期的书目来，那改进是显然的。"

但是，编目程式化以后，随之而来的是编目技术含量的下降。因为有版式可依，人们只需按照格式将内容一一填入即可，大大降低了目录学"辨章学术、考镜源流"的功用，也使得目录学从读书治学的门径之学，沦落为一门记录图书版本样式的技术之学。

6.2.2 古典目录学的总结

清末民初，在新学与旧学、西学与中学的交锋中产生了中国新的目录学：其一，国学举要书目和新学书目各树一帜，突破了古典目录学的局限。其二，西方图书馆目录法和书目索引法传入中国。古典目录学开始进入总结与嬗变的时期。

柯平（2008）教授将中国近百年来目录学的发展总结为四代学人的努力。他指出："姚名达是现代目录学史上继往开来第一人，堪称中国现代目录学之父。以王重民为代表的第二代目录学家开始进行现代目录学的建设，用马列主义的方法研究目录学，从而建立了目录学的哲学理论基础。他们把第一代目录学家整理的史料用历史唯物主义方法进行研究，在古典目录学的系统化特别是目录学大家的思想探索方面取得了突破。这一代目录学家的着眼点始终放在书目上，从文献工作转移到目录工作，从图书说转到目录说，试图建立以目录为中心的新体系。第三代目录学家在继承前两代目录学精华的基础上，努力建立现代目录学的体系，引领目录学迈向新的时代。彭斐章、朱天俊、来新夏、谢灼华等是这一代的杰出代表。第四代承接了目录学的巨大财富，但也面临着新技术和社会变革的新形势，目录学创新势在必行，目录学的振兴成为这一代的历史使命。"

堪称中国现代目录学之父的姚名达（1905~1942），是现代目录学的第一代研究者。《中国目录学史》一书是其代表作，写于1935~1936年。姚氏认为，在中国目录学发展史上，"时代之精神殆无特别之差异"。因此，该书不以时代为序，而分叙论、溯源、分类、体质、校雠、史志、宗教目录、专科目录、特种目录、结论等篇，"通古今而直述，使其源流毕具，一览无余"，详尽阐述了中国目录学的产生与发展，并概括叙述了20世纪30

年代西方图书分类编目理论传入中国以后中国目录学发生的变化。全书贯穿着作者的目录学观点，即认为目录学是"将群书部次甲乙，条别异同，推阐大义，疏通伦类，将以辨章学术、考镜源流，欲人即类求书，因书究学"的专门学术。他在结论篇中指出，中国古代目录学的特点是重分类而轻编目，强调撰写解题而忽视编制索引。他主张统一分类，编制主题目录，使寻书之法易学易做，目录学成为人人共知的常识。该书史料丰富，有独到见解，是目录学领域里一部有影响的奠基性的学术专著。

第二代现代目录学研究者的代表王重民（1903～1975），作为北京大学图书馆学系的系主任，一生从事文史方面许多学科的研究，著述颇丰，共有专著、论文 160 余部（篇）。其在文献目录学方面的主要成就有以下几个方面。一是研究和传授目录学。他在北京大学图书馆学系和中文系主讲"普通目录学"、"中国目录学史"、"中国目录版本学"、"中国古典目录学"等课程。著有《普通目录学》（1957 年）、《中国目录学史论丛》（1984 年）、《〈校雠通义〉通解》（1987 年）等书。他多年研究中国目录学史的成果大部分收在《中国目录学史论丛》一书中。二是编著和主编大批目录索引。他编著的《中国善本书提要》（1983 年）、《敦煌遗书总目索引》（1962 年）、《清代文集篇目分类索引》（1935 年）、《国学论文索引》初编（1929 年）等和他主编的《国学论文索引》续编、三编（1931～1934 年），以及《文学论文索引》初编、续编（1930～1933 年）等，都是研究文史的主要参考工具书。三是搜集、研究和介绍流散于国外的中国珍贵文献。他把 1934～1945 年在国外搜集到的大量中国珍贵文献加以整理，并对敦煌文献进行了大量研究工作，著有《敦煌古籍叙录》（1958 年）、《敦煌遗书论文集》（1984 年）等，编有《敦煌曲子词集》（1950 年）、《敦煌变文集》（1957 年）、《太平天国官书》（1936 年）等。在他所著的《图书与图书馆论丛》（1949 年）一书中，也收有国外访书记多篇。四是校辑整理文化遗产。经他收集、校勘、整理出版的有《徐光启集》（1962 年）、《孙渊如外集》（1932 年）、《越缦堂文集》（1930 年）等。

第三代现代目录学研究者的代表有来新夏、彭斐章、谢灼华教授等。南开大学来新夏教授主要从事古典目录学、历史学、方志学、文献学等方面的教学与研究工作。著有《古典目录学浅说》一书，概说了目录学的著作和著名目录学家并对古典目录学的相关学科如分类学、版本校勘学等作了较详尽而具体的论述。据此还提出了古典目录学领域研究的前瞻设想，可作研习古典目录学和了解国学的入门读物。

武汉大学彭斐章教授 1953 年毕业于文华图书馆专科学校，1961 年 3 月毕业于莫斯科图书馆学院（今莫斯科文化大学）研究生部，攻读目录学研究生，获教育学副博士学位。在半个多世纪的教学与研究工作中，彭斐章教授专注于目录学和社会科学情报理论与方法，创建了现代目录学体系。出版有《彭斐章文集》（武汉大学出版社，2005），收录目录学研究文章多篇。

武汉大学谢灼华教授，于 1958 年 10 月毕业于武汉大学图书馆学系，长期从事图书馆学、目录学、文献学、方志学的教学和研究工作，并承担国家教委"八五"人文科学规划课题"文献学理论研究"项目。主要著作有《中文工具书使用法》（与詹德优等合编），《目录学概论》（与彭斐章、朱天俊合编）（1982），均获武汉大学、湖北省优秀成果奖、国家教委优秀教材奖，《中国文学目录学》（1986），《目录学资料汇辑》（与彭斐章等合编），主编《中国图书和图书馆史》（1987）、《人文科学文献学》等8部著作。

6.2.3 新时期文献目录学的进展

在当代图书馆学研究人员中，倪晓健、柯平、王新才、王国强、郑建明等主要研究目录学，可称为是第四代现代目录学研究者的代表。其中倪晓健通过提出精粹信息理论而深化了目录学研究；柯平则以数字化目录学研究创新了现代目录学理论；王新才于目录学发展多所着力，对目录学演进的阐释相当独到；王国强深于古典目录学研究，尤其是汉代与明代，更是其着墨重点。他们的研究成果结集出版于《当代中国图书馆学研究文库》（第二辑）中，分别是王国强《古代文献学的文化阐释》、王新才《中国目录学：理论、传统与发展》、柯平《从文献目录学到数字目录学》和倪晓健《目录学与文献利用》。将这一专辑阅览之后，即可知中国目录学的前世今生与最新进展。

郑建明的《当代目录学》（南京大学出版社，1994）将1949年以来的目录学称为"当代目录学"，以信息社会为背景，探讨了当代目录学的基础知识、学科方法以及书目信息实践，除对书目信息产品、综述、书评等作专门论述外，还突出了引文信息的开发与利用、中国社会化书目信息事业、书目信息事业产业化、书目信息行为论等，在20世纪90年代中期体现出了新颖性。

柯平的《文献目录学》（河南大学出版社，1998）是1996年国家教育委员会高等教育司印发《目录学教学大纲》之后出版的第一本教科书，该书建立在"书目情报"理论和"书目情报系统"理论之上的极大的整合与包容，是文献目录学研究范围的最大扩展。由著录到书评、综述、述评等内容被纳入其中。

柯平（2008）在《从文献目录学到数字目录学》一书中认为："古典目录学的突破，一是用新的科学理论和方法研究古典文献，探索古典目录学的规律，如用文献计量学的方法研究古代目录学；二是用计算机等现代信息技术与手段进行古籍整理，逐步实现古籍的数字化和古典文献检索的数据库化；三是开发和利用古典文献中的知识与信息，使之服务于科技、经济与社会文化；四是研究古典目录学的方法的变革，特别是与现代方法的结合，如注释的方法与现代编目法的结合，类序与搜索引擎的结合等；五是探索古典目录学的思想史，揭示目录学家的思想与书目实践的创新精神，提供现实的借鉴。"

王国强（2008）认为："古典目录学研究的时钟基本上停滞在以清代目录学价值观念为基本内容的20世纪上半叶。这种失误的根源在于人们否定了古典目录学的一元多向性而仅仅选择了学术性书目多种功能之一——辨考学术源流的价值取向，无视书目和目录学的多种功能和作用，把'辨章学术，考镜源流'作为书目和目录学主要甚至唯一的功能价值作用，以之为不可违越的教条，构造了一个自我封闭系统，其他系统的书目及其理论概受粗暴的排斥或轻视。"对此，王国强（2008）提出了自己的看法："第一，各个流派的古典书目都有价值，都取得了一定成就，但也有一些缺陷或不足；第二，以'辨章学术，考镜源流'为核心内容的古典目录学认知只有置于目录学理论之中才有价值，由于古代目录学家把它作为目录学理论本体，不仅损伤了其本身价值，也陷入了绝对化的失误；第三，对书目检索功能的认知是古典目录学理论中较具价值的内容；第四，作为整体的古典目录学是客观存在的，且有自己的特点。"

王新才（2008）认为："古典目录学的发展基本上是平稳的，与农业文化相一致，变化不大。姚名达以为目录学之时代精神'殆无特别之差异'，正是指目录学的这种平稳而少变化。从《七略》范式所体现的目录学思想到章学诚总结为'辨章学术，考镜源流'，整个目录学从范式形成到理论的全面总结历经 1800 年左右而前后如一，所不同则在于中间又发展出了'藏书性书目'等新范式，各种方法更加完善而已。"

从整体上看，文献目录学是中国图书馆学的重要组成部分。它过去是中国图书馆学的核心，今后也将仍然发挥重要作用。

6.3　图书馆学视野中的图书史研究

图书文献史是图书馆学文献学研究中的重要组成部分。图书史与图书馆史、图书馆学史一起构成了图书馆学这个学科的基础。图书史研究也已历经三代人的努力，1917 年，叶德辉用古典文言写作了《书林清话》，在湘潭叶氏自己的观古堂刊刻出版，可视为中国现代图书史研究的滥觞。1924 年，商务印书馆出版了孙毓修的《中国雕版源流考》。这些可算做中国第一代研究图书史的研究者。刘国钧于 20 世纪 50 年代末出版了《中国书史简编》，后来由郑如斯加以订补。差不多同时，皮高品撰成《中国图书史讲义》，他们与钱存训、来新夏等，可称为第二代图书史研究者。80 年代以后，以肖东发等学者为代表，又相继出版了《中国书史》、《插图本中国书史》等，可称得上是第三代图书史研究者，并以《中国出版通史》的出版为集大成之著作。进入新世纪以后，以何朝晖为代表的第四代图书史研究者，开始把西方书史研究的优秀成果引入中国，以社会史与文化史的视角来研究传统的中国图书史，取得了不小的成绩。

6.3.1　第一代图书史研究者

叶德辉的《书林清话》在中国图书史研究上占有极为重要的地位。它是第一部系统揭示中国古代图书源流的著作。关于此书的内容和特点，叶启鋆在《书林清话跋》中有过精辟的总结："于刻本之得失、钞本之异同，撮其要领，补其阙遗；推而及于宋、元、明官刻书前牒文、校勘诸人姓名、版刻名称、或一版而转鬻数人，虽至坊估之微，如有涉于掌故者，援引旧记，按语益以加详。凡自来藏书家所未措意者，靡不博考周稽，条分缕析。此在东汉刘、班，南宋晁、陈以外，别自开一蹊径也。"有关叶德辉《书林清话》的专题研究很多，又加上他并非严格意义上的图书馆学人，因此不一一详述。

孙毓修（1871～1922）早年曾跟随缪荃孙学习版本目录学，文献学功底颇深。光绪三十三年（1907）进入上海商务印书馆编译所，得到张元济的赏识，委任其筹建图书室。次年，商务印书馆购得绍兴徐氏、太仓顾氏、长洲蒋氏之书，设图书馆于其编译所，即世称"涵芬楼"，孙毓修出任涵芬楼负责人。1919 年主持影印《四部丛刊》，先后出版了《四部丛刊初编》、《四部丛刊续编》、《四部丛刊三编》。著有《永乐大典考》4 卷、《事略》2 卷，《江南阅书记》、《四部丛刊书录》、《中英文字比较论》、《中国雕版源流考》等。其

《中国雕版源流考》一书，用考据的方法论述了雕版印刷术的发明和发展，是较早系统讲述中国雕版印刷史的研究专著。

1935 年，陈彬龢、查猛济写了一本名为《中国书史》的书，收入商务印书馆《国学小丛书》，可视为第一部用白话文和现代学术体例撰写的中国书籍史著作，也使中国书史作为图书馆学一个专门的分支学科得以定名。

6.3.2　第二代图书史研究者

刘国钧，字衡如，1920 年毕业于金陵大学哲学系，1951 年之后到北京，先后任北京大学图书馆学系教授、系主任，并兼任北京大学学术委员会委员、北京图书馆顾问等。由于教学的需要，刘国钧先生搜集、阅读了大量古今文献资料，进行了整理、归纳、总结，提出了一个以历史发展为背景的中国图书发展史的体系，试图从思想内容和物质形态两个方面比较全面地、辩证地阐述我国图书的产生、发展及其社会作用。由此编著了《中国书史简编》（书目文献出版社，1982）一书，并以此为教材，开设了"中国书史"课程，对图书馆学的研究工作和图书馆人才的培养都起到了积极的作用（郑如斯，1982）。

刘国钧先生可谓中国书史研究的创始人。他发现"我国的图书有着极悠久而辉煌的历史，书史的材料非常丰富。但是前人关于这方面的著作却为数寥寥，而且仅有的几种著作，如叶德辉的《书林清话》和孙毓修的《中国雕版源流考》等，又都不免有显著的缺点。"他认为前人的缺点在于"只是搜集了、堆积了许多材料而没有予以科学的分析和系统的阐述"、"只注重书籍的形式外表，只注意到书籍的生产技术和艺术，而忽略了书籍在社会发展中所起的作用，从而忽视了书籍发展史中最重要的一面。此外，他们只着眼于印刷术发明后的书籍，因而使人对图书的发展过程缺乏整个的认识。这不能不说是一件憾事。"

郑如斯在中国书史方面的研究贡献主要体现在：1955 年与刘国钧先生合作出版的科普读物《中国书的故事》。1981 年订补刘国钧先生的《中国书史简编》，1986 年增补钱存训先生的《书于竹帛》，使该书改名为《印刷发明前的中国书和文字记录》，第一次在我国内地发行，1987 年出版广播电视大学教材《中国书史》。（孙冰，2009）同时，郑如斯又花费了很多精力，为钱存训勘定《中国纸和印刷文化史》的原始书稿，历经数年，最终该书于 2004 年由广西师范大学出版社出版。对中国图书史的研究可谓贡献卓著。

皮高品（1900～1998）对中国书史的研究差不多与刘国钧同时。1956 年，他给武汉大学图书馆学系学生讲课用的教材，就是他自己写成并油印的《中国图书史讲义》。作为校内教材，先后两次改作铅印，但没有正式出版。直到 1986 年，才由吉林省图书馆学会收入《吉林省图书馆学会丛书》，改名为《中国图书史纲》出版。从成书到公开出版，经历了 30 年。他在《中国图书史纲·序》中说："直到 1955 年，我们不曾见过一本阐述图书的产生与发展是和时代紧密联系的书"，于是"刘国钧先生和我相约，各写一本中国图书史来填补这个空白"，"为了引出一部博极群书、较完备、较深入研究的中国图书史，作为'发展民族新文化、提高民族自信心的必要条件'，我把这本简略的著作写就。"所以，"这就决定了皮高品先生的《中国图书史讲义》充满了爱国主义的激情和意识形态鲜明，即自觉地运用马克思主义原理于中国图书史的研究之中。这种集思想性与学术性于一身的中国图书史研究，此前是没有的。"（查启森，2000）

南开大学来新夏教授在图书馆学的课程设置中，发现有重见迭出的弊病，如中国书史、中国目录学史和中国图书馆史的分设，就有数见刘向父子的繁复，于是就构想实施三史合一的课程，即以图书为中心，而涉及与图书有关的各种事业，包括制作、搜求、典藏、分类和再编纂等，不仅最大限度地容纳了原来三种课程的内容，而且重新进行了编排和整合。他将这一构想立即付诸实践，拟定提纲，组织人员，并亲自删订通稿，先后完成了《中国古代图书事业史》和《中国近代图书事业史》的编写，由上海人民出版社正式出版。这两部书应用于课堂，不仅使课程设置更趋科学合理，而且减轻了学生的学习负担，得到同行所首肯，也为中国图书史研究添砖加瓦，贡献了自己的一份力量。

钱存训也对中国图书史研究有巨大贡献。他于 1928 年入南京金陵大学（现南京大学）主修历史，副修图书馆学；同时在金陵女子大学图书馆工作，先任编目员，后代理馆长，从此和图书馆事业结下了不解之缘。1932 年大学毕业后，先任上海交通大学图书馆副馆长，后在北平图书馆南京和上海办事处工作。1947 年以交换馆员的身份到美国芝加哥大学工作和进修，1952 年和 1957 年分别获得美国芝加哥大学硕士和博士学位，从此一直在美国从事有关书史、印刷史、图书馆学、目录学和中西文化交流等方面的研究与教学（郑炯文，1992）。其中最能代表他的主要学术成就的，是他对中国书籍、纸墨和印刷史的研究。

北京大学图书馆别立谦曾在 1998 年撰有题为《论钱存训对中国书史研究的贡献》的硕士学位论文，笔者无法看到原文，无法置评。不过别立谦（2006）在《中国典籍与文化》发表有《钱存训对中国书史研究的贡献》一文，把钱存训的学术研究总结得十分到位。其大意如下：

钱存训最初的研究重点在印刷术发明以前的中国书史，因为"其时间比印刷术发明以后为长，而对于探讨中国学术思想之渊源与传播，尤为重要"，志在填补学术界所欠缺的一段空白。早在 20 世纪 50 年代后期，钱存训就以"印刷发明前中国文字记录"作为博士论文研究论题。1962 年，他以 Written on Bamboo and Silk（《书于竹帛》）为题出版英文本。该书上溯商殷，即现知最早有文字记录的时代，下迄初唐，即中国印刷术的萌芽时期，探讨了中国古代书籍和铭文演变的一段历史。

在《书于竹帛》出版后十余年的时间里，钱存训从事《纸和印刷》的写作，前后花费 15 年，于 1985 年以 Paper and Printing 为名，作为《中国科技史》第五卷第一分册由英国剑桥大学出版社出版。该书主要内容是研究中国文化中造纸与印刷术的起源与发展，由于是《中国科技史》大系中的一个组成部分，因而书中特别注重有关造纸、制墨和印刷技术方面的研究。该书从所能知道的纸和印刷的最初阶段，一直到 19 世纪末期手工业时代结束为止，洋洋 60 余万言涉及全部历史的各个时期，以及工艺、美学、用途及对全世界的传播和影响等各个方面，是迄今为止有关这一专题内容最详尽、资料最丰富的专著，以其论述之精当、内容之详尽、资料之新颖而著称。关于印刷术的发明，该书主要从历史背景、发明的动力、雕版印刷术的起源和活字印刷的有关问题四个方面展开讨论。

钱存训长期在国外致力于书史研究，多从世界图书发展的长河中来考察中国图书的发展，因此更能确切地说明中国图书发展在世界文化中的地位和作用。他在书史研究中，力求深入探讨中国书史的发展特点，比较中西书史发展的异同，从而探求世界书史发展的途径和共同规律。

另外，张秀民（1908～2006）也对中国图书印刷史研究作出了重要贡献。他自1931年进入国立北平图书馆（今国家图书馆）工作，直到1971年，从事图书馆工作40年。他一生著有《中国印刷术的发明及其影响》（1958）、《活字印刷史话》、《中国印刷史》（1989）等。其中《中国印刷史》一书可称得上是这一领域的集大成之作。

6.3.3 第三代图书史研究者

北京大学肖东发教授1974年毕业于北京大学图书馆学系，并留校任教至今。他受业于图书史研究专家郑如斯先生，长期致力于中国图书史和出版印刷史研究，对建阳余氏刻书研究等有独到的研究心得。肖东发教授与杨虎合著的《中国图书史（插图本）》（广西师范大学出版社，2005）对中国古代图书文化进行了深入的考察，全书共有十个部分，分别论述了书籍的起源、载体、印制技术等，讨论了中国古代图书的突出成就，总结了中国古人制作和保存书籍的经验，对治书之学也加以概括的介绍。从而理清了书籍发展的脉络，使读者对中国书文化有了全貌性的认识，可谓一部简单的中国古代文化史。

另外，《中国出版通史》（中国书籍出版社，2008）作为一个集体项目，是中国图书史研究上的一项重要成果。该项目2000年由中国出版科学研究所正式启动，2008年12月由中国书籍出版社出版。《中国出版通史》按历史发展顺序列卷，分为《先秦两汉卷》（肖东发等）、《魏晋南北朝卷》（周少川）、《隋唐五代卷》（曹之）、《宋辽夏金元卷》（李致忠等）、《明代卷》（缪咏乐）、《清代卷（上）》（朱赛虹，曹凤祥，刘兰肖）、《清代卷（下）》（汪家熔）、《中华民国卷》（王余光、吴永贵）、《中华人民共和国卷》（方厚枢），共计九卷，近400万字，包罗采集历史图片800余幅。该书上起商周，下迄公元2000年，以研究我国历史上出版事业的产生、发展及其规律为基本内容，在广征博引文献典籍和考古发现以及前人研究成果的基础上，钩沉稽玄，探幽发微，考镜源流，力求翔实而清晰地展现中国出版滥觞、形成、发展的历史轨迹，体现出了包罗宏富，收录完备的特点，具有特殊的学术价值和文献性价值。该书各卷的作者，也都是第三代图书史研究者的代表。

《中国出版通史》以近400万字的宏大篇幅，第一次全面梳理了中国出版事业的源流、演变及其发展脉络，总结了中国出版事业发展的规律，展示了中华民族对世界文明所作出的巨大贡献，从而完整地搭起了一个中国出版史的总体框架，是目前唯一一部系统地叙述自古代以迄当代的中国出版历史进程的学术专著，也是迄今为止我国最大规模的中国出版通史著作。（中国出版网）

然而，学界也存在着对《中国出版通史》的不同看法。例如，认为该书没有很好地吸收国内外研究中国出版史和图书史的最新成果，许多说法因袭过去而没有革新。对史学界近年来以社会史和文化史的视角来研究中国书籍史的成果，没有很好地吸纳进来。

6.3.4 第四代图书史研究者

山东大学何朝晖教授是第四代中国书史研究的代表者。他先后在北京大学历史系取得学士、硕士、博士学位。1996 年硕士毕业后留校，在北京大学图书馆工作。2005 年赴美，先后在明尼苏达大学做访问学者，在哈佛大学费正清东亚研究中心作博士后研究。主要研究领域为明清史、中西书史、古籍版本目录学。何朝晖翻译了美国汉学家周绍明的《书籍的社会史：中华帝国晚期的书籍与士人文化》（北京大学出版社，2009）一书。目前主要从事中国古代出版史、书文化史等方面的研究，现就职于山东大学中国古典文献研究所。他在《书史导论》一书的"译者前言"中，对"书史"研究给出了自己的看法：

书史（book history），是半个多世纪以来西方学术界在突破传统文献研究樊篱的基础上兴起的一门交叉学科。它以书籍为中心，研究书籍创作、生产、流通、接受和流传等书籍生命周期中的各个环节及其参与者，探讨书籍生产和传播形式的演变历史和规律，及其与所处社会文化环境之间的相互关系。它是统合关于书籍的各种研究——编辑史、印刷史、出版史、发行史、藏书史、阅读史——的全面的历史。书史不仅是这些局部或侧面的集合，更因为把它们结合为一个有机的整体而富有更深广的内涵。它又不仅仅是关于书籍自身的历史。书籍不是孤立存在、凌虚蹈空的，它在每个阶段表现出来的特点及其发展变化都有着复杂的社会历史背景。与书籍有关的各种思想、政治、经济、社会、文化现象，都是书史研究的对象。因而它绝不仅仅是书籍本身形制和内容的演化史，更是一部社会史、文化史、传播史。这决定了它必然是融汇多学科的研究视角和方法、由来自多个学科的学者共同参与的研究领域。研究书籍的形式、内容、版本、整序、校勘、辨伪等，是目录学家、文献学家的领地；探讨阅读习惯、阅读心理、读者对书籍的接受机制、文本意义的主宰者，文学理论家驾轻就熟；考察书籍生产传播模式的演变及其与社会历史环境之间的相互作用和影响，是历史学家的拿手好戏；社会学家对于深刻地阐明书籍的社会属性、书籍所扮演的社会角色能够作出重要的贡献；传播学家则以其独特的视角洞悉书籍的本质，对书籍的前世今生以及未来作出解释和预见。书史是一门融合了多学科智慧的学科。（何朝晖，2012）

结合以上分析，我们看到，在国内，中国书史研究从传统的版本目录学、文献史、出版史、印刷史，开始慢慢有了转变，自 20 世纪 80 年代起，有学者开始注意到书史研究在西方学术界的兴起，以后又陆续有学者撰文介绍西方书史研究的动态。进入 21 世纪，出现了几篇深度评述西方书史研究理论和方法的论文，同时一批西方书史研究著作陆续在国内翻译出版。西方书史的研究成果正在全面进入中国学者的视野。然而，何朝晖（2012）认为："目前对西方书史研究成果的引介在广度和深度上仍有欠缺，一些重要的方面还存在遗漏。另外，已翻译出版的西方书史研究论著多是实证性研究成果，理论性著作尚付阙如。全面系统地把西方书史研究的理论和方法介绍给国内学术界仍是当务之急。"因此，把中国传统书史研究与西方书史的研究方法结合起来，从社会史与文化史的角度研究中国图书史，将是图书史研究未来必然的发展趋势。

6.4　图书馆学视野中的藏书史研究

藏书史研究与图书馆学也有密切的关系，特别是与其中的图书史部分。图书，尤其是古籍，要靠收藏才能得以流传至今。我国图书馆中的古籍，绝大部分来自于 19～20 世纪的私人藏书家，当然手段和途径是比较多样的，或是捐赠，或是购买，或是征集。对藏书史的研究，能够让我们对图书馆古籍藏书的源流梳理清楚，从而更好地对古籍进行利用和开发。

藏书史研究的主干是文献的递藏源流。南京大学信息管理学院徐雁教授在《80 年代以来中国历史藏书研讨成果综述》一文中对此有比较详细的总结：藏书史研究始自清末民初，民国时期曾有过一个研究藏书史的热潮。1926 年，李小缘发表了《藏书楼与公共图书馆》一文。1926～1927 年，洪有丰著有《清代藏书家考》。1928 年聂光甫著有《山西藏书考》，1933～1936 年何多源著有《广东藏书家考》，袁同礼发表有概述宋代、明代和清代私家藏书的系列论文。此外，20 世纪 20～30 年代发表在报刊上的重要学术文章，有缪荃孙的《天一阁始末记》（1929）、陈准的《瑞安黄氏蓼绥阁藏书目》（1930）、班书阁的《书院藏书考》（1931）、《嘉惠堂藏书之回顾》（1932）、《北京莫利逊书库之回忆》（1933）、《海源阁藏书史略》（1934）等。其中较为重要的是伦明的《辛亥以来藏书纪事诗》，以及项士元的《浙江藏书家考略》。据徐雁教授统计："各种报刊在这十年左右的时间中，发表的有关中国历史藏书的文章约在四五十篇之间。"（徐雁，1999）

与此同时，作为单行本发行的著述，在 1929 年，首先问世了浙江省立图书馆杨立诚与金步瀛合编的《中国藏书家考略》，介绍中国历代著名藏书家 741 人；次年，苏州图书馆蒋吟秋参照其例，编集《吴中藏书家考略》行世；同年，陈登原编著了《天一阁藏书考》（徐雁，1999）。但真正对藏书史作比较系统的研究，则是 20 世纪 80 年代以后开始的。

郑伟章、李万健《中国著名藏书家考略》（书目文献，1986），著录了历史上 50 多位著名藏书家的生平事迹、藏书源流及学术贡献。梁战、郭群一编《历代藏书家辞典》（陕西人民，1991），收录历代藏书、刻书、贩书者及校勘、编目学者 3400 人，较王河主编的《中国历代藏书家辞典》（同济大学，1991）多出 600 余人，颇具参考价值。

郑伟章 1967 年毕业于北京大学图书馆学系，长期从事中国历史学、文献学、目录学、藏书史研究。著有《文献家通考》（中华书局，1999），全书收录清初自钱谦益以后 1500 余人（包括逝世于 20 世纪 90 年代的文献家李一氓等），述其生平事迹和在文献学上的建树。他在前言中说："中华民族是一个热爱书籍的民族，故历史上文献家辈出，代不乏人。聚书、抄书、校书、刻书、编目、题识等活动，便成为几千年来中国文坛上重要历史活动内容。……他们爱书如命，饥以当食，寒以当衣，病以当药石，寂寞以当友朋，佞宋癖元，达到痴绝傻绝的程度。现存十数万种古籍无不凝聚他们辛勤耕耘的汗水和心血。他们为中国的文化昌盛作出了不朽贡献。"

范凤书（1931～）是藏书史研究者中不能不提到的一位当代中学图书馆里走出来的藏书史研究学者。他在河南省焦作市第二中学图书馆工作，副研究馆员，1991 年离休。长期致力于中国私家藏书、藏书家和藏书楼的文献整理和研究，编著了一批地域性藏书史料，如《陕西藏书家资料录辑》、《江西历代藏书资料汇辑》、《四川藏书家资料汇辑》、《河南藏书家资料录辑》等。所著《中国私家藏书史》，于 2001 年由大象出版社出版，是积数十年心血的研究成果，成为考察中国私人藏书家的一部重要参考书。为编纂此书，先后走访国内各大图书馆，废寝忘食而成。该书依据书籍制作的演变和发展，论述了各代中国私家藏书的发展。重点介绍了历代著名大藏书家、藏书世家的收藏活动、藏书思想和学术成就。又以整体或专题的形式论列了与私家藏书有关的藏书楼、藏书章、藏书家的功绩、藏书家的区域分布、私家藏书文献探考等。此外还参编了《中国藏书通史》。以中学图书馆员之力而有如此巨大的成就，实属难能可贵。

南京大学信息管理学院的徐雁教授，是当代藏书史研究者之中的重要一员。他于 1984 年毕业于北京大学图书馆学系，致力于中国图书文化史的研究。先后出版有《南京的书香》（1996）、《苍茫书城》（2005）、《故纸犹香》（2004）、《江淮雁斋读书志》（2010）、《藏书与读书》（2008）、《中国旧书业百年》（2005）等书。参与主编的《中国读书大辞典》与《中国藏书通史》，受到读书界和藏书史研究者的一致好评。其中《中国旧书业百年》一书，是首部对中国古旧书业进行专题整理与研究的著作，有筚路蓝缕之功。

在当代藏书史的研究成果中，《中国藏书通史》与《中国藏书楼》两部巨著的编撰可称得上是近年来最重要的成果了。1996 年 12 月，在浙江省宁波市举办的"天一阁及中国藏书文化研讨会"上，来自北京、天津、上海、武汉、焦作、长春、南京、杭州等地的40 余位学者，就天一阁在中国和世界图书馆的学术地位，以及中国藏书史的文化内涵，进行了广泛而深入的论证。在这次会议上，宁波出版社与学者们共同商议，决定以群体合作的方式，编撰一部《中国藏书通史》。2001 年，经过数年的艰苦努力，在学者们独立撰写、互相讨论、反复修改、细心核查的基础上，这部 100 余万字的通史专著，终于面世。这在中国藏书史研究上应该说是一部兼具总结性与开创性的著作。本书主要撰稿人中有相当一批是图书馆学人，如谢灼华是武汉大学图书情报学院教授，徐雁、王余光均毕业于北京大学图书馆学系，王子舟为武汉大学图书情报学院副教授（现为北京大学信息管理系教授），刘渝生为华东交通大学图书馆研究馆员，等等。

2001 年 1 月出版的《中国藏书楼》一书专以中国藏书楼为论说对象，采用史、论、表等体例形式，全景式地展现历代藏书楼全貌。同时，对重要藏书楼施以浓墨，展现其在中国藏书史，乃至文化史、学术史上的特殊贡献和历史地位。在述与论的关系上，加大论之力度与篇幅，不仅有一览众山式的俯察概论，更有多视角、多侧面的细微剖析，以使读者对藏书家与藏书事业了解得更深入、透彻，更具立体感观。该书的撰写者，亦大多为图书馆学人，如来新夏、白化文、萧东发、李万健、袁逸、姚伯岳、徐建华等，都是图书馆学界中研究藏书与文献的专家学者。

此外，在台湾图书馆学界，对藏书史的研究也取得了很大成就。陈冠至先生出版了《明代的苏州藏书：藏书家的藏书活动与藏书生活》和《明代的江南藏书：五府藏书家的藏书活动与藏书生活》（2006）。1991 年 7 月，台北汉美图书公司开始出版列入其《图书馆学与资讯科学论文丛刊》第二辑中的九种研究中国著名藏书家的专著，依次是：李文琪《焦竑及其国史经籍志》、蔡佩玲《范氏天一阁研究》、严倚帆《祁承㸁及澹生堂藏书研究》、简秀娟《钱谦益藏书研究》、汤绚《清初藏书家钱曾研究》、蓝文钦《铁琴铜剑楼藏书研究》、赵飞鹏《观海堂藏书研究》、沈新民《清丁丙及其善本书室藏书志研究》、张碧惠《晚清藏书家缪荃孙研究》。这些系列著作涉及藏书家的生平成就、藏书特色、著述目录乃至其文化学术贡献，是 20 世纪 90 年代以来中国藏书史领域最为辉煌的成果之一。①

6.5 图书馆学中从古典文献学到现代文献学的转型

中国图书馆学初创时期，秉承中国传统的古典文献学研究，开设的课程也以目录学、版本学、图书史内容为多。随着时代的发展，文献学也逐渐从古典文献学向现代文献学演进。其中古典文献学的教学内容，多保留在中文系的古典文献学专业以及历史系的历史文献学专业中，图书馆学文献学则演进成为现代文献学。杨溢、慎明旭在《现代文献学的发展轨迹》一文中对此做了系统介绍（杨溢和慎明旭，2012）。

1990 年，南京大学图书馆学系倪波教授主编了《文献学概论》（江苏教育出版社，1990）一书，该书通过"对文献和文献工作的探讨，力求勾勒出一个不局限于目录、版本、校雠为核心内容的新的文献学科学体系。"该书常被视为现代文献学正式确立的标志。

王余光在 1988 年和 1997 年先后发表了《论文献学》和《再论文献学》两篇文章，将文献学分为文献研究、文献制作研究、文献工作研究、文献发展研究、文献价值研究和综合研究六个部分。柯平在 1995～1997 年先后撰文分析了文献学体系的来源和不同学派的文献学研究方法后，运用系统论方法研究文献学的体系结构，将其归结为文献通论、方法学、类型学和专科文献学四个部分。

"大文献学"概念是于鸣镝在《图书馆工作与研究》2000 年第 1 期上发表《试论大文献学》一文时提出的。潘树广在 1991 年出版的《文献学辞典》中初步阐述了对文献学研究范围的看法，并于 2000 年按照大文献学的思路和黄镇伟、涂小马编著了《文献学纲要》一书，对于鸣镝的倡议进行了积极回应，提出大文献学是将古典文献学与现代文献学融为一体的广义文献学，包括理论研究、应用研究和历史研究三个方面。

仅在图书情报学这一领域讨论文献学，必然会产生一定的局限性。于是不少学者尝试

---

① 在武汉大学图书馆学系还有两位古籍研究专家。一位是曹之教授，1982 年武汉大学图书馆学系研究生毕业。现为武汉大学信息管理学院教授，博士生导师。他为本科生讲授《中国古籍版本学》、《文献学概论》等课程。为研究生讲授《古籍版本学研究》、《古籍编撰史研究》等课程；研究方向为古典文献学，主要论著有《中国古籍版本学》、《中国印刷术的起源》、《中国古籍编撰史》等。另外一位是司马朝军教授。他于 1998 年在武汉大学攻读古典文献学博士学位，2003 年 7 月开始在武汉大学信息管理学院任教，现为图书馆学系文献学教授、博士生导师。研究领域为：四库学研究；目录学研究；文献学研究；古籍整理与保护；经学研究。开设课程有：文献学通论；《四库全书》与中国文化；古典目录学研究；文献学专题研究；四库学专题研究。其学术论著主要有：《四库全书总目》研究（社会科学文献出版社，2004）；《四库全书总目》编纂考（武汉大学出版社，2005）；《四库全书总目》精华录（武汉大学出版社，2008）；文献辨伪学研究（武汉大学出版社，2008）；《黄侃年谱》（湖北人民出版社，2005）；《輶轩语》详注（华东师范大学出版社，2010）；《四库全书与中国文化》（武汉大学出版社，2010）；《古文献概要》（武汉大学出版社，2010）；《国故新证》（武汉大学出版社，2010）。著述可谓十分丰富。

移植信息学、传播学、社会学等学科的理论方法，在多学科背景下来研究现代文献学。文献是信息的重要载体，许多学者引入了信息学原理来研究文献学。其中，黄宗忠的《文献信息学》、朱建亮的《文献信息学引论》、周文骏的《文献交流引论》在总结有关研究成果的基础上，比较系统地论述了文献信息学的基本理论和文献信息工作方面的内容。

柯平的《文献经济学》（2001 年，中国书籍出版社）将经济学原理引入了文献学，从经济学角度分析了文献工作。周庆山将传播学、社会学原理引入文献学，出版了《文献传播学》（1997 年，书目文献出版社）。在讨论文献与社会的关系上，有卿家康的《文献社会学》（1994 年，武汉大学出版社）一书。

另外还有应用文献学。应用文献学是在理论文献学所提供的基本理论指导下，研究文献工作的具体理论、方法和技术而形成的一大门类。

张欣毅在《现代文献学纲要》（1994 年）中运用现代的科学观点和方法，对古今中外各类型的文献作了本体范畴上的考察和研究。程磊的《文献类型学》（空军政治学院图书档案系 1988 年讲义）研究了文献类型的发展规律。文献目录学作为一种传统的重要学科，柯平等拓展了其研究内容。文献分类学则在白国应等的努力下结合中外分类法的优缺点进行了创新。邱均平、罗式胜、王崇德等具体研究了如何利用数学和统计学方法来计量文献，发展了文献计量学。刘家真主编的《文献保护学》一书从文献保护学基础知识和保护文献的基本技术两个方面展开了具体论述。另外还有文献资源建设、文献发行学等现代文献学研究的分支学科，不一一详述。

6.6 从民国三所高等学校图书馆学课程设置看文献学范式

6.6.1 北京大学图书馆学系：以王重民为首的文献整理研究群体

1947 年，北京大学图书馆学专修科成立，附设于北大中国语言文学系内，学制二年。招生对象是北京大学文学院的毕业生或肄业生，他们到图书馆学专修科继续学习图书馆学、目录学课程。据报道："他院学生选修专修课程满三十二学分，成绩总平均七十分以上者"，即可颁发毕业证书。

据张树华（1987）所撰《早期的北大图书馆学系》一文可知，当时所开课程如表 6-1所示。

表 6-1 北京大学图书馆学专修科课程体系

课程名称	时间	学分	任课教员
中国目录学	全年	2	王重民
西洋目录学	全年	1	毛准（毛子水）
校勘学	全年	2	王利器
版本学	全年	2	赵万里
图书参考	全年	8	王重民

续表

课程名称	时间	学分	任课教员
中文编目法	全年	2	陈鸿舜
西方编目法	全年	2	耿济安
图书馆学概论	半年	2	袁同礼
四库全书总目研究	半年	2	王重民

此外"史料目录学"、"金石学"和"中国近代考古发现史"亦为图书馆学专修科的选修课。

从以上课程体系我们可以看出，北京大学图书馆学专修科是非常强调文献学的培养的。开设课程的一半以上都涉及文献学，"中国目录学"、"校勘学"、"版本学"、"四库全书总目研究"这四门课，尤其是文献学的核心内容。

1949 年 7 月，北大图书馆学专修科得以独立公开招生，并增加了"工具书解题"、"中国图书分类法"、"图书选择与参考"、"图书馆行政"和"索引法"等。而"工具书解题"、"图书分类法"等文献学内容依然在其中占有相当大的比重。

1956 年，教育部第 1465 号文件决定："北大图书馆学专修科自 1956~1957 年度入学新生起改为图书馆学系，学习年限改为四年"。其中业务课 12 门，具体如表 6-2 所示。

表 6-2   北京大学图书馆学系课程体系

序号	课程内容	学时
1	中国书史	68
2	图书馆学引论	240
3	藏书与目录	348
4	外文编目	51
5	图书馆组织	51
6	工具书使用法	51
7	普通目录学	123
8	专科目录学（包括马列主义书籍目录学、历史书籍目录学、文艺书籍目录学等）	208
9	目录学史	68
10	图书馆参考工作	36
11	图书馆事业史	51
12	专题讲授	105

从以上课程体系可以看出，1956 年以后的图书馆学学科体系中，纯粹文献学的部分有所减弱，涉及图书馆实践操作的课程有所增加。这其间的变化，可能与系主任王重民先生被打成右派，从而刘国钧先生逐渐执掌北大图书馆学系有关。据南京大学信息管理学院徐雁教授（2005）的看法："以我主要是通过学科史料阅读而获得的印象，当刘国钧先生主持北京大学图书馆学系以后，可能全系的教学活动和人才培养重点，主要被强调到了如何

组织好馆藏文献为读者服务这一面。"

王重民先生一生从事文史方面许多学科的研究，对古典文献情有独钟，在这方面著述颇丰。而刘国钧先生则与王重民先生不同，他在图书馆学研究上，十分注意理论与实践的结合和图书馆事业发展的新趋势。他的许多研究成果，更偏重于如图书分类、图书编目、图书馆自动化技术等。

应该说，图书馆学系系主任一职，对学科的主要研究导向起着十分重大的作用和影响。王重民先生在位，则文献学研究的导向更大一些；刘国钧先生在位，则图书馆实践工作研究的导向更大一些。再加上时代背景的改变，必然会削弱文献学而加强实践与服务方面。

以上是就整个北大图书馆学系来讲的。就教师个人而言，也存在着研究偏好的问题。如郑如斯先生，就是以研究中国书史而知名的。王余光教授，则是师从张舜徽先生，以文献学研究而闻名。

6.6.2　金陵大学图书馆学系：编制书目，培养杰出人才

1913 年，金陵大学开设了全国第一门图书馆学课程，由金陵大学首任图书馆馆长克乃文先生（Harry Clemons）主讲，向中国学生传授近现代图书馆学知识。1914 年，金陵大学教育系下创设图书馆学组，是中国最早的图书馆学专业。此为中国图书馆学教育之始，作为一门从西方传来的学科，它从一开始便与中国传统的版本目录学，也即后来通称的"文献学"发生了交汇与融合，成为一门中西合璧的学问。

1927 年，金陵大学设立图书馆学系，并"自编教材，当年开设 16 门课程，即图书馆学大纲、参考书使用法、中国重要书籍研究、目录学、分类法、编目法、杂志报纸政府公文、特种图书馆、民众图书馆、索引与序列、书史学、印刷术、图书馆问题之研究、图书选择之原理、图书馆史和图书馆行政"（南京大学信息管理系编辑，2007）。这些课程有一些非常具有中国特色，如中国重要书籍研究、目录学、杂志报纸政府公文、书史学、印刷术、图书馆史等，说明金陵大学图书馆学系建系初始就很注意把欧美图书馆学知识与中国传统的文献学内容相结合。在分类法课程方面，将中国的"四部分类法"与美国"杜威十进分类法"、"国会图书馆分类法"并重；在编目课程方面，则讲授中西图书馆编目原理及方法，并做比较研究。

金陵大学图书馆学系的系主任李小缘先生既是图书馆学家，又是目录学家，他于1927年就出版了《图书馆学》一书，又完成了著名的《云南书目》、《西人论华边疆书目》等著作，可谓将图书馆学与文献目录学结合得异常紧密。

6.6.3　武昌文华图书馆学专科学校

1934 年武昌文华图书馆学专科学校的专业课程目录如表 6-3 所示（徐雁，2005）。

表6-3　文华图书馆学专科学校课程目录

序号	课程名称	学分
1	图书馆经营法	8
2	图书馆分类学	6
3	西洋图书编目法	6
4	中国图书编目法	2
5	儿童图书馆学	1
6	西洋图书馆史	1
7	中国图书馆史	1
8	西洋目录学	2
9	西洋书籍史	2
10	中国目录学	2
11	西文参考书	4
12	中文参考书	2
13	西洋书籍选读	6
14	中文书籍选读	2
15	索引法	1
16	检字法	1
17	古器物学	4

由以上课程目录可以看出，武昌文华图书馆学专科学校（简称武昌文华图专）是比较强调现代图书馆学教育的，其中文献学的部分也有，但是不多。这跟该校的师资力量大多接受过西方图书馆学教育是有关系的。

6.7　结　　语

文献学作为中国图书馆学学科的一个重要组成部分，是中国古代图书馆学的全部，其研究范式也曾经在中国现代图书馆学中占有重要的地位。随着时代的进步和发展，中国古典文献学在现代图书馆学中的地位被削弱。它的研究内容已经不仅仅局限于古典文献学的限制，而且把研究的范围扩展到了对文献的产生、发展、储存、传递和利用及其规律的探讨上，实现了从古典文献学到现代文献学研究的转型，构建了中国图书馆学研究中的文献学新范式。

第7章 早期图书馆学研究中的教育范式研究

托马斯·库恩（Thomas Kuhn）的《科学革命的机构》一书，被公认为现代思想文库中的一本经典名著，在这本书中，库恩创造性地提出了"范式"（Paradigm）这一概念，但库恩并没有对这一概念的内涵及外延做出明确的解释，他本人对这一词的理解也存在变化，如早期他认为范式"通常是指那些公认的科学成就，它们在一段时间里为实践共同体提供典型的问题和解答。"（托马斯·库恩，2003）之后又认为范式是"团体承诺的集合"（托马斯·库恩，2003）、是"共有的范例"（托马斯·库恩，2003），因此范式一词有两种意义不同的使用方式。"一方面，它代表着一个特定共同体的成员所共有的信念、价值、技术等构成的整体。另一方面，它指谓着那个整体的一种元素，即具体的谜题解答；把它们当做模型和范例，可以取代明确的规则以作为常规科学中其他谜题解答的基础。"（托马斯·库恩，2003）

库恩所提出的"范式"一词是一个抽象的哲学概念，经过后来学者的不断阐释，今天我们通常所理解的"范式"，就是某一科学家集团围绕某一学科或专业所具有的理论上或方法上的共同信念。这种共同信念规定了他们共同的基本理论、基本观点、基本方法，为他们提供了共同的理论模型和解决问题的框架，从而形成了一种共同的科学传统，规定了共同的发展方向，限制了共同的研究范围（刘放桐等，1990）。

本章主要讨论的便是中国早期图书馆学的范式问题。所谓的"早期"，其范围涵盖了中国现代图书馆学萌芽期以及形成初期。中国现代图书馆学的形成是"二源汇聚"之结果：即我国传统文献学的孕育与近代西方图书馆学知识的东渐。

7.1 中国现代图书馆学的形成

在我国古代漫长的文献学发展历史中，逐步形成了目录学、版本学、校勘学等学术研究内容，这些内容的形成得归功于我国各类型传统藏书楼，传统藏书楼的发展一方面促进文献学的发展，另一方面又形成了一系列图书采访、保存的理论，这些内容为中国现代图书馆学的形成提供了良好的孕育土壤，因此20世纪之前漫长的文献学发展史可以认为是我国现代图书馆学的孕育时期。

20世纪初，不少介绍西方图书馆的著述开始出现在中国的各种报刊之上，但是这时期的著作主要是以宣传、介绍为主。如孙毓修的《图书馆》（1909~1910年连载于《教育杂志》第1卷、第2卷）、谢荫昌译自日本人户野周二郎的《图书馆教育》（奉天图书馆发行所，1910年）、北京通俗教育研究会翻译的日本图书馆协会所编的《图书馆小识》（1917年）、顾实编写的《图书馆指南》（上海医学书局，1918年）等，这些著述，或直接译自日本人的著作，或取日本、欧美之成法而编撰，但是如顾实之《图书馆指南》中已开始注意结合中国国情而述己见。而这一时期也有不少新式图书馆建立起来，这些图书馆在实践中形成的一些理论也促进了现代图书馆学的形成。因此可以说，20 世纪初这段时期是中国现代图书馆学的萌芽期（王子舟，2003）。

中国现代图书馆学的真正形成应该是在 20 世纪 20 年代，这一时期出现了一系列标志性的事件：

（1）图书馆学专门教育的兴起与发展。1920 年美国人韦棣华女士（Miss Mary Elizabeth Wood）及其学生沈祖荣创办中国第一所图书馆学教育机构——武昌文华图书馆专修科，1925 年杜定友先生在上海国民大学开设图书馆学系，1927 年金陵大学图书馆学系成立（早在 1913 年金陵大学首任图书馆馆长美国图书馆学家克乃文先生就在金陵大学设立图书馆学课程，这是中国高校中最早开设的图书馆学课程）。

（2）图书馆学专门研究群体初步形成，伴随着沈祖荣、胡庆生、戴志骞、杜定友、洪有丰、李小缘等一大批在外学习图书馆学的人学成归国，近代图书馆学宣传、研究活动随之兴起，图书馆学专门研究群体初步形成。

（3）图书馆专业组织成立。1921 年中华教育改进社成立，陶行知被推选为主任干事。中华教育改进社这批留美学者非常重视图书馆在民众教育中的作用，他们认为图书馆是民众的大学校，是社会教育最重要的工具之一，因此从第一届年会就设立了"图书馆教育组"（是中国图书馆第一个全国性专业社团组织），在中华教育改进社的帮助下，他们立即开始组建图书馆学研究委员会（图书馆教育组的一个常设机构，是一个学术委员会，与专业协会有所区别）。1924 年 3 月 30 日，北京图书馆协会成立大会，同年 4 月 26 日浙江图书馆协会成立，5 月 26 日南阳图书馆协会成立，5 月 31 日在南京图书馆协会于东南大学孟芳图书馆召开第一次会议。1925 年 4 月 25 日，中华图书馆协会在上海召开成立大会，6 月 2 日在北京举行成立仪式，1929 年 1 月，中华图书馆协会第一次年会在南京金陵大学召开。各种地方性的及全国性的图书馆专业社团组织的成立，同样促进了全馆图书馆学研究事业的发展，这也是中国现代图书馆学形成的标志之一。

（4）图书馆学专业期刊的创办。中华图书馆协会成立之后不久便创办了《中华图书馆协会会报》（1925）和《图书馆学季刊》（1926），而像《北平图书馆协会会刊》、《金陵大学图书馆丛刊》、《图书馆杂志》、《国立北平图书馆馆刊》、《国立中山大学图书馆周刊》、《文华图书馆学专科学校季刊》等均在 20 世纪 20 年代相继创办，图书馆学专业期刊的创办为图书馆学研究成果的发表及学术交流提供了一个很好的平台，这也是一个学科真正独立的标志之一。

（5）图书馆学研究专著的出现，虽然早期也有一些介绍图书馆及图书馆学的论著，但这些论著大多翻译自西方或日本，而 20 世纪 20 年代是中国图书馆学著作大量出现的时代，如 1923 年杨昭悊的《图书馆学》，这是第一部以"图书馆学"为书名的著作，该书通过理论与技术相结合、中国与外国相结合、供馆员参考与供一般民众了解图书馆学相结合，用科学方法阐释了图书馆的定义、范围以及研究方法，"开中国图书馆学通论之先河"（王子舟，2003）。此外，尤其要提的是杜定友先生在 20 年代出版的如《图书馆与市民教育》（1921）、《图书馆与平民教育》（1922）、《图书馆学讲义》（1925）、《图书馆通论》（1925）等一大批著作，大大推动了中国图书馆事业及图书馆学的发展。其他如戴志骞的

《图书馆学术讲稿》（1923 年）、洪有丰的《图书馆组织与管理》（1926）、李小缘的《图书馆学》（1927）等，也都是在这一时期问世的。

20 世纪 20 年代既可以说是中国现代图书馆学的形成时期，也可以说是中国图书馆学发展过程中的第一个高峰。从 20 年代后期到 1937 年抗日战争爆发前，我国图书馆学的发展虽延续了此前的热潮，取得了一系列的成果，但是此后由于抗战的全面爆发及国共内战等战争因素的影响，我国图书馆事业及图书馆学的发展进入了一个低谷。

中国图书馆学萌芽期及形成初期与教育有着密切的联系，这也决定了教育范式是中国图书馆学萌芽期及形成初期的主要范式。

7.2　图书馆学教育范式形成的历史考察

图书馆学教育范式的形成有着深刻的历史背景，由于我国图书馆学的形成落后于图书馆事业的发展，因此要考察图书馆学教育范式的历史背景，必须先对近代图书馆事业的发展概况有一个明确的了解。

7.2.1　清末新政与近代图书馆的产生

早在明末清初，就有传教士向中国传输西方图书馆知识，鸦片战争之后很多有识之士在提出向西方学习的过程中也纷纷提出要学习西方图书馆，但中国近代图书馆事业真正开始，还是在 19 世纪末、20 世纪初，当时的清朝政府面对国内外种种危机，不得不实行变革，施行新政。新政的一项重要举措，便是废科举，建学堂，光绪二十七年八月（1901 年 9 月），清政府通谕各省开设大学堂、中学堂和小学堂，次年二月（1902 年 3 月）又再次谕令各省妥速筹划学堂。在清政府的一再督促及相关刺激政策的推动下（如对学堂毕业的学生给予一定的奖励等），截至 1903 年，全国各类学堂已达 769 所，在校学生 31 428 人。而到了 1904 年，全国各类学堂已达到 4476 所，在校学生 99 475 人。1905 年，学堂更是增至 8277 所，学生达到 258 873 人（转引自王笛，1987）。

面对新式学堂的快速发展，光绪二十九年十一月二十六日（1903 年 1 月 13 日），清政府根据张百熙、荣庆、张之洞奏折颁布《奏定学堂章程》，其中包含《大学堂章程》（附通儒院章程）、《高等学堂章程》、《中学堂章程》等 20 册，这 20 册章程中有多处涉及图书馆的内容，如《大学堂章程》中就有"大学堂应当置附属图书馆一所，广罗中外、古今各种图书，以资考证。"并规定设"图书馆经理官"，"图书馆经理官以各分科大学中正教员或副教员兼任，掌大学堂附属图书馆事务，禀承于总监督。"（璩鑫圭和唐良炎，1991）《高等学堂章程》中也有规定高等学堂当设的各种堂室，其中就包括"图书室"（璩鑫圭和唐良炎，1991）；《中学堂章程》等章程中同样也有对于学堂所需图书或图书室之提及。

光绪三十一年年底（1905 年 12 月 6 日），清政府为管理全国的学堂，特设立学部（朱有瓛等，1991），从此学部便成为主管全国教育的最高行政机构。宣统元年三月十三日（1909 年 5 月 2 日），学部向清廷呈上了一份《奏分年筹备事宜折》，其中说道：

"伏查臣部职司教育，大纲分为二端：一曰普通教育，一曰专门教育，皆为国家根本之计，宪政切要之图。……自此分年筹备事宜奏定之后，臣部谨当按照年限，切实奉行。……所有将臣部应行筹备事宜，开单奏陈缘由，谨恭折具陈。

附：分年筹备事宜单

宣统元年（1909 年）——……颁布图书馆章程。……京师开办图书馆（附古物保存会）。……

宣统二年（1910 年）——……行各省一律开办图书馆。……

宣统三年（1911 年）——……（李希泌和张椒华，1982）

虽然清政府最终并没有完全实现这个计划，但是客观上讲，这份奏折表明了清政府积极倡导设立图书馆的姿态和意向，也说明了自鸦片战争以来，倡导设立新式图书馆的思想与活动已经从民间的呼吁上升到了官方的提倡，从地方上士绅的个人行为上升到了清政府的国家行为（程焕文，2004b）。当时各地督抚见状，纷纷向朝廷奏设图书馆，各地掀起了一个建设图书馆的高潮（吴晞，1996）。

1910 年清学部又向清廷呈上了一份《学部奏拟定京师及各省图书馆通行章程折》，在这份奏折中，学部拟了《京师图书馆及各省图书馆通行章程折》，其中有如下几条内容：

……

第十四条 图书馆每年开馆闭馆时刻收发书籍、接待士人各项细则，应由馆随时详拟。京师图书馆呈请学部核定，各省图书馆暨各府、厅、州、县图书馆，呈请提学使司核定。

……

第十八条 京师图书馆经费，由学部核定筹拨，撙节开支。各省由提学使司核定筹拨。各府、厅、州、县由地方公款内筹拨，撙节开支。

……

第二十条 图书馆办事章程如有未尽事宜，应随时增订。在京由学部核定施行。在外呈由提学使司核定施行。"（李希泌和张椒华，1982）

从上文清末新政所颁布的种种涉及图书馆的政策及文件来看，当时清政府是将图书馆作为教育事业之一部分加以发展的，图书馆各项事务的管理也是由教育部门（学部）来负责的，这些为我国图书馆及图书馆事业所含有的教育属性奠定了基础。

7.2.2 民国时期教育事业发展对图书馆事业的促进

1911 年，辛亥革命爆发，中国两千多年的封建帝王专制制度随之瓦解，不久民国成立，民国时期，是我国现代意义上的图书馆真正产生与发展的一个时期。民国成立伊始便设立教育部主管全国教育事业，民国成立后政府对于全国的教育事业也十分重视，但有感于传统教育的弊端，教育部与民间教育团体合作，推行了一系列的举措，其中最主要的是改革传统教育模式和大力推行社会教育。

1. 教学改革与学校图书馆的建立

改革传统教育模式的一项重要措施便是对传统教学方式的变革，即批判抛弃原有的"死"的教育，追求一种解放人性的"活"的教育，这在民国四年（1915年）颁布的《教育纲要》中关于教育实施方针中便已明确指出，"各学校教育宜注意学生之个性陶冶，奖掖其良知，能并养成其自动力暨共同习惯……教师在教学中一方要用注入教育，一方又要循循善诱，培养其自学能力，以助于将来自我追求上进"（教育部，1934）。与之同时，随着一批留学人员纷纷归国，开始在国内宣传西方的教育理念，加之杜威等一大批国外教育学者来华演讲，并建议对中国传统教学方法的变革，在这种思潮之下，各级学校在教学方式上纷纷寻求变革，而在变革过程中各级学校纷纷意识到图书馆对于推行新的教学方法之作用，"使无伟大之图书馆，则启发式之教学法亦难实施也"（教育杂志社编辑，1925）。

教学方式的变革带动了各级学校的综合改革，其中最主要的当数蔡元培主持的北京大学和郭秉文主持的南京高等师范学校的改革，而在这个进程中图书馆的作用愈发为人所重视。1917年蔡元培就任北大校长后在其就职演说中曾说："余到校视事仅数日，校事多未详悉，兹所计划者二事：一曰改良讲义……；二曰添购书籍。本校图书馆书籍虽多，新出者甚少，苟不广为购买，必不足供学生之参考，刻拟筹集款项，多购新书，将来典籍满架，自可旁稽博采，无虞缺乏矣。"（中国蔡元培研究会，1997）三年后，北大在筹备图书馆的时候，再次强调"各国大学之设备，无不以图书馆占重要部分，其所以增进学生知识之效能，比之教师尤为伟大，盖欲修精深之学业，必不可无丰富之修养，若仅恃讲堂授课，有讲义笔记数小册，所得实属甚微，是以图书馆有文化宝库之喻，非无由也。"（申报，1920）得益于教育界人士的共识，1928年5月于南京召开的第一次全国教育会议上，通过决议，后经大学院通令全国，即全国各学校均须设置图书馆，并于每年全校经费的百分之五以上为购书费（教育部，1934）。

除高等学校外，中小学同样注重培养学生的自学能力，鼓励学生利用图书自学，不少学校为此也建立了图书馆，以上海市立旦华小学校为例，该校创建于新教育运动蓬勃发展时期，创立伊始，校长赵宗预便引进西方教育理念，加强教学实验改革，此后经张四维、徐子华两位校长的努力，取得了丰硕的成果，仅以图书一项而言，至抗战前"教师参考书达二千七百余册，儿童图书五倍于此，除全校公共图书馆外，每一教室之分级图书馆均庋藏二三百册符合各级之程度"。即使在当下，不少小学图书馆也不能达到此种规模。此外，如上海南洋中学、天津南开中学等图书馆也都发展得很好，但是我们不能否认的许多新式学校由于经费问题使得图书馆后续发展不足，但图书馆的功用还是得到了普遍的认可。

以上虽然只是两个个案，但是由此也能窥得当时由于教学改革而对各级学校图书馆发展产生的重要刺激作用。正式得益于学校改革建立起来的新的图书馆，尤其是高校图书馆的快速发展，使其不仅成为推进新图书馆运动的中心，而且还是解决图书馆管理过程中一些技术问题的实验室，几乎每所高校图书馆对于中国现代图书馆事业都有所贡献（Tai，1925）。

2. 社会教育与各级图书馆的建立

民国政府对于教育事业的重视使得当时中国各项教育事业得到了快速发展，仅以中学数量而言，民国元年（1911 年）当时全国共有中学 500 所，到民国十一年（1922 年）时为 547 所，而到了民国十九年（1930 年），全国共有中学 1874 所，中学生人数也从民国元年的 59 971 人增长到民国十九年的 396 948 人（教育部，1934）。虽说新式学校的数量急剧增加，但是不少教育界人士还是发现新式教育中存在的诸多问题，其中重要的一点就是新教育成本过高的问题。据当时教育部对各省市中等学校每生每年所需费用统计结果显示国立中等学校平均每生每年需费 147.19 元，省市立的则为 145.94 元，县市立的为 57.84 元，而私立为 92.56 元（教育部，1934），而从当时中国的国情来看，很多人都处于"食不饱，衣不暖"的状态，因此，大部分的农工阶级子女是接受不起新教育的。

教育部也认识到了这个问题，为此一方面要求学校进行改革，降低成本，使更多青少年能接受新式教育；而另一方面则广泛推行民众教育、乡村教育等社会教育运动，在这之中图书馆于社会教育之重要作用逐渐被认可。

民国建立后，蔡元培担任首任教育总长，蔡氏通过对欧洲各国教育的考察，提出了实施和推广社会教育的主张，为此在教育部特设社会教育司，分管图书馆、美术馆、博物馆、通俗教育、讲演会等事项，社会教育司的设立可以说是蔡元培对我国社会教育事业的最大贡献，同时也对我国图书馆事业发展起了重要的作用。因为社科司的设立可以被看做是教育部开始将社会教育事业上升为国家层面加以重视并大力发展的标志，而在此过程中也再次明确了图书馆的隶属问题与教育属性（这在某种程度上也是对清末学部在图书馆管理上的一种延续），并且通过制定相关法律法规来明确图书馆对于社会教育事业的特别作用，教育部在公布的《通俗图书馆规程》（1915 年 10 月）、《图书馆规程》（1915 年 11）中开宗明义指出："各省治、县治（特别区域）应设（通俗）图书馆，供众之阅览。"（李希泌和张椒华，1982）1919 年教育部又公布《全国教育计划书》，在社会教育方面，特别指出"图书馆之启导学术，其功用等于学校，现在国立图书馆规模简陋，不能够储各国典籍，亟应大加整理扩充，并拟择国中交通便利文化兴盛之地，分别建设，以资观览。"（李桂林等，1995）而蔡元培本人亦常在演讲或论著中提及图书馆之功用，其中最具代表性的是他 1920 年在北大话别会演说时提到的"教育并不专在学校，学校之外，还有许多的机关，第一是图书馆。"（高平叔，1991）设想当时蔡元培在教育界的影响力，其对图书馆的这一定位，对教育界对图书馆的重视起了重要的推动作用。

除教育部外，不少教育家及教育团体也都提出要发展图书馆以促进社会教育，如陶行知（1991）就认为"近今教育趋势，多利赖于图书馆，而民族文化，亦即于是觇之。……以为非力谋图书馆教育之发展，不可与列邦争数千年文化之威权，所关深钜，孰则逾是。"同时积极创办中华教育改进社教育图书馆和发展"平民读书处"（李刚和倪波，2008）。庄泽宣也多次在演讲或论著中提出"要多建立学校以外的非正式教育机关，使不能继续入正式学校的有求学的机会。""广设图书馆，馆内设指导员，凡愿得某项知识，可向指导员求教，使能获得该项知识。"（庄泽宣，1929）"在重要城市广设试验室及图书馆备各种人民自修及相当程度的人研究学术，并在乡村设图书分馆及流通处。"（庄泽宣，

1928）此外，如俞庆棠（茅仲英，1992）、傅葆琛（陈侠和傅启群，1994）等在推行民众教育或乡村教育实践中也都认识到图书馆对于社会教育的重要性从而提出大力发展图书馆事业。

正是教育部及教育界人士（团体）的双向作用，使得社会上形成了一股强烈的社会教育思潮，而在这股思潮中，图书馆于社会教育之作用因得到了广泛认可而大面积地被建立起来。

7.2.3　庚子赔款与图书馆事业

中国近代图书馆事业发展的一个高潮就美国等国决定将庚子赔款退还中国，并将其中部分款项用于发展中国的图书馆事业，此事意义不仅对于图书馆事业发展，而且对于中国图书馆学的发展也有着重要的意义。

当下图书馆界人士提到此事，都会想到韦棣华女士各方奔走之辛劳，的确，对于促成此事，韦棣华女士有着重要的贡献。但是对于此事经过，还有一些需要说明。

第一，我们必须明确，韦棣华女士呼吁将退还的用于教育事业的庚款之一部分用于发展中国当时的图书馆事业这一事的前提是，退还的庚款用于教育事业，当初对于退还庚款的用途是存在较大争议的，有人主张用于军事，有人主张发展实业，而最后能用以发展教育文化事业与教育界人士尤其是新教育运动中成立的各种教育团体的努力有着密切的联系。民国初年，李石曾、蔡元培、吴稚晖、张人杰等在巴黎组织世界社、华法教育会，后又创设勤工俭学会等，"引起法国各界之好感，浸假而有实现退款兴学之意"（教育部，1934）。此后，蔡元培等联合国立各专门学校校长，上书陈请政府，请政府积极于世界上斡旋，力促各国庚款得以退还用于教育文化事业（北京大学日刊，1982）。与此同时，国内教育界也在积极努力，制造舆论，湖南教育会、直隶教育会积极行动要求法国和比利时退还庚款兴办教育，1921 年 5 月，北京教育会亦决定随同直隶、湖南两省教育会，一致要求退还庚子赔款兴办教育（晨报，1921），其他教育社团如中华教育改进社，中国科学社等也都发表声明要求庚款用于教育事业，此后，此项运动规模越来越大，各国也注意到了中国民意，为最终将庚款用于教育事业奠定了基础。因此教育界的努力使得各国退还的庚款用于教育文化事业，这也是韦棣华女士能从这部分款项中争取到图书馆经费的最基本前提。

第二，用于教育文化事业的庚款能够用于图书馆事业，得益于韦棣华女士等的努力（韦棣华等主要争取的是美国的庚款，而其他国家退还的庚款中也有用于图书馆事业）争取，同时更多的是得益于当时教育界有识之士的呼吁，须知当时图书馆界的力量相对还是比较薄弱的，这从当时韦棣华女士要求将退还之庚款部分用于发展中国图书馆的提案并呈请中华教育改进社转请政府也能窥得一二。1923 年《教育杂志》第六期曾设有"庚子赔款与教育"专号，专门探讨庚款用途，当时教育界不少著名人士都撰文发表自己的观点，在这其中大多数人都提到要把部分庚款用于图书馆事业，如周太玄（1923）指出"故赔款之用途，在教育上，似当仅用以补充正式教育之不足而创建其所缺。……无论都市、城、镇、乡，此种设置（指图书馆）皆极重要。但所需经费太多，不能备举。最好调查各图书馆之所缺，而酌量赠以书籍。如大都市之图书馆，则多缺少科学文学上之欧美重要书籍，宜分增之，以供学者之参考。至城、镇、乡图书馆，则宜多赠以常识及新出之书籍。"陈启天（1923）在文中则提出了用一部分庚款专门创设自然、教育、农业、工业、商业、社会、美术、图书八大学院，对于前七类学院，每个学院都特别说明要建立相应的专门图书馆，而对于图书学院，认为"图书馆事业与文化学术有极大的关系，而中国图书馆概不发达，'图书学'与'图书馆学也'也少人讲究，未免令人短气，如要收集中外图书，一面供学者参考，一面研求图书学与图书馆学以求发展改良，非急起直追建设完备的图书学院，物色多数专门人才，经营此事不可。"邱椿（1923）也认为"图书馆为吾国教育之急需"，因为"图书馆之利益甚多，举其大者。第一，图书馆为教员与学生之良友。……第二，图书馆又为深造之总鍮……第三，图书馆又为改良风化之利器。"因此，要利用退还庚款从速加强图书馆建设。此外，如庄泽宣（1923）、赵金源（1923）、朱兆林（1923）等也都纷纷提出将部分退还庚款用于建设图书馆。而庄泽宣、邱椿、陈启天等在当时中国教育界都是颇具影响力之人，正是他们有这样的认识，所以当韦棣华女士提出部分庚款用于发展图书馆事业时才会得到广泛呼应，试想如果教育界人士没有此番认识，任凭图书馆界人士如何奔走呼吁，都是很难从庚款中分得一杯羹的。

第三，据韦棣华女士致陶行知先生的信件中所说，她赴美游说美国参众两院议员投票通过将部分庚款用于图书馆事业的议案时曾带了两份重要的文件，一份是中国各界领袖及名流100多人（这100多人当中同样包括梁启超、蒋梦麟、胡适、黄炎培、晏阳初、梅贻琦、陈裕光等教育界众多著名人士）署名的《中国上美国大总统之呈请书》，希望美国将部分庚款用于发展中国图书馆事业；另外一份便是中华教育改进社1923年年会一致通过的决定将部分庚款发展用与图书馆事业之议案。这两份文件是韦棣华当时向美国总统及参众两院议员证明中国人民对于美国庚款用途之发展图书馆事业之主要证据（Wood，1924），这两份文件也是韦棣华取得成功的重要保证。由此也可以看出，中华教育改进社对于中国图书馆事业的重要贡献，而在中华教育改进社的议案中是将图书馆当做重要的教育机构，图书馆事业为现代教育事业不可分割之一部分来对待的，而韦棣华在会见美国议员及在美国国会陈述中也多次提到图书馆事业是一项"教育工作"（Wood，1924）。

正是得益于教育界人士的广泛呼吁，加之图书馆界人士的努力，最终才使得管理各国退还庚款的中华教育文化基金董事会于1925年决定拨款支持中国图书馆事业（北京图书馆业务研究室委员会，1992）。

从以上对部分庚子赔款用于图书馆事业一事前后的叙述不难发现，在教育界人士，包括韦棣华女士看来图书馆是一个重要的教育机构，而发展图书馆事业也是教育事业中不可分割的一部分。

7.2.4 早期图书馆专业组织的建立

图书馆事业的发展离不开专业组织的协调与指导，而我国最早的图书馆专业组织的建立也与教育界有着密切的联系。

1921年12月23日，实际教育调查社、新教育共进社、《新教育》编辑社于北京合并组成中华教育改进社，以调查教育实况研究教育学术力谋教育进行为宗旨（1922）。中华教育改进社在民国十一年至十五年之交，对于中国教育之改进功绩甚大（教育部，1934）。其在图书馆事业方面对于推动庚子赔款用于图书馆事业，公共图书馆实行免费开放、开展儿童阅读等方面同样也都起了重要的作用（黄少明，2009），然而中华教育改进社对于中国图书馆事业的最大贡献在于推动中国图书馆协会的成立。

中华教育改进社有感于图书馆对于教育之重要，于 1922 年济南召开第一届年会时设立图书馆教育组，这是我国第一个全国性的图书馆专业组织。1923 年中华教育改进社又成立了包括图书馆教育委员会在内的 24 个专门委员会，由戴志骞担任主任，洪有丰任副主任。同年 8 月，中华教育改进社第二届年会在北京清华大学召开，会上图书馆教育委员会向大会提交"组织各地方图书馆协会案"（1923），该案最后经大会议决通过。此次会后，中华教育改进社积极推动各地图书馆协会的建立，1924 年 3 月 30 日，由该社发起的北京图书馆协会在该社总事务所召开成立大会，到会者有各图书馆团体及个人代表 30 余人，选举戴志骞为会长，冯陈祖怡为副会长，查修为书记，并通过协会章程（清华周刊，1924）。此后南京、天津、开封等地也先后成立了图书馆协会，而各地的图书馆协会也逐渐意识到联合的必要性，故最终于 1925 年 4 月 25 日在上海成立中华图书馆协会，而于 1929 年在南京召开的中华图书馆协会第一届年会上，中华教育改进社主任干事陶行知当选为 15 位执行委员之一（中华图书馆协会执行委员会，1929），由此可见，中华教育改进社对中华图书馆协会的影响，可以说没有中华教育改进社图书馆教育组，中国图书馆界的专业团体就不可能这么早成立。

图书馆教育组的诸多研究活动如沈祖荣的全国图书馆调查等都是与中华教育改进社的宗旨是一致的，图书馆教育组在中华教育改进社历届年会上所提的提案，俨然也是把图书馆作为一教育机构放在全国教育事业中加以考虑的，而中华教育改进社让图书馆教育组负责承办全国教育展览会之图书馆教育组展览，同样也是基于以上的考虑，这些都决定了我国图书馆学形成初期研究中的教育范式之形成。

7.2.5　西方图书馆教育思想东渐

上文说道，图书馆学形成于 20 世纪 20 年代的一个重要标志便是图书馆学研究群体的初步形成，而沈祖荣、戴志骞、杜定友、洪有丰、李小缘这一批人可以说是清一色的留美学人（杜定友虽是留学菲律宾，但当时菲律宾图书馆学教育与美国是一致的），他们在美学习图书馆学这段时期，美国图书馆界思想正经历着一场"变革"。

20 世纪一二十年代，尤其是 20 年代初，这时美国图书馆运动迎来了一个新的高潮期，其重点就是强调公共图书馆对于大众尤其是成人的教育职能。虽然在 19 世纪美国早期的公共图书馆运动中也曾努力使图书馆成为一种教育的力量（Foskett，1895），但这一目标真正实现则是在 20 世纪初期。伴随着美国成人教育运动的开展，1923 年在密尔沃基当地公共图书馆的支持下，Miriam D. Tompkins 在公共图书馆内成立了第一所专门的成人教育部门；1924 年，卡内基基金会出版了 William Learned 关于美国公共图书馆发展状况的备忘录 *The American Public Library and the Diffusion of Knowledge*，该备忘录涉及公共图书馆开展成人教育的相关问题及对策，该备忘录的出版被认为是美国公共图书馆真正有组织地开展成人教育活动之滥觞（Stone，1953），同年6月，美国图书馆协会成立图书馆与成人教育委员会（Commission on Library and Adult Education），委员会研究调查等相关经费由卡内基基金会资助，该委员会也于1926年出版了著名的 *Libraries and Adult Education*，这份报告也成为当时美国公共图书馆开展成人教育的指南。

我国这批早期留美的图书馆学人归国后的行动，或多或少的反映了他们受到美国图书馆界这股思潮的影响，而他们这批人是我国早期图书馆学研究的骨干，这也是我国早期图书馆学研究中教育范式形成的一个重要原因。

7.3 教育范式影响下的图书馆学研究

上文探讨了我国早期图书馆学研究中教育范式形成的历史原因，本节主要探讨教育范式影响下我国早期图书馆学研究中的一些具体表现。

7.3.1 图书馆学基础理论研究中的"图书馆认识观"

所谓的"图书馆认识观"，即对图书馆、图书馆职能、图书馆功用等的阐释，这些可以说是整个图书馆学研究中首要解决的问题，也是其他如图书馆管理、图书馆建筑等问题的基础。笔者在上文谈到中国图书馆学诞生于20世纪20年代的重要的一个标志就是一批图书馆学著作的出现，因此，本节笔者就选取诞生于20年代的五本具有代表性的图书馆学基础理论著作，即《图书馆学术讲稿》（戴志骞，1923）、《图书馆学》（杨昭悊，1923）、《图书馆通论》（杜定友，1925b）、《图书馆组织与管理》（洪有丰，1926）、《图书馆学》（李小缘，1927），通过对这些基础理论的解读，以期揭示教育范式下的早期图书馆学家的"图书馆认识观"。

1. 戴志骞的《图书馆学术讲稿》

《图书馆学术讲稿》是戴志骞发表于1923年《教育丛刊》第三卷第六期之上的一篇长文，全文除序言外共分六章，分别是"图书馆组织法"、"图书馆管理法"、"图书馆之建筑"、"论美国图书馆"、"图书馆分类法"、"图书馆编目法"，虽然是一篇文章，但从结构布局上俨然更像是一部专著，因此笔者也将此文放入图书馆学基础理论著作行列加以讨论。

戴志骞（1923）杂序言部分开宗明义指出："图书馆事业之发达，实为普及平民社会专门教育之母。中国图书馆事业尚在胚胎时代，不得不竭力提倡，以促进平民、社会、专门教育之进步。"

在第一章"图书馆组织法"中，戴志骞首先论述图书馆建立的必要性问题，对于这个问题戴氏是从图书馆对于人生密切关系的角度切入，戴志骞（1923）认为"图书馆能扶住学校教育之不足，并可为国民终身学校；图书馆能增进专门职业智识；图书馆有助于修养精神。"戴志骞虽然说的是图书馆与人生的密切关系，其实亦是论述图书馆的功用，而在"论美国图书馆"一章中，戴志骞（1923）更是进一步指出"图书馆与教育有极密切不能分开之关系。教育者，智力生长之义也；如不生长，即至灭绝。学校即教育之初步也，教少年人民以温故知新之识，然学校不能教育国民之终身，人人有出学校之一日。若社会中无图书馆，则多数离学校后，即于智力上不能生长，如要国民有终身智力生长之机，除图书馆外，别无良美之法，故图书馆可称国民之终身学校也。"

从上述观点不难看出，戴志骞对于图书馆首要认识就是图书馆是一种教育机关，其首要功能也是促进平民、社会、专门教育之进步。

2. 杨昭悊的《图书馆学》

1923 年 9 月，杨昭悊《图书馆学》（上下）一书由商务印书馆出版，该书是中国第一部以"图书馆学"为书名的著作，书中内容虽多取日、美两国之成法糅合贯通而成，然而作者却努力使理论与技术相结合、中国与外国相结合、供馆员参考与供一般民众了解图书馆学相结合，用科学方法阐述了图书馆的定义、范围以及研究方法等，实开中国图书馆学通论之先河（王子舟，2003）。

《图书馆学》一书共分八篇，在第一篇总论中，杨昭悊（1923）明确提出"图书馆是一种教育，和学校教育相平等"，而在第二篇"图书馆与教育"中，杨昭悊（1923）又进一步指出"学校教育，年数有限，入社会以后，唯有图书馆是终身求学的地方"，"图书馆是一种社会教育机关，这是一般人都知道的，其实它不单是社会教育机关，它在家庭教育、学校教育上都占很重要的地位。"在该篇"图书馆教育的效力"一节中，杨氏归纳到"从以上情形观察图书馆的效果，在知育上，能使人知识增进，在情育上，能使人精神快慰，在训育上，能使人行为善良。"（杨昭悊，1923）此后，杨昭悊具体论述了图书馆如何开展家庭教育、学校教育以及社会教育。该书的第三到第七篇，主要是论述图书馆实际操作问题，如经费、分类、编目等。而全书第八篇则是讨论促进图书馆教育的机关。从章节安排来看，第二篇"图书馆与教育"，实际上讲的就是图书馆的功用问题，杨昭悊并没有把这一篇内容放在总论中加以讨论（第一篇总论中，杨昭悊讨论了图书馆的含义、图书馆的种类、图书馆学与其他学科的关系、图书馆学研究方法等），而是直接另辟一篇，从该篇篇名"图书馆与教育"也能看出，杨昭悊对于图书馆教育功能的重视程度。

3. 杜定友的《图书馆通论》

杜定友的《图书馆通论》一书是作为上海图书馆协会丛书一种由商务印书馆于 1925年出版，该书可以说是受教育范式影响最为明显的早期图书馆学专著之一，全书的核心就是谈图书馆的教育问题。该书共分四章，分别是"图书馆教育"、"图书馆与教育"、"图书馆与社会"、"图书馆与图书馆学"。

较之其他论著先阐述图书馆的含义、种类等基本概念，杜定友（1925b）的《图书馆通论》第一章便是直截了当地从"图书馆教育之可能"、"图书馆教育之性质"、"图书馆教育之方法"、"图书馆教育的职业"、"图书馆教育之普及"五个方面来论述"图书馆教育"问题，在"图书馆教育之普及"一节中，杜氏也呼吁"凡今之教育家，亟当谋图书馆之设立，肩提倡及举办之责，使社会一般人民皆能享受此种利益。"从这也能反映，至少在杜定友看来图书馆事业的发展需要教育家的努力。在这一章之后，杜定友逐渐涉及图书馆责任、图书馆含义等问题，如第二章在谈到图书馆责任时，杜氏（杜定友，1925b）直接阐明"图书馆之责任，何莫非教育之责任。教育之责任，夫何加于图书馆之责任。教育必赖图书馆而宣传，更必赖图书馆而普及，尤不能不赖图书馆以辅助之，完成之。是故图书馆不发达，则教育绝不能振兴，即能振兴，必极濡滞。"而在第四章谈到建立图书馆之必要性时，杜氏（杜定友，1925）又进一步补充"人类无教育，则类于禽兽，而教育工具，则惟图书与实物。故无图书馆，则教育难普及，教育难普及，则文化难进步。"该书其余涉及的如图书馆职业、图书馆学人才培养等问题，杜定友都是基于图书馆如何充分发挥其教育职能进行论述的。

该书充分反映了在民国图书馆学形成初期，杜定友的图书馆认识观，即图书馆存在的最主要原因便是其教育功用，而教育职能也是图书馆的首要职能；图书馆作为一个教育机关，其能否发展与教育界人士的认识有着密切的关系。

4. 洪有丰的《图书馆组织与管理》

1923 年回国服务的洪有丰为扭转图书馆沿袭传统藏书楼为少数权贵服务的遗风，首先开办"暑期图书馆学讲习科"，该科为期一个月，每天讲课两小时，学员 80 余人，讲义自编，以后分别在 1924 年、1925 年和 1926 年连续开班。《图书馆组织与管理》就是洪有丰在暑期学校讲义的基础上撰写而成的，该书不是西方图书馆学的翻版，而是从我国图书馆实际出发，结合近代图书馆要求而写的一部方法指导书，内容涉及图书馆学基础理论和业务技术诸方面问题，既有理论阐述，又有实践指导。该书初版于 1926 年，十年间三次再版，成为当时我国图书馆学主要教材之一。

洪有丰在《图书馆组织与管理》一书中简单概述了图书馆学的意义之后，便开始阐述图书馆与教育之间的关系，系全书第二章内容。洪有丰（1926）认为"图书馆使现受学校教育者得辅助其知能之生长，使已受学校教育者得继续其知能之生长，使未曾肄业学校者得增进其知能之生长。图书馆为平民大学良有以也。""图书实具有使教育生生不已之功，而图书馆为图书之源泉，与教育之关系，更无待赘言。至于图书浩如渊海，寒士无力够备，而图书馆可以供给，社会消遣乏所，有堕落人格之危，而图书馆可以陶冶性情，养成高尚思想，尤其余事也。"由这段话也能看出，洪有丰认为图书馆于教育有着重要的关系，考虑其功用时，首先应该是其教育功用。

5. 李小缘的《图书馆学》

李小缘在《图书馆学》一书第一章便是讨论"图书馆之意义"，李氏（李小缘，1927）认为图书馆第一意义便是"辅佐学校教育之不及"，"学校责任贵在指明读者之方向；图书馆任读者自择其命运，责在指导其命运之途径，学校乃'教'之责任，图书馆所以帮助人学习；学校决定吾人所学，教吾人学之而已，图书馆寻找吾人所欲知，而就其范围供给之；学校所学，为武断的，粗浅而有偏见，图书馆供给各方面材料，无所自擅。"进而，在此基础上，李小缘（1927）更是明确提出"图书馆即是教育"，李氏（李小缘，1927）援引美国图书馆事业发展案例，认为"图书馆乃有教育性之环境也"，"美国人眼光中，目图书馆为社会教育之必有机关，且谓图书馆为教育中之重要分子……教育家向称公共图书馆为平民大学，原非虚传。美国自欧战以后，顿然觉悟其国内不识字之外国人太多。美国乃著名教育普及之国家，现在自己仍知自己之缺点，想力求补救方法：方法即利用图书馆……中国成人教育问题，比美国更严重百倍，然而图书馆事业无人过问。……"

可以说，"图书馆即是教育"是李小缘一生致力于图书馆事业推广及图书馆学研究的核心思想之一，在《图书馆学》一书中，李氏在论述图书馆的发展时都与教育紧密结合在一起，如认为图书馆事业发展要与成人教育运动相结合，积极倡导图书馆开展读书运动等。

通过以上对图书馆学形成初期五本代表性图书馆学著作中"图书馆认识观"的一个解读，不难发现对于早期的这些图书馆学家，完全是将图书馆纳入教育事业中进行思考与研究的。因此一提到图书馆，他们首先想到的便是一个教育机构，对于图书馆为什么要存在？图书馆的功用？图书馆的价值等？一系列图书馆学研究中需要面对的最基本的问题，也都是从教育的角度进行阐释。因此在他们的论著中都会花一定的篇幅来探讨图书馆与教育的关系，因为他们已经自觉地形成了这种图书馆是教育事业一部分的观念，并且只要涉及这部分内容都会置于全书比较靠前的位置，而这也正是教育范式影响下的早期图书馆学研究的一个表现。

7.3.2　图书馆学应用研究中的"图书馆学中国化"

1925 年 6 月 2 日，梁启超在中华图书馆协会上就图书馆协会的责任时谈到，要"建设中国的图书馆学"：

"学问无国界，图书馆学怎么会有'中国的'呢？不错，图书馆学的原则是世界共通的，中国诚不能有所立异，但中国书籍的历史甚长，书籍的性质极复杂，和近世欧美书籍许多不相同之点，我们应用现代图书馆学的原则去整理他，也要很费心裁，绝不是一件容易的事。从事整理的人，需要对于中国的目录学（广义的）和现代的图书馆学，都有充分智识，且能神明变化之，庶几有功。这种学问，非经许多专门家继续的研究不可。研究的结果，一定能在图书馆学里头成为一独立学科无疑。所以我们可以叫他做'中国的图书馆学'。"（梁启超，2005）

梁启超可以说是最早明确提出建设"中国的图书馆学"的人，而梁氏之所以有这样的想法与当时教育界一股强大的思潮即"（新）教育中国化"有密切的关系。我国自清末开始施行新教育以来，就一直处于学习模仿阶段，或是欧美，或是日本，到了 20 世纪一二十年代，教育界人士普遍认识到仅学习别国而不与中国实际相结合是不利于中国教育长远发展的，故纷纷呼吁"（新）教育中国化"，而在梁启超看来图书馆学是教育学之一部分，图书馆事业也是教育事业的一部分，因此也需要中国化，这一思想也的确影响到了当时的图书馆学研究。

在推动"（新）教育中国化"过程中，中华教育改进社也是比较积极的一个组织，1924 年底，陶行知为中华教育改进社拟定的《中华教育改进社十四年度之进行方针》中明确指出"本社今后对于教育之努力，应向适合本国国情及生活需要之方向进行"（陶行知，1985）。1925 年陶行知、高仁山、汪懋租、王希曾等共同创办《新教育评论》杂志，在《创刊缘起》中他们指出"我们深信一个国家的教育，无论在制度上、内容上、方法上不应常靠着稗贩和因袭，而应该照准那国家的需要和精神，去谋适合，谋创造。"（陶行知，1984）

1925 年陶行知为出席世界教育会联合会在英国爱丁堡举行的第一届大会所写的《民国十三年中国教育状况》（*Education in China* 1924）一文中曾说："在 1919 年以前，中国教育还处在模仿外国的十字路口。他时而模仿日本制度，时而模仿德国制度，时而模仿美国制度。这种从外国搬来的教育制度，不论它们在本国多么富有成效，经这样照搬过来，是不会结出成功之国果的。直到最近，中国的教育界人士和一般群众才开始清醒地认识到：他们只有透彻地研究自己需要的问题，才能确有把握地制定出一套真正适合中国国情并为中国服务的教育制度来。"（陶行知，1984b）紧接着陶氏（陶行知，1984b）又说到"为了充分地理解产生这种认识的影响，认识下文中将要阐述的种种设想和实现这些设想的途径"，而在该文"若干最近的教育活动及发展"中陶行知（1984b）提到了"图书馆运动"，从全文的语境来看，陶行知将当时发生的"图书馆运动"（即后人所指之"新图书馆运动"）也是为适合中国国情开展的一项活动。

很显然教育界尤其是陶行知领导的中华教育改进社对于"（新）教育中国化"的实践影响了图书馆界的研究，图书馆界人士也纷纷寻求图书馆学中国化，而图书馆学中国化最先是从图书馆管理方法的中国化开始的。陶行知《民国十三年中国教育状况》一文中对于"图书馆运动"的介绍也提到了适合的图书馆管理方法的推广，适合的图书馆管理方法便是中国化的图书馆管理方法，而其中表现最为明显的是各界（包括教育界[①]、图书馆界）对于分类法的研究。为了找到切合中国书籍的分类法，各界对分类法的研究从未间断，在民国时期的图书馆学著作中，没有哪一类著作像图书分类的著作这样一直受到学者的普遍重视和深入研究（范凡，2011a）。

西方分类法在中国影响最大的是杜威十进分类法，然而在"（新）教育中国化"、"图书馆学中国化"的影响下，在图书馆学形成初期，各界学者对杜威十进分类法做了增补或修改，如沈祖荣、胡庆生的《仿〈杜威书目十类法〉》，杜定友的《图书分类法》、查修的《杜威书目十类法补编》，桂质柏的《杜威书目十类法》、王云五《中外图书统一分类法》等。对于这些分类法，朱家治（1926）曾于 1926 年撰文指出"都是采用杜威十进分类法之制度，惟有多寡之不同，或将类目扩充，或将次序改组，或小者大之大者小之。但有一普通之目的，即将四库分类法劈开，将其门类分别归纳于相当地位，而成包罗所有之分类法。"以上也说明，早期的分类法研究主要是将杜威十进法与中国传统四库全书分类法相结合，以适应图书馆各种新书的增加，以期更好地为读者服务。除此之外，不少图书馆或图书馆研究人员也根据中国图书或图书馆的特点，编制了许多其他适合的分类法。

除分类法本土化之外，图书馆学研究，尤其是应用研究领域的很多其他内容包括编目

---

① 当时很多教育界人士默认图书馆学为教育学的一部分，所以也都从事这方面的研究，如上文提到的梁启超先生，此外教育界著名人士陶行知、庄泽宣、俞庆棠对于图书馆学都有独到的看法。

法、排检法、索引运动、巡回文库、通俗图书馆、民众图书馆等，也都是图书馆学中国化研究的重要内容。

以分类法本土化为代表的早期图书馆学界的"图书馆学中国化"研究，是受教育界"（新）教育中国化"的驱动，而早期这批图书馆学研究人员在具体的研究过程中则是以"实验主义"与"实用主义"思想为指导（方法论）。当时"实验主义"有诸多流派，而中国教育界主要是受杜威（John Dewey）的"实验哲学"所影响，杜威对"经验"（experience）的强调，使得他提出了"经验即是生活，生活即是应付环境"（黄醒魂，1933），而这也是杜威后来"实用主义"思想的主要组成部分，可以说"实验主义"更多地强调方法、过程，而"实用主义"则是强调其目的。而早期图书馆学中国化的诸多研究中很好地体现了这一点。

以分类法研究为例，沈祖荣、杜定友、王云五等所编制的以杜威十进法为基础的分类法都是他们在实际图书馆工作中不断试验，不断改进的成果。而其他如关于民众图书馆等问题的研究，更是"实验主义"指导下中国早期图书馆学研究的一个典范，中华图书馆协会第二届年会两大议题之一是"图书馆与民众教育之关系"，其中便涉及民众图书馆的发展问题。而民众图书馆与西方图书馆有较大差异，在如何更好地发展中国民众图书馆的问题时，有人提出要具有"研究实验"的精神，要"精心研究之，切实实验之，务使它的一切能适应我国的环境。"（教育与民众，1933）可以说，由于中国特殊的国情，要使图书馆事业更好地适应我国环境，并实现图书馆学的本土化、中国化，早期图书馆学研究者都是本着"不断摸索"、"不断积累"的"实验主义"精神，力求最后能达到"实用主义"的目的，正如杜定友（1925a）在《图书分类法》之中所说"分类法之良否，在乎实际上能应用便利与否，而不在门类多少，在能将书籍安置于相当之地位，而不在门类之先后。论者常以门类之多少相争，常曰某法分为若干类，某法分为若干科，而对于该法之运用如何，各科之分目如何，则未尝置一词。著者窃以为分为五类十类，实鲜关系。个所需者，一能应实用之分类法，且合乎以下条件者耳。①能将各种同类之图书，聚于一处者；②能将各类书籍排列成一系统者；③各类书籍，有各个之位置，而便于检阅者；④各类有详细之分目者。"

所以说，在受教育界"（新）教育中国化"的驱动下，图书馆界也努力使我国图书馆事业更符合中国国情，并实现"图书馆学中国化"，而在此过程中，早期图书馆学学者采取了教育界影响广泛的"实验主义"与"实用主义"为指导原则（方法论），而这也正是教育范式影响下早期图书馆学研究的又一表现。

7.3.3 研究成果发表平台

学术期刊是学术研究成果发表的重要平台，也是学术共同体之间进行学术交流的重要阵地。图书馆学目前已知的最早刊物是 1915 年由浙江省立图书馆创办的《浙江公立图书馆年刊》，然而该刊主要是一本介绍浙江图书馆工作的报道刊物，学术性不强，真正学术性较强的第一本图书馆学刊物——《中华图书馆协会会报》也到 1925 年才创刊。而随着新教育运动的发展，中国各项教育事业蓬勃开展，同样中国的教育学也迎来了一个发展高潮，广大学者对迅速公布研究成果，便捷地与其他学者进行交流的需求越来越大，为适应学者及其他从事教育事业人员对于信息的需求，各种教育报刊广泛创办，据不完全统计，仅 1912 年到 1916 年这四年间，新创办的教育报刊就达 43 种以上（顾明远，1990）。因此，大量教育类报刊就为图书馆事业报道及图书馆学论著发表提供了很好的平台。其中不得不提《教育公报》、《教育杂志》及《新教育》这三种报刊。

《教育公报》是 1914 年由北京教育部编审处创办，教育部所有有关图书馆的政策、法令如《通俗图书馆规程》、《图书馆规程》等都刊登其上，除此之外，该刊还刊登过其他一些与图书馆有关的调查报告或文件等，如《教育部咨各省、区请通饬各省、县图书馆注意搜集乡土艺文》（1915 年，第一期）、《各省通俗图书馆调查表》（1916 年，第十期）（张树华和张久珍，2008）等。

《教育杂志》创刊于 1909 年，由上海商务印书馆主编，是新教育运动中的一块重要阵地，然而早期诸多图书馆学论著也是通过该刊与大众见面的。如孙毓修著名的《图书馆》一书，便是以"名家著述"名义于该刊第一卷至第二卷（1909～1910 年）上连载；王懋镕的《图书馆管理法》于第五卷（1913 年）上连载；杜定友的《图书馆学的内容与方法》于第十八卷（1926 年）上连载；此外如杜定友的《儿童图书馆问题》（1926 年，十八卷四期）、《儿童参考书研究》（1928 年，二十卷六期），蔡文森的《设立儿童图书馆办法》（1909 年，一卷八期）、《欧美图书馆之制度》（翻译）（1910 年，二卷五期），沈绍期的《中国全国图书馆调查表》（1918 年，十卷八期）等都曾刊登于《教育杂志》之上。除专业论文之外，还会有国内外图书馆的介绍以及图书馆界的相关资讯，如《无锡图书馆摄影》（1915 年，七卷二期）、《林肯学校图书馆》（1923 年，十五卷五期）、《柏林的音响图书馆》（1924 年，十六卷六期）、《纽约图书馆落成》（1911 年，三卷六期）、《松坡图书馆成立》（1923 年，十五卷 12 期）、《上海东方图书馆之成立》（1926 年，十八卷六期）……

《新教育》创刊于 1918 年，由中华教育共进社负责（后由中华教育改进社负责），《新教育》是新教育运动中后期的著名杂志，每期发行均在万份以上，据统计，《新教育》在存在的 6 年 52 期中，共刊发图书馆学专业论文 20 篇（李刚和叶继元，2011）（图书馆教育组会议记录），包括杜定友的《学校图书馆管理法》（1922 年，四卷五期）、朱家治的《师范教育与图书馆》（1922 年，四卷五期）、沈祖荣的《民国十年之图书馆》（1922 年，五卷四期）、《民国十一年之图书馆教育》（1923 年，六卷二期）、刘国钧的《美国公共图书馆概况》（1923 年，七卷一期）、戴志骞的《图书馆学简述》（1923 年，七卷四期）等，当然该杂志同样也会刊登图书馆界相关资讯，如《广州之图书馆事业》（1922 年，四卷五期）、《巴黎大学之图书馆》（1923 年，七卷一期）等。

除此之外，如《中华教育界》、《教育丛刊》、《教育与社会》、《教育与民众》、《教育汇刊》等刊物上也都刊登过许多包括沈祖荣、杜定友、戴志骞、洪有丰等关于图书馆学的论著。由上述不难看出，教育类报刊对我国早期图书馆学的宣传与普及、图书馆学学术共同体的形成壮大起了重要的作用。

早期图书馆学研究者主动将研究成果投寄教育类刊物发表，这是教育范式影响下图书馆学研究的又一典型表现。

7.4 结　　语

从上文对中国现代图书馆学形成的标志、早期图书馆学研究中教育范式形成的历史考察以及教育范式在早期图书馆学研究中具体表现的阐释，我们有理由认为早期图书馆学的研究范式为教育范式，而教育范式影响下的图书馆学研究对于当下图书馆学的研究依然有重要的启示，就是我们应该回归图书馆作为教育机构的道路，图书馆只有和教育紧密联系才能获得健康的发展！"学校教育乃人生教育之一小阶段，而图书馆教育乃人生各阶段之总教育机关。实为根本所在。"（李小缘，1936）

第 8 章 以图书馆为中心的学科范式
（1920 ~ 1995）

8.1 从专业视角看图书馆学的学科范式

现代学科大致可以分为三大类，第一类是有关"what"的，譬如，数学、物理、化学、生物、经济、社会学、政治学等学科，无论是叫自然科学还是社会科学，它们都可以称为"科学"（science），它们的终极目的是探索自然原理和社会原理，通过这一类学科我们可以获得关于自然和人类社会的认知。第二类学科是有关人自身教养的，譬如，艺术、哲学、文学、宗教、历史等人文学科，它们的知识体系和人自身的教养关系密切。第三类是有关"how"的，譬如，工程、医学、法律、管理、图书馆学等学科，它们的知识体系主要告诉我们如何解决生产、生活、社会管理中的问题。第一类学科一般叫做"科学"。第二类学科叫做"人文"（humanities）。第三类学科中，一部分是关于解决自然改造和社会改造中工艺问题的学科，如工程、医学等；还有一部分是解决自然改造和社会改造中与人有关，与社会组织有关的问题的学科，如企业管理、政府管理、图书馆学等。

从社会职业划分来说，和第一类学科有关的人一般被称为自然科学家或者社会科学家，和第二类学科有关的人一般被称为人文学者或者艺术家，和第三类学科有关的人一般被称为工程师或者专业人士。

现代大学的学科与院系设置基本反映了上述学科分类的属性。以哈佛大学为例，哈佛大学共有 15 个学院，分别为商学院（Business School）、哈佛学院（Harvard College）、继续教育部（Division of Continuing Education）、牙医学院（School of Dental Medicine）、设计学院（Graduate School of Design）、神学院（Harvard Divinity School）、教育学院（Graduate School of Education）、工程与应用科学学院（School of Engineering and Applied Sciences）、文理学院（Faculty of Arts and Sciences）、肯尼迪政府学院（School of Government）、研究生院（The Graduate School of Arts and Sciences）、法律学院（Law School）、医学院（Medicine School）、公共卫生学院（School of Public Health）、拉德克利夫学院（Radcliffe Institute for Advanced Study）。

在哈佛大学的这 15 个学院中，拉德克利夫学院原本是女子学院，2009 年正式并入哈佛大学，女子学院从 college 改为 institute，变成了一个研究机构，基本上不再是一个教学单位。哈佛学院是哈佛大学的本科生学院，主要行使本科生的住宿和选课指导等管理职能。研究生院从事的研究生培养管理工作，其职能类似于我国的研究生院和研究生部。继续教育部从事成人教育的管理工作，不是一个独立的教学和研究单位。余下的 11 个学院都是教学和研究实体。这 11 个学院分为两类，文理学院叫"Faculty"，是哈佛大学最大的教学和研究实体，哈佛大学的自然科学、社会科学和人文学科教学和研究都在这个学院开展。其他的学院一律叫做"School"，一般没有本科生的培养职能，主要从事硕士或者博士研究生的培养工作，培养的是工程师或者专业人士，这些学院培养的毕业生大部分都从事实际部门的具体工作，只有少数的博士生才从事教学和研究工作。

哈佛大学的院系设置模式在英美等西方综合性大学中具有典型性，它反映了现代知识社会的学科分类和职业分类的特征。我们想着重指出的是，学科和专业（不是指我国大学院系下的专业，而是指从事工程、技术、管理的职业）关系密切，譬如，哈佛大学的11个从事教学和研究的学院中有10个都是专业性的学院（school），这些学院并不以追求终极真理为中心，而是以发展服务于现代社会的专门知识和技能，以培养掌握这些专门知识和专门技能的专业人才为中心。在这些学院中，学科（discipline）和专业（profession）几乎是一个具有同样内涵和外延的概念。因此，在讨论这些学科的范式时就必须考虑专业的范式，也就是学科范式的界定离不开对专业范式的考察。

对于面向专业的学科而言，是先有专业后有学科，只有此专业发展到一定的复杂程度，通过师徒传承已经无法满足专业人员培养需求，通过师徒传承也无法完成专业人员培养时，学科才会出现，才会在现代大学中出现建制性的学科。中世纪的医生基本上都是通过师徒制培养出来的，现代医学如此复杂，师徒传承根本无法培养出符合现代需要的医生，所以才会有专门的医学院。美国现代职业发展史告诉我们，19世纪后期，在美国的现代化转型中，诞生了体现现代社会特征的白领职业群，譬如，医生、律师、职业经理、会计师、审计师、咨询管理专家、图书馆员等，这些行业的共同特点都是依靠所掌握的专业知识为公众提供服务，从而获得较高的报酬。行业从业人员的补充不是通过像传统的手艺人那样通过家族世袭或者师徒传授的方式进行，而是通过现代大学培养。因此，此类学科范式是以专业范式为基础的，有什么样的专业范式才会有什么样的学科范式。相反，数理化等纯粹自然科学学科不存在此类问题，它们只有学科范式没有对应的专业范式。

对于图书馆学而言也是如此，图书馆学的发展紧密结合图书馆行业的发展需要，是专业范式引导学科范式的。以美国为例，1876年9月，杜威任首任主编的 *American Library Journal* 正式出版。10月4～6日，美国图书馆馆员大会在费城历史学会召开，会上正式成立了美国图书馆学会（American Library Association，ALA），接受 *American Library Journal* 为会刊。在行业性建制基本完成后，图书馆学教育才提上议事日程。1887年，杜威在哥伦比亚大学担任图书馆馆长时，创办了图书馆管理学校（School of Library Economy），但是这个学校并非是哥伦比亚的一个正式合法的单位，由于缺乏经费，无法聘用专职教师，杜威尽量利用图书馆的资深馆员担任授课讲师。校外的 Bowker，Spofford 等也到图书馆管理学校任教，当然他们都是义务劳动，到学院后就住在杜威家里。杜威夫人 Annie Dewey 负责讲授索引方面的课程。这些人都是没有正式教员身份的。哥伦比亚学院的一些正式教师，比如，Nicholas Murray Butler，H. T. Peck 和 Charles Sprague Smith 等教授书目学和文献学课程。杜威一方面想把图书馆学校变成哥伦比亚学院的一个正式学术单位，但另一方面学校技能性训练的课程体系无法获得笃信精英主义的大学董事会成员的支持。

杜威所创立的以图书馆业务为中心的图书馆学课程及训练体系，我们可以叫做杜威范式，也可以叫做 library-center 学科范式。这个范式除了在20世纪30年代遭遇芝加哥大学图书馆学院以谢拉"图书馆学引论"为代表的社会学范式的挑战外，长期以来一直是图书馆学的经典学科范式。

8.2 Library-center 范式在中国的兴起与调适（1920～1949）

藏书在中国有悠久的历史，但是向公共开放藏书却是一个从未存在的理念。在晚清出使西洋的大臣们的笔记中，在知识界留学东洋，周游欧洲列国时写给国中报刊的游记中，现代公共图书馆的概念被介绍到中国。

1903 年，韦棣华女士在武昌县华林文华学校筹办阅览室，开展多种图书宣传活动。1910 年，扩大馆舍，命名为文华公书林，附设于文华大学，引进美国模式的公共图书馆理念，采用开架、向公众开放，开兴建近代图书馆之先锋。自清末维新变法以来，众人对图书馆的观念已大大改变。在量上，图书馆的兴建由少变多；在质上，图书馆馆藏的内容日趋多样化，或为大众路线的公共馆藏，或为专门路线的机关藏书。馆藏发展已经开始考虑阅读者之需要。另外，面向公众的开架式的阅览方式，免费或少量收费的阅览政策，是藏书楼观念向现代图书馆理念转型的体现。

民国成立以后，各省的大城市都有图书馆设立。这个时期的图书馆，其性质不再偏重于图书的保存，而是渐渐的趋向公开流通。1915 年，教育部正式颁布《图书馆规程》、《通俗图书馆规程》（简称《规程》），于是图书馆的类型遂区分为二：一为偏重民众使用的通俗图书馆，一为注重学术文献的图书馆。《规程》的颁布使得图书馆设置有了法令的依据，图书馆的数量稳定增长（表8-1）。

表 8-1 清末主要官办公共图书馆一览表

创办时间	名称
1903 年	浙江藏书楼
1904 年 3 月	湖南图书馆兼教育博物馆
1904 年 8 月	湖北图书馆
1904 年	福建图书馆
1907 年	江南图书馆
1908 年 10 月	直隶省城图书馆
1908 年	黑龙江图书馆
1908 年	奉天省城图书馆
1909 年 2 月	山东图书馆
1909 年 2 月	河南图书馆
1909 年 5 月	吉林图书馆
1909 年 7 月	京师图书馆
1909 年	陕西图书馆
1909 年	归化图书馆

续表

创办时间	名称
1909 年	云南图书馆
1909 年	广东图书馆
1910 年	山西图书馆
1910 年	甘肃图书馆
1910 年	上海图书馆

资料来源：吴晞.1996. 从藏书楼到图书馆. 北京：书目文献出版社，81

大致讲，到 1920 年文华图书馆专科学校创办前后，中国的图书馆工作作为一个行业（industry）和专业（profession）已经基本确立。藏书楼向现代图书馆转型基本完成。1923年，据戴志骞统计中国已经有 51 所收阅读费的公共图书馆和 239 所完全免费的公共图书馆，合计藏书 225 247 册；有 37 所大学图书馆，累计中文藏书 253 000 册，西文藏书 173 500 册（Tai，1925）；1915 年以后，大部分图书馆外文书和新式中文书采取杜威十进分类法，而古籍采取四部分类法。许多图书馆还编制了卡片目录体系，这个时候的图书馆虽然多数设置在古色古香的宫殿中，但是大部分图书馆都采用了西式的管理模式。

20 世纪 20 年代以前，中国可以说是有图书馆而无图书馆职业教育，有零星图书馆学研究而无图书馆学家。这个时期，Library-center 作为一种业务范式是存在的，但是作为一个学科范式还没有形成。直到 1920 年，武昌文华图书馆专修科（Boone Library School）的创立，成为图书馆学作为一个学科诞生的重要标志之一。当时图书馆学这个新学科的教学、人才培养和研究主要是围绕图书馆的业务展开的。这个新学科的范式可以说是直接复制美国的图书馆学院的范式，即 Library-center 范式。这种学科范式主要有以下几个特征。

第一，从理念层面来说，图书馆学共同体一致认为图书馆不仅是一种公共服务机构，而且是一种保证公民获取知识的一种制度安排。这种理念的诞生是现代图书馆学形成的重要标志。文献管理并非现代所特有，也并非中国所特有。西方的"文本批评学"（textual criticism）和古纹章学就是研究文献的专门学问。虽然中国早就产生了复杂高深的校勘、版本、庋藏等文献管理的技术，但是我们并不能说中国在古代已经有图书馆学，其原因就是中国古代文献管理的理念和现代图书馆学根本不同。就制度而言，中国古代皇家藏书制度是确保重要典籍保存在中央，这一方面可以垄断知识，另一方面这是王朝正统性和合法性的体现。只有现代图书馆学才把图书馆看成是一种公共机构，才把服务于公众看成是这个机构的主要使命。

第二，学科范式来源于业务范式。图书馆的业务流程及其中心环节成为教学研究的重点。采访、编目、流通与参考是图书馆学教学的重点，也是研究的重点。杜威图书馆管理学校的主要课程包括：编目、分类、采访、登录、排架、装订修补、目录学、政府出版品、图书馆管理学、毕业论文等。这些课程显然是紧扣图书馆实际业务工作的，丝毫没有理论的内涵，只是告诉你怎么做一件事，至于为什么，不在教学范围之内，因为实际工作就是这样做的。美国是这样，文华图书馆专修科的课程也是如此。其开设的课程有：中国目录学、中文参考书举要、西文参考书举要、中文书籍选读、西文书籍选读、中文书籍编目学、西文书籍编目学、中文书籍分类法、西文书籍分类法、中国图书馆史略、西洋图书馆史略、图书馆行政学、图书馆经济学、图书馆建筑学、各种图书馆之研究、西方打字法等（彭斐章，2001）。值得注意的是文华课程表中出现"中国目录学"等具有中国本土化特征的课程，但是这也是服务于图书馆具体业务需要的，因为中国图书馆中存在大量古籍，不懂目录学无法对这部分馆藏进行有效管理。

第三，馆藏依然是整个图书馆业务，也是图书馆学研究的重心。在馆藏与服务之间，馆藏重于服务，library-center 范式发展到后期才更加重视服务工作。图书、期刊、报纸和胶片是馆藏的主要文献形式。图书馆学本质上是馆藏文献管理学，它以分类、编目和提供服务、图书馆业务管理为中心构筑了学科知识体系。从技术层面来说，文献采访、分类、编目和流通是核心工作，除了少数图书馆手稿部的工作外，管理的对象是载体而非内容。因此，基于载体的馆藏管理是这个学科范式的核心特征。

总之，无论中外，library-center 图书馆学学科范式都是紧紧围绕图书馆业务与馆员专业发展需要的。文华图书馆专修科把这种范式引入中国，在中国落地生根。除了文华以外，在1949年以前还出现了其他图书馆学教学单位，譬如，上海国民大学图书馆学系（1925）、金陵大学图书馆学系（1927），江苏省立教育学院民众教育系图书馆组（1930），国立社会教育学院图书博物馆学系（1941），北京大学图书馆学专修科（1947）。这些学校的课程主要都是围绕图书馆业务来加以设置的，下面我们以上海国民大学图书馆学系和金陵大学图书馆学系为例予以说明（其余学校的具体课程可参见本书"现代图书馆学教育体系之变迁"一章内容）。

上海国民大学图书馆学系的必修科目包括（金敏甫，1926）：①图书馆学概论（略述图书馆学之原理，历史及组织管理之大意；利用图书馆之方法等）；②图书馆学原理（专论图书馆学之原理原则：如图书馆哲学，图书馆与教育，图书馆与社会，中外图书馆史等）；③图书馆行政（一）（专论图书馆之行政及其方法，如组织法、购订法、流通法、装订法等）；④图书馆行政（二）（各种图书馆之管理方法，如学校、公共、专门、盲哑、巡回等十余种）；⑤图书馆实习；⑥图书选择法；⑦图书分类法；⑧图书编目法；⑨图书参考法；⑩研究法；⑪目录学；⑫古书校读法（古书之鉴别，分类及校勘学等）；⑬国学概论；⑭国学书目（审定国学书目，编制国学书索引等）。

1927年金陵大学图书馆学系成立当年开设16门课程：图书馆学大纲、参考书使用法、中国重要书籍研究、目录学、分类法、编目法、杂志报纸政府公文、特种图书馆、民众图书馆、索引与序列、书史学、印刷术、图书馆问题之研究、图书选择之原理、图书馆史、图书馆行政。1930年春，图书馆学改属文学院（首任院长为刘国均）后，课程调整为9门课，其中6门是必修课，即图书馆学大纲、参考书使用法、目录学、分类法、编目法、图书流通法；3门选修课：杂志报纸政府公文、特种图书馆、书史学（沈固朝和刘树民，2005）。

通过上海国民大学与金陵大学图书馆学系的课程设置不难发现，这两所学校的诸多课程与文华图专课程的设置基本相似，即强调图书馆工作的实践性，这样的设置也是为了符合当时社会对于图书馆专门人员的需求。但是我们不难发现，国民大学尤其是金陵大学图书馆学系课程的设置更加考虑中国的实际，这是因为当西方的 library-center 图书馆学学科范式作为一种新时代的东西输入中国之后，它为适应中国的文化背景与中国图书馆的实际需要进行了局部的"调适"，这种调适主要体现在以下几个方面。

第一，理念上强调图书馆的教育职能。上文谈到 library-center 范式的一个重要特征，便是图书馆学共同体一致认为图书馆不仅是一种公共服务机构，而且是一种保证公民获取知识的一种制度安排，在当时的时代背景下，这种制度安排确切地说，应该是一种教育制度安排。由于当时中国学校教育体系的缺陷，而图书馆在教育上的功能又逐渐得到认可，因此在当时中国，图书馆作为教育事业的一部分得到重视与发展，教育界包括图书馆界对于充分发挥图书馆的教育职能，以提高民众素质都予以期待，"民众教育事宜，应交由民众图书馆办理。""图书馆教育乃人生各阶段之总教育机关。"（李小缘，1936）因此，当时图书馆学研究的一个重点就是如何发挥图书馆的教育职能，而这也影响到了早期图书馆学的研究。我们知道，在 20 世纪 20 年代，即图书馆学形成之初，library-center 范式便已蕴涵其中，但是当时整个图书馆学研究的主流范式应该是"教育范式"，翻阅那一时期的图书馆学论著，不难发现早期的图书馆学者，完全是将图书馆纳入教育事业中进行思考与研究的。

李小缘指出："今之图书馆，重在普利民众，流通致用，以普遍为原则，以致用为目的，以提高生活为归宿，皆所以启民智，伸民权，利民生也。"（马先阵和倪波，1998）

刘国钧（1983）认为："图书馆在教育上的价值有时竟过于学校。"因为"学校之教育，止于在校之人数，图书馆之教育，则遍于社会，学校之教育，迄于毕业之年，图书馆之教育则无年数之限制；学校之教育，有规定课程之限制，而图书馆之教育则可涉及一切人类所应有之知识；学校之教育常易趋于专门，而图书馆教育则为常识之源泉，"而"社会之人，在学校者少。人之一生，在学校时少，然则图书馆教育，苟善用之，其影响于社会，于人生者，且甚于学校。"

杜定友（1926）认为："图书馆学所以能成为科学，是因为图书馆现在已成为一种活的教育机关，好像学校教育，社会教育一样。"沈祖荣认为，图书馆事业"乃教育文化之枢纽"，"图书馆之作用，系补学校教育所不及，养成乐于读书之习惯，为改良社会之利器，即人民对于图书馆如布帛粟菽，不可须臾离也。""唯有透过理智，使民众真正认识个人与国家是确实的关系，亡国奴何以不可为，怎样才不致亡国，图书馆就是培养理智的永久而活动的教育机关。"（程焕文，1991）

因此一提到图书馆，他们首先想到的便是一个教育机构。对于图书馆为什么要存在？图书馆的功用？图书馆的价值等一系列图书馆学研究中需要面对的最基本的问题，也都是从教育的角度进行阐释的。因此在他们的论著中都用了相当的篇幅来探讨图书馆与教育的关系，因为他们已经自觉地形成了这种图书馆是教育事业一部分的理念，并且只要涉及这部分内容都会置于论著中比较靠前的位置。而这一方面是教育范式影响下的早期图书馆学研究的一个重要表现（参见本书第 7 章），另一方面也是西方 library-center 图书馆学学科范式与中国实际相结合而进行的一种调适。然而，随着学校教育的逐渐发展普及以及 1929 年新的教育宗旨与实施方针的颁布，"三民主义"成为当时中国教育界的主导思想，原有的诸多新的教育思想、教育实践随之消亡或失败（最明显的标志就是新教育运动的结束），图书馆学研究中的教育范式日趋式微，而 library-center 范式则逐渐兴起，并在后来相当长的一段时期内成为中国图书馆学的主流范式。

第二，内容上重视与"旧学"的融合。图书馆学形成之初，即20世纪20年代，图书馆学著作中以通论性质为主导，而到了20年代末，尤其是30年代之后，图书馆学著作中则是以探讨图书馆各项专门工作的论著为主，可以说图书馆学形成之初，受教育范式的影响，图书馆学主要解决的问题是图书馆的"正名"问题，即通过寻求与教育的关系，使得图书馆、图书馆学能立于中国学术之林。而20年代末期随着教育范式的衰落，library-center范式趋于主导，这时期图书馆学研究的重心必然要回到"图书馆"，探讨图书馆工作中的系列问题，具体表现就是上文所提到的对馆藏的重视，尤其是对图书的重视。我国现代图书馆兴起之初，馆藏之中古籍所占全部图书数量不可小觑，而新式图书所占比例则远远不如今日之图书馆，因此图书馆工作中的一项重要任务便是管理这些古籍，而目录、校雠、版本诸学是古籍整理的基础知识（李小缘，1936）。加之当时社会动荡不安，明清以来的不少藏书世家所藏古书纷纷流出，不少图书馆为救古书也需要图书馆员具备一定的文献学知识，因此诸多图书馆学者开始用现代的图书馆学知识来研究文献学。中国现代图书馆学的源头有两点，一是西方现代图书馆学，二是我国古代源远流长的目录学、版本学、校勘学等古典文献学。这两者又得到了一个很好地融合。

文字的发明使用是人类文明的标志，有文字就有了文献，因为没有脱离载体的文字记录。有文献，就可能有文献工作，有文献工作，就可能有图书馆（广义的）活动，有图书馆活动，就可能有思想之萌芽。中国古代自先秦就有零星之记录反映图书馆工作思想。春秋时孔子提到"文献"。汉代刘向、刘歆之《别录》、《七略》和班固的《汉书艺文志》是两汉政府图书馆发展的成果。魏秘书郎郑默的《中经》改刘氏"六分"为"四部"，到东晋李充确定四部顺序；而宋秘书承王检又别撰《七志》；齐秘书监谢朏等否定七分再造四部，到唐时，《隋志》"经史子集"四部体系再次确定下来。宋程俱撰《麟台故事》，郑樵的《通志校雠略》乃集大成之著。到清汉学复兴，考据之风大兴，集版本、目录、典藏等于一体的校雠学遂以独立学科出现。

面对丰富的传统图书馆学思想，如何继承之，是中国现代图书馆学不能不考虑的问题。发掘出现代图书馆学的本土源头是非常重要的，一方面使之易于在中国得到广泛承认，另一方面使它与文史传统一脉相承有利于使之得到传统文化的丰富营养并可提升其学术地位（李刚和倪波，2000）。

中国古代图书馆学思想有一显著特点，即整体性。分类学、目录学、版本学、图书学、藏书学和文献学交织在一起，给后来的图书馆学家们带来了不少困难。杜定友先生在其所撰之《校雠新义》一书中就"我国学术向病庞杂，目录之学亦复患此。近来欧风东渐，图书之学，成为专门，取其成法，融会而贯通之，亦我国言校雠者之责也。"（杜定友，1969）第一代图书馆学家们，素有家学传承，大多深谙旧学，又有西方新学之助。在对古代图书馆学思想的挖掘、整理上作出了很大的贡献。

在中国书史研究方面，有马衡的《中国书籍制度变迁之研究》（1926），戈公振的《中国报学史》（1927），向达的《唐代刊书考》（1928），姚士鳌的《中国造纸术输入欧洲考》（1928），李文绮的《中国书籍装订之变迁》（1929），邢云林的《中国杂志史简述》（1931），余嘉锡的《书籍制度补考》（1935），陈彬和查猛济的《中国书史》（1935），陈登原的《典籍集散考》，等等。这些著作都在广泛开拓、深入探索方面作出了重要贡献。

在图书分类学方面，有梁启超的《西学书目表》，刘国钧的《四库分类研究》，蒋元卿的《中国图书分类之沿革》，叶仲经的《中国目录分类学史》，白丁的《七略四部之沿革》，等等。在目录学方面，有容肇祖的《中国目录学大纲》（1928），姚名达的《目录学史》，刘纪泽的《目录学概论》，汪辟疆的《目录学研究》，余嘉锡的《目录学发微》等。在校雠学与版本学方面，有胡朴安的《古书校读法》（1925），杜定友的《校雠新义》（1930），蒋元卿的《校雠学史》，钱基博的《版本通义》等。此外，王云五的《新目录学的一角落》（范凡，2011a），钱亚新的《郑樵校雠略研究》，《校雠通义研究》（未刊）等更是用新的图书馆学知识丰富、研究"旧学"的典范。

8.3 "学习苏联"与 library-center 学科范式的再调适（1949～1976）

1949 年以后，中国政府把苏联作为建设社会主义的样板，不仅在经济发展与工业建设方面学习苏联模式，而且在文化、教育上也亦步亦趋地学习苏联。1956 年 8 月，在华北高等学校部分校、院长和教务长会议上，陈毅强调必须毫不动摇，全面地学习苏联，他说："解放以来学习苏联经验的成绩是很大的。全国各个部门不向苏联学习是不行的。因为苏联是第一个社会主义国家，只有苏联有一套建设社会主义的实际经验，而我们建设社会主义却不学苏联，那是十分狂妄的！进一步讲，今后在南亚或美洲等国家发生了革命，如果真正要搞社会主义则第一个要学苏联，第二个要学中国。俗话说'草鞋无样，边打边像'，现在有了样子，为什么不学？因此，学习苏联的方针无论过去、现在或将来都是完全正确与不可动摇的。同时，不学则已，要学就应该老老实实、系统地学。一开始就强调结合实际，选择好坏，在实际上是不可能的，因为我们自己什么也不懂，只能好坏先搬过来，经过一段实践后再加以总结，有所选择。中国共产党斗争了近 20 年以后才树立'马列主义与中国实际相结合'的指导思想，这不单纯是毛泽东同志个人天才的问题，这是社会斗争逻辑的反映。同样，一个大学教授讲课中尽管有错误，要学生听讲时即能批判地接受则太狂妄！起码也得毕业后经过几年独立研究，才有可能来'批判'。今后一些我们搞不懂的东西也还要原封不动从苏联照搬，例如，原子堆的制造、生产等。只有经过一段实践后才有可能加以选择或变通。"（陈毅，1956）

8.3.1 全面学习列宁的图书馆思想

杜克指出，对列宁有关图书馆工作论述的研究，自新中国成立以来一直是图书馆学基础理论研究的一个重要方面。1954～1986 年，陆续编译出版了《列宁论图书馆工作》（苏大悔译）、《列宁论图书馆工作》（李哲民译）、《列宁论图书馆》（周文骏编）、《列宁论图书馆事业》（文化部图书馆事业管理局编），历年散见刊物上研究列宁关于图书馆工作论述的文章有数十篇。列宁关于图书馆员是国民教育的中心，是对人民群众进行思想教育的主要场所；图书馆工作的全部出发点和归宿在于应该使图书在人民中间广泛流传，满足读者对图书的一切要求，尽量方便读者；建立统一的有组织的图书馆网，对图书馆事业实行集中管理等论述，在中国广泛传播，对新中国图书馆事业的发展和图书馆工作的实践，起了重要的指导作用（杜克等，1995）。

8.3.2 按照苏联模式改造图书馆学教育体系

谭祥金教授在回忆那个年代我国图书馆学教育的历史时说，"1949 年后，中国的高等教育全部套用苏联模式，图书馆学也逐渐'用苏联的那套来改造传统的美国式的图书馆教学'"（范兴坤，2009）。在"全盘苏化"的学习方针指导下，在苏联顾问领导下进行院系调整之后，院系内部的组织按照苏联的做法，通过把大学的系细分成若干专业而进一步专业化了。新的系倾向于比 1949 年之前大学的系范围更宽，此前高校基本上没有"专业"的概念，而院系调整后的大学设立了专业，其范围则常比欧美大学生主修的专业窄。结果是，在校大学生学习的面小了，并较早地开始了专业化，其目的是在于职业训练。进一步仿效苏联的措施是为各个专业制订全国统一的教学计划、教材和教科书，并对规定教学计划方法的一种较早的说明作了如下描述：每种教学计划都包括专业所开设的课程，每种课程都有精心拟定的教学大纲，规定课程的具体目标，开列学年或学期学习的种种细目。大纲还详细列出分配给每一细目的时间和每节课讲授的确切教材。教科书根据大纲编写。这样，国家高等教育所有院校教学方法和内容的标准化和统一化就实现了（R. 麦克法夸尔和费正清，1998）。

从 1952 年院系调整之后到 1976 年，中国的图书馆学基本上是按照苏联模式进行构建并指导实践的。在职业训练这一点上，苏联模式与美国模式都可以归入 library-center 学科范式，但是苏联模式把 library-center 学科范式推向了极端，是一种变体。因此，20 世纪 50 年代以后，图书馆学的学科范式的核心概念是"专业"，处处强调的是"专业建设"。但是，苏联模式中的"专业"的内涵与外延和美国图书馆学的"专业"概念是有差别的。

首先，苏联模式中的"专业"主要是一个教学与人才培养的一种建制，不是一种职业分类，毕业的学生必须按照专业对口的原则分配到国家对应的机构去工作。

其次，苏联模式中的专业强调的是整齐划一，全国相同专业必须按照一种培养方案进行培养，使用同一种教科书，甚至连考试大纲都应该一样，所有的概念、术语、基本原理与基本方法都加以统一。我国教育界很好地承袭了苏联教育模式的这一特点，以图书馆学为例，新中国成立后，全国正规的图书馆学专业教育只有武汉大学图书馆学系（1951 年，私立武昌文华图书馆学专科学校由中央文化部接办，1953 年调整到武汉大学，成为武汉大学图书馆学专修科）和北京大学图书馆学系两所院校承担，这两所学校所使用的教材，基本上是由两校合作编写之后统一使用的，如"图书馆引论"、"普通图书通论"等。

另外，苏联模式的一大特点是从本科生阶段就开始进行专业分流，本科生阶段的培养目标就是培养本专业的高级专门人才，而副博士阶段（相对于硕士）则重点培养学术研究能力。图书馆学也是如此，这一点和美国模式是不同的。过早的专门化存在一个缺点，就是学生缺乏扎实的学科知识背景，没有自然科学或者人文学科的基础，仅仅掌握图书馆学的理论与方法、知识、技能，在实际工作中的适应性就会很差。现代图书馆是一种需要复合知识与复杂技能的行业，单一的图书馆学训练往往满足不了需要。美国的 library-center 学科范式更符合现代图书馆界的需要，因为美国图书馆学院大多是专业研究生院，是研究生层次的教育。以武汉大学图书馆学系为例（新中国成立初期是武汉大学图书馆学专修科，学制为 2 年），1953 年开设的课程：一年级的课程有图书分类法、中文图书编目法、图书馆技术、图书馆学概论、国文、俄文、英文、中国通史、中国革命史、各科概论、图书馆行政、图书管理、体育；二年级开设的课程有图书分类法、外文图书编目法、参考工作、俄文、英文、政治经济学、各科概论、中文图书编目法，所有课程均为必修课。因此这就要求学生在很短的时间内掌握图书馆工作的各项技能，然而由于时间所限，这些学生并不能受到很好的专业训练，而到工作岗位之后便不能很好地适应图书馆的工作需要，因此，当时的图书馆教育主要是图书馆业务教育。

8.3.3　系统翻译引进图书馆学理论与实践文献

从 1949 年到 1979 年翻译的苏联图书馆学著作，据统计[①] 1949～1978 年，我国共翻译苏联图书馆学著作 83 种，翻译年代及数量，如表 8-2 所示。

表 8-2　1949～1978 年我国翻译苏联图书馆著作情况

时间	数量	时间	数量	时间	数量
1949 年	1	1954 年	15	1959 年	6
1950 年	3	1955 年	17	1963 年	1
1951 年	4	1956 年	8	1966 年	1
1952 年	1	1957 年	5	1975 年	1
1953 年	8	1958 年	10	1978 年	1

这些译著大部分都是以图书馆业务为主，其中最多的是介绍苏联各类型图书馆工作的，如农村图书馆工作、工会图书馆工作等，这部分译著的数量占全部总数的 30%；其次便是图书馆分类编目类译著，数量上也近 20%。当时，凡是苏联之学，都被视作圭臬，图书馆学也不例外，在这些苏联译著的影响下，我国图书馆学研究的主要精力也放在了对图书馆各项业务工作上的研究[②]，而在图书分类、藏书建设、联合目录的研究方面也取得了一定的成就，但不容否认的是，这一时期图书馆学的研究成果，仍然是属于一种图书馆工作的"分析"与"微观"的研究（王子舟，2003），依然遵循着 library-center 学科范式。总体上讲，学习苏联的图书馆工作和图书馆学思想的目的是值得肯定的。因为苏联模式强

---

①　统计源主要是：1955 年新华书店出版社编的《全国总书目：1949～1954》、1958 年出版的李钟履编的《图书馆学书籍联合目录》、1984 年董秀芬主编的《图书馆学情报学档案学论著目录》（1949～1980）、《当代中国的图书馆事业》编辑部编的《建国以来全国图书馆学情报学书刊简目》（收录范围是 1949～1986 年的书目）四种书目。

②　新中国成立初期，我国图书馆学基础理论研究方面也出现了一个短暂的繁荣，提出了"要素说"等内容，这些内容仍然属于 library-center 的范畴。然而随着政治运动的进行，学界对留美学人的图书馆学基础理论开展了批判，这影响了图书馆学基础理论的研究。

化了 library-center 学科范式，强调了图书馆的科学管理。问题是用翻译苏联的图书馆学著作的方法取代了我国自己的图书馆学研究，尤其对具有深厚传统的民国时期图书馆学缺乏继承，甚至以苏联图书馆学思想作为武器批判美国图书馆学和民国图书馆学的学术建树，这就割断了中国现代图书馆学的"学统"①。

8.3.4 library-center 学科范式的再调适

自 20 世纪 50 年代中期以后，中苏关系出现裂痕，中国试图探索具有中国特点的社会主义发展道路。但是以"大跃进"这种违背自然规律，违背社会发展规律的方式无法形成正确的社会主义发展路径，相反在苏联计划经济社会主义模式下所取得的成果也毁于一旦。最后不得不在 60 年代初期回归苏联模式的社会主义发展道路。图书馆的业务范式和图书馆学的学科范式发展也走过了同样曲折的过程。

1958 年以"高指标、浮夸风"为特征的"大跃进"，打乱了稳健发展的图书馆事业前进的步伐，不切实际的高指标使图书馆脱离现实拔高某些数量指标，工作质量保障规则被贴上了"保守右倾"的标签，管理政令朝令夕改，借阅流通手续随意造成了大量文献损毁丢失，在"国家公共财产"的名义下对文献资料不合理地一平二调，给图书馆的正常工作造成了很大困难。如在公共图书馆数量上，全国县以上的公共图书馆数量就从 1957 年的 400 个剧增到 1958 年的 922 个。而各种因陋就简"土法上马"的乡村街道基层图书室和文化站的统计数字更是增长迅速，1958 年全国共有 7 万个人民公社，就有图书馆 47 万多个，但很多这样的"图书馆"仅有几十本政治学习材料和识字教材，不可能正常存在下去，因此到 1959 年图书馆又直线下降到 28 万所（范兴坤，2010）。

1961 年，中央提出了"调整、巩固、充实、提高"的方针，图书馆事业也进行了大规模的调整。①大规模压缩图书馆数量，把不具备条件的县级图书馆与文化馆合并。全国县以上公共图书馆由 1960 年的 1093 所减少到 1963 年的 490 所，降幅超过了一半。②进一步明确图书馆的职能与服务对象，把为群众服务与为科学研究服务作为图书馆的两项基本职能，但是不同类型图书馆各有侧重。③加强图书馆的业务管理，恢复"大跃进"前的图书馆各项制度。④加强全国科技文献的保障工作，在国家科委和文化部发布的《1963-1972 年科学技术发展规划（草案）》中，明确指出，"图书工作是实现 1963~1972 年科学技术发展规划，促进科学技术现代化的条件之一，……做好科学技术书刊进口、分配、影印、复制、交换、图书馆协调和读者服务工作，以适应科学技术发展的需要。"（张树华和张久珍，2008）

"文化大革命"中，再次抛弃行之有效的苏联图书馆事业发展模式，从理论到实践都试图另起炉灶在图书馆领域搞"文化革命"。第一，严重歪曲图书馆的性质，认为图书馆

---

① 类似的批判性文章有：①1953 年第 8 期《文物参考资料》上刊载的由高绍宗译自苏联的两篇文章，《美国图书馆学的反动性》、《美国图书馆为反动势力服务》；②王永厚.1958. 必须消灭图书馆学教育中的资产阶级教学思想——记北大图书馆学系中资产阶级教学思想展览会. 图书馆学通讯，(3)；③ 北京大学图书馆学系 1955 年级资产阶级学术思想批判小组.1958. 批判杜定友先生图书馆学资产阶级学术思想. 图书馆学通讯，(5)；④图书馆学系三年级. 关于皮高品的基础知识中的几个问题.1959. 武汉大学人文科学学报，(3)。

也是阶级斗争的工具，是无产阶级斗争的工具；第二，片面强调图书馆为工农兵服务，提出"不能把图书馆办成资产阶级知识分子的乐园"；第三，用阶级观点清理馆藏，实行愚民政策，把大批图书贴上"封、资、修"的标签进行封存，完全破坏了馆藏的系统性与完整性（张树华和张久珍，2008）。一些坚持开放的图书馆，则迫于政治形势停止了除马克思、列宁、毛泽东著作和政治宣传品之外的哲学、社会科学、人文科学及文学类图书的开放，如北京图书馆就奉命停止开放普通哲学和社会科学类图书，一些图书馆开放的自然科学类图书也要经过严格的审查才能投入使用（范兴坤，2009b）。"辽宁省图书馆对社会科学、文学等各类图书进一步封存。除马列主义经典著作、毛主席著作、鲁迅著作及个别文学作品外，一律改为内部参考，凭介绍信到馆内阅览。科技图书亦严格审查，下架停借很多。"（陈源蒸等，2004）一直到1971年，图书馆才恢复开放。"1971年4月，在周总理的亲切关怀下，全国出版工作座谈会在北京举行。8月，中共中央转发了国务院《关于出版工作座谈会的报告》（简称《报告》）。在这次座谈会上，也讨论了全国的图书馆工作。《报告》中明确指出'图书馆担负着宣传马克思主义、列宁主义、毛泽东思想，为三大革命运动服务的重要任务，要加强对图书馆的领导，充分发挥它的作用。目前很多图书馆停止借阅的状态应当改变，要积极整理藏书，恢复借阅。'这些规定，使处于动乱中的广大图书馆工作者看到了希望。就在这次会议之后，全国各类型图书馆逐步地恢复了图书借阅和其他服务工作。那些曾经关闭的图书馆又打开大门接待读者。"（杜克，1995）

图书馆学的学科范式从"大跃进"开始到"文化大革命"结束前都处在不断调适之中，"文化大革命"前17年除了"大跃进"期间外基本是苏联模式为主。"文化大革命"中，1966～1971年，北京大学和武汉大学图书馆学系停止招生，图书馆学研究也基本停顿。图书馆学也谈不上什么学科范式，因为学科已经不存在。一直到"九·一三事件"以后，周恩来总理在有限程度内纠正"极左"的思想文化政策，图书馆界也获得了一线生机。北京大学和武汉大学图书馆系开始招收工农兵学员。1973年5月国务院批转《关于北京图书馆主要服务对象的请示报告》中指出，北京图书馆应该以党政军领导机关、科研部门、重点生产建设单位为主要服务对象，同时适当开展一般读者服务。这就纠正了把"工农兵"作为服务重点的做法，"工农兵"又成了一般读者。这个批示无疑具有积极意义。各级图书馆开始重新审视自己的职能，业务工作重新受到重视。1974年出版的《中国图书馆图书分类法》反映了纠正"极左"错误的成果，也代表了那个时代图书馆学研究的最高成就。1975年10月，病重中的周恩来指示"要尽快地把全国善本书总目编出来"，这个指示对于解放被禁锢中的老一代图书馆学家起到了重要作用，老专家们又有了用武之地。

1949～1978年，中国图书馆学可以称为范式的就是深受苏联模式影响的学科范式。正如前文所言，此种范式的核心是把图书馆业务管理作为图书馆学教学和研究的核心，是一种 library-center 范式。但是，这种范式在政治运动不断的30年中除了一段时间受到苏联图书馆学模式的正面影响外，一直没有得到较好地发展，没有调适出具有中国特色的 library-center 范式。总体而言，1949～1978年的 library-center 学科范式水准尚不及民国时期。

8.4 library-center 学科范式的复兴与解构
（1978～1995）

1976 年"文化大革命"结束，各项事业百废待举，科学研究也迎来了春天，图书馆学也开始复兴。1978 年夏季，教育部在武汉召开了文科教育会议，北京大学和武汉大学图书馆学系共同确定了图书馆学专业教育方案，协作编写教材（郑章飞等，2000）。同年 8 月，教育部印发了《关于加强高等学校图书资料工作意见》，指出"图书资料工作者队伍严重青黄不接，而一部分新参加工作的年轻同志受"文化大革命"的影响，文化水平相对较低，专业训练也缺乏；所以有关院校要努力办好图书馆学系，加快专业人员的培训。"（吴仲强等，1991）同年，南京大学恢复图书馆学专修科，并招收图书馆学研究生，武汉大学开始招收目录学研究生，1979 年，北京大学也恢复招收图书馆学和目录学研究生。

1980 年，中共中央书记处第二十三次会议讨论并通过了《图书馆工作汇报提纲》，明确指出当时图书馆事业存在规模小、物质条件匮乏、馆际之间缺少必要沟通协作、专业干部缺乏、主管部门不够重视等问题，为此，教育部在认真讨论的基础上需要抓紧实施措施进行改进，特别设图书馆事业管理局，管理全国图书馆事业（张树华和张九珍，2008）。同时建议"教育部同图书馆事业主管部门密切合作，共同办好现有高等学校的图书馆专业和情报专业，有条件的省市，亦应设立图书馆中等专业学校，为省级以下图书馆培养合格人才"（吴仲强等，1991）。1981 年，教育部和文化部在北京联合召开了全国图书馆学教育座谈会，北京大学、武汉大学、华东师范大学等 9 所设有图书馆专业的代表出席了会议，经过讨论，与会代表一致认为当务之急是改革图书馆学的教育体制。1983 年，教育部召开了图书馆学情报学座谈会，重点讨论了图书馆学专业人才培养问题，提出了"建立多层次、多类型、布局合理、具有中国特色的图书馆学教育体系"的设想。同年 9 月，教育部印发了《关于发展和改革图书馆学、情报学教育的几点意见》，这一文件有力地加速了我国图书馆学、情报学教育发展的进程。

与此同时，管理图书馆事业的专门机构开始在各系统设立，例如，文化部下设图书馆事业管理司；国家教委领导下的全国高等学校图书馆工作委员会，其主要任务是：调查研究高等学校图书馆状况，提出改进措施；研究制定高等学校图书馆事业的发展规划；拟定高等学校图书馆的有关条例和标准；培养干部和组织经验交流；组织馆际协作；编辑出版反映高等学校图书馆工作的刊物；调查研究国外高等学校图书馆的工作经验，组织对外交流活动；进行图书馆专业教育方面的研究（张树华和张九珍，2008）。另外还有中国科学院成立的出版图书情报委员会；中共中央宣传部出版局图书馆处；图书情报工作协调委员会；中国信息和文献标准化技术委员会和全国图书馆文献缩微复制中心等。

1979 年，中国图书馆学会成立，各地方图书馆学会也不断随之建立，同年，中国图书馆学会会刊《图书馆学通讯》也正式出版。1979 年前后，由各地图书馆学会或其他图书馆管理组织创办的图书馆学刊物达到数十种，这些都标志着我国图书馆学研究的复兴。

由于这个时期的图书馆业务范式主要回归"文化大革命"前 17 年的苏联图书馆管理模式，因此图书馆学的研究在"文化大革命"结束后至 20 世纪 80 年代初期的这一时期，依然遵循的是 library-center 的学科范式，据对 1976～1981 年图书馆学、情报学、目录学论文索引统计显示（钱亚新和张厚生，2007），这 6 年间共发表论文 3165 篇，而其中图书馆行政和组织管理方面 212 篇，占 6.7%；图书宣传、流通方面有 296 篇，占 9.4%；藏书建设方面有 245 篇，占 7.7%；分类、主题、编目方面有 419 篇，占 13.3%；特种图书馆工作方面有 226 篇，占 7.2%；各类新图书馆方面有 398 篇，占 12.6%；图书馆事业方面有 423 篇，占 13.4%。同样通过对 1977～1982 年我国出版的图书馆学、目录学情报学专著统计发现（钱亚新和张厚生，2007），在出版的 151 部专著中，图书馆行政和组织管理方面有 4 部，图书宣传、流通方面有 5 部，藏书建设方面有 9 部，而分类、主题、编目这一类数量最多，有 34 部，占总数的 22.4%。

但是这一时期 library-center 的研究较之新中国成立后的研究又有一些不同，不少学者开始对之前的研究进行总结、反思。以分类法为类，此前（包括民国时期）出版的著作如沈祖荣、胡庆生的《仿〈杜威书目十类法〉》、杜定友的《图书分类法》、查修的《杜威书目十类法补编》、桂质柏的《杜威书目十类法》、王云五《中外图书统一分类法》、《中国人民大学图书馆图书分类法》等，主要是介绍具体的分类方法，而这一时期虽然也有介绍具体的分类方法如《中国人民大学图书馆图书分类法》等，但除此之外还出现了文甲龙的《图书文献分类学——分类与主题》、武汉大学图书馆学系编的《图书分类学》、白国应的《图书分类学》等，其中尤其是白国应的《图书分类学》，可以说是这一时期图书分类研究的代表之作，该书对我国图书分类历史、方法进行系统的回顾与总结，并提出了图书分类学的研究体系。从具体的分类方法著作到以"学"命名的著作，虽然重心仍然是围绕着图书馆工作，但是也反映了图书馆学研究人员开始对以往的 library-center 学科范式进行总结、深化，由原来的注重经验分析总结的 library-center 学科范式向经验总结与理性思考相结合的 library-center 范式转变。

随着思想领域的逐渐解放，图书馆学基础理论的研究逐渐繁荣。这其中最具代表性的成果无疑是在对图书馆学研究对象的探讨方面，之前我国图书馆学界比较认可的观点是"要素说"，包括杜定友的"三要素"（书、人、法），刘国钧的"四要素"（图书、人员、设备、方法）和"五要素"（读者、图书、领导与干部、工作方法、建筑与设备）。而到了 20 世纪 80 年代，我国图书馆学界提出了"交流说"，代表性的观点主要有"情报交流说"、"知识交流说"和"文献信息交流说"。"情报交流说"的代表人物是北京大学的周文骏，他在 1983 年发表的《概论图书馆学》一文中提出："图书馆的活动是以文献为基础的，没有文献就没有图书馆。""文献，首先是一种情报交流的工具。""图书馆工作通过文献进行情报交流。情报交流是图书馆学理论基础"（周文骏，1983）。"知识交流说"的代表人物是宓浩，宓浩在 1984 年"杭州会议"（首届全国图书馆学基础理论研讨会）上提交了《知识的交流和交流的科学——关于图书馆学基础理论的建设》论文，在文中宓浩提出了"图书馆是一个社会实体，图书馆活动是这个社会实体的外在表现形式，对文献的收集、存储、整理、组织、传递和利用，则是图书馆活动内容的具体体现，而这种活动的本质社会联系则是人类知识交流这一基本社会现象。""图书馆以收集与储存的功能集积记录在文献中的人类精神产品，以其传播和提供阅读的功能，使社会知识扩散到各种不同的人群中去。因此，就本质来说，图书馆是社会知识交流的一种有效工具，也是社会的、大众的一种认识工具。"（宓浩和黄纯元，1985）"文献信息交流说"的主要代表是 1986 年南开大学、南京大学、中山大学等 11 所高校及有关图书馆学专业教师（1986）集体编写的《理论图书馆学教程》，书中提出"信息是人类社会赖以生存与发展的基本因素，而文献信息交流是人类进步和社会发展需要的必然产物。图书馆在文献信息交流大系统中起着极其重要的作用，而图书馆学就是研究图书馆进行文献信息交流理论和方法的学科。""图书馆的全部工作最终是为文献信息交流服务的，通过文献信息交流，图书馆才能实现自己的各项职能，因此，文献信息交流是图书馆工作的出发点与归宿。"从这些学说中也不难发现，此时的图书馆学研究过程中研究人员已经跳出图书馆这一狭小的系统，开始将图书馆置身于一个更大的系统来研究图书馆的问题，而正是这些研究开创了图书馆学理论研究的新一轮高潮，使中国的图书馆学逐渐从原来的经验图书馆学阶段进入到现代图书馆学的研究阶段。

20 世纪 80 年代中后期，中国图书馆学进入了理论大发展时期，各种新理论层出不穷。除了前文介绍的知识交流和情报交流说之外，最重要的探索是把"信息论"、"系统论"和"控制论"等工程与通信等领域的理论和图书馆学理论直接进行嫁接。对于这种路径下的探索，基本上都没有能在学术史占据一定地位，不再被学界提及了。其原因是当时图书馆的业务范式没有发生根本改变，图书馆业务的核心依然是图书的管理和读者服务。倪波先生认为，这一时期图书馆的业务范式是文献处理范式，图书馆学的学科范式也是文献处理范式。他指出，在文献处理范式时期，图书馆业务的主要对象就是文献，图书、期刊、报纸和胶片是文献的主要代表形式，在文献处理范式和信息技术范式过渡时期出现了一些声像资料，但纸质的文本构成文献的基本形态。图书馆学本质上是文献管理学，它围绕着分类、编目和提供服务、图书馆业务管理为中心构筑了学科知识体系。图书馆学的文献处理范式的特点是：①从理念层面来讲，图书馆学共同体一致认为图书馆不仅是一种公共服务机构，而且是一种保证公民获取知识的一种制度安排。这种理念的诞生是近代图书馆学形成的重要标志。文献管理并非现代所特有，我们已经指出，中国早就存在复杂高深的校勘、版本、庋藏等文献管理的技术，但是我们并不能说中国在古代已经有图书馆学，其原因就是中国古代文献管理的理念和近代图书馆学根本不同。就制度而言，中国古代皇家藏书制度是确保重要典籍保存在中央，这一方面可以垄断知识，另一方面这是封建王朝正统性和合法性的体现。②从技术层面来讲，文献采访、分类、编目和流通是核心工作，除了少数图书馆手稿部的工作外，管理的对象是载体而非内容。③从学术传统而言，近代图书馆形成了一些自己的经典，譬如，杜威分类法、阮冈纳赞的学术思想，不胜枚举，也就是说，近代图书馆学形成了可以用来教育后来者的经典体系。④从教育层面来讲，接受图书馆学科教育成为进入图书馆业工作的门槛，而且大部分接受了图书馆学教育的人大多数会进入图书馆行业工作。

倪波先生提出的文献处理范式其实就是 library-center 范式。而无论是"老三论"（系统论、控制论和信息论）还是"新三论"（耗散结构论、协同论和突变论）嫁接出来的图书馆学理论都远远脱离当时图书馆的业务范式，成为无源之水，无本之木，无法成长为图书馆学的新学科范式。

相反，信息技术的进步对图书馆业务的影响是实实在在的。第二次世界大战以后，情报学的兴起壮大，大大拓宽了图书馆学研究视野。改革开放以后，随着中外图书馆学界密切的交流，国外图书情报研究的最新理论与方法被大量介绍到国内，而国内图书馆学者在研究中一方面注意吸收西方最新的图书馆学研究成果，另一方面，也注意学科之间的横向拓展，或致力于图书馆学与其他相关学科相互渗透和结合，注意从其他学科中吸取营养，或致力于开发图书馆学内部横断分支学科的研究（吴慰慈和张久珍，2009），中国图书馆学研究迎来了一个新的时代。而 20 世纪 80 年代兴起的各项新技术尤其是计算机通信技术，对图书馆工作形成了巨大的冲击，图书馆信息化成为图书馆研究中的一个新的热点。1992 年伴随着北京大学图书馆学情报学系改名为信息管理系，我国拥有图书馆学系的各高校掀起了一股"去图书馆化"的改名热潮，纷纷改为"信息管理系"或"信息资源管理系"，同年，孟广均与卢泰宏合作出版的《信息资源管理专集》，更是在图书馆学界掀起了一股信息资源管理的研究热潮，这些都标志着原有的 library-center 学科范式已不能很好地适应图书馆学发展需要而逐渐解构。

　　library-center 学科范式是紧密结合图书馆行业的发展需要所产生的，是专业范式引导学科范式，其主要特征是：从理念层面来讲，图书馆学共同体一致认为图书馆不仅是一种公共服务机构，而且是一种保证公民获取知识的一种制度安排；学科范式来源于业务范式；馆藏是整个图书馆业务和图书馆学研究的重心。library-center 学科范式伴随着西方图书馆学传入中国，然而早期由于教育范式是图书馆研究的主流范式，library-center 学科范式影响相对较小，但是随着"三民主义"成为中国教育界的主导思想，是新教育运动的结束，图书馆学研究中的教育范式也日趋式微。而 library-center 范式则逐渐兴起，并在后来相当长的一段时期内成为中国图书馆学的主流范式。library-center 范式对中国图书馆学研究的影响主要经历了三个阶段：20 世纪 20 年代末期至 1949 年，这一时期，图书馆学研究在理念上强调图书馆的教育职能，而内容上重视与"旧学"的融合；1949～1976 年，这一时期 library-center 学科范式自觉地进行了调适，以适应"一边倒"的环境；1977～1995 年，library-center 学科范式伴随着图书馆学的发展得到了复兴，但是由于图书馆学研究逐渐走出经验总结描述阶段，走向现代图书馆学研究阶段，图书馆学研究者开始跳出图书馆这一窄狭的系统，并将之置于更大的系统来思考图书馆的相关问题，加之图书馆工作因信息技术的兴起而受到的巨大冲击，library-center 学科范式不能很好地适应图书馆学的发展，逐步解构。

第9章 LIS 学科范式的 "信息学转向" (1995 年以来)

文献是记录有信息的载体。传统图书馆中收藏的图书、期刊、档案、手稿、缩微胶片等文献类型的区别点是载体的差异，其共同点是都记录了信息，而且记录信息的方法不同。传统图书馆着重点是载体管理，至于涵盖其中的信息只在分类与编目是简单地予以采集利用。因此传统图书馆的业务范式，基本上都可以称为 "文献处理范式"。这个时期的图书馆学本质上是文献管理学，它围绕着分类、编目和提供服务、图书馆业务管理为中心构筑了学科知识体系。就在这种范式如日中天的时候，20 世纪 60 年代以来，信息技术的发展带来了人类信息处理领域的深刻变化，公共图书馆作为主要的社会文献典藏与服务机构，学术图书馆作为学术资讯资源系统，自然会受到信息技术发展的冲击。在传统图书馆转型中，地标性的事件包括：①联机检索的出现；②磁盘、光盘等海量存储介质载体的出现；③图书馆信息系统的出现。但是，这三个标志性事件并未颠覆实体图书馆的根基，而是基于互联网的一系列信息与传播领域的重大革命彻底消解了实体图书馆的合法性。传统意义上的图书馆及其业务范式其实已经完结，今日的图书馆已经以数据与资讯为处理对象，以信息技术为主要的处理手段，以提供情报化、个性化与社交性服务为主要目的的实体与虚拟二位一体的社会组织。

9.1 信息学转向 (Information Turns) 之界定

20 世纪后期许多人文学科都发生了一些重大的学科范式转向 (turns)。譬如，哲学领域发生了 "语言学" 转向，从传统上分析经验本身的哲学方法，转向了对构成这些经验的媒介 "语言" 本身的关注和思考。传统上哲学家们热衷于谈论时代精神、世界观、文学观或文化经验等，并把这些经验作为哲学、美学、甚至文学研究的焦点问题。如今，在语言学转向的推动下，哲学家们意识到一个深刻的转型，那就是问题的焦点不是如何发现和界定经验，而是经验如何通过语言得以呈现，并借助语言加以讨论（周宪，2010）。在历史学研究中，发生了 "社会史" 转向。所谓历史学的社会史转向，是指历史研究不再仅仅以上流社会、英雄人物、重大政治和军事事件为研究中心，相反，历来被研究者忽视的底层社会与弱势社群成为历史研究的中心。妇女史、少数族群史、生活史成为历史学家的新宠。

这种重大转向往往是学科范型变革的表征 (symptoms)。20 世纪后半叶，图书馆学的发展中出现了 "信息学" 转向。我们这里把 "信息学" 加上引号，其原因是信息学不等同于图书情报学界的 "情报学" (information science) 概念，也不是完全指计算机科学下的 "信息科学"。信息学转向是指 20 世纪 90 年代以来信息资源管理、知识管理、大数据、

e-science、web2.0 理论，图书馆 2.0、知识发现、社会媒体、移动互联网、数字出版、数字资产、文化产业、智能手机、APP、SNS、基于位置的服务等理论与技术导致图书馆的使命、功能、属性、结构、空间、文化发生重大变革的诸多方面，这一系列变化也必然导致图书馆学学科范式的溃散、重组、凝结与重塑。这场转向是如此复杂，以至于迄今使用的概念，如 "Information-center"、"虚拟图书馆"、"数字化图书馆"、"泛在图书馆" 等无法准确描述它。因为它的变化是如此迅速，以至于无法及时形成一个可以达成共识的概念。我们只以 "信息学转向" 来大致描述图书馆业务范式与图书馆学学科范式的演化大趋势。

本章从两个方面论证 LIS 的信息学转向：第一，从图书馆业务范式来说，信息学体现在馆藏发展的数字化以及数据信息服务的逐渐深化；第二，LIS 学科无论是学术共同体内部结构及其研究兴趣变化，大多体现了学科范式走向信息学的鲜明特征。

9.2 "信息学转向"：从 "以备万一" 馆藏为中心到以 "即时生产" 服务为核心

2012 年 11 月 10 日，程焕文指出，由于处在一个瞬息万变的 e 时代，"随着数字技术、网络技术、移动通信技术的迅速发展，图书馆正在经历一场前所未有的改变。面对信息资源和信息服务日益泛在化的挑战，图书馆作为信息中心的时代已经一去不复返。"（程焕文，2012）从图书馆的发展史来看，它从来不是一个引领变革的机构，无论是作为一个地方文化地标的公共图书馆，还是号称为知识海洋的学术机构，图书馆在信息技术变革面前总是固守保守清高的形象，唯有一种技术变革危及图书馆和图书馆员的职业地位时，他们才会高呼 "狼来了"。

9.2.1 图书馆业务模式转型之背景

2011 年，美国著名的高等教育咨询公司（The Advisory Board Company）发布了一份题为 "重新定义学术图书馆" 的研究报告，"报告" 指出，到 2015 年满足图书馆用户 90% 信息需求的资源将和图书馆无直接关系，成功的图书馆将会把大部分馆员投向新的角色，承担新的任务，图书馆的大部分空间不会再用于存放图书，这些空间将被赋予新的功能。图书馆尤其是学术图书馆面临四个重大挑战。

第一，"生命中不可承受之重"，持续增加的开支无法持续。维持一个现代图书馆耗资巨大，无论是政府还是大学维持一个图书馆都会是沉重的负担。图书馆的预算有建设费用、营运费用、文献与数据库的购置费用以及人员的工资等，即使像哈佛大学图书馆这样 "财大气粗" 的机构也感觉是不菲的开销。2009 年，哈佛大学图书馆系统有 1630 万册藏书，10 万种连续出版物，1200 名全职馆员，2009 年的预算为 1.59 亿美元。哈佛大学图书馆的一份报告指出，即使像哈佛这样财政充裕的机构也无法继承维持 "完备综合馆藏" 的战略，必须向有限拥有模式（limits of the ownership model）转变，"无论是现在还是将来，哈佛必须确保师生员工与图书馆用户对学术资料通畅的获取途径而非不必要的拥有。"

（Harvard University，2011）

据 ABC 公司统计，美国 124 家学术图书馆预算中，连续出版物支出巨大。1986～2008 年，美国学术图书馆的连续出版物支出从 1.5 亿美元增加到 7 亿美元，年增长率为 7.1%，而同时期图书的采购费用增长率为 2.5%，连续出版物开支增长率几乎是图书的 3 倍。根据对美国学术图书馆协会 124 家成员预算的调查，员工薪酬、营运费用和图书采购预算在 1989 年、1999 年、2009 年 3 个年度都是持续下降的，员工薪酬分别占 51%、45%、44%，营运费用分别占 13%、12%、11%，图书采购费用分别占 11%、9%、8%，而连续出版物分别占 21%、24%、30%（Attis et al.，2011）。这里的连续出版品包括持续更新的期刊数据库，目前无论是国外还是国内的图书馆，每年都向占据垄断地位的汤森路透等几家大型学术期刊数据库支付巨额租金，而且这些数据库还不断调高数据库的更新费用。就中国来说，除了资金充裕的"985"或"211"高校外，大多数高校根本无力支付这些费用。这些学校的教师和学生实际被排除在学术资源之外。

第二，数字图书规模巨大，提供的获取通路远远超过了图书馆。2008 年，美国大学和研究图书馆协会（ACRL）在一份报告中揭示，谷歌所拥有的数字图书在 2002 年就达到了 1500 万种，2008 年，HATHI TRUST 拥有的电子书为 480 万种。2008 年，美国可以授予博士学位的大学图书馆平均馆藏量只有 95.9 万种，可以授予硕士学位的大学图书馆平均馆藏是 19 万种，至于一般的可以授予学士学位的学院图书馆平均馆藏量也只有 14 万种，可以授予准学位的社区学院图书馆平均馆藏量只有 5.3 万种。图书馆越来越无法和谷歌、亚马逊这样的数字内容巨头抗衡，就像学术期刊依赖数据商一样，未来的图书馆可能会放弃印本书的采访和分类编目，而直接购买亚马逊和谷歌的数字图书数据库。因为不仅亚马逊和谷歌拥有大量的数字版权，在印本书的数字化方面图书馆更是无法望其项背的。密歇根大学图书馆如果把馆藏的 700 万种图书依靠自身力量扫描的话需要 1000 年，而谷歌扫描同样数量的图书只需要 6 年。但是，对于图书馆而言，因为拥有电子版而放弃订阅印本期刊已经成为业界的通行做法，可以想让图书馆放弃印本书的采访，直接从亚马逊、谷歌这样的大内容商那里零买或者订购整个图书数据库简直是无法想象的事情。实际上，事实就是很残酷，图书馆早就应该认清形势，放弃印本书的采访和编目。即使在中国，"超星"拥有的数字版的图书种类早就超过了大多数图书馆，除了国家图书馆、北大等著名大学图书馆外，绝大多数图书馆根本没有必要再购置印本图书。

第三，图书馆在文献传播系统中的地位逐渐式微（图 9-1）。看书、听音乐、看电影对于大多数人来说是日常生活中不可或缺的部分。由于欧美拥有强大的公共图书馆系统，大多数人选择去身边的图书馆借书、听音乐、看电影消遣时间。统计数据显示，美国共有近 12 万个图书馆，其中公共图书馆（大部分在社区乡镇）有 9445 个。按照美国 3 亿人口计算，平均 2500 人就拥有一个图书馆。调查表明，每年至少有 11 亿人次光顾过公共图书馆。在美国，公共图书馆主要由财政税收支持，设立管理委员会，对所有人免费开放和提供服务。有统计表明，中国在图书馆上花的钱，仅占 GDP 的 0.01% 左右，是美国的 1/10。同时，由于美国 GDP 是中国的 3 倍左右，人口是中国的 1/4，如果按照人均计算，美国的图书馆开支是中国的 120 倍。在美国开车，随时可以看到路边竖立着公共图书馆的标志。在小城镇里，公共图书馆的建筑规模通常都明显大于市政厅的建筑规模。美国公共图书馆作为社区中最重要的免费公共空间，除了为人们提供免费读书、借书的机会之外，还经常举办各种文化讲座、文化聚会以及社交活动，成为联结社区居民的纽带。在美国大小城市的街头，乃至十分拥挤的地铁和公共汽车上，随处可见手捧书本的人。美国人看的书，大部分都是图书馆免费借来的（周大伟，2012）。

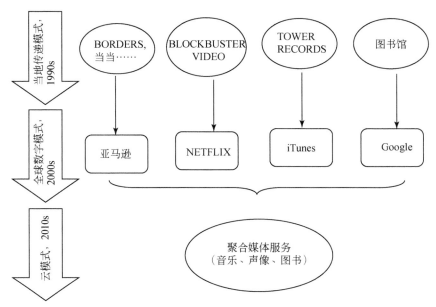

图 9-1　文献及数据传递模式的演变

　　但是，美国的公共图书馆现在也遭受了空前的危机，用户在大量流失。如果图书馆不能为用户提供增值的个性服务，而仅仅是文献的保存、提供使用的"中间商"，也许图书馆就会像实体书店一样，成为下一个被用户淘汰的中间商。德克萨斯奥斯汀分校图书馆的 Dennis Dillon 指出，"新一代消费者瞬时获取数字图书的乌托邦使得图书馆成为过去时代的历史遗迹。" ABC 公司的调查数据充分说明了学术图书馆用户正在急剧流失。2009 年，在 2229 名接受调查的学生中，83% 的学生表示在检索时首先使用搜索引擎，7% 的学生首先使用维基百科，2% 的首选社交网站，1% 的首先想到用电子邮件，1% 的首选在线数据库。首选"咨询专家"、"访问图书馆网站"的学生为零。有 3025 名教师接受了同样的调查，情况所有不同，2003 年，有 37% 的教师首选特定的电子研究资源（各种数据库），到 2009 年这一比例为 47%；2003 年，有 21% 的选择一般搜索引擎，到 2009 年增加到 32%；2003 年，占 28% 的教师首选图书馆在线书目，这一比例到 2009 年下降到 18%；2003 年，占 13% 的教师会首选到图书馆大楼去查资料，到了 2009 年，这一比例只有 4%（Schonfeld and Housewright，2010）。可见，图书馆对用户的吸引力正在削弱（图 9-2）。
　　如果说流通量还不足以说明用户的流失情况，那么"参考需求量"是体现图书馆高水平服务和个性化服务的重要指标，最能说明学术图书馆的服务的含金量。图 9-3 比较了 1998 年和 2008 年美国学术图书馆每周接到的参考咨询平均请求量，可以发现，2008 年的请求量和 1998 年相比大幅度下降，而且越是高层次的学生，下降越快。博士生的咨询量

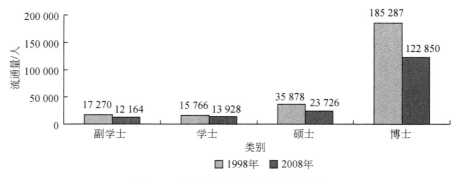

图 9-2　美国学术图书馆平均流通量

图 9-2 的数据来源于 2008 年美国大学和研究图书馆协会（ACRL）的一份报告"ACR's 2008 Academic Library Trends & Statistics"。可以看出，美国学术图书馆的流通量到 2008 年下降很快，修读副学士学位学生的借阅量增长率为 -30%，修读学士学位学生的借阅量增长率为 -12%，修读硕士学位学生借阅量增长率为 -34%，攻读博士学位学生的借阅量增长率为 -34%。也就是说，10 年中美国学术图书馆的流动量实际上是负增长的，增长率大致在 -30%

竟然下降了 71%，硕士生下降 51%，本科生下降 21%，副学位学生下降 13%。这说明信息素养高的学生完全可以借助互联网的工具解决信息的咨询问题，他们对图书馆参考馆员的依赖大大降低了。相反，副学士学位学生和本科生对参考馆员还存在一定程度的依赖。也就是说，越是自主学习能力强，研究能力强的用户，越是可以利用网络提供的工具解决学习和研究中的问题，图书馆参考咨询馆员对此类用户越是缺乏吸引力。

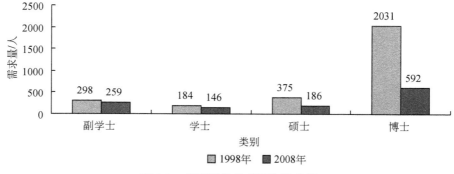

图 9-3　每周平均参考咨询需求量

第四，用户希望图书馆变成学习与学术活动的空间。如图 9-4 所示，传统学术图书馆有四大核心业务。现场业务是指图书馆前台用户们可以看见的服务，如教学活动、读者之间的合作学习（研讨间）、手提电脑的接入、参考馆员对用户的直接辅导，还有供读者小憩的咖啡站；后台的在线业务包括数据库业务、检索业务、在线参考咨询、一定接入；对研究和教学的支持一直是西方学术图书馆的强项，但是在中国除了信息素养教学外，其他乏善可陈。对于伴随互联网长大的一代新人来说，传统图书馆的核心功能反而无法满足他们的需求，他们更希望图书馆是一个便于学习、开展小型学术互动和休憩的公共空间。

总体上说，图书馆处在两个时代的交叉点上，一方面，传统的业务模式并未完全丧失活力，另一方面数字服务模式已经成熟。图书馆目前有限的经费既要支持传统业务，还要

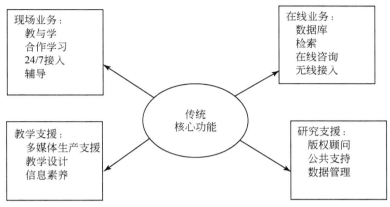

图 9-4　图书馆传统核心功能

支持数字业务，显然捉襟见肘。数字图书的推行无论是技术还是资源都没有根本困难，主要障碍就是千年来使用印本的文化和习惯。可是如果图书馆馆员们还习惯于过去的业务模式，那么用户就会"用脚投票"，毫不犹豫地放弃图书馆。他们越来越把图书馆作为一个学习、研究的公共空间来利用，而非信息源。

9.2.2　从"拥有性"转向"可获取性"：实体馆藏的萎缩

著名媒体人王利芬（2010）说："本质上媒体都是科技的产物，但由于报纸、电台、电视技术发明后在相当长时间固化，所以内容主导媒体并且为王是这些传统媒体的基本特征。但新媒体以技术变革为先导，以终端产品为依托，产品的使用场景、界面以及快速迭代的技术都在不断修正着内容主体，新媒体不是以内容为王，而是真正嫁给了渠道的内容才能为王。"这段话内涵非常深刻，对于我们理解图书馆的本质很有启发。传统图书馆和报纸、出版、影视声像共存了很长时间，传统图书馆的主要职能之一就是把新闻业、出版业和影视声像业的产品进行收集整理，供用户使用。对于学术图书馆来说，主要集中收集和学术有关的出版品和影视声像产品，譬如，学术期刊、学术著作、声像影视资料等；对于公共图书馆来说，主要收集普通民众需要的新闻报纸、大众出版品、电影、电视剧、音乐等。那么在这个时代的确是"内容为王"，这个时候"内容"和"媒介"是疏离的，甚至可以说"内容"主导"媒介"。此时，人们无法理解麦克卢汉说的"媒介即信息"的意蕴。人们把媒介看成是一种运载物质或信息的工具，媒介本身并不重要，它并不能决定或改变它所运载的东西。但麦氏看到媒介的决定性作用，特别是在电子化时代，媒介具有前所未有的积极的能动作用。媒介引起了人间事物的尺度变化和模式变化，媒介改变、塑造和控制人的组合方式和形态。

但是，互联网（以 PC 为代表）、移动终端（以智能手机为代表），以及基于网络和移动终端的无数 web1.0、web 2.0 应用，基于 iOS 和 Android 系统的应用，特别是新媒体给"媒介即信息"予以新的诠释。在当今时代，"内容为王"已经不再正确，"渠道为王"也不甚准确，恰如王利芬所言，拥有渠道的内容才是真正的"王者"。无论是公共图书馆还是学术图书馆在环境变迁中，应对起来都非常困难。首先对新媒体信息，图书馆还不知道如何收集整理，因为新媒体信息片段、易变，属于麦克卢汉所说的"冷媒体"。[①] 一般情况下，现在的图书馆只是把微博等新媒体作为一种增强互动效果的服务工具来使用，至于微博内容的收集整理，迄今没有成熟的工具和模式可以借鉴。实际上，就以微博为例，学者们都很想知道自己学科有哪些同行学者开了微博，他们都在微博上透露哪些值得关注的信息？能否有一种工具可以把这些信息及时推送给自己？如果说参考馆员们可以分门别类地整理这些学术微博，供用户直接在智能手机上订阅，的确是可以解决大问题的。可是，处于传统业务模式中的图书馆并不认为这属于自己的业务。

图书期刊一直是图书馆的核心馆藏，即使对于数字图书，图书馆也没有很好地形成自己的成熟业务模式。但是，图书馆并不能因为对数字出版物还没有找到良好的处理模式就忽视对此类文献的关注。现在图书馆开架书库的大量藏书实际流通量很少，而且在大学院系分馆中还有不少的副本也处于无人问津的状态。图书馆采购这些图书的依据就是将来或许有读者会使用，就是我们大学有这些学科，我们应该拥有该学科的图书。在互联网时代之前，图书馆使用这种采访原则并没有错。那个时候，除了馆际互借这种渠道外，单个图书馆主要还要靠自身的馆藏为用户提供文献保障。

可是，在互联网时代，数字图书书目数据量远远大于实体图书书目数据，无论是数字图书还是实体图书获得非常方便，那么再坚持"just in case"的馆藏发展策略就不合时宜，就会造成大量的浪费。事实上，电子书已经被读者广泛接受，图书馆也逐渐增加了电子书采购预算。2007 年 11 月，亚马逊 Kindle 阅读器推向市场，到了 2007 年 7 月，亚马逊电子书零售额就超过了精装书，到 2011 年 4 月，电子书零售额已经超过其他印本书的零售额之和（Cain and Bosman，2009）。

从图 9-5 可以看出，2009 年学术图书馆对数字图书的采购预算占总预算 10% 以下的图书馆占了 67%，估计到 2014 年对数字图书采购预算占总预算 11%～25% 的图书馆将达到40%，占总预算 26%～50% 的图书馆将达到 15%。这种变化趋势不容忽视。Hathitrust 是美国学术图书馆界合作收藏与利用数字图书的示范工程，项目起源于 2008 年加利福尼亚州大学系统图书馆和弗吉尼亚大学图书馆合作建立一个知识库典藏和分享数字馆藏，目前有国会图书馆、哈佛大学图书馆等著名大学成员馆 60 余家。Hathitrust 的馆藏既包括有版权的数字文献，也包括已经进入公共领域的无版权的数字文献，截至 2012 年 11 月 15 日，共拥有数字文献 3 257 609 册，其中 31% 是进入公共领域的文献（Digitized，2012）。其收录的所有文献皆可获得书目和全文，成员馆所属大学或机构内的用户可以免费下载无版权保护的文献。据悉，美国研究型大学新近购买的 1/3 图书已经被数字化并保存在Hathitrust，到 2014 年 6 月，美国大学和研究图书馆成员 60% 的回溯性馆藏将被数字化并保存进 Hathitrust，这样各成员馆将节省约 4180.6 平方米的空间，为每个成员馆节省

---

① 在麦克卢汉的思想视野中，媒介不是冷冰冰的外在化的存在，媒介就是人的身体、精神的延伸。媒介改变了人的存在方式，重建了人的感觉方式和对待世界的态度。麦氏对媒介的理解大胆又独特，他把媒介分为"冷媒介"和"热媒介"。手写稿、电话、电视、口语被他划分为冷媒介，因为清晰度低；而拼音文字、印刷品、广播、电影等则被看成是热媒介，因为清晰度高。显然，这里的"清晰度"并不是指图像的可视感觉，而是指这种媒介传载信息的准确度和可把握的较多的含义。热媒介只延伸一种感觉，并使之具有"高清晰度"，也就是使媒介处于充满数据的状态。

500 000 ~ 2 000 000 美元的年度开支（Malpas，2012）。

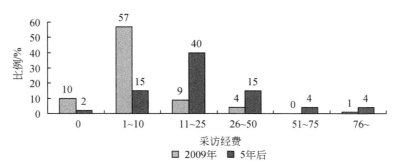

图 9-5 电子书占图书馆采访经费的比例（对 136 家美国大学图书馆的调查）（HighWire Pres，2010）

但是，电子书变成图书馆的主要馆藏类型并不会一帆风顺，从用户角度看电子书存在不少利用上的不便之处。例如，每册书不能下载超过 6 次，不同设备之间共享困难，无法把书借给别人，也不能转卖和赠送给他人，不能复制整本书，甚至也不能连续复制多页文献，不容许复制图标、插图，为图书加注释和写批语也很不方便。不过，最大的障碍还是来自版权保护。

谷歌图书是最大的在线数字图书馆项目，但是这个项目因为版权原因举步维艰。2004 年，谷歌宣布其已和多家图书馆达成一致协议，将这些图书馆中的藏书制作成电子书籍或其他电子著述。谷歌已经对 700 多万本书籍进行了数字化处理，包括上万本仍然拥有美国版权的书籍。谷歌用户可搜索到谷歌的"数字图书馆"并查看其中的"简短摘录"，即书籍中的几行文字内容。但是美国作家协会在 2005 年 9 月将 Google 告上法庭，称其图书搜索计划大规模侵犯了作者的版权。另外，五家大型出版商也代表美国出版商协会发起了另外一场针对 Google 的诉讼。直到 2008 年 11 月才达成和解协议，主要内容是对集体的和解受益，包括：①谷歌电子书籍数据库订阅销售、书籍在线存取的销售、广告收入以及其他商业用途中所获得收入的 63%；②谷歌支付 3450 万美元建立并维护书籍权利登记处（以下简称"登记处"），以便从谷歌收取收入并将此类收入分配给版权持有者；③版权持有者拥有决定谷歌是否有权使用其作品以及使用程度的权利；④谷歌向在 2009 年 5 月 5 日当日或之前未经许可扫描的书籍和插入内容的版权持有者支付 4500 万美元。出于对反垄断和版权方面的考虑，美国纽约曼哈顿联邦法官陈卓光（Denny Chin）在 2011 年 3 月 22 日否决了谷歌与美国作家协会和美国出版商协会达成的 1.25 亿美元和解协议。陈卓光表示，允许谷歌未经许可，通过在线订阅销售和批量复制版权作品来利用数字化的版权作品，这一做法有些"过头"（美法官要求限期和解谷歌数字图书馆版权纠纷，2011）。

Hathitrust 也因为版权的障碍，大量内容无法在线获取。图 9-6 是 Hathitrust 收录图书的版权状态，处于公共领域无版权限制的只有 27%（2012 年 11 月 15 日增加到 31%），有 23% 的图书是有版权限制的，有 50% 属于版权情况不明的图书（包括有版权限制、绝版的、版权所有人属于何人不明朗），也就是说 69% 的图书是不能在线免费获取的。虽然真正实现意义上的 just-in-time 的数字馆藏可获取性还存在版权方面的障碍，但是，我们不可以夸大版权等法律问题对实现图书馆馆藏虚拟化以及 just-in-time 模式的阻碍作用。

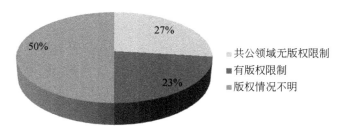

图9-6　Hathitrust 收录图书的版权状态（Statistics and Visualizations，2012）

　　首先对于著作权等知识产权的保护是必要的，否则从事知识工作，尤其是创造性知识工作的人将无以为生，整个社会不会尊重知识生产者的权益，那么文化产业、创意产业，甚至整个知识产业都将长期处于一个低水平的相互抄袭之中。在后工业社会时期，以美国为代表的西方发达国家，建立了非常成熟的知识产权法律体系和执行体系，有力地保护着本国的知识产业。人类的文化产生有两类，即商业文化和非商业文化。"商业文化"是指那些在生产后被销售，或者为了销售而生产的文化。其他部分则属于"非商业文化"。当老人们在公园或者街角闲坐，给孩子们和其他人讲故事时，这就是一种非商业文化。非商业文化生产的范围和内容要远远大于商业文化生产。马克卢普指出："知识的生产绝大部分不是由市场机制引导的。生产出来的知识的绝大多数不是由消费者付款购买的，而是被免费提供给他们的。这些费用中，最大的一块是中小学校和高等教育机构的费用，其中大部分是由政府支付的，小部分由慈善家和学生家长承担。"（弗里茨·马克卢普，2007）法律专注于商业性的创造。它授予创造者对其作品的排他性权利，这样创造者就能够在商业市场上出售这种权利，创造的积极性也因此受到了保护。这种做法起初谨小慎微，后来越演越烈。甚至阻碍了文化的自由传播和利用（莱斯格，2009）。需要区别两类不同的文化创造和知识生产，如果过分强调文化和知识生产的产业特征，过度加以法律保护也会伤害文化和知识生产的公益性。因此必须设定一种机制来平衡商业文化与非商业文化。近代图书馆在一定意义上就是为了抵制商业文化而存在的一个机构。在西方许多国家，书籍向来是一种昂贵的商品，一本书动辄上百美元，这固然体现了著作权的价值，可是也阻碍了文化与知识的传播。近代公益性的图书馆就可以起到一个作用，让买不起书的人们不花钱就能借书读。如果纯粹从保护作者的利益和出版产业的利润来说，图书馆显然会减少图书的销量，应该被禁止。但是实际上西方近代图书馆系统发展得相当完善，这其实就是为了平衡商业文化的弊端。

　　不过，近代图书馆遵循了一个基本原则，那就是只提供借阅和有限的复制服务，绝不向读者提供完整的复制服务。原因在于著作权保护的对象是作品，作品在本质上是一种知识，知识的价值在于广泛流通和使用。知识流通最重要的环境无疑是技术环境。技术环境仅仅关注信息更快捷、更高质量的流通；著作权法作为构建知识流通和使用的法律环境的核心，不仅保护知识的传播，同时还特别关注知识生产者和传播者的利益。为了确保知识创新和文化创新的不断涌现，著作权法赋予版权人在一定期间内控制作品流通、使用的权利，保证版权人能够从中获益。在印刷术出现之前，文献内容的传播主要靠手工抄写，这种不经济的技术手段使得控制文献复制显得多余，因此以复制权（copyright）为核心的著作权法没有出现的必要；随着印刷术的普及，作品（尤其图书）的大量复制成为可能，为保护图书制作者的投资利益，有必要控制图书的复制。现代图书馆遵循这一基本原则的措施就是绝不提供完整拷贝给读者，这就保护了著作权人和版权人的"复制权"。

问题在于，互联网和电子书的发展极大地冲击了这一原则。拷贝变得非常容易，如果图书馆变成一个发拷贝的中心，那么出版产业除了向图书馆卖书外几乎不再有人买书。因为读者可以随时随地在线从图书馆拷贝图书。对电子书借阅中的种种限制都是为了维护图书馆不提供拷贝，只提供阅读的基本原则。但是电子书不是一个实体书，它本身就是一个拷贝，在这个时候"拷贝即阅读"，无法把拷贝和阅读区分开来。图书馆为了限制拷贝就只有管理阅读。譬如，Adobe网站上的众多电子书，即使是向已经进入公共领域的图书业不允许复制、转借、赠送。不过，随着电子书技术的发展，对拷贝的控制，保护版权人和著作权人的"复制权"已经不成问题。数字内容文献将成为图书馆文献类型。

9.2.3　需求驱动的馆藏模式

传统图书馆的馆藏建设一般是这样的模式：根据既定的馆藏规划采购文献，同时也吸收用户（如果是大学就是设计一个推荐购书系统）个人意见作为采购的书目源，以此形成馆藏。馆藏规划属于藏书发展（collection development）政策的一个主要内容。肖希明指出，馆藏规划一般是先划分藏书的学科范围，制订一个规范统一、详细得当、学科齐全的学科框架一览表，然后根据文献内容的水平及读者的不同需求层次，对各学科范围的文献相应地划分出若干层次的收藏级别，并规定各级别所应达到的收藏目标，再结合文献的语种、出版年代、资料类型等，设计出一个"藏书结构一览表"，以规划未来藏书的发展（肖希明，2010）。仔细考察这种模式可以发现它是建立在一种对用户需求的假设基础之上的。图书馆的采购规划制定时无论是做了调查还是没有做调查，它和用户的真正需求必然相差甚远。所以大量馆藏买了书就没有人用过。以上海闵行图书馆为例，闵行图书馆新书书库年进书约占全馆中文图书的1/3，2009年7月，该馆选取2007年7月1日至2008年6月30日建立馆藏记录的图书作为统计对象。调查发现，总体上说，有40%的书没有被读者借阅过。有些类目未被借出率高达70%，如表9-1所示。

表9-1　闵行图书馆新书书库部分类目图书未被借阅率

学科类目	总册数/本	未被借出率/%
自动化技术、计算机技术	5016	57.16
数理科学和化学	2425	52.95
环境科学	481	71.52
生物科学	629	61.05

资料来源：余海宪. 馆藏评价：理论与实践. lib. kluniv. cn/news/hnhyPPT/馆藏评价, 2010-12-22

以实体文献为主的图书馆馆藏发展难以避免产生大量的低利用率文献，因为无论怎样精致的"馆藏规划"本质上都是建构出来的，是"大胆假设"的结果，种种事后的馆藏评价（collection evaluation）都无法纠正馆藏规划的失误，因为这种失误是这种馆藏模式固有的和不可克服的。这种馆藏规划模式，西方学者借用了一个管理学的术语"just in case"（以备万一）加以描述，他们称之为"以备万一"的馆藏规划模式。"just in case"这个术语本意是工业化早期国家，为了防止因为交通运输能力不足、原材料供应不足、能源供应不足、质量控制能力低下导致的制造业的经常性停产，采取的一种充足备料的策略。中国在计划经济时期和20世纪80年代、90年代产业界经常采取这种备料策略，防备因停电、运输计划无法落实而导致的工厂停产。

随着互联网和数字出版技术的日益成熟，推动从"just-in-case"（以备万一）馆藏发展模式向"just-in-time"（即时生产）馆藏模式的转型。just-in-time，简称JIT系统，在1953年由日本丰田公司的副总裁大野耐一提出。JIT生产方式的基本思想是"只在需要的时候，按需要的量，生产所需的产品"，也就是追求一种无库存，或库存达到最小的生产系统。JIT的基本思想是生产的计划和控制及库存的管理。JIT哲理的核心是：消除一切无效的劳动与浪费，在市场竞争中永无休止地追求尽善尽美。JIT十分重视客户的个性化需求；重视全面质量管理；重视人的作用；重视对物流的控制，主张在生产活动中有效降低采购、物流成本。作为JIT哲理，任何类型的企业都可以而且应当采用（JIT网站）。现代图书馆在某种程度上也可以看成是一个服务型企业，JIT思想图书馆馆藏发展完全可以借鉴。但是，在实体图书馆时期，JIT思想很难在图书馆运用，简单地说是因为图书馆没有类似现代企业的那样成熟的产业链。围绕一个丰田汽车，聚集了零部件制造、物流运输和金融服务等各类现代生产服务型企业，构成了完整的产业链和产业集群，因此，丰田公司在第二次世界大战后不久就推行JIT生产系统。相反，由于图书馆市场狭小，无法容纳专门为图书馆提供服务的专业公司，譬如，没有一个大型的出版公司可以满足图书馆提出的零星的图书出版采购，如果出版公司备货如此齐备以至于可以满足图书馆的大部分采购需求，那么沉淀下的货款将会使公司破产。而今日这一切都不成问题，汤姆森路透等几家大型学术数据商几乎囊括了大部分学术期刊的数字版，以此形成的数据库可以满足图书馆用户大部分期刊查询并提供大部分全文拷贝服务。以OCLC为代表的几大知识发现公司拥有的书目数据已经非常完备。截至2013年1月22日，亚马逊的kindle电子书就超过180万种，而同时具备印本和kindle版本的图书有914764种。因此，图书馆建立以满足用户需求即时响应为特征的馆藏发展模式已经完全具备条件。

如图9-7所示，图书馆的馆藏不仅不采购实体书，甚至连电子书也不采购，它所拥有的是完备的电子书目录和强大的知识发现系统，一旦用户通过目录和发现系统找到了自己需要的文献，提出借阅申请，那么图书馆采购系统的扳机就被触发，立即启动自动化的采购程序，几乎在瞬间就完成了采购，并借阅给读者，读者自己感觉不到这个瞬时发生的采购过程。当然，图9-7作为模型简化了许多细节，对这一系统有三大疑问：一是担心钱花得太多太快，其实这不用担心，因为图书馆自身有预算约束（budget caps），超过预算的采购不会被完成。另外，电子书目录是经过（年代、出版商、学科等维度）过滤的，读者触发的采购品种不可能超出图书馆的电子书目录和图书馆的知识发现系统。二是担心买了许多图书馆不真正想要的图书，其实这个担心是多余的，因为这个系统设计了采购或者租赁触发器（Rent/Buy tiggers），并非所有的借阅申请都能够扣动这个扳机，譬如，有量的限制，或者累计两件以上的借阅申请才能扣动扳机触发采购行为，具体参数可以由各个图书馆根据自己的情况加以调整。三是担心形成一个肤浅和狭窄的馆藏，事实上电子书目录不仅扩展图书馆馆藏，而且使传统馆藏获得新生。可发现性不再被物理拥有、地点等时空限制，目录也不再受采访馆员的一时决定限制。当然这种模式并非要完全代替其他馆藏模式，但是它一定是电子书馆藏发展的重要模式，它的核心是充分尊重用户的选择，在这种模式下每一种书的增长都基于真实的用户需求。

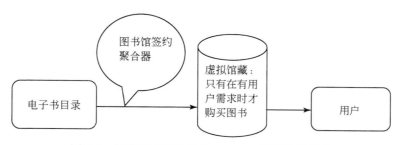

图 9-7　用户需求驱动的 just-in-time 馆藏发展模式

9.2.4　图书馆空间资源之增值

现在大多数图书馆空间被实体书和期刊以开架形式占据。以美国中等规模大学的图书馆为例，其空间使用比例如图 9-8 所示，有 66% 的图书馆空间被书架占据，可是这些文献中大致有 50%，某些图书馆甚至高达 80% 的文献没有流通过。耶鲁大学图书馆长 Bennett（2003）指出，"图书馆牺牲读者的空间用于存放令人窒息的书架，阅读资料时拥挤不堪的读者是图书馆空间规划中最常见也是最令人不安的'反讽'"。数字文献的普及使得开架借阅变成一种非常浪费图书馆空间资源的流通形式，电子书和电子期刊为用户提供了瞬时可达的资源。因此，数字化图书馆将重组空间的利用形式。实体书会被放入密集书库，更多的空间会被用作合作学习活动。一些学术支持服务将可能进入图书馆。图书馆空间将更多地用于满足用户需求。

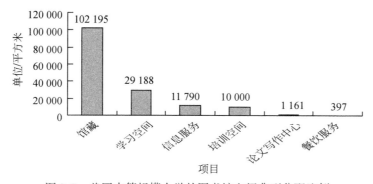

图 9-8　美国中等规模大学的图书馆空间典型分配比例

占据了图书馆宝贵空间的藏书利用情况并不理想。1979 年，匹兹堡大学图书馆的文献利用率调查表明，有 40% 的文献从未被利用过，如果一本书头 6 年没有被流通，那么其后被流通的概率只有 2%。现在的情况变得更加糟糕，2010 年康奈尔大学图书馆的数据说明，有 55% 的书自 1990 以来从未被流通过，有 65% 的图书在 2001～2009 年没有被借阅过。现在一般的开架图书年流通率是 13%，密集书库的流通率是 1%～2%。每平方英尺（1 平方英尺 ≈ 0.093 平方米）开架可以存放图书 10 册，如果是密集书库可以存放 150 册。每年的保管费用，开架是 4.26 美元一册，密集书库是 0.86 美元一册（Courant and Nielsen，2010）。建立密集书库成为许多图书馆的选择。早在 1942 年，以哈佛大学图书馆为首的 8 个图书馆兴建了一座容量为 100 万册的储存图书馆，取名新英格兰储存图书馆，为全国各图书馆开展储存业务。这是第一个联合储存中心，它的创办为储存图书馆找到了一种适当的组织形式。1949 年，由芝加哥大学和其他 9 个单位创办了一所规模更大的储存图书馆。这所储存图书馆最初命名为中西部图书馆馆际中心，后改名为美国研究图书馆中心，有成员馆 163 个（倪代川和赵伯兴，2009）。现在密集书库和合作存储已成为数字文献替代印本文献后存放印本文献的主流方式。2011 年 5 月 16 日，芝加哥大学的 "The Joe and Mansueto Library" 开馆，这座耗资 8100 万美元的建筑就是一座现代化的密集书库图书馆，它安装了自动化的存储与检索系统（ASRS），已经存放了 350 万册图书，它的库容量设计为 800 万册图书。

下一代图书馆空间设计的主要趋势有以下特征：①更少的实体资源。一方面，图书馆会把已经存在的实体图书期刊等文献打包放进密集书库，另一方面，减少实体文献的采购。②便捷的无线网络。便捷终端（笔记本电脑、平板电脑、智能手机等）可以方便地上网浏览下载文献。③强调舒适和便于合作。无论是空间设计还是家具布局都强调舒适，强调便于合作，譬如，利于小组讨论的圆桌，舒适的转椅会被大量应用。④整合的学术支援服务。这一点主要是针对学术图书馆而言，对于公共图书馆可能略微不同，就是说无论是本科生还是研究生在大学里遇到的所有和学术事务有关的问题如果需要帮助都可以得到满足。⑤空间的灵活性和模块化。大而通透的图书馆空间可以根据需要改变功能，既可以布置成展览空间，也可以变成会议空间，还可以变成报告空间。⑥餐饮服务。除了饮水机外，还需要咖啡、快餐、甜点和茶点等。

9.2.5 迈向数据信息服务

下一代的图书馆服务一定是网络环境下的以数字内容为核心的信息服务。可以从两个方面进行讨论，一方面是可持续的馆藏管理，包含三个内容：①精简印本馆藏。除可以基于利用情况剔除部分印本文献外，还可以制订联合馆藏计划。联合馆藏是一种策略、一种协议或一种联盟，由两个或更多的图书馆协商把某一领域的文献作为该馆特别收藏的基本责任。作为回报，该馆可以与其他结盟图书馆免费交换图书。这种方法也是精简印本的重要途径。②需求驱动的采购管理。有需求才启动图书采购，而不是先采购回来等待需求。现在即时印刷的出版模式已经很成熟，购买即时印刷（pint-on-demand）图书愈加便捷。图书馆已经不用担心图书的绝版问题。③减少数字期刊的购买成本。目前主要有三种模式，一是沃尔玛模式——集中授权结构，是指一个大系统向数据供应商获取授权，然后分发给系统内的成员机构。CALIS 和 JALIS 在和国际大期刊数据商谈判时都发挥了集团采购的优势，提高了讨价还价的筹码。二是按需购买文章的 iTunes 模式，譬如，CALIS 和 JALIS 的一些成员馆对某些数据库中的需求量不大，没有必要购买整个数据库，但是零星的需求又的确存在，最好的办法就是采取 iTunes 模式，这样既满足了用户需求，又节省了费用。三是开放存取模式。

另一方面，图书馆员的重新部署是图书馆能否迈向数字信息服务的关键。必须减少低附加值的业务，嵌入高附加值的服务。首先，要把一部分馆员转向电子书服务，从 librarian 变成 ebrarian。Ebrary 公司由三家世界级出版社（Mcgraw-Hill Companies, Pearson plc, Random House Ventures LLC）共同投资组成，该公司与 150 多家学术、商业和专业出版社合作，通过 ebrarianTM 网上服务系统来访问这些出版社的电子版图书，大部分内容都是近三年内出版的新书，且内容不断增加。目前有两万多种图书，学科覆盖商业经济、计算机技术、教育、历史、语言文学、医学、哲学等。Ebrarian for Library 系统是提供客户化的系统工具，根据选定的单词、词组，客户可以随时连接到一些在线工具书（如词典、百科全书等），从而提高对文献的理解能力和知识积累。另外，该系统还提供了网上评注、链接、书签等功能。类似的电子书系统正在源源不断地被开发出来，流通馆员要把主要精力转变到电子书的流通上来。其次，多媒体支援、数据监护（data curation）都是数字信息服务的重要形式。数据监护主要是因为现代科学已经从基于文献的科学变成基于数据的科学（e-Science），数据驱动的科学在科学技术界已经成为一种新的科学范式。它集理论研究、实验研究和模拟仿真于一体，大量采用数据探索和数据挖掘的方式。在许多学科领域，新的高产的仪器设备、传感器和调查观测已经产生出 PB 级的科学数据量。毫无疑问，数据监护就是图书馆适应当代科学这一发展趋势的重要举措。目前对于图书馆如果进修数据监护，虽然尚未形成主流范式，但是以大数据为对象的数据监护工作肯定是未来图书馆员重新部署的重点。

9.3 学科范式之转型：一个实证分析

前面一节重点讨论了当代图书馆服务的信息学转向，这是我们本节讨论 LIS 学科范式转型的基础。不管本学科叫什么名称，无论中外本质上都是"图书馆学"、"档案学"和"情报学"（笔者虽然从不赞成把 information science 翻译成情报学，但是为了尊重学界的惯例，下文皆称之为情报学）组合。档案学姑且存而不论。就 library science 和 information science 而言，其实这是两种有本质区别的学科。图书馆学从来就是一门与机构密切相关的学科，它和价值系统紧紧联系在一起。而情报学是不考虑组织类型，探索一般信息概念的学科，它不预设价值系统，它认为信息以及处理信息的系统是中立的。它们既然如此不同，为什么我们还要把它们放在一个大学科之中？我们如何超越图书馆学和情报学之间的争论？我们既不能说图书馆学是情报学的一部分，也不能说情报学只是图书馆学的衍生物。其实，由于这两个学科有如此多的重叠，譬如，信息收集、信息组织、信息系统等，它们之间很难割舍。我们可以这样说，图书馆学依然是强调制度和价值系统的学科，图书馆学以研究图书馆促进所在社区的知识生产与消费为主要对象。这个社区既可以是学术机构（研究所和大学），也可以是居民社群。而情报学超越机构与价值系统，它所研究的是普遍的知识组织、信息技术、信息系统、数据管理的理论与方法，这些理论与技术超越了机构与价值。套用传统的哲学概念，图书馆学研究的是特殊矛盾，研究的是社区与机构（在这个意义上机构其实也可以看成是社区，如大学就是典型的学术社区）中的促进知识生产、传播与消费的理念、理论、方法与技术。而情报学研究的是普遍矛盾，研究的是当代社会的知识组织、特定学科资源及应用、信息产业、信息系统与服务、信息相关社会议题等都是情报学所探讨的问题。台湾著名学者蔡明月等也认同这一区分，她们经过对近十年"资讯科学"引文的实证分析发现，"书目学、图书馆学、资讯资源总论"、"科学"、"社会科学"是影响资讯科学最主要的学科，与资讯科学关系密切（蔡明月等，2010）。也就是说，情报学即台湾所谓的资讯学与图书馆学是并列而非包含关系的学科。

那么本章所说的图书馆学与情报学学科范式的信息学转向的含义是指，在图书馆业务迈向数据信息服务的同时，作为支撑图书馆业务活动最主要的学科图书馆学，无论是从理念还是技术与方法都正在转向信息学范式。作为图书馆学的并列学科情报学这一趋势更为明确，情报学越发成为一门研究数据信息服务的科学。为了证明这一推论，我们以中国内地高校的图书馆学、情报学副高以上职称的教师为对象进行了较大范围的数据调查，希望用数据来实证这一推论。

9.3.1 图书馆学、情报学"学术共同体"

1. 研究方法与数据来源

本节主要的研究方法是"集体传记法"（collective biography），集体传记法又叫"职业生涯分析法"，是现代史学的一个比较成熟的研究方法。它通过对研究对象的传记资料的统计分析，获得被研究者的生卒年、婚姻、家庭、宗教信仰、社会阶层、经济地位、教育背景、居住地等数据，运用这些数据来解决两类问题：一是政治行动的根源问题，分析政治行动背后的利益集团，分析形成利益集团的社会因素、文化因素和经济因素，阐明政治行为的运作机制；二是社会结构与社会变迁问题。集体传记研究分为"精英学派"和"大众学派"两个不同的研究取向。精英学派倾向于研究有影响和有权势的精英集团。大众学派则关注更大规模的群体，研究他们对政治行为的影响（Stone，1971）。20 世纪 30 年代，集体传记法被科学史学界所采用，美国科学社会学的奠基人默顿（Merton，2000）在博士论文《十七世纪英格兰的科学、技术与社会》中利用《国民传记辞典》为数据来源，证明了"一般禁欲主义新教，而尤其是清教，有助于使新科学合法化"的假说。此后，集体传记法成为科学社会学的研究经典方法。

本研究的调查对象主要是具有图书情报专业硕士培养资格高校的具有副教授和教授职称的在职教师，他们可以代表中国内地图书馆学情报学学术共同体的基本情况。2010 年 9 月 2 日，国务院学位委员会正式发文，公布了"2010 年新增硕士专业学位授权点名单"，18 所高校获得了设立图书情报专业硕士点资格。这些高校都具有完整的图书馆学、情报学、档案学本科、硕士，甚至博士的培养建制，它们的教学科研工作足以代表国内 LIS 的水准，因此把它们作为样本是合适的。由于本次调查主要通过网络进行，黑龙江大学信息管理学院无主页，郑州大学信息管理系、云南大学管理学院、河北大学管理学院主页中没有师资力量的介绍，所以本次调查统计的样本为 14 所学校，分别是：安徽大学、北京大学、华东师范大学、南开大学、南京大学、南京理工大学、吉林大学、山东大学、山西大学、上海大学、四川大学、武汉大学、中国人民大学、中山大学。经过统计，14 所高校共有教授、副教授 285 名，这 285 名教授成为此次调查统计的样本，笔者分别从出生年份、学历层次及学科背景做了统计。统计数据中的自然属性和供职大学的属性来自于各学校主页，项目和论文统计中 CNKI 论文、CSSCI 论文、国家社科基金项目、国家自然科学基金项目以及教育部项目分别来自于 CNKI 数据库、CSSCI 数据库、全国哲学社会科学规划办公室网站（2011）、国家自然科学基金委员会项目检索平台（2011）以及教育部人文社会科学研究管理平台（2011）。

2. 出生年份

对 285 名教授和副教授的出生年份进行统计，得到有效数据 175 条，占样本总数的61.4%。其中，出生于 20 世纪 30 年代的 1 人，40 年代的 16 人，50 年代的 27 人，60 年代的 89 人，70 年代的 42 人。

1）博士生导师的情况

14 所学校共有博士生导师 80 名，其中 53 人的出生年份为有效数据，经过计算，博士生导师的平均年龄为 52.8 岁，其年代分布如图 9-9 所示。可以看到 1961～1965 年为数值的高峰，这并不合理。"文化大革命"是造成这种现象的主要原因。

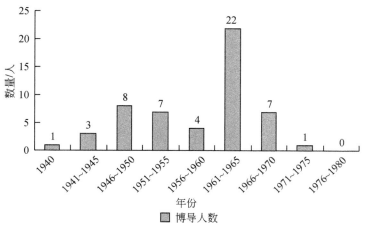

图 9-9　博士生导师出生年代分布图

1966 年 6 月 18 日，《人民日报》全文公布了中共中央、国务院发出的《关于改革高等学校招生考试办法的通知》，决定 1966 年高等学校招收新生的工作推迟半年进行，此后高等学校取消了统一考试招收学生的制度，一直到 1977 年冬天才恢复高考（杜勤和睢行严，2000）。在 1970 年之前，根据我国中小学学制规定，读完小学和中学需要 12 年时间，1970 年遵照毛泽东主席"学制要缩短，教育要革命"的"最高指示"，小学学制改为 5 年，中学学制改为 4 年，初中、高中各 2 年。1982 年后，各地才又陆续恢复中小学 12 年的学制。如果小学入学时候为 7 岁，那么 1946~1960 年出生的人都受到"文化大革命"时期废除高考制度的影响。按照具有博士生导师岗位的教授 65 岁退休的规定，至 2010 年，1946 年以前出生的人应该已经退休，余下的 1946~1960 年出生的人都是受到了"文化大革命"高考停止影响的人群。1961 年以后出生的人才没有受到"文化大革命"高考停止的影响。这就是博士生导师出生时间段集中在 1961~1965 年的原因。至于 1966 年以后出生的专家中博士生导师人数又缩小，其原因是这个时间段以后的很多人尚未获得教授的职称，自然也就不可能是博士生导师了。

2）教授的情况

教授有 141 人，其中 99 人的出生年份为有效数据，经过计算，教授的平均年龄为 51.5 岁，其年代分布如图 9-10 所示。教授的年龄段分布和博士生导师年龄段分布差不多，出生于 1961~1965 年的教授最多。"文化大革命"高等教育十年停滞对 1946~1960 年时间段出生的人接受大学教育造成了严重影响，使得这个阶段教授人数远远小于 20 世纪 60 年代。出生于 1946~1960 年中只有 38 人，而 20 世纪 60 年代有 55 人。

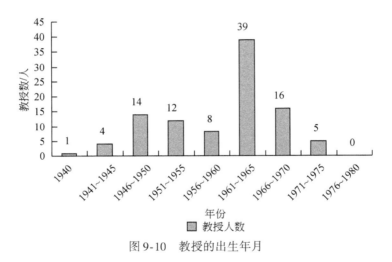

图 9-10　教授的出生年月

我们在另外一项研究中，通过文献计量学方法确认了 14 所高校 LIS 高级专家中在 2001~2010 年发表论文最多的 61 位高级专家，对他们的出生年月进行了统计，如图 9-11 所示。可以发现 61 位高产专家的年龄段分布和教授、博士生导师的年龄段分布基本一致，而和副教授的年龄段分布差别比较大，说明教授、博士生导师是我国高校 LIS 学科科研的主力。

3）副教授的情况

副教授有 144 名，其中 75 人的出生年份为有效数据，经过计算，副教授的平均年龄为 43.2 岁，其年代分布如图 9-12 所示。

从以上数据可以发现，LIS 学界缺少年龄段在 60~65 岁的资深专家，年龄在 50~60

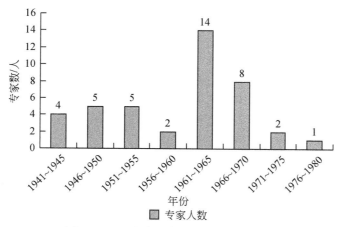

图 9-11　61 位高级专家出生年代分布图

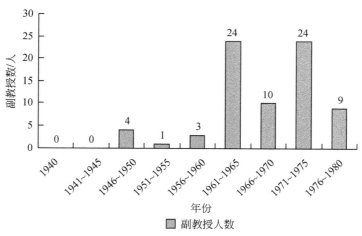

图 9-12　副教授出生年代分布图

岁的专家人数也偏少。我国高校一般规定教授和副教授的退休年龄为 60 岁，具有博士生导师资格的教授退休年龄为 65 岁[①]。在本学科中，出生于 20 世纪 50 年代之前在职教授有 19 位，50 年代的教授有 20 位，占总人数的比例为 27%，以 1960 年为时间节点，也就是说 50 岁以上的教授占 27%，35 ~ 50 岁的教授占 73%，应该说资深教授的人数和比例都偏少。在人文社会学术界资历是一个比较重要的因素，毋庸讳言，在资源分配中，资深教授拥有更大的发言权。LIS 学界在职的资深专家比文史哲、法学、经济学、社会学、政治学界的人数要少得多，这固然和学科规模有关，也和学科的影响力有关。资深专家较少使得学科在争取资源时缺少一言九鼎的人物。

---

①　按理说 1945 年以前的教师都不应该出现在数据中，但是实际上 20 世纪 30 年代出生的 1 位教授还在岗，他就是武汉大学的彭斐章先生。武汉大学等一些著名大学设立了 "资深教授" 岗位，由于彭斐章教授的学术影响和武汉大学信息管理学院在武汉大学的特殊地位，彭先生获得资深教授资格也是实至名归的。

3. 学历情况

1）总体情况

对被调查专家的学历和学位情况进行统计时，得到有效数据 247 条，占总调查数的 86.7%，统计结果见图 9-13。其中，未知学历即未标明该教师学历的有 12%，58% 的教师是博士研究生的学历，硕士研究生的比例占到了 21%，只有 9% 的教师是本科学历。

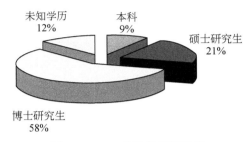

图 9-13　LIS 学科学历统计表

表 9-2　教师年代—学历分布比例表　　　　　　单位：%

年份	本科	硕士研究生	博士研究生
1940	0	0	100①
1941～1945	0	100	0
1946～1950	57.1	28.6	14.3
1951～1955	36.4	36.4	27.3
1956～1960	37.5	25	37.5
1961～1965	13.6	16.9	69.5
1966～1970	0	11.1	88.9
1971～1975	0	14.3	85.7
1976～1980	0	11.1	88.9

从表 9-2 中每一年代各学历人数的比例可以发现，本科学历中占大多数的是 20 世纪 50 年代出生的教师，占总调查数的 40%；而硕士研究生和博士研究生中占大多数的是 20 世纪 60 年代出生的教师；在 20 世纪 70 年代的教师中，已经没有本科学历，都是硕士研究生和博士研究生。我国 LIS 学科的硕士研究生教育由于专业不同，起步时间也不尽相同。北京大学于 20 世纪五六十年代就开设了图书馆学的函授班，武汉大学在 1978 年设立了情报学的硕士点，中国人民大学于 1982 年招收了第一批档案学硕士研究生。此外，三个专业都于 20 世纪 90 年代初设立了本专业的博士点，教育层次的提高也使得教师所接受的专业能力不断提高。教师队伍学历高层次化的原因还在于高校对应聘教师学历要求的提

---

① 由于彭斐章老师和曹之老师所在年代的有效数据只有他们本人一条，所以他们的百分比显示为 100%。

高，目前高校招聘教师所要求的学历大部分为博士，而硕士和本科学历想获得教师编制已经成为历史。

2）学位情况

调查教授共 141 人，其中有 126 人的学位为有效数据，经过统计，教授学历分布情况如图 9-14 所示。有 73% 的教授拥有博士学位，硕士学位占 12%，学士学位占 14%。

副教授共 144 名，其中 120 人的学位为有效数据，经过统计，副教授学位分布情况（图 9-15）和教授的学位分布情况差不多，只是副教授中具有本科学历的人要比硕士学位的人进一步减少，学位分布情况更趋合理。

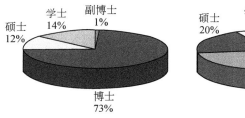

图 9-14　教授学位分布图　　图 9-15　副教授学位分布图

具有博士学位的教师人数占总教师人数的比例是衡量教师队伍质量的一个国际通用的指标。我们计算了 14 所高校中高级专家中具有博士学位的比例，并进行了排序，如图 9-16 所示。各高校副教授以上职称的教师中具有博士学位教师的比例差别还是比较大的。具有博士学位教师的比例占 70% 以上的有 4 所学校，其中，武汉大学占 77.60%、中山大学占 76.50%、北京大学占 76%、南京大学占 75.90%；具有博士学位教师的比例占 60% 以上的大学有 4 所，其中，中国人民大学占 65.50%、吉林大学占 64.30%、南京理工大学占 60%、山东大学占 60%；具有博士学位教师的比例占 60% 以下的高校有 6 所，其中，安徽大学占 53.30%、山西大学占 50%、南开大学占 41.70%、上海大学占 40%、华东师范大学占 37.50%、四川大学占 25%。

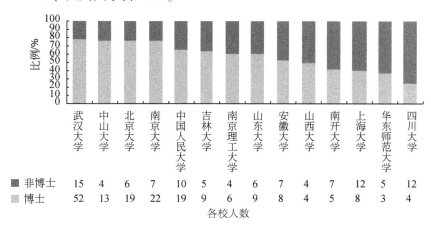

图 9-16　各校教师博士学位所占比例图

4. 学科背景

1) 文、理、工学科统计

我们通过对 285 名教师进行学科背景的数据统计，有效统计数据为 215 条，占总调查人数的 75.4%。学科背景的分类统计以目前划分的文、理、工三大类进行统计，统计结果如图 9-17 所示。其中，未知学科表示的是教师信息中对于该教师学科背景未有详细说明，占到总数的 17%。尽管如此，我们依旧可以看出 LIS 学科有 62% 的教师拥有文科背景，其次是理科占 14%，最后是工科占到了 7%。由于 LIS 本身就属于应用性社会科学，因此多数教师拥有文科背景是正常的。但是，随着 LIS 学科范式从图书馆业务为中心（Library-center）向资讯处理为中心（Information-center）转型，LIS 学科融入了较多的理、工和管理学知识，LIS 已经从偏软的社会科学转向偏硬的社会科学，这种学科背景结构就显得不够合理。

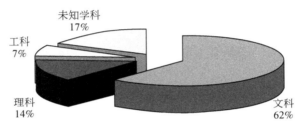

图 9-17　LIS 学科教师学科背景分布图（文、理、工）

2) 文科内学科统计

为了对 62% 文科背景的教师作具体分析，我们在此对文科这一大类中所包含的学科进行了进一步统计，以便明确这些教师的学科分布，结果见图 9-18。从图中可以明显看出除

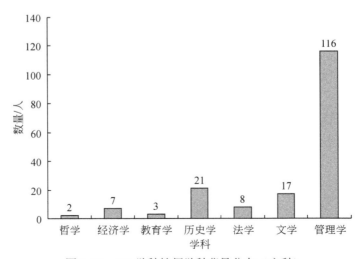

图 9-18　LIS 学科教师学科背景分布（文科）

管理学之外，历史学人数最多，这主要源于历史学与 LIS 中的档案学联系密切。档案学最初是作为历史学的辅助学科出现的，它为历史学的研究提供、发掘和保管史料。迄今为止，历史学仍然是档案学的基础学科。

3）管理学内部统计

中国管理学具有一个庞杂的学科群，国务院学位委员会和国家教育委员会于 1997 年 6 月联合下发《授予博士、硕士学位和培养研究生的学科、专业目录》。在这个目录中，LIS 首次被纳入管理学，与管理科学与工程、工商管理、农林经济管理、公共管理并列为管理学门类的下位学科（国务院学位委员会和国家教委，1997）。我们对具有管理学学科背景的教师进行细分，结果如图 9-19 所示。

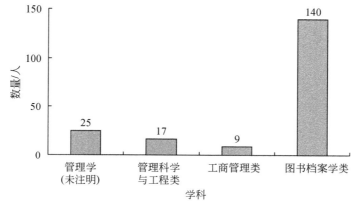

图 9-19　LIS 学科教师学科背景分布（管理学）

在统计管理学内部专业时，首先，有 25 名教师的学科背景只标为管理学，有 65 名教师的学科背景为图书档案学类（图书馆学、情报学、档案学），其次，有 17 名教师的学科背景为管理科学与工程类，9 名教师的学科背景为工商管理类。与此次统计结果相对应的是，在 14 所学校中，山东大学和武汉大学将管理科学与工程这一类放在了信息管理院系下，而在南京理工大学、华东师范大学和南开大学，信息管理院系则是经济管理学院或者商学院的下位类，这种院系设置情况也直接影响着教师的学科背景的组成，从而影响着这些教师的研究方向以及承接的项目。

4）交叉学科统计

由于现阶段学科的发展不仅仅是纵向的深入，横向的交叉学科也成为研究的热门，所以目前高校对于教师不仅有学历上的要求，同时期待这些教师有多学科的背景，这样才能在多学科思维火花的碰撞下取得新的研究进展。在对样本中的 285 名教师进行学科统计的同时，也对他们的学科背景的交叉性进行了统计，结果如图 9-20 所示。

由图 9-20 可知，除了 70 名教师未标明学科背景外，大部分教师的学科背景为一门，76 名教师拥有两门学科背景，19 名教师拥有三门学科背景，只有两名教师拥有四门学科背景。从这些数据中不难看出我国信息管理学科教师的学科背景较为单一，尽管这种单一

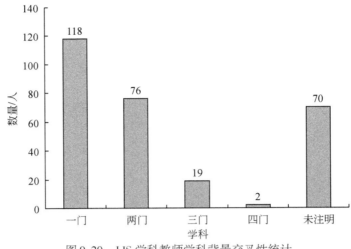

图 9-20 LIS 学科教师学科背景交叉性统计

性可以保证学术研究的正统性和纯粹性，但是就目前的学科发展的整体趋势来说，交叉的学科背景更能为本学科的发展寻找到新的增长点和发展点。

5. 论文与项目分析

1）论文情况

论文和项目反映了 LIS 学科高级专家们科研产出和争取到的资源情况，是衡量科研水平高低的主要数据。国内 14 所高校 LIS 学科的 285 位教授及副教授在 2001～2010 年发表的 CSSCI 来源期刊论文共计 3925 篇[①]。结果见图 9-21。武汉大学 CSSCI 论文占绝对优势，南京大学、南开大学、中国人民大学、北京大学、中山大学属于第二梯队。

2）刊发论文的刊物

各高校的 CSSCI 的来源期刊论文共分布在 148 种期刊上，其中图书情报档案类期刊 20 种，编辑出版类期刊 11 种，其他期刊 117 种。图书情报档案类学术期刊只占总数的 14%，即使加上编辑出版类期刊也只占 21%。这说明其他社会科学类 CSSCI 来源期刊也开始刊发 LIS 领域专家的论文（图 9-22）。

值得注意的是如图 9-23 所示的 14 所高校高级专家（教授、副教授）在 2001～2010 年发表的 3925 篇论文中，在 20 种图情档 CSSCI 来源期刊上刊发的有 3420 篇[②]，在 11 种

---

① CSSCI 论文从 CSSCI 数据库中检索出，国外发表论文由各教师的个人简介中获得，因此国外论文数量可能存在较大误差。

② 这 20 种图书情报档案类 CSSCI 来源期刊包括《中国图书馆学报》、《情报学报》、《大学图书馆学报》、《图书情报工作》、《图书情报知识》、《情报理论与实践》、《国家图书馆学刊》、《图书馆建设》、《图书馆》、《情报科学》、《图书馆论坛》、《现代图书情报技术》、《情报资料工作》、《图书馆工作与研究》、《情报杂志》、《图书馆杂志》、《图书与情报》、《图书馆理论与实践》、《档案学通讯》、《档案学研究》。

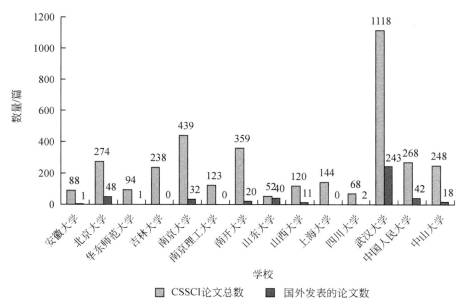

图 9-21 各高校 CSSCI 论文数量和国外发表论文数量柱形图

编辑出版类 CSSCI 来源期刊上刊发的有 200 篇①，在 118 种其他社会科学 CSSCI 来源期刊上刊发的论文有 304 篇②。虽然刊发高校 LIS 学科高级专家 CSSCI 来源期刊论文的学术期刊总数达到了 148 种，但是 20 种图情档期刊发文总数占到了总论文数的 87%，118 种期刊共发表论文 304 篇，10 年中，平均每种期刊不到 2.6 篇，几乎可以忽略不计，也就是说，高级专家们的专业论文几乎都发表在图情档类等本学科专业刊物上。这种情况和文史哲、政治、经济、法律、管理学与社会学等学科完全不一样，这些学科除了在本学科专业刊物发表论文外，综合性社会科学期刊及大学学报都刊发这些学科的论文。也就是说，LIS 学科发表的专业论文基本上就是本学科的人阅读，研究成果在社会科学界并没有得到广泛认同，影响有限。

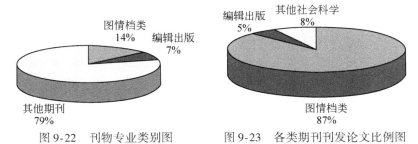

图 9-22 刊物专业类别图　　　图 9-23 各类期刊刊发论文比例图

3）项目数量分析

项目数据除国家社科基金项目、国家自然科学基金项目、教育部项目分别在全国哲学

---

① 《编辑学报》、《中国科技期刊研究》、《编辑之友》、《新闻记者》、《出版科学》、《当代传播》、《出版发行研究》、《科技与出版》、《中国出版》、《编辑学刊》、《中国编辑》。

② 皆为 CSSCI 来源期刊，因为篇幅原因，刊名不一一列出。

社会科学规划办公室网站、国家自然科学基金委员会项目检索平台以及教育部人文社会科学研究管理平台中检索得到，其他项目均从学院主页获得。14 所大学中，由于吉林大学未注明承接项目的性质，南京理工大学经济管理学院主页正在建设中，因此，教师信息无法收集全面，这两所学校除国家社科基金、国家自然科学基金以及教育部项目之外的其他项目均未统计。所统计项目数量均以该教师主持项目为准①。结果如图 9-24 所示。

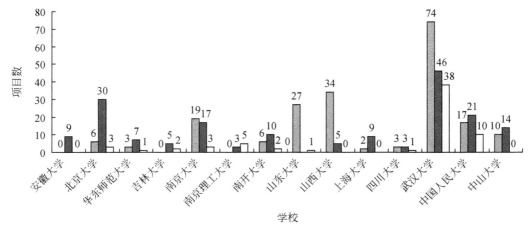

图 9-24 各高校省部级、国家社科、国家自然科学基金项目数量柱形图

通过对我国高校 LIS 学科副教授及教授以上职称教师情况的统计分析，我们可以发现一些高校教师群体的基本特征。首先，年龄结构不够合理，年龄段太集中于 20 世纪 60 年代。这样造成了两方面的后果，一方面，55 岁以上资深专家较少，在整个人文社会科学界缺少能够发出本学科声音的人。另一方面，教授博士生导师的平均年龄为 51 岁，尚算合理，可是副教授的年龄达到 43 岁，已经偏大，20 世纪 70 年代以后出生的教师培养亟待加强，否则学科发展的后劲严重不足。其次，我国高校 LIS 学科高级专家群体中具有博士学位的教师比例达到 73%，说明本学科教师的基本素质还是不错的。但是，教师的学科背景不够合理，具有人文社会科学背景的教师占 62%，不利于学科向偏硬的应用型文科发展；再次，10 年中人均发表 CSSCI 来源期刊论文 13.77 篇，平均每年不到 1.4 篇，论文产出还有较大的提升空间。有 87% 的论文都发表在 20 种本学科的期刊上，说明我国 LIS 学科还是比较封闭的，不符合 LIS 跨学科、跨领域的本质属性，亟须不断吸纳具有交叉学科背景的学者进入 LIS 学科，才能突出 LIS 跨学科应用型的特色。

9.3.2 LIS 小同行分析

一个学科的成熟度不仅取决于大学科的规模，还取决于内部教学和科研的专业化。小

---

① 省部级项目一般指省科技厅、省发展和改革委员会、财政厅、自然科学基金委员会下达的项目，以及除了国家科学技术部、国家发展和改革委员会、国家财政部以外的国家其他部委下达的部级项目。

同行群体的数量多少是衡量一个学科专业化程度的重要指标。我们认为对于 LIS 这种发展比较快，高级专家队伍比较小的学科来说，四级学科还没有形成，基本上还属于"研究方向"。因此，本节把从事共同的三级学科或者共同研究方向，或者共享某种技术和方法，共享某种理论的学者组成的群体称为"小同行"。多元统计分析是共词分析的关键技术。本节采取因子分析和聚类分析对专家进行类属分析，揭示我国高校 LIS 学界一线专家的研究方向分化情况，探讨 LIS 一级学科之下的"小同行"群体。

1. 建立专家关键词词频矩阵

本研究利用 Thomson Reuters 的 Thomson Data Analyzer（TDA）进行文献数据挖掘和统计，得到关键词共 7267 个（包括各种相似词、缩写词等），总频次为 14 713，对词意相近且下位类词和上位类词进行合并之后，仍有 2414 个关键词，总频次为 13 538（占原来总频次的 92%），本文研究选取频次大于等于 10 的关键词有 306 个，累计出现频次为 9844次，占总频次的 67%，可以说本研究论文的关键词主要是由这些词组成的。为了使数据更具有代表性，便于被 SPSS 处理，选取关键词词频数在 20 以上的高产专家 61 位，建立专家关键词词频矩阵（表 9-3）。他们于 2001 ~ 2010 年 10 年间累计发表 CSSCI 来源期刊论文皆在 10 篇以上，研究具有连续性，是活跃在 LIS 一线的专家，能够反映高校 LIS 学界高级专家的小同行分化的显著特征。

表 9-3　前 61 位作者关键词词频矩阵

序号	姓名	1 图书馆	2 信息资源	3 数字图书馆	4 出版	5 图书馆学	…	305 构建	306 数字鸿沟
1	王知津	7	4	8	0	15	…	2	0
2	邱均平	0	2	4	0	5	…	0	0
3	陈传夫	8	10	5	0	5	…	0	0
4	胡昌平	2	12	1	0	0	…	0	0
5	柯平	9	0	1	0	13	…	0	0
⋮	…	…	…	…	…	…	…	…	…
60	王余光	3	0	0	2	2	0	0	0
61	曹树金	2	0	1	1	0	0	0	0

2. 因子分析

因子分析是最常使用的数据简化方法，从中提取数据的主要信息。因子分析的目标是用尽可能少的因子去描述众多的指标或因素之间的联系，其基本原理是根据相关性大小把研究对象的变量进行分组，使得每组变量代表一个基本结构，这个基本结构称为公共因子，这样较少的几个公共因子就可以反映原始资料的大部分信息（张勤和马费成，2008）。笔者运用 SPSS 18.0 对作者余弦值相似矩阵（表 9-3）进行因子分析，方法选择主成分法，输出碎石图（图 9-25）：那些陡峭的对应较大的特征根，作用明显；后面稍平的对应较小的特征根，影响较弱。特征根在一定程度上被视为衡量对应公因子影响力大小的指标，一般来说，特征根大于 1，说明该公因子具有一定的解释力度。根据因子分析的结果，笔者选取特征根大于1的共14个公因子，其累积方差贡献率为81.58%，也就是说14个公因子代替了原来61位作者，可以概括原始变量所包含信息的81.58%。61位作者共分为14个因子，每个因子都是由研究领域相似的作者组成，14个因子代表了14个研究方向。

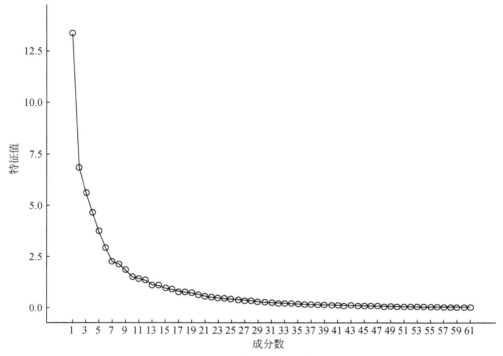

图 9-25　因子碎石图

3. 专家聚类分析

将选取的专家关键词矩阵（表9-4）导入SPSS18.0进行系统聚类分析，其基本原理是依照事物的数值特征来观察各样品之间的亲疏关系，按照关系的远近程度进行分类，聚类方法选择"组间连接"，得到聚类分析树状图，如图9-26所示。

表 9-4　前 61 位作者关键词余弦值矩阵

	王知津	邱均平	陈传夫	胡昌平	柯平	马费成	…	曹树金
王知津	1.000	0.388	0.180	0.187	0.388	0.325	…	0.203
邱均平	0.388	1.000	0.209	0.194	0.294	0.281	…	0.174
陈传夫	0.180	0.209	1.000	0.222	0.310	0.175	…	0.121
胡昌平	0.187	0.194	0.222	1.000	0.155	0.249	…	0.240
柯平	0.388	0.294	0.310	0.155	1.000	0.198	…	0.192
马费成	0.325	0.281	0.175	0.249	0.198	1.000	…	0.134
…	…	…	…	…	…	…	…	…
曹树金	0.203	0.174	0.121	0.240	0.192	0.134	…	1.000

根据表 9-4，我们把专家词频数 5 以上关键词保留，概括这些 5 以上的关键词得到专家的研究方向。如果一个专家的关键词词频没有高于 5 次的，保留前 3 个关键词，并概括研究方向，见表 9-5。

表 9-5　专家的高频关键词及研究方向

专家姓名	关键词及词频数	研究方向
王知津	竞争情报（36）、情报学（31）、情报工作（16）、图书馆学（15）、信息检索（11）、理论创新（8）、数字图书馆（8）、图书馆（8）、研究生教育（7）、图书馆学情报学教育（7）、网站（7）、企业管理（7）、课程设置（7）、研究领域（7）、主题标引（7）、博士生教育（7）、学科建设（6）、引文分析（6）、知识管理（5）、图书馆史（5）、搜索引擎（5）	竞争情报、LIS 学科发展、信息检索、数字图书馆、企业管理与知识管理
邱均平	文献信息计量（15）、网络信息计量学（8）、知识管理（7）、信息计量学（7）、情报学（6）、引文分析（6）、图书馆学（5）、发展研究（5）、内容管理（5）、期刊研究（5）、数据与数据库（5）、共被引（5）	信息计量、知识管理、LIS 发展、期刊评价
陈传夫	知识产权（29）、信息资源（10）、图书馆（8）、版权（7）、数字化（7）、公共图书馆（7）、信息管理（6）、著作权（6）、图书馆学（5）、数字图书馆（5）、网络信息资源（5）、开放存取（5）、学位授予（5）	知识产权、信息资源战略、数字图书馆、图书馆事业、LIS 发展
⋮	…	…
曹树金	数据与数据库（3）、用户研究（3）、信息组织（3）	信息组织、数据与数据库研究

根据图 9-26 和表 9-5，结合因子分析的结果，综合每组专家的研究方向，我们认为把 61 位专家分为 14 个"小同行"群体较为合理，分别是：

（1）图书馆学史、藏书史、古籍版本目录学：徐雁、曹之、王余光。徐雁研究方向广泛，近 10 年来在近代图书馆学史、书评书话、阅读推广、藏书史、近代出版史、书业史等皆有比较重要的论文研究。曹之近 10 年的论文集中于古籍版本目录、藏书史研究。王余光对文献学、近代出版、图书馆学史研究也有重要贡献。

（2）图书馆员职业发展：徐建华。徐建华在 2001～2010 年发表过 2 篇目录学论文，3 篇书评，此类研究和第一组方向接近，因此在树形图最靠近第一组。由于他在这期间最杰出和数量最大的研究是关于图书馆员职业生涯规划与发展的，因此把他单独列为一组。

（3）出版学组：张志强、吴永贵、方卿。出版学虽然不是 LIS 的二级学科，但是中国编辑出版学的本科与研究生培养却安排在图书情报学内，南京大学、武汉大学和北京大学构成了中国出版学教育的鼎足之势，这三位专家是南京大学和武汉大学这个方向的学科带头人。

（4）图书馆文献组织与典藏：司莉、赵伯兴。

（5）公共图书馆战略规划、图书馆相关法律研究：李国新、于良芝。李国新发表论文 34 篇，其中关于图书馆立法方面的论文为 16 篇，关于基层公共图书馆规划、体系等战略研究的论文 6 篇；于良芝发表论文 16 篇，其中关于公共图书馆战略规划方面的论文 10 篇。因此，李国新、于良芝是公共图书馆战略规划研究领域最重要的专家。

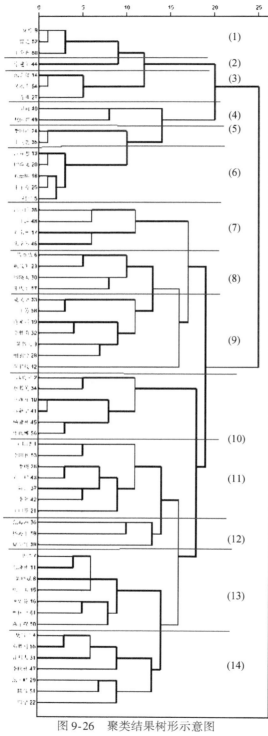

图 9-26　聚类结果树形示意图

注：图中 14 个小同行与文中对应，
因图幅所限，此处未能标清

（6）图书馆价值观研究、图书馆学学科发展：范并思、程焕文、刘兹恒、王子舟、柯平。国内关于"图书馆精神"和"图书馆权利"的研究，前者在管理学领域中属于"价值观"研究，后者属于"公民权利"研究，如果从图书馆角度看，图书馆权利不是指图书馆拥有的权力，而是图书馆作为公共机构应当承担的保障公民公平合理使用图书馆的权利，因此图书馆权利实际上是图书馆的"责任"，也可以划入图书馆价值观领域。近10 年来，范并思发表了 19 篇关于图书馆精神、图书馆价值、图书馆与社会公平正义等方面的论文；程焕文发表了 15 篇关于图书馆精神、图书馆权利的论文，显示了历史学和法学的多重视角；而刘兹恒对图书馆权利的研究侧重于从图书馆的社会责任和公共性视角来讨论图书馆的管理。在图书馆学学科发展领域，他们各有千秋。范并思运用特尔斐法对中外图书馆学思想史的比较研究引起国内的重大关注；程焕文对文华系图书馆学人的研究在国内外都有较大影响；刘兹恒尤其关注图书馆学的本土化问题，可能是国内对这个议题发表论文最多的专家；王子舟侧重对近代图书馆学名家和经典文献的研究；柯平则希望从知识学视角，构建中国图书馆学的知识学学派。

（7）电子文件、图像档案：冯惠玲、王萍、刘家真、朱学芳。冯惠玲提出的"新来源原则"解决了电子文件管理的基础理论问题，也是中国电子文件管理战略研究的首创者；王萍侧重电子文件与电子档案的著录、数据格式以及安全保护研究；电子档案文献的长期保存与数字化是刘家真的研究重点；朱学芳对图像信息资源的理论与技术研究是档案、图书馆的交叉领域。

（8）情报学学科发展、信息建构、信息资源：马费成、周晓英、赖茂生、朱庆华。马费成提出的信息生命周期理论试图为情报学发展提供新的理论基础，他也是信息建构与信息序化机制研究的开拓者；周晓英近年来的研究主要侧重在信息建构与知识链接；赖茂生在信息检索语言理论进展、国内外情报学前沿寻找方面探索出了独特的研究路径；朱庆华在中日信息资源战略比较、政府网站评价、信息行为研究上是国内代表性的专家。

（9）政府及公共信息资源、知识产权：陈传夫、夏义堃、王芳、肖希明、金胜勇、相丽玲、贾君枝。陈传夫侧重对信息资源利用中的相关知识产权问题分析；政府及公共信息资源的使用模式是夏义堃关注的重点；王芳关注的重点是公共信息资源的数据格式和经济分析；肖希明重点研究的是公共信息资源的战略布局。

（10）文献计量学、社会科学评价、CSSCI 研究：邱均平、赵蓉英、叶继元、苏新宁、杨建林、华薇娜。近年邱均平以文献计量学研究为基础拓展到科学评价与大学评价研究；叶继元是国内期刊评价的开拓者，近年在社会科学评价研究方面影响早已超越了 LIS 学科；从苏新宁、杨建林利用 CSSCI 数据对社会科学影响力研究，可以看出其数据挖掘技术的娴熟与运用；华薇娜的科学评价是建立在国内外大型数据库检索基础之上的，经验研究的特色明显。

（11）企业信息资源、竞争情报：王知津、李国秋、李纲、刘玉照、陈远、李贺、王曰芬。本组除了李纲、陈远外都供职于商学院或者管理学院下的信息管理系，他们的研究受到了管理学的强烈影响，具有鲜明的工商管理取向。

（12）数字内容、知识管理：张海涛、杨海平、储节旺。他们的研究大多从电子书起步，逐渐拓展到数字内容管理和知识管理。

（13）超文本、数字资源组织：毕强、张晓林、黄晓斌、焦玉英、黄如花、曹树金、陈定权。他们原本是图书馆学研究的中坚力量，与时俱进，从而把研究拓展到了超文本、语义网、机构知识库、数字资源的组织与战略规划领域。

（14）信息服务、用户行为：胡昌平、邓胜利、甘利人、李枫林、张玉峰、陆伟、周宁。本组主要是对信息服务的模式、信息消费满意度测定、信息用户行为等研究。

4. 多维尺度分析

多维尺度分析是多元统计分析中的一种方法，目的是利用二维或三维（通常是二维空间）的空间距离加以展示作者之间的联系，利用平面距离来反映作者之间研究的相似程度，这样就可以直观的感知研究领域内客观存在的距离，利用作者聚类分析结果所得关键词余弦值矩阵（表 9-4），通过 SPSS 对 61 位作者进行多维尺度分析，得到可视化结果，如图 9-27 所示。该图谱展现了 61 位作者基于关键词的相互关系，即在研究领域上的相似程度，任意两位作者在图中的距离代表了他们在研究领域上的相似程度，距离越远则两位作者在研究领域上的差别越大，反之则越相似。

通过聚类分析，根据研究方向，虽然我们把 61 位专家分成了 14 个"小同行"群体，但是多维尺度分析图说明一个重要现象，LIS 学科的"小同行"发育是不够成熟的。除了"出版学"、"古籍版本目录学、藏书史"、"图书馆学史、图书馆权利、公共图书馆"、"图书馆战略规划"、"政府及公共信息资源、知识产权"等"小同行"群体能够在多维尺度

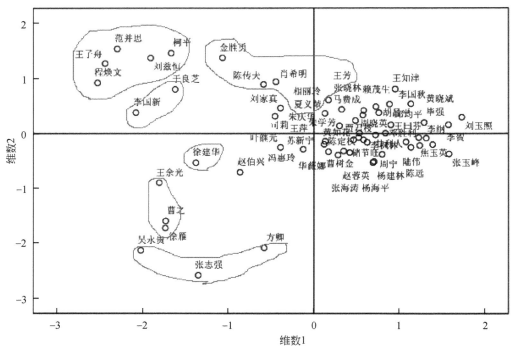

图 9-27　基于关键词的 61 位作者的多维尺度分析图

派生的激励配置 Euclidean 距离模型

分析图予以清晰显示外，其他"小同行"群体都密集交织在一起，无法区分。这并不是因为分析数据有失准确，而是真实地反映了实际状况，即 LIS 学科 80% 以上的研究者之间研究领域重叠。80% 以上的研究者集中于信息资源的数据、标准，信息资源的评价指标、信息资源的战略规划、信息服务的模式、知识管理等领域，这些不同领域之间的界限有时很难明晰划分，甚至可以说这些所谓的不同领域其实就是一个领域的不同侧面。也就是说，至少高校 LIS 学界几乎 80% 的研究力量投入了一个大领域的研究，61 位作者的多维尺度分析图就反映了这一情况。

5. LIS "小同行" 群体发育水平较低的原因分析

在古希腊，几乎所有的知识都包含在哲学之内，这种情况一直延续到西方近代早期，欧洲最早的自然科学期刊叫《哲学汇刊》就是一个例证。近代以来，以"哲学"为名的知识整体逐渐被现代学科分类体系所取代。现代大学强化了学科分类制度，维基百科（2012）指出："学科是在大学教授和研究的知识分科。学科是被发表研究和学术杂志、学会和系所定义及承认的。"学科不仅是指一类高深的知识集合，也指一类知识集合的教学、研究、传播的社会建制。因此，在研究和教学上进行必要的分工是学科发育的标志。如果一门现代学科没有细致的研究领域和研究方向的分化，而是混沌一片，那么很难说这是一个现代学科。可以说，LIS 学界内部"小同行"群体的多寡，边界是否清晰，小同行群体是否稳定，实际上是 LIS 学科是否健康发展的标志。

　　从本节调查的 14 所高校 285 名副教授以上专家的情况看，平均每个 LIS 院系有 20 位左右的副教授以上专职教师，应该说我国 LIS 学科已经形成了一支初具规模的具备一定质量的研究和教学队伍，已经有了"大同行"的规模。但是，"小同行"发育存在的最大问题是边界不清和群体不够稳定。我国 LIS 学界把自己的研究对象拓展的非常宽泛，按理说划分研究领域比较容易。其实不然，我们划分的 14 个"小同行"群体真正边界清晰只有6 个，其余 8 个之间根本没有清晰的边界。

　　产生这种现象的原因很多。首先，研究课题选择中存在跟风现象，这种现象存在于整个 LIS 学界。据王兰敬的统计，2004～2009 年，我国 LIS 学界发表了 25 491 篇论文，其中89.88% 集中于图书馆学情报学理论、学术评价、学科馆员服务与虚拟参考咨询服务、知识管理与知识服务、知识组织与信息检索、信息资源共建共享、图书馆事业和图书馆建设、数字信息资源法律政策、Web2.0 环境下的档案管理等 9 个热门领域（王兰敬，2011）。这种跟风现象显然也存在于高校 LIS 学界，即使是高校专门从事 LIS 教学和研究副教授以上的群体，80% 的人也把研究方向集中于信息资源宏观管理、知识管理、竞争情报、信息服务等热门领域，这些领域之间很难真正地予以划分，边界非常模糊，所以"小同行"群体的边界也比较模糊。

　　其次，我们知道"学科"具有两个基本功能，一是培养人才，二是学术研究。因此学科分化应该从这两个方向展开，从人才培养上看，我国 LIS 学科的培养专业划分比较粗，这在本科生阶段是可以理解的，而在研究生阶段培养应该更加专门化，不然研究生和本科生在技能和知识的深度上没有区别。在研究生阶段，我国图书信息学院（系）一般只有图书馆学、情报学、档案学 3 个专业可选择。比较 LIS 学科比较发达的美国，LIS 研究生教育是主体，美国 LIS 有数字图书馆、信息系统、学校图书馆媒体、青少年服务、档案和保存、健康图书馆、法律图书馆等 7 个专业，这 7 个专业的内涵非常清晰，操作性和业务性也很强，学生毕业以后的去向也非常明确。大学最基本的职能是人才培养，首先教师应该按照专业来划分"小同行"，专业划分越细，教师的小同行群体分化则越明显。

　　学科还是学术研究的一种建制，研究领域和研究方向也是划分小同行的依据。研究领域的概念大于研究方向，一个成熟的学科对于自己研究领域和研究方向的表述应该是明晰的，为学界所公认。譬如，美国伊利诺州立大学香槟分校图书情报学院（GSLIS）把自己的研究分为"历史、经济与政策"，"信息组织和知识表达"，"信息资源、利用和用户"，"信息系统"，"管理和评估"，"社会、社区和组织信息学"，"青年文献和服务"七大研究领域，每个领域下皆有由从事相应研究的教师组成（Faculty，2011）。研究领域和我们所谓的教研室并不相同，它主要是研究建制，而不是教学建制。比研究领域更小的是教师个人确定的"研究方向"，GSLIS 一共有 28 名正式（tenure-track）教师，他们一共有 120 余个研究方向。可见，美国 LIS 学界研究领域、研究方向的专业分化相当充分。因此，他们的"小同行"群体边界清晰，非常容易辨认。而我国把主要研究力量集中在几个笼统的大而化之的研究领域的做法一定会影响"小同行"群体的形成，如此也不利于学科整体水平的提高。

　　最后，我国高校 LIS 学科教师学科背景比较雷同也影响了"小同行"的分化。据我们调查，15 所高校 285 名副教授和教授以上人员中，116 人是 LIS 学科毕业的，文科背景占据教师总数的 62%。现代 LIS 学科是技术、管理、政经等学科的复杂集合体，人文学科的重要性相对有所下降。过多的人文背景组成的高级专家队伍不发挥自己的优势，反而利用自己的劣势去做偏向技术和管理的研究，那只能浮于表面，跟风炒作概念。等到一个领域炒作概念期之后，需要深入研究的时候，必然会遇到技术上的障碍，也可能需要一定的数理基础，这时候人文学科背景的专家就不得不退出此领域，转而寻找另外仍处于炒作概念的研究领域。如此，不仅无法形成真正的学术同行，而且形成的"小同行"也不稳定。

9.3.3 研究兴趣的转移

本节以 15 所高校①的高级职称教师的 CSSCI 来源期刊论文为统计源，运用词频分析法，从学科领域研究兴趣的视角论证学科范式的转移问题。研究发现：图书馆学、情报学和档案管理依然是研究的重点；学术评价、期刊评价成为带动 LIS 学科发展的"亮点"；LIS 学界加强了对学科发展和专业发展的研究；研究的应用性和实证性取向更加显著。研究认为，近 10 年来 LIS 的"研究兴趣"存在从 Library-center 向 Information-center 的转变。

本节主要回答如下几个问题：第一，LIS 研究有无相对稳定的"兴趣范围"？如果没有相对稳定的兴趣范围，就说明这个学科没有真正的所谓"学科前沿"。皮埃特·海因指出："只有当一个探索领域得到了全身心地投入该领域的人的专门培育时，这个领域才会产生出深刻的知识和理解。"（罗伯特·K. 默顿，2004）如果根本不存在这样的领域，投入 LIS 的专家找不到共同的兴趣，大家都是"东一枪，西一炮"，LIS 显然不会生产出深刻的知识和理解。第二，如果存在某种共同的研究兴趣，那么，这个研究兴趣是从何而来的，又是如何演变的？

1. 数据来源和研究方法

1）数据来源

本研究数据来源于南京大学编制的中文社会科学引文数据库（CSSCI），其数据源为国内 15 所高校 LIS 学科 331 位教授及副教授在 2001～2010 年发表的所有论文。统计数据的获取方法是从该库"来源文献"中检索"作者=教师名，且为第一作者"，"作者机构=作者所在学校②"，共获得了 3925 篇论文的数据，包括题名、作者、机构、关键词、刊名、发表时间等信息。如图 9-28 所示。

对于样本的选择，我们需加以如下说明：第一，选择这 15 所高校的原因是它们都是 2010 年获得 LIS 专业硕士学位授予权的单位，从事 LIS 学科的教学和研究比较久，有完整的本科和研究生培养序列；第二，选择副教授以上的教师的原因是他们都是把 LIS 教学和研究作为自己职业的人，是 LIS 学科中最稳定和最中坚的群体，分析他们的论文能够更好

---

① 15 所高校分别为武汉大学、北京大学、南京大学、中国人民大学、南开大学、中山大学、山东大学、吉林大学、四川大学、华东师范大学、安徽大学、山西大学、河北大学、上海大学、南京理工大学。

② 有些教师在 2001～2010 年曾在不同单位做研究，因此本研究根据教师背景信息选取该作者在不同单位时所发表的所有论文。

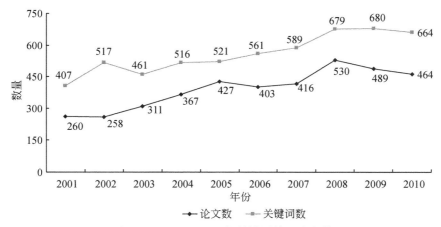

图 9-28　2001～2010 年关键词数和论文数

地说明本文的主旨；第三，只选择他们作为第一作者署名的论文是为了把学生写而挂指导教师名的论文排除在外，保证样本的可靠性。

2）研究方法

主要研究方法是词频分析法，它是"内容分析"（content analysis）的主要方法之一。利用这种方法研究国内外 LIS 研究热点和重点的论文很多，其科学性和可靠性是有保障的（马费成和张勤，2006）。图 9-28 反映了关键词和论文随年代的分布情况。需要指出的是，图 9-28 中每年出现的关键词数两年之间一样的关键词会有重复，但是又没有算频次，所以加起来关键词数是大于 2414 的，但是频次又不等于 13 538。

2. "研究兴趣"的领域分析

我们把本次调查所得到的频次大于等于 10 的关键词 306 个纳入表 9-6 和表 9-7。表 9-6 和表 9-7 反映的是关于 LIS 学科的研究，其中类目取自我国学科分类目录 LIS 的二级学科名称，把关键词纳入其中，具体情况见表 9-6 的图书馆学、文献学、情报学、档案学部分；因为我国学科分类目录是 1992 年发布的，所以无法完全反应 21 世纪以来 LIS 学科的剧烈变化。对于新领域，我们用两种方法加以处理：对可以纳入现行 LIS 学科目录的，在图书情报档案其他学科下设立了新类目，就是表 9-6 中的部分，这部分主要是关于 LIS 研究方法创新和社会科学评价评估；对以信息为中心（information-center）的研究，无论是内容和方法都很难再纳入 1992 年学科分类目录，根据美国雪城大学信息学院张苹的观点，可以把它们分为五类：①关于信息技术（软件、硬件、结构、技术资源、技术服务等）；②关于信息内涵（信息生命周期、信息组织、信息描述、分类、目录、索引、元数据等）；③关于信息人员（人口统计学因素、认知因素、情感因素、动机因素、知识因素、技能因素）；④关于信息机构和信息社会（战略、策略、管理、营运、过程、文化）；⑤前四类知识存在的领域与语境（Zhang and Robert，2007）。我们把 Information-Center 的研究按照此体系加以分类，具体如表 9-6 所示。

表 9-6　LIS 主要研究领域及关键词词频数

研究领域	词频数	研究领域	词频数	研究领域	词频数	研究领域	词频数	研究领域	词频数
图书馆学（理论）	686	文献类型学	75	社科情报学	250	职业发展	85	信息描述	161
图书馆学史	251	文献计量学	56	竞争情报	174	信息管理知识管理	109/310	信息分类	141
图书馆管理学	72	文献检索学	28	档案学（理论）	281	信息技术	599	元数据	69
图书馆建筑学	11	版本学	12	档案学史	12	软件	242	信息人员	272
图书采访学与馆藏	270	出版与编辑	317	档案管理学	300	硬件	12	信息社会与信息机构	31
图书分类学	32	情报学（理论）	262	档案编纂学	21	结构与系统	116	信息战略与策略	170
图书编目学	13	情报计量学	99	电子档案等	185	信息技术资源	46	信息资源	235
目录学	77	情报检索学	191	学科与专业建设	113	信息技术服务	247	信息机构管理	129
图书馆服务学	346	情报系统理论	41	学术评价	317	信息内涵	363	信息机构营运	179
期刊、书评	192	情报技术	41	图书馆学情报学教育	278	信息生命周期	16	信息过程	140
文献学（理论）	74	科技情报学	76	研究进展与研究方法	285	信息组织	327	信息社区与文化	126

我们发现还有一部分研究是无法纳入 LIS 学科知识体系的，这部分知识虽然是 LIS 学界的研究成果，但是属于交叉与边缘，是跨领域的研究，具体情况见表 9-7。

表 9-7　非 LIS 领域的研究

研究领域	频次	研究领域	频次
互联网	405	历史学	26
知识产权	212	高等教育学	102
企业管理	199	政府管理与公共政策	230
社会学	158	管理科学	122
法律	136	文学	14
经济学	70	生态学	13
产业研究与信息产业	68	WTO	12

表 9-6 和表 9-7 是我们对关键词的分类统计，它们反映了关键词的类属性及其频次，尚不够具体化，在表 9-8 中，我们列出了出现频数排列在前 50 名的具体关键词，它们显示了具体的研究兴趣。为了发现频数在前 50 名关键词之间的联系，我们还绘制了其可视

化知识图谱。利用 TDA 对 2001~2010 年该研究领域的关键词进行词频统计和共现分析，得出研究热点的关联矩阵，然后将此矩阵导入 Ucinet 进行可视化分析，得到研究热点关联图（为简化图形，只将共现次数≥3 的关键词之间用线连接，即共现不到 3 次的暂视为这两个关键词之间没有共现）（图 9-29）。其中，图谱中的每个顶点代表一个关键词，顶点的大小代表的是节点的点度中心度（degree centrality）的大小，顶点越大表示其在网络中的地位越高，越有可能是主题研究的热点，两点之间的连线越粗表示其关联度越高，即说明它们共同出现在同一篇论文中的次数越多。

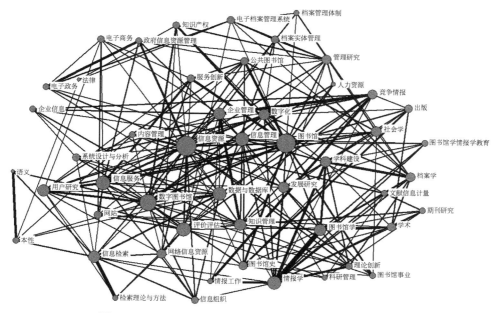

图 9-29 2001~2010 年高频关键词（前 50 词）共现图谱

综合表 9-6、表 9-7 和图 9-29，我们发现 2001~2010 年的研究有以下特征：

第一，图书馆学、情报学和档案管理依然占据了半壁江山。LIS 学科存在的合法性在于它的"专业性（职业性）"，它所映射的那个职业对专业知识和专门技能的需求是 LIS 必须关注和研究的内容。在 2008 年版的美国图书馆协会（ALA）MLIS 项目认证标准中，明确地指出，"图书馆与信息研究"（library and information studies）致力于通过服务和技术手段促进可记录信息及知识的管理与利用，它包括信息与知识的生产、交流、选择、获取、组织、描述、存储、检索、分析、解释、评估、综合、传播和管理（ALA 网站，2011）。这些内容是无论学科如何拓展都无法回避的。对于应用性社会科学来说，学科服务于行业是现代高等教育的一种制度安排。离开这些内容的教学和研究，LIS 在大学里存在的合法性就会受到质疑。在中国内地，LIS 所映射的行业原本非常清晰。图书馆学为图书馆培养从业人员，档案学为政府档案馆和机构档案馆培养高级管理人员，情报学为科技情报所培养科技资料的管理人员。虽然现在大学 LIS 学科已经不再把图书馆、情报所和档案馆作为毕业生的全部就业出路，但是每年还是有相当一部分毕业生到这些单位就业。由图 9-29 可视化结果，我们可以看出在共现网络中，"图书馆"、"数字图书馆"节点中心度最大，地位最高，与绝大部分关键词有较强的共现关系，由此，LIS 的核心研究内容是清晰可辨的。

表 9-8　前 50 关键词频数表

研究领域	词频数	研究领域	词频数	研究领域	词频数	研究领域	词频数	研究领域	词频数
图书馆	246	知识管理	113	期刊研究	85	政府信息资源管理	67	科研管理	57
信息资源	201	图书馆史	107	企业管理	83	本体	66	系统设计与分析	57
数字图书馆	171	信息管理	107	情报工作	82	发展研究	66	图书馆事业	56
出版	153	用户研究	107	网络信息资源	78	网站	64	档案管理体制	55
竞争情报	137	信息检索	100	学术	77	检索理论与方法	63	内容管理	54
图书馆学	137	公共图书馆	96	服务创新	73	图书馆学情报学教育	63	人力资源	54
信息服务	136	学科建设	93	社会学	72	电子政务	62	语义	54
情报学	129	档案学	90	知识产权	70	法律	60	企业信息	53
数据与数据库	122	评价评估	90	管理研究	69	理论创新	59	信息组织	53
数字化	118	档案实体管理	88	电子档案管理系统	67	电子商务	57	文献信息计量	52

我们需要指出的是，即使是关于图书馆学的研究，其研究兴趣结构也发生了新的变化，具体如图 9-30 所示。图书馆学家对传统的图书分类、编目、目录失去了热情，热点领域是各种图书馆学理论、图书馆服务、图书馆的馆藏、电子期刊等领域。这种热点变化和当下图书馆的数字化、网络化、服务化有极大的关系。由图 9-29 可见，"数字化"、"用户研究"、"信息服务"、"服务创新"都是本次研究的高频关键词，它们顶点较大，而且和其他关键词的关联度也较强。

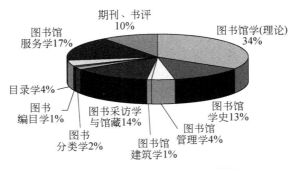

图 9-30　图书馆学研究兴趣的结构

第二，学术评价包括期刊评价研究异军突起，成为带动 LIS 学科发展的"亮点"。20

世纪 90 年代初叶继元教授的《核心期刊概论》出版，北大版的核心期刊目录、中国社会科学院版的核心期刊目录和南京大学的 CSSCI 发布，都是学术评价研究兴起的标志性事件。核心期刊研究和评价实践是 LIS 学科最具穿透性的领域，一向默默无闻的 LIS 学科突然被中国哲学社会科学界刮目相看，学科地位也因此得到大大提升。如图 9-29 所示，"评价评估"、"学术"、"期刊研究"成为近 10 年来研究的热点之一，并且与"图书馆学"、"情报学"、"数字图书馆"等联系密切。评价评估的中心度仅次于信息资源、图书馆和数字图书馆，与信息服务、情报学、信息管理、数据与数据库的中心度一样大。

第三，LIS 空前关注自身学科建设、专业建设，追踪国内外学科前沿和反思自身的研究方法。此类研究的兴起反映了 LIS 自我意识的觉醒和学科认同的增强。学科的自我意识是指此学科中的人对学科的内涵、边界、前沿、方法有清醒的认知。学科认同是指对本学科有高度的自豪感，对自身从事的教学和研究的意义有充分的肯定。由图 9-29 可知，"学科建设"与"图书馆"、"图书馆学"、"情报学"、"档案学"、"出版"之间的关联度较强，证明了 LIS 的学科建设问题是近 10 年研究热点之一。图 9-31 反映了 LIS 学界对此类问题的研究状况。有 285 个关键词是关于"研究进展"的，有 278 个关键词是关于"研究方法"的，皆是本次调查的前 50 名的热门关键词，这充分反映了 LIS 学界对了解中外学科前沿的重视程度，对研究方法的高度重视，并且各种实证方法已经成为近 10 年来高水平论文的主流方法。

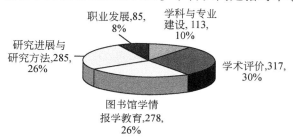

图 9-31　LIS 对自身发展问题的研究

第四，紧密服务于图书信息与档案管理工作的需要，跨学科的研究显示了 LIS 研究注重应用性的特点。从表 9-7 可以看出，互联网、知识产权、政府公共政策、管理学、社会学、法律、高等教育学和产业经济学是 LIS 主要的跨学科研究领域。这些是图书信息和档案管理工作必然会涉及的方面，是为满足实际工作需要的。譬如，政府的信息战略、政策；公民的知情权、图书馆权利；信息资源的合理使用；信息鸿沟、信息孤岛；信息机构的管理等，都是在 LIS 学科内部无法完全解决的问题，跨学科不可避免，但是 LIS 跨学科又有自身的特点，那就是服务于实用的目的。

3. "研究兴趣"从 Library-center 向 Information-center 的转变

1）近 10 年的 LIS 发展阶段分析

通过图 9-29 "共现图谱"可以了解到近 10 年来图书、情报、档案领域的研究热点，但无法了解到这些热点在这 10 年间的发展趋势，为此，我们采用 SPSS 聚类分析的方法，对年度关键词矩阵进行系统聚类，其基本原理是依照事物的数值特征来观察各样品之间的亲疏关系，按照关系的远近程度进行分类，聚类方法选择"组间连接"，得到聚类分析树状图，如图 9-32 所示。

根据图 9-32，我们将这 10 年基本可以划分为两个不同的发展阶段，即 2001～2003

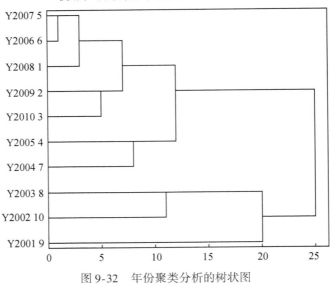

图9-32　年份聚类分析的树状图

年、2004～2010年，并且根据关键词共现矩阵表9-9、表9-10，分别绘制了这两个阶段的关键词共现知识图谱（图9-33和图9-34）。

表9-9　关键词共现矩阵（2001～2003，局部）

项目	数字图书馆	图书馆	图书馆学	数据与数据库	信息服务	…	公共图书馆
数字图书馆	45	4	2	3	1	…	
图书馆	4	40	3		1	…	
图书馆学	2	3	36			…	
数据与数据库	3			36	2	…	
信息服务	1	1		2	35	…	1
⋮						…	
公共图书馆					1	…	

表9-10　关键词共现矩阵（2004～2010，局部）

项目	图书馆	信息资源	竞争情报	数字图书馆	出版	…	美国图书情报学
图书馆	206	8	1	9	4	…	1
信息资源	8	169		5		…	
竞争情报	1		129		4	…	
数字图书馆	9	5		126		…	
出版	4		4		118	…	2
⋮	…	…	…	…	…		…
美国图书情报学	3	1			2	…	

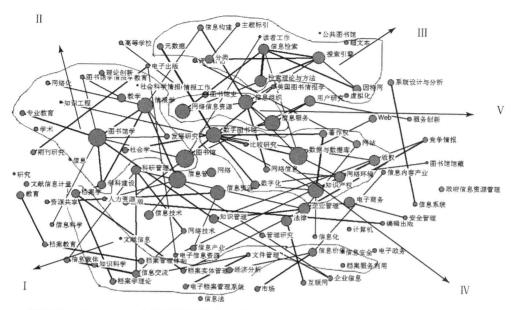

图 9-33　2001～2003 年图书情报档案领域研究关键词共现图谱（前 100 个共现≥3 次）

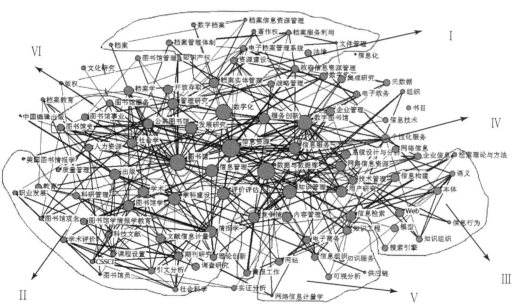

图 9-34　2004～2010 年图书情报档案领域研究关键词共现图谱（前 100 个共现次数≥3）

2）研究兴趣的转变

通过比较图 9-33 和图 9-34 的差异基本可以判定在这 10 年中我国 LIS 研究的 library-center 向 information-center 转型是比较显著的。图谱中顶点的大小代表的是节点的点度中心度的大小，顶点之间的连线代表这两个关键词在同一篇论文中出现的情况，线条越粗说明这两个关键词在同一篇论文中共现的次数越多，反之，则共现次数越少。图 9-33 和图

9-34 中只将共现频次≥3 的关键词之间用线连接。根据关键词共现矩阵表 9-9、表 9-10，以及关键词在图 9-33 和图 9-34 点的大小、顶点之间连线的粗细程度，可以把关键词分成三类，如表 9-11 所示。

表 9-11 关键节点词的变化

类别	2001～2003 年	2004～2010 年
一类节点词	图书馆学、图书馆、数据与数据库	信息资源、数据与数据库
二类节点词	情报学、信息管理、数字图书馆、信息组织、网络信息资源 知识产权、信息服务	图书馆、数字图书馆、数字化、知识管理
三类节点词	信息检索、搜索引擎、检索理论与方法、版权、网络环境、知识管理、法律、企业管理	信息管理、信息检索、web、信息建构、用户研究、服务创新、档案实体管理、管理研究、公共图书馆、图书馆学、情报学、竞争情报、学科建设、学术、评价评估

同时我们按照顶点的大小从这两个发展阶段来看，可以发现以下几个特征：

第一，节点词的变化特征。结合图 9-33、图 9-34 和表 9-11，可以发现我国 LIS 研究在 2001～2003 年（以下简称 A 时段）和 2004～2010 年（以下简称 B 时段）发生了显著变化。从节点数量上看，A 时段的一、二类节点词多，而到了 B 时段一、二类节点词大大减少，反而三类节点词大大增加，这充分说明在 B 时段出现了笼统的大而化之的研究越来越少，具体研究领域大为充实，研究主题进一步凝练，研究深度进一步加深的可喜现象。在 A 时段，对图书馆学、各种图书馆理论和方法、数据与数据库的研究是最重要的节点词，而在 B 时段，信息资源研究、数据与数据库研究是最重要的一类节点词，一方面，二者之间变化有延续，另一方面，变化也剧烈，"信息资源"取代"图书馆学"、"图书馆"成为研究的"明星词"；在二类节点词中，A 时段有 6 个关键词，其中"网络信息资源"被纳入 B 时段的"信息资源"中；B 时段只有 4 个词，其中"知识管理"在 A 时段是三类词，现在成为二类词，成为 B 时段的"热门"研究领域；在三类节点词中，A 时段有 8 个关键词，主要是关于信息检索及版权等研究的，而在 B 时段有 15 个关键词，涉及信息检索、用户服务、竞争情报、图书情报学的学科建设、学术评价等等，这也说明信息检索无论在哪个时段都是学科的基础和核心内容。大致可以说，A 时段是以图书馆及数据与数据库的组织、检索、服务，相关知识产权，图书馆学情报学建设为中心，B 时段是以信息资源及数据与数据库的数字化、检索、知识管理、竞争情报、学术评价等为中心，基本可以反映 Library-center 向 Information-center 转型。

第二，节点词的连线与板块变动。A 时段节点词之间连线稀疏，甚至存在一些孤立的节点词。A 时段只有 3 年，而 B 时段有 7 年，关键词总数上后者要大于前者，这是连线稀疏的重要原因，但是这不妨碍我们分析它们的板块变动。A 时段板块 I 是档案板块，主要包括"档案学理论"、"档案实体管理"、"档案管理体制"、"文件管理"等关键词，而在 B 时段，板块中的关键词为"档案信息资源"、"电子档案信息管理系统"、"档案实体管理"、"数字档案"等，比较二者的异同，可以看出向 information-center 变化的趋势。A 时段板块Ⅱ是关于图书馆学情报学教育和学科建设的,此板块在 B 时段不仅节点变小,而且内容发生了较大变化,"学术评价"、"职业发展"、"引文分析"等新研究的出现,说明对图书馆学情报学自身研究的深入化与实证化。A 时段板块Ⅲ是信息检索研究板块,主要包括传统的信息组织、分类、索引等,此板块在 B 时段中,语义、本体、模型、知识组织、信息建构成为主要构成部分,反映了此板块鲜明的向 information-center 转型的趋势。A 时段板块Ⅳ是数字图书馆、数据与数据库板块,在 B 时段中仍然处于核心位置,但是数字图书馆被信息资源管理取代。A 时段板块Ⅴ是网络信息资源板块,此板块在 B 时段中融入板块Ⅳ。B 时段板块Ⅴ是知识管理板块,包括内容管理、信息可视化、知识工程等,是 A 时段中没有的板块。B 时段板块Ⅵ是图书馆板块,反映 LIS 学科对自己的核心知识并未放弃。通过对节点、节点间连线、节点板块变动的考察,可以比较清晰地看清 LIS 存在由 library-center 向 information-center 的转变。

我们以 15 所高校教授、副教授的 CSSCI 论文为数据源,运用计量学的方法对数据加以处理,一方面,从静态的视角分析了 2001~2010 年我国 LIS 研究的热点和特点,研究发现 LIS "研究兴趣"的内核、结构、边界是清晰的;另一方面,从动态的视角分析了"研究兴趣"的转型,通过对共现图谱的分析,论证了我国 LIS 研究存在着由 library-center 向 information-center 转型的清晰轨迹。

本章我们从对图书馆数据信息服务的描述和对我国高校信息管理类高级职称教师发表论文的主题变化的实证分析两个方面,比较充分地论证了 LIS 学科范式从以图书馆为中心向信息数据处理为中心的变迁。

参 考 文 献

白国应.2001.中国第一个图书馆学博士——桂质柏先生.图书情报论坛,(4):14.

包文.1925.金陵大学之近况.中华基督教教育杂志,(1):33-37.

北大筹备图书馆之计划1920.申报,7(5).

北京大学图书馆学系.1961.1956年级中国图书馆事业史研究小组.试评"中华图书馆协会"图书馆,
　　(1):18-24.

北京图书馆编.1994.民国时期总书目:文化科学·艺术.北京:北京图书馆出版社.

北京图书馆协会.1928.北平图书馆协会之新简章与职员.中华图书馆协会会报,4(3):25-26.

北京图书馆协会.1929.北平图书馆协会会报告.图书馆学季刊,3(1/2):271.

北京图书馆协会成立.1924.清华周刊,(309):43.

北京图书馆协会成立纪闻.1919.北京大学日刊,1(20),1919-01-21,1919-01-22转引自北京李大钊研
　　究会.李大钊史事综录(1889–1927年).北京:北京大学出版社,193-194.

北京图书馆协会将改组.1928.中华图书馆协会会报,4(1):15.

北京图书馆业务研究室委员会.1992.北京图书馆馆史资料汇编.北京:书目文献出版社:1277.

本会成立仪式.1925.中华图书馆协会会报,1(1):8.

本会概略:北京图书馆协会缘起.1924.北京图书馆协会会刊,(1):9-13.

本会赠送美国图书馆协会纪念物.1925.中华图书馆协会会报,1(1):6.

别立谦.2006.钱存训对中国书史研究的贡献.中国典籍与文化,(1):118-127.

蔡明月,许如玉,方碧玲,等.2010.资讯科学的意义:近十年引用文献分析研究.2010年海峡两岸图书
　　资讯学学术研讨会论文集B辑.南京大学:556.

蔡尚思,方行.1981.谭嗣同全集增订本(下册).北京:中华书局:437.

查启森.2000.皮高品先生的中国图书史研究——纪念皮高品先生百年诞辰.四川图书馆学报,(6):
　　69-72.

长泽雅男,高华摘译.1988.美国图书馆学教育的动向.江苏图书馆学报,(4,5):84-87.

陈峰.2010.文本与历史:近代以来文献学与历史学的分合.山东社会科学,(1):53-58.

陈景磐.1997.清代后期教育论著选(下册).北京:人民教育出版社:129

陈林.2000.试论延安图书馆协会.党史研究与教学,(4):36-40.

陈敏珍.1990.美国图书馆学会与英国图书馆学会对图书馆事业发展之比较研究.台北:汉美图书有限公
　　司:4-13.

陈乃乾.2009.陈乃乾文集.北京:国家图书馆出版社.

陈平原.1991.学术史研究随想.学人第一辑.南京:江苏文艺出版社:2-3.

陈启天.1923.庚子赔款与教育.教育杂志,15(6):28.

陈彤.2006.在自治与他治、管制与竞争的对立中寻求平衡职业团体自律与反垄断法之间的冲突及其解决
　　.北京:中国政法大学:4-8.

陈侠,傅启群.1994.傅葆琛教育论著选.北京:人民教育出版社:104.

陈学恂,陈景磐.1997.清代后期教育论著选(下册).北京:人民教育出版社:129.

陈毅.1956.陈毅副总理对高等学校部分校院长和教授的讲话.江苏省档案馆.宣传部全宗.定期1103卷.

陈源蒸,张树华,毕世栋.2004.中国图书馆百年纪事:1840-2000.北京:北京图书馆出版社:151.

程焕文,王蕾.2005.影响20世纪中国图书馆史学研究的八位史家及其代表著作.图书馆论坛,(12):59-63.

程焕文.1988.论图书馆人才的特征——关于"图书馆四代人"的探讨.广东图书馆学刊,(3):22-29.

程焕文.1991.一代宗师千秋彪炳——记中国图书馆学之父沈祖荣先生.图书馆杂志,(1):45.

程焕文.1997.中国图书馆学教育之父——沈祖荣评传.台北:台湾学生书局:82.

程焕文.2001.高涨的事业与低落的教育——关于图书馆教育逆方向发展的思考.中国图书馆学报(1):67-70.

程焕文.2004a.百年沧桑 世纪华章——20世纪中国图书馆事业回顾与展望.图书馆建设,(6):1.

程焕文.2004b.晚清图书馆学术思想史.北京:北京图书馆出版社:220-221.

程焕文.2009.浮生愿向书丛老,不惜将身化蠹鱼——沈津印象(代序)//老蠹鱼读书随笔,桂林:广西师范大学出版社.

程焕文.2012.百年经典 世纪华章——《20世纪中国图书馆学文库》解析.Retrived December, 19, 2012, from http://blog.sina.com.cn/s/blog_ 7ef3ba1e01012xc6.html.

程焕文.2012.图书馆在变,图书馆的价值没有变.Retrived 11, 10, 2012. from http://t.cn/zjPRSWI.

重庆图书馆.1957.图书馆学论文资料索引.重庆.重庆图书馆编印.

崔彤.2008.中国图书馆学会七届六次常务理事会暨七届四次理事会召开.http://www./sc.org.cn/CN/News/200803/Erable Site-Real News 102517831206288000.html.

崔志海.2008.清末美国退款兴学真相.中国文化报,(3).

戴龙基.2006.关于中国图书馆学会第七届编译出版委员会组建与工作规划的报告.http://www.lsc.org.cn/CN/News/200605/Crable Siec-Re? dNew101405951147363200.html.

戴志骞.1923.图书馆学术讲稿.教育丛刊,3(6):1.

董慧敏.1982.伪满图书馆学会组织及其刊物概述.图书馆学研究,(1):116-119.

董晓英.1996a.我国图书馆学情报学教育的转型及其问题.中国图书馆学报,(1):29-36.

董晓英.1996b.图书馆学情报学文献源.北京:书目文献出版社:240.

董秀芬.1984.图书馆学情报学档案学论著目录.上海:上海人民出版社.

董秀芬.1989.图书馆学情报学档案学论著目录(1981-1985).上海:上海人民出版社.

杜定友.1925a.图书分类法.上海图书馆协会发行:35-36.

杜定友.1925b.图书馆通论.上海:商务印书馆:12-13.

杜定友.1926.图书馆学的内容和方法.教育杂志,18(9,10):63.

杜定友.1927.图书馆学概论.上海:商务印书馆.

杜定友.1957.图书馆怎样更好地为科学研究服务.图书馆学通讯,(2).

杜定友.1969.校雠新义.台湾:台湾中华书局,自序.

杜维运.2008.史学方法论(增订新版).台北:三民书局,154-155.

杜克.1995.当代中国的图书馆事业.北京:当代中国出版社,594-595.

杜勤,睢行严.2000.北京大学学制沿革:1949-1998.北京:北京大学出版社:84.

樊伟.2005.拓宽学会职能 加强行业管理——从美、日图书馆协会发展谈起.图书馆学刊,(3):28-33.

范并思.2005.论图书馆人的权利意识.图书馆建设,(2):1-5.

范并思等.2004.20世纪西方与中国的图书馆学——基于德尔菲法测评的理论史纲.北京:北京图书馆出版社.

范凡 . 2011a. 民国时期图书馆学著作出版与学术传承 . 北京：国家图书馆出版社 .

范凡 . 2011b. 民国时期图书馆学人 . 图书与情报，（1）：132-133.

范凡 . 2012. 20 世纪早期的两部图书馆学著述 . 图书馆建设，（1）：1-5.

范兴坤 . 2009a. 20 世纪 50 年代中苏图书馆事业交流及其影响研究 . 图书情报工作，（2）：135.

范兴坤 . 2009b. "文革"时期图书馆藏书的"技术处理"特征研究——以安徽省图书馆为例 . 图书馆，
    （4）：24.

范兴坤 . 2010. 中国大屈地区图书馆事业政策研究（1978—2008）. 南京：南京大学：38-39.

费东明 . 2003. 图书馆培训工作的发展与改革 . 图书馆研究与工作，（1）：20-21.

冯维军 . 1975. 韦棣华与中国图书馆事业的发展 . 台北：中国文化大学图书馆资讯学研究所：44.

弗里茨·马克卢普 . 2007. 美国的知识生产与分配 . 北京：中国人民大学出版社：22.

付立宏，袁琳 . 2005. 图书馆管理教程 . 武汉：武汉大学出版社：467-471.

傅安平 . 1998. 关于我国图书情报行业管理模式的再思考 . 江苏图书馆学报，（6）：26-28.

傅安平 . 1999. 关于在我国建立图书馆协会的构想//中国图书馆学会 . 中国图书馆学会成立 20 周年暨
    1999 年年会会议论文集 . 大连：［出版者不详］：119-121.

高平叔 . 1991. 蔡元培教育论著选 . 北京：人民教育出版社：280.

龚永年 . 2000. 关于图书馆学会生存与发展的几点思考 . 中国图书馆学报，（4）：83-86.

谷玉萍 . 1995. 我国图书馆学期刊研究（1979～1993）的回顾与思考 . 中国图书馆学报，（3）：76-81.

顾明远 . 1990. 教育大辞典（第 10 卷）. 上海教育出版社：459-487.

顾烨青 . 2005. 苏州大学图书馆学专业的历史溯源及其在中国图书馆学教育史上的地位和影响（苏州大学
    第七批大学生课外学术科研基金结项报告）. 苏州：苏州大学 .

顾烨青 . 2007. 试论公共图书馆管理体制与管理理会的创新一读《图书馆治理的比较制度分析》. 图书馆，
    （6）：1-6.

顾烨青 . 2010a. 根植民众教育造就专业人才——苏州大学图书馆学教育前身（1929–1950）历 史贡献评
    述 . 第十届海峡两岸图书资讯学术研讨会论文集（A 辑）.

顾烨青 . 2010b. 中国近现代图书馆学人史料建设：现状与展望 . 大学图书馆学报，（3）：5-14.

关于下达 2010 年新增硕士专业学位授权点名单的通知 . 2010. Retrieved January，14，2011，from http：//
    graduate. zsu. edu. cn/Item/2533. aspx.

郭为藩 . 2006. 转变中的大学：传统、议题与前景 . 北京大学出版社：70.

郭卫宁 . 2004. 民国时期（1911–1949）我国图书馆界刊物研究综述 . 晋图学刊，（6）：70-73.

国家自然基金委员会项目检索平台 . 2011. Retrieved from http：//159. 226. 244. 14/portal/psnsearch. asp.

国务院学位委员会、国家教委关于施行《授予博士、硕士学位和培养研究生的学科、专业目录》的通
    知 . 2011. Retrieved from http：//laws. 66law. cn/law-21573. aspx.

韩扬云 . 1985. 印度图书馆协会及其对发展印度图书馆事业的贡献 . 山东图书馆季刊，（3）：65-67.

何朝晖 . 2012.《书史导论》译者前言//（英）戴维·芬克尔斯坦 .（英）阿利斯泰尔·麦克利里，何朝
    晖 . 书史导论 . 北京：商务印书馆 .

洪有丰 . 1926. 图书馆组织与管理 . 上海：商务印书馆，1926：2-4.

胡夫，尤鉴 . 1982. 不讲历史唯物主义一例 . 江苏图书馆工作，（3）：71-72.

胡俊荣 . 2004. 中国图书馆学情报学期刊近百年历程及发展趋势 . 图书情报工作，（8）：121-125.

胡述兆，王梅玲 . 1997. 台湾地区图书馆与资讯科学教育现况 . 中国图书馆学会会报（台），（58）.

胡述兆 . 1998. 图书馆学大师杜威年表 . 中国图书馆学会会报（台），（61）.

华中师范学院教育科学研究所 . 1984. 陶行知全集（第一卷）. 长沙：湖南教育出版社 .

黄建国 . 1999. 中国古代藏书楼研究 . 北京：中华书局 .

黄俊贵.1998.图书馆的转型与发展散论.中国图书馆学报,(1):3-11.

黄少明.2009.中华教育改进社年会有关图书馆议决案对中国图书馆事业的影响.国家图书馆学刊,
(3):88.

黄醒魂.1933.实验主义之教育思潮.湖北教育月刊,(1):42.

黄颖.2004.图书馆治理的比较制度分析.北京:中国科学院文献情报中心:91-92,140-141.

江山.2012.民国时期马宗荣对现代图书馆理论的贡献.新世纪图书馆.(4):77-79.

姜火明.2005.中国图书馆学会第七届理事会高层访谈录.图书馆论坛,(6):4.

姜义华.1992.康有为全集.上海:上海古籍出版社.

蒋复璁先生序.1968.//洪范五.图书馆学论文集.台北:洪馀庆:3.

蒋元卿.1937.中国图书分类之沿革·自序.中华书局.

教育部.1934.第一次中国教育年鉴(丁编)上海:开明书店:25.

教育部.1934.第一次中国教育年鉴(甲编)上海:开明书店:14.

教育部.1934.第一次中国教育年鉴(戊编)上海:开明书店:146.

教育部人文社会科学研究管理平台.2011.Retrived from http://pub.sinoss.net/portal/webgate/CmdNormal-
List.

教育杂志社.1925.庚子赔款与教育(下).上海:商务印书馆:24-25.

杰西·H.谢拉.1986.图书馆学引论.张沙丽译,兰州:兰州大学出版社:186-209.

金陵大学图书馆学座谈会成立.1941.中华图书馆协会会报,15(3/4):16-17.

金敏甫.1926.上海国民大学图书馆系概况图书馆学季刊,(1):149-156.

金敏甫.1929.中国现代图书馆概况.广州:广州图书馆协会.

金敏甫.1936.定友先生与圕协会//钱存训.杜氏丛著书目.上海:中国图书馆服务社.

金正爱.1993.学会秘书长素质之我见.图书馆学研究,(2):22-23.

卡尔·雅斯贝尔斯.2007.大学之理念.上海世纪出版集团:108.

开明书店.1935.全国出版物总目录.上海:开明书店:36.

柯平.2008.中国目录学的现状与未来//从文献目录学到数字目录学.北京:国家图书馆出版社:1.

柯愈春.2009.追求中国图书馆现代化的思想家徐家麟.图书情报知识.(4):5-18.

匡文波.1996.我国图书馆学情报学期刊发展综述.四川图书馆学报,(5):21-23,15.

来新夏等.2000.中国近代图书馆事业史.上海:上海人民出版社.

莱斯格.2009.免费文化.王师译.北京:中信出版社:17-18.

赖伯年.1998.陕甘宁边区的图书馆事业.西安:西安出版社:246-251.

郎杰斌.1993.中华图书馆协会对我国近代图书馆事业的贡献.图书馆研究与工作,(2):43-46.

李刚,倪波.2000.中国现代图书馆学的确立.图书情报工作,(1):7.

李刚,倪波.2008.陶行知与新图书馆运动.中国图书馆学报,(3):21-26.

李刚,叶继元.2011.中国现代图书馆专业化的一个重要源头——中华教育改进社图书馆教育组的历史考
察.中国图书馆学报,(3):79-91.

李刚,余益飞,杜雯.2011.高校LIS教师群体中的"小同行"研究(2001~2010).图书情报知识,
(06):78-86.

李刚.2008.现代大学图书馆的形成——杜威在哥伦比亚大学的历史与影响.图书情报工作.(3):
142-145.

李广德,石建,吴奇才.2003.图书馆学会职能探新.中国图书馆学报,(2):95-96.

李桂林等.1995.中国近代教育史资料汇编(普通教育).上海:上海教育出版社:961.

李国新.2006.关于中国图书馆学会第七届学术研究委员会组建与工作思路的报告.http://www.lsl.

org. cn/CN/News/2006-05/Erc. blesite_ ReadNews101395891147276800. html.

李国新 . 2006. 中国图书馆学会第三届青年学术论坛总结 . http：//www. lsl. org. cn/CN/News/2006-11/
　Ercbleste_ ReadoNews11162010461162310400. htm.

李良玉 . 2006. 历史研究与教育文选 . 北京：知识产权出版社，.

李希泌，张椒华 . 1982. 中国古代藏书与近代图书馆史料（春秋至五四前后）. 中华书局：128-131.

李小缘 . 1927. 图书馆学 . 第四中山大学，江苏大学讲义：6.

李小缘 . 1932. 英国国立图书馆藏书源液考 . 图书馆学季刊，（3）：301-340.

李小缘 . 1936. 中国图书馆事业十年来之进步 . 图书馆学季刊，10（4）：538.

李小缘 . 1988. 云南社会科学院文献研究室校补–云南书目 . 云南：云南人民出版社 .

李致忠 . 2008. 中华教育文化基金会与国立京师图书馆 . 国家图书馆学刊，（1）：8.

李致忠 . 2009. 中国国家图书馆百年纪事（1909~2009）. 北京：国家图书馆：23.

李钟履 . 1957. 中国图书馆学会积极进行筹备工作 . 图书馆学通讯，（1）：43.

李钟履 . 1958. 图书馆学书籍联合目录 . 中华书局出版社 .

梁灿兴 . 2005. 什么是图书馆事业原理 . 图书馆，（3）：39.

梁启超 . 2002. 变法通议 . 何光宇，评注 . 北京：华夏出版社：72-77.

梁启超 . 2004. 学与术、清代学术概论 . 中国人民大学出版社：271.

梁启超 . 2005. 中华图书馆协会成立会演说辞//梁启超 . 梁启超演讲集 . 天津：天津古籍出版社；161.

廖又生 . 1999. 图书馆行政法个案：中国图书馆学会名称竞合的问题 . "国立中央" 图书馆台湾分馆，45
　（4）：9-13.

林素甘 . 2000. 澳洲图书馆与资讯学会与中国图书馆学会之比较——以组织体系与会员类型为例 . 中国图
　书馆学会会报（台），（12）：111-124.

凌美秀，郑章飞，彭一中 . 2004. "入世" 后我国图书馆宏观管理政策取向研究 . 大学图书馆学报，（1）：
　10-13.

凌美秀 . 1997. 图书馆行业管理模式新论 . 图书馆，（5）：20-22，51.

刘德元 . 1987. 开展学术交流活动是学会工作之首要任务 . 图书馆工作与研究，（1）：7-8.

刘放桐等 . 1990. 现代西方哲学 . 北京：人民出版社：813.

刘国钧 . 1934. 图书馆学要旨 . 中华书局：15.

刘国钧 . 1983. 刘国钧图书馆学论文选集 . 北京：书目文献出版社：4.

刘景龙，胡家柱 . 1989. 中国图书馆馆长名录 . 南京，南京大学出版社 .

刘尚恒 . 2003. 关于 "天津图书馆协会" 史料——为《天津市图书馆志》补遗 . 图书馆工作与研究，
　（6）：35-36.

刘学丰，陈瑞林 . 1992. 改革：图书馆学会面临的挑战与对策 . 文献工作研究，（6）：2-7.

刘宇 . 2007. 图书馆学季刊研究 . 南京：南京大学 .

刘宇 . 凌一鸣 . 2011. 论图书馆学科认同的构建—从学科视角到学科制度视角的演变 . 图书情报工作，
　（19）：30-33，38.

刘兹恒，朱荀 . 2010. 当代中国图书馆的国际交流（1949–2009）. 图书馆杂志，（1）：2-9.

刘兹恒 . 1995. 中美图书馆学会的比较研究 . 四川图书馆学报，（3）：37.

刘兹恒 . 2005. 20 世纪中国的图书馆学本土化研究 . 北京大学信息管理系博士论文：71-72.

卢浩 . 2003. 中华教育改进社—中国近代教高模仿美国的主要推动者 . 上海：华东师范大学 . 52.

卢太宏 . 1990. 迈向第二个五十年的情报科学 . 情报业务研究，（5）.

卢震京 . 1940. 图书馆学大辞典 . 商务印书馆 .

鲁篱 . 2003. 行业协会经济自治权研究 . 北京：法律出版社 .

陆璇 . 2006. 转型期半官半民性质行业协会的培育与发展—以嘉定区医学会为个案 . 上海：上海复旦大学：12.

罗伯特・K. 默顿 . 2004. 科学社会学散忆 . 鲁旭东译 . 北京：商务印书馆：7.

罗伯特・金・默顿 . 2000. 十七世纪英格兰的科学、技术与社会 . 范岱年等译 . 北京：商务印书馆：18.

罗友松，董秀芬，肖林来 . 1981. 试评中华图书馆协会的历史作用 . 江苏图书馆工作，（2）：40-46.

罗志田 . 2003. 近代中国史学十论 . 上海：复旦大学出版社：7.

马费成，张勤 . 2006. 国内外知识管理研究热点——基于词频的统计分析 . 情报学报，25（2）：163-165.

马费成等 . 2001. 世代相传的智慧与服务精神 . 北京：北京图书馆出版社 .

马启 . 1982. 如何评价中华图书馆协会 . 江苏图书馆工作，（1）：37-41.

马先阵，倪波 . 1998. 李小缘纪念文集 . 南京：南京大学出版社：18.

麦群忠 . 1991. 中国图书馆界名人辞典 . 沈阳，沈阳出版社 .

毛世锟 . 1945. 领导国内图书事业的两个会社 . 图书馆学报：70.

茅仲英 . 1992. 俞庆棠教育论著选 . 北京：人民教育出版社：318.

美法官要求限期和解谷歌数字图书馆版权纠纷 . Retrieved July，20，2011，from http：//tech. qq. com/a/20110720/000267. htm. l［2011-7-20］.

宓浩，黄纯仁 . 1985. 知识的支流和支流的科学 . 关于图书馆学基础理论的建设//中国图书馆学会基础理论研究组编 . 图书馆基础理论论文集：29-32.

宓汝成 . 1996. 庚款 "退款" 及其管理和利用 . 近代史研究，（6）：67.

穆金光 . 1989. 美国政府与图书馆学会在图书馆事业发展中的作用及其与中国的比较 . 检索自北京大学学位论文数据库 . http：//thesis. lib. pkn. edu. cn/dlib/List. cop/larg = gb & tgpe = keader DocGroupID：4 DocID = 16724.

南京大学高教研究所校史编写组 . 1989. 金陵大学史料集 . 南京：南京大学出版社：165.

南京大学信息管理学院网站 . （n. d. ） . Retrieved from http：//im. nju. edu. cn/teaching. aspx.

南京图书馆 . 2007. 钱亚新文集 . 南京：南京大学出版社：80.

南开大学图书馆学系 . 1986. 理论图书馆学教程 . 天津：南开大学出版社：27，31.

倪代川，赵伯兴 . 2009. 低利用率文献资源合作储存的现实选择及其理论基础 . 情报资料工作，（5）：47-50.

倪晓健 . 中国科协 . 2005 年学术年会中国图书馆学会分会场会议总结 . http：//www. sc. org. cn/CN/News/2006-04/EnbleSite_ ReadNews111132191143993600. html.

拟联合同志陈请各国退还庚子赔款专供吾国推广教育事业意见书 . 1918. 北京大学日刊（265 号） .

农伟雄，关建文 . 1993. 中国图书馆界的第一个全国性团体——中华图书馆协会 . 江苏图书馆学报，（3）：35-37.

潘燕桃，程焕文 . 2004. 世界图书馆学教育进展 . 北京：北京图书馆出版社：2.

庞兰强 . 2006. 论社会行政主体 . 苏州：苏州大学：86.

彭斐章，武利红 . 2007. 为《中国图书馆学报》创刊 50 周年而作 . 中国图书馆学报，（5）：10-11.

彭斐章，谢灼华 . 1989. 评建国四十年来的图书馆学教育 . 武汉大学学报，（3）：110-115.

彭斐章 . 2001. 文华图书和中国图书馆学教育的发展//马费成主编 . 世代相传的智慧与服务精神：文华图书八十周年纪念文集 . 北京：北京图书馆出版社：16-17.

彭斐章 . 2008. 从文献目录学到数字目录学（序）. 北京：北京图书馆出版社 .

彭俊玲，王彦祥 . 1998. 从美国专门图书馆协会的发展历程看专门图书馆事业的发展路向 . 图书情报工作，（1）：26-28.

彭俊玲，杨敏 . 1999a. 对我国图书馆事业管理体制改革的研究述评 . 图书情报工作，（5）：21-24.

彭俊玲，钟小钰.1999b. 论学会协会与图书馆事业的发展：比较研究. 图书馆，（5）：23.

彭敏惠.2010. 文华学子和文华图专丛书//第十届海峡两岸图书资讯学术研讨会论文集. 南京大学信息管理系，181.

企业团体会员.2008. Retrieved June，5，2008，from http：//www.lsc.org.cn/CN/News/2006-03/EnableSite＿Rea dNews10331731143734400.html.

钱存训.2005. 吴光清博士生平概要. 国家图书馆学刊，（3）：82-84.

钱存训.2007. 回忆在芝加哥大学工读的岁月. 图书馆杂志，（1）：4-9.

钱亚新，张厚生.2007. 论图书馆学研究的现状//南京图书馆编. 钱亚新文集：81-82.

丘东江.2002. 国际图联（IFLA）与中国图书馆事业. 北京：华艺出版社：3-4.

丘子恒.2000. 中国图书馆学会与美国图书馆学会之比较. 图书资讯学刊，（12）：157-187.

邱椿.1923. 庚子赔款与教育. 教育杂志，15（6）：72-73.

曲伸.1981. 努力提高学会的学术活动质量. 河南图书馆季刊，（2）：14-16.

璩鑫圭，唐良炎.1991. 奏定大学堂章程. 中国近代教育史资料汇编学制演变. 上海：上海教育出版社：386.

全国哲学社会科学规划办公室网站.2012. Retrieved from http：//www.npopss-cn.gov.cn/.

戎军涛，吴杏冉.2008. 中国图书馆学理论发展史的历史分期问题研究. 图书馆建设，（3）：22-25.

沈固朝，刘树民.2005. 涓涓成川有师承——1913～1948年金陵大学图书馆学教育的发展历程. 图书情报工作，（11）：140-141.

沈志华.2003. 冷战史新研究与档案文献的收集和利用. 历史研究，（1）：140-150.

沈占云.2006. 中华图书馆协会成立的背景因素、历史意义之考察. 图书馆，（1）：24-25.

沈祖荣.1922. 民国十年之图书馆. 新教育，5（4）：796-797.

沈祖荣.1933a. 中国图书馆及图书馆教育调查报告. 中华图书馆协会会报，9（2）：1-8.

沈祖荣.1933b. 我国图书馆事业之改进. 文华图书馆学专科学校季刊.5（3，4）：261-268.

沈祖荣.1935. 谈图书馆专业教育. 湖北教育月刊，2（4）：66-75.

沈祖荣.1936. 中华图书馆协会第三次年会图书馆教育委员会报告. 中华图书馆协会会报，12（2）.

沈祖荣.1939. 今后二年之推进图书馆教育. 建国教育，1（2）：169-176.

事业团体会员名单.2008. Retrieved June，5，2006，from http：//www.lsc.org.cn/CN/sythy.html.

舒新城.1929. 近代中国留学史. 上海：上海文化出版社：242-243.

数字时代中国图书情报与档案学类教育发展方向及行动纲要.2007. 图书情报知识，（1）：112-113，115.

宋建成，郑恒雄，陈炳昭.1981. 图书馆团体//国立中央图书馆. 中华民国图书馆年鉴. 台北：国立中央图书馆：323.

宋建成.1980. 中华图书馆协会. 台北：台湾育英社文化事业有限公司：323.

宋景祁.1930. 中国图书馆界人名录. 上海：上海图书馆协会.

苏广利.2001. 现代信息技术环境中我国图书馆的组织管理创新. 情报资料工作，（3）：40-43.

孙冰.2009. 淡泊以明志，宁静以致远——记北大郑如斯先生. 大学图书馆学报，（3）：100-104.

孙德辉，马德筠.1993. 论图书馆学会的自身建设. 图书馆员，（2）：24-28.

孙德辉.1986. 试论学会的结构体系. 图书馆学报，（2）：1-4.

谈金铠.1991. 略论解放前我国图书馆专业期刊的发展. 图书馆论坛，（3）：96-100.

谭祥金.2010. 海峡两岸图书馆界的交流与合作. 高校图书馆工作，（1）：8-12.

陶行知.1985. 中华教育改进社十四年度之进行方针//华中师范学院教育科学研究所主编. 陶行知全集（第三卷）. 长沙：湖南教育出版社：673.

陶行知.1984a.《新教育评论》创刊像起华中师范学院教育科学研究所主编. 陶行知全集（第一卷）.

长沙：湖南教育出版社：568.

陶行知.1984b.民国十三年中国教育状况//华中师范大学教育科学研究所主编.陶行知全集（第一卷）.
长沙：湖南教育出版社：510，541-542.

陶行知.1991.中华图书馆协会董事会呈文//陶行知全集（第二卷）.成都：四川教育出版社，682.

天津图书馆学会之筹备.1931.中华图书馆协会会报，6（4）：11-12.

图书馆法律与知识产权研究专业委员会.2008.图书馆法律与知识产权研究专业委员会工作汇报.http：//
www.lsc.org.cn/CN/News/2008-04/EnableSite_ ReadNews1118218551208448000.html.［2008-4-13］.

图书馆学会参观三机关图书馆.1931.金陵大学校刊，1931-11-27（1）.

图书馆学会成立.金陵大学校刊，1934-11-20（2）.

图书馆学会消息.1931.金陵大学校刊，1931-11-13（2）.

图书馆学会消息.1931.中华图书馆协会会报，7（3）：51.

图书馆学理论专业委员会.2008.图书馆学理论专业委员会工作汇报.http：//www.lsc.org.cn/CN/News/
2008-04/EnableSite_ ReadNews1118119131209484800.html.［2008-4-13］.

托马斯·库恩.2003.科学革命的机构.金吾伦，胡新和译.北京：北京大学出版社.

王笛.1987.清末新政与近代学堂的兴起.近代史研究，（3）：245-271.

王国强.2008.古代文献学的文化阐释.北京：国家图书馆出版社.

王国维.1997.王国维学术经典集（上卷）.南昌：江西人民出版社.

王兰敬.2011.2004-2009年我国图书馆、情报与DA管理学科的研究热点与重点领域——基于CCSCI来
源文献关键词的分析，（16）：68-71.

王丽芬.2010.http：//weibo.com/1233536692/z52x3neyn.

王丽云，闻德辉.1984.依据学会特点开展学术研究——论图书馆学会的改革.图书馆工作研究，（4）：
19-24.

王启宇.1987.学会社会功能及其工作规律的探讨.图书馆学研究，（6）：119-120，99.

王绳祖.2007.《云南书目》1986年版序言//徐雁主编：李小徐文集.南京大学信息管理系：420.

王松林.2010.从文献编目到信息资源组织.北京：国家图书馆出版社：8.

王伟，吴正荆，陈茜.1998.美国医学图书馆协会在美国医学图书馆学教育发展中的作用和影响.医学情
报工作，（4）：35-37.

王新才.2008.中国目录学：理论、传统与发展.北京：国家图书馆出版社：96.

王旭东，胡秋珍.2008.分报告八：中国图书馆学会//中国图书馆学会.国家图书馆.中国图书馆事业发
展报告2007.北京：北京图书馆出版社：225.

王萱.2008.第四届青年学术论坛自由空间小记.http：//www.lsc.org.cn/CN/News/2008-07/Grblesi_ te_
Real News/1222217512150144whtml.

王西梅.1991.中国图书馆发展史.吉林：吉林教育出版社.

王余光.2005.图书馆学前辈学术著作的传与读.图书情报工作，（1）：3-4.

王余光.2009.图书馆学史研究与学术传承.山东图书馆学刊，（2）：1-2.

王余光.2012.图书情报与档案管理学科中的文献学教育.国家图书馆学刊，（2）：3-5.

王知津.2003.我国图书馆学教育面临新的转折和选择.图书情报工作，（3）：10-15.

王子舟.2002.杜定友和中国图书馆学.北京：北京图书馆出版社：212-213.

王子舟.2003.图书馆学基础教程.武汉：武汉大学出版社：8.

王子舟.2009.中国图书馆教育九十年回望与反思.中国图书馆学报，（3）：70-80.

王子舟.2011.建国六十年中国的图书馆学研究.图书情报知识，（1）：9-12.

吴宝康.1986.档案学理论与历史初探.四川科学技术出版社：111.

吴宝康．1988．档案学概论．北京：中国人民大学出版社：263．

吴碧薇．2004．20 世纪国外图书馆学在中国：传播和影响．郑州：郑州大学（硕士论文）：10．

吴稌年．2007．图书馆学协会促进近代图书馆学术转型．图书馆理论与实践，（2）：123-124，136．

吴慰慈，董焱．2000．新技术革命对图书馆学情报学教育体系变革的影响．中国图书馆学报，（2）：3-9．

吴慰慈，张久珍．新中国图书馆学研究六十年．图书馆杂志，（5）：5．

吴慰慈．2005．中国图书馆学情报学教育的改革与展望//北京大学信息管理系．［日本］筑波大学图书情
    报学系编．中日图书情报学研究进展．北京：北京图书馆出版社：3．

吴慰慈．2007．图书馆学新探．北京：北京图书馆出版社：424-425．

吴晞．1998．从藏书楼到公共图书馆．北京：书目文献出版社：81．

吴仲强．1999．中国图书馆学情报学档案学大辞典．亚太国际出版有限公司．

吴仲强等．1991．中国图书馆学史．长沙：湖南出版社．

武汉大学信息管理学院九十年院庆专题网．http：//sim．whu．edu．cn/90/csjb-1-2．html［2012-10-62］．

武世俊．1995．留学生与近代中国的图书馆事业．徐州师范学院学报（哲学社会科学版），（1）：15．

夏旭，谢山．2002．美国医学图书馆协会（MLA）百年启示录．医学信息，（11）：648-650．

肖红枝．2007．图书馆行业协会建设研究．图书馆学研究，（2）：2-6．

肖希明，李卓卓．2007．关于图书馆专业核心课程的调查与思考．图书馆论坛，（6）：216-220．

肖希明．2010．当代中国图书馆学研究文库（第三辑）．北京：国家图书馆出版社．总序：1-2．

肖希明．2010．信息资源建设的变革与发展．北京：国家图书馆出版社：57-58．

谢灼华等．1987．中国图书馆和图书馆史．武汉：武汉大学出版社．

谢灼华等．2005．中国图书和图书馆史（修订本）．武汉：武汉大学出版社：400-406．

新华书店．1955．全国总书目：1949～1954．新华书店出版社．

徐鸿．2000．文华图专对现代中国图书馆学的影响．马费成编．世代相传的智慧与服务精神．武汉：武汉
    大学出版社，260-264．

徐澎，黄如花．2006．美国图书馆协会作用探析，大学图书馆学报（1）：8-13．

徐文．1987．试评中华图书馆协会的性质及其作用．图书馆学研究，（4）：61-65．

徐雁．1999．80 年代以来中国历史藏书研讨成果综述//黄建国，高跃新．中国古代藏书楼研究．北京：中
    华书局．402-403．

徐雁．2005．苍茫书城．石家庄：河北教育出版社：148-149．

徐雁．2007．李小缘纪念文集．南京大学信息管理系．

徐引篪．2006．中国图书馆学会第六届编译出版委员会工作总结．http：//www．/sc．org．cn/CN/News/2006-
    05/Erabb_ Stee_ ReadNews101405961147363200．html．

许万雄．1993．图书馆学会自身建设浅议．四川图书馆学报，（1）：36-38，35．

许有成．1982．试论中华图书馆协会的性质及其作用//中国图书馆学会第一、第二次科学讨论会论文摘
    要：52-54．

学会秘书处．2008．《中国图书馆年鉴》、《中国图书馆事业发展报告》2008 年编纂工作会议在北京召开．
    http：//www．lsc．org．cn/CN/News/2008-08/EnableSite_ ReadNews124624001217520000．html．［2008-8-
    1］．

严文郁．1983．中国图书馆发展史——自清末至抗战胜利．台北："中国图书馆学会"．

阎明．2010．中国社会学史：一门学科与一个时代．北京：清华大学出版社：8．

杨帆．1993．论图书馆学会的归属．图书馆界，（4）：14-16，31．

杨洪升．2008．缪荃孙研究．上海：上海古籍出版社．

杨家骆．1930．民国以来出版新书总目提要．中国学典馆复馆筹备处．

杨晋 . 2006. 经济法视野下的行业协会及其职能研究 . 重庆：重庆大学：3-5.

杨蕾 . 2007. 中美恢复外交关系以来两国图书馆界交流与合作研究 . 图书情报工作，（7）：139.

杨溢，慎明旭 . 2012. 现代文献学的发展轨迹 . 大学图书馆学报，（4）：75-76，91.

杨昭悊 . 1923. 图书馆学（上）. 上海：商务印书馆：7.

杨昭悊 . 1923. 图书馆学（下）. 上海：商务印书馆：447-452.

杨子竞，张坤 . 2008. 20 世纪上半叶海外"海归派"对中国图书馆事业的贡献 . 图书与情报，（1）：132-135.

姚健 . 1997. 信息科学名称辨正——试析多学科共学名现象的历史原因 . 情报资料工作，（4）：11-14.

叶继元，顾烨青 . 2008. "去图书馆化"现象的文化原因解读 . 图书馆杂志，（6）：8-12.

叶继元，徐雁等 . 2002. 南京大学百年学术精品 . 图书馆学卷 . 南京：南京大学出版社 .

叶继元 . 2004. 图书馆学、情报学与信息科学、信息管理学等学科的关系问题 . 中国图书馆学报，（3）.

叶章和 . 1933. 图书馆与成人教育 . 图书馆学季刊，7（4）：679-688.

佚名 . 1922. 分组会议记录：图书馆教育组 . 新教育，5（3）：68.

于良芝 . 2005. 精神、制度、组织——就当代中国图书馆职业的现代性构建答蒋永福先生 . 图书馆建设，（4）：21-23.

余姝 . 2005. 个性鲜明 褒贬不一 学会七大代表眼中的"十一五"规划 . 新华书目报·图书馆专刊，5（B8）.

余英时 . 2004. 近代红学的发展与红学革命、文史传统与文化重建 . 北京三联书店：284-285.

俞君立 . 1996. 中国当代图书馆界名人成功之路 . 武汉：武汉大学出版社 .

袁同礼 . 1968. 洪范五先生事略//洪范五 . 图书馆学论文集 . 台北：洪徐庆：10.

袁咏秋，李家乔 . 1988. 外国图书馆学名著选读 . 北京大学出版社：351.

岳传龙 . 2011. 忆文华早期毕业生岳良木先生在图书馆界中几件事 . 图书情报知识，（4）：127-128.

曾昭球 . 1994. 改革是图书馆学会的唯一出路 . 图书馆论坛，（6）：58-59.

张白影 . 1989. 中国图书馆事业十年 . 长沙：湖南大学出版社 .

张殿清 . 2006. 中华文化教育基金董事会对中国近代图书馆的资金援助 . 大学图书馆学报，（2）：55-56.

张嘉彬 . 2004. 海峡两岸中国图书馆学之比较研究，图书与资讯学刊，（8）：92-108.

张勤，马费成 . 2008. 国内知识管理研究结构探讨——以共词分析为方法 . 情报学报，27（1）：93-100.

张蓉 . 2007. 日本图书馆协会评述 . 图书情报工作，（1）：139-142，128.

张树华，张久珍 . 2008. 20 世纪以来中国的图书馆事业 . 北京：北京大学出版社 .

张宪文 . 2002. 金陵大学史 . 南京：南京大学出版社：435-436.

赵长林 . 1995. 民国时期上海图书馆学期刊群落论析 . 图书馆杂志，（4）：53-55.

赵金源 . 1923. 庚子赔款与教育 . 教育杂志，15（6）：101.

赵康 . 2000. 专业、专业属性及判断成熟专业的六条标准——一个社会学角度的分析 . 社会学研究，（5）：33.

赵兰玉 . 2006. 我国图书馆员专业化程度探析 . 图书馆建设，（1）：90.

郑锦怀 . 2011a. 谭卓垣生平与图书馆学成就考察 . 中国图书馆学报，（6）：81-86.

郑锦怀 . 2011b. 查修的生平与图书馆学成就考察 . 大学图书馆学报，（3）：118-125.

郑锦怀 . 2012. 喻友信早期图书馆生涯考察 . 大学图书馆学报，（1）：100-101.

郑炯文 . 1992. 坐拥书城五十年：记钱存训先生的生平与事业//钱存训 . 中国图书文史论集 . 北京：现代出版社：460-471.

郑如斯 . 1982. 中国书史简编再版前言//刘国均著 . 郑如斯订补 . 中国书史简编 . 北京：书目文献出版社 .

郑章飞，黎盛荣，王红. 2000. 中国图书馆学教育概论. 长沙：国防科技大学出版社.

中国台湾"国立中央"图书馆. 1981. 中华民国图书馆年鉴. 台北："国立中央"图书馆.

中国图书馆学会. 2006. 理事建议案审理小组人员构成及管理办法（2006 年 2 月 17 日七届二次常务理事会审议通过）. http：//www. lsc. org. cn/CN/News/2006 - 03/EnableSite_ ReadNews1034151141315200. html. ［2006-3-3］.

中国图书馆学会. 2006. 团体会员管理办法（修订稿）（2006 年 2 月 17 日七届二次常务理事会审议通过）. http：//www. lsc. org. cn/CN/News/2006-03/EnableSite_ ReadNews1034181141315200. htm.

中国图书馆学会. 2006. 中国图书馆学会第二届青年学术论坛成功召开. http：//www. lsc. org. cn/CN/News/2006-04/EnableSite_ ReadNews111365621146153600. html.

中国图书馆学会. 2006. 中国图书馆学会第一届青年学术论坛综述. http：//www. lsc. org. cn/CN/News/2006-04/EnableSite_ ReadNews111375631146153600. html.

中国图书馆学会. 2006. 中国图书馆学会分支机构管理办法. http：//www. lsc. org. cn/CN/News/2006-03/EnableSite_ ReadNews103461141315200. html. ［2006-3-3］.

中国图书馆学会. 2006. 中国图书馆学会个人会员管理办法（2006 年 2 月 17 日经七届二次常务理事会审议通过）. http：//www. lsc. org. cn/CN/News/2006-03/EnableSite_ ReadNews1034171141315200. html.

中国图书馆学会. 2006. 中国图书馆学会六届三次理事会. http：//www. lsc. org. cn/ CN/News/2006-03/EnableSite_ ReadNews1025531142265600. html.

中国图书馆学会. 2006. 中国图书馆学会七届三次理事会. http：//www. lsc. org. cn/ CN/News/2007-09/EnableSite_ ReadNews102515131189699200. html.

中国图书馆学会. 2008. 2006 中国科协年会：科普大家烹制科普盛宴. http：//www. lsc. org. cn/CN/News/2006-09/EnableSite_ ReadNews1111319241158508800. html.

中国图书馆学会. 2008. 工作通讯. from http：//www. lsc. org. cn/CN/zgtsgxhgztx. html.

中国图书馆学会. 2008. 工作通讯订单下载. from http：//www. lsc. org. cn/admin/Download. php? downloadID=22&language=CN.

中国图书馆学会. 2008. 声明. http：//www. lsc. org. cn/CN/News/2008 - 12/Enable Site _ ReadNews2119726971228665600. html.

中国图书馆学会. 2008. 与改革同行—中国图书馆学会发展 29 年. http：//dangjian. ccnt. com. cn/jcdj. php? col=151&file=15656.

中国图书馆学会. 2008. 中国科协 2005 年年会中国图书馆学会分会场于 8 月 19 日在新疆乌鲁木齐召开. http：//www. lsc. org. cn/CN/News/2006-04/EnableSite_ ReadNews111132251143993600. html.

中国图书馆学会. 2008. 中国图书馆学会成立大会及第一次会员代表大会. www. lsc. org. cn/Attachment/Doc/1217558169. doc.

中国图书馆学会. 2008. 中国图书馆学会简介. Retrieved July, 20, 2008, from http：//www. lsc. org. cn/CN/xhjj. html.

中国图书馆学会. 2008. 中国图书馆学会举办第四届青年学术论坛. http：//www. lsc. org. cn/CN/News/2008-07/EnableSite_ ReadNews1122221671215014400. html.

中国图书馆学会编译出版委员会. 2006. 中国图书馆学会编译出版委员会组织规则. http：//www. lsc. org. cn/CN/News/2006-05/EnableSite_ ReadNews101405941147363200. html.

中国图书馆学会章程（2001 年 9 月 24 日通过）. 2008. Retrieved July, 20, 2008, from http：//lib. gznu. edu. cn/tgw/zhongyaowenjian/zhangcheng. htm.

中国图书馆学会章程（2005 年 7 月 19 日通过）第三章 会员 2008. Retrived July, 8, 2008, from http：//www. lsc. org. cn/CN/News/2006-03/EnableSite_ ReadNews102051141315200. html.

中国图书馆学会章程（2005 年 7 月 19 日通过）第一章 总则.2008. Retrived July，8，2008，from http：//www. lsc. org. cn/CN/News/2006-03/EnableSite_ ReadNews102031141315200. html.

中华教育改进社第三次年会.1924. 报告号［J］. 新教育.9（3）.

中华教育改进社第一次年会分组会议记录·第十八图书馆教育组.1922. 新教育，5（3）：556.

中华图书馆协会个人会员名录.1948. 中华图书馆协会会报，21（3/4）：插页.

中华图书馆协会执行委员会.1929. 中华图书馆协会第一次年会报告. 北平：中华图书馆协会事务所.

中华图书馆协会执行委员会.1933. 中华图书馆协会第二次年会报告. 北平：中华图书馆协会事务所.

中华图书馆协会执行委员会.1933. 中华图书馆协会概况. 北平：中华图书馆协会事务所.

周大伟.2012. 中国小城镇为何不见公共图书馆. Retrieved November，08，2012，from http：//view. 163. com/12/1108/11/8FPL52F700014MO9. html.

周礼智.1994. 全国中青年图书馆学情报学学术研讨会的回顾与展望. 图书馆，（4）：33.

周太玄.1923. 庚子赔款与教育. 教育杂志，15（6）：13-15.

周文骏.1983. 概论图书馆学. 图书馆学研究，（3）：13-15.

周文骏.2007. 我心目中的中国图书馆学报. 中国图书馆学报，（5）：7.

周宪.2010. 吾语言之疆界乃吾世界之疆界——从语言学转向看当代文论层的建构. 学术月刊，（9）：99-104.

周晓虹.2004. 芝加哥社会学派（F）//张金升主编. 社会学家茶座（第 58 辑）. 济南：山东人民出版社：141.

朱家治.1922. 师范教育与图书馆. 新教育，4（5）.

朱家治.1926. 杜威及其十进分类法. 图书馆学季刊，1（2）：265-309.

朱家治.1935. 本学期末学术演讲. 金陵大学校刊，（6）：19.

朱有瓛等.1991. 中国近代教育史资料汇编. 教育行政机构及教育团体. 上海：上海教育出版社：10.

朱兆林.1923. 庚子赔款与教育. 教育杂志，15（6）.

朱踵武.1957. 中国图书馆学会筹备工作进行情况. 图书馆学通讯，（3）：52.

筑波大学图书情报学系.2005. 中日图书情报学研究进展. 北京：北京图书馆出版社：3.

庄泽宣.1923. 庚子赔款与教育. 教育杂志，15（6）：18.

庄泽宣.1928. 教育方针讨论. 教育研究，（2）：20.

庄泽宣.1929. 如何使新教育中国化. 上海：上海民智书局：24-26，174.

卓连营，胡秋玲.2007. 营造符合学科特点的学术生态环境-中国图书馆学会学术交流活动的实践探微. 图书馆工作研究，（5）：22-23.

卓连营.2006. 中国图书馆学会第三届青年学术论坛召开. http：//www. lsc. org. cn/CN/News/2006-11/Enablesite_ ReaderNews111621040116291500. html.

邹华亭，施金炎.1988. 中国近现代图书馆事业大事记. 长沙：湖南人民出版社.

邹新明.2009. 二十世纪三四十年代严文郁写给胡适的两封信—史料、纪念与感想. 大学图书馆学报，（2）.

《当代中国的图书馆事业》编委会.1988. 建国以来全国图书馆学情报学书刊简目. 书目文献出版社.

《南大百年实录》编辑组.2002. 南大百年实录中卷-金陵大学史料选. 南京：南京大学出版社.

《现代汉语大词典》编委会.2000. 现代汉语大词典（第一卷）. 上海：汉语大词典出版社：882.

《中国图书馆学会综览》编写组.1996. 中国图书馆学会综览. 北京：书目文献出版社.

Abram S. 2006. Technoschism：the real world and libraries，librarians and our associations-A view from Canada. Library Management，27（1/2）：14-25.

ALISE Statistical Report. 2012. Association for library and information science education. https：//

ali. memberclicks. net/statistical-reports.

Attis D, Koproske C, Miller C, et al. 2011. Redefining the academic library: managing the migration to digital information services. http: //www. educationadvisoryboard. com.

Bennett S. 2003. Libraries Designed For Learning, CLIR.

Broady-Preston J. 2006. CILIP: a twenty-first century association for the information profession? Library Management, 27 (1/2): 48-65.

Carlson S L. 2002. Ladies´ library associations ofMichigan: Women, Reform, and Use of Public Space. Kalamazoo: Western Michigan University.

Carroll C E. 1970. The Professionalization of Education for Librarianship with Special Reference to the Years 1940–1960. NJ: Scarecrow: 22.

Claire Cain Jnie Bosman. 2011. "E-boks antsell prnt bwks at Amazon". New York Times, May 19.

Courant P N, Nielsen M. 2010. On the Cost of Keeping a Book The Idea of Order: Transforming Research Collections for 21st Century Scholarship. CLIR Publication No. 147: 81-102.

Digitized C. 2012. http: //www. hathitrust. org/.

Echavarria T W, Andrew B. 1997. Surveying the role of ethnic-American library associations. Library Trends, 46 (2): 373-392.

Faculty C. 2011. http: //www. lis. illinois. edu/people/faculty.

Foskett E. 1895. The Education Volue of the Public Library Movement, and a rephy to some views advanle by Mr. Chrles Welch. Library, S I -V II (1): 110.

Garraway J. 2006. Te Wero: the challenge to reposition a library association. Library Management , 27 (1/2): 77-82.

Haney S D. 1996. The Origin and Development of the Oklahoma Library Association: 1907 to 1994 . Denton: Texas Woman's University.

Harvard University. 2011. Report of the task force on universities libraries. http: //www. provost. harvard. edu/ reports/Library_ Task_ Force_ Report. pdf .

HighWire Pres. 2012. 2009 Librarian eBook Survey. http: //www. docin. com/p-96728159. html.

Ithaka. Faculty Study 2009: Key Strategic Insights for Libraries, Publishers, and Societies.

Jackson M L. 1998. " Do what you can": Creating an institution, the Ladies´ Library Associations inMichigan, 1852-1900 (Michigan) . East Lansing: Michigan State University.

JIT. (n. d.) . http: //wiki. mbalib. com/wiki/JIT.

JLA. 2008. 図書館情報学テキストシリーズ（1） 「図書館概論四訂版」ユニット構成 . http: // www. jla. or. jp/unit01. htm.

Julian C A. 1990. An analysis of the historical growth and development of the West Virginia Library Association and its effect upon the advancement of public librarianship in the state ofWest Virginia. Tallahassee: The Florida State University.

Karhula P. 2006. A united voice: library associations ' challenge for the future in Finland Library. Library Management, 27 (1/2): 101-107.

Koehler Wlance. 2006. National library associations as reflected in their codes of ethics: four codes examined. Library Management, 27 (1/2): 83-100.

Kwang-pei Tu. 1996. Transformatior and Dissemination of Western knanledge and Values: the Shaping of Library Service in Early Twentieth Century China. University of California. PhD Dissertation, 234.

Leigh C R. 2008. The role of The American Library Association in federal legislation for libraries. http: //

www. ideals. uiuc. edu/bitstream/2142/1536/2/Leigh7688.

Library Task Force Report. 2009. Harvard University List of academic disciplines. http：//en. wikipedia. org/wiki/ Academic_ discipline.

Malpas C. 2012. Cloud-sourcing research collections：managing print in the mass-digitized library environment. http：//www. docin. com/p-387196651. html.

McLinn C S. 2006. An analysis of the two African-American women presidents of the American Library Association： Demographics, leadership duties and responsibilities, leadership styles, and leadership pathways (Clara S. Jones, Carla D. Hayden). Malibu ：Pepperdine University .

Miller C C, Bosman J. 2011. E-Books Outsell Print Books at Amazon. New York Times, 19：3.

Morroni J R, A M. 1968. The music library association, 1931-1961. Chicago ：The University Of Chicago.

Nowicke C E. 1998. Not Built by Jack—but by You and Me：The Schoolcraft Ladies´ Library Association, 1879- 1920：a Study of Women's Reading Culture in Rural Southwestern Michigan. Bloomington：Indiana University.

Pors N O. 2006. The role of the library associations and organisations in the changing library landscape：A study of corporatism in Denmark. Library Management, 27（1/2）：66-76.

P. 布尔迪厄．2004. 国家精英——名牌大学与群体精神．杨亚平译，北京：商务印书馆：32-33.

Random House. 1999. Webster's College Dictionary. New York：Random House, Inc：691.

Rubin R E. 1998. Foundations of Library and Information Science. New York：Neal-Schuman Publishers Inc.

R. 麦克法夸尔，费正清．1998. 剑桥中华人民共和国史：革命的中国的兴起：1949～1965. 北京：中国社 会科学出版社：208-209.

Scepanski J M, Wells H L. 1997. Library association staff：roles, responsibilities, relationships. Library Trends, 46（2）：245.

Schonfeld R C, Housewright R. 2010. Faculty Survey 2009：Key Strategic Insights for Libraries, Publishers, and Societies. http：//www. ithaka. org/ithaka-s-r/research/faculty-surveys-2000-2009/faculty-survey-2009.

Segal J. 1991. The Library Association of the City Colleges of New York：1939-1965. New York：Columbia University.

Shera J H. 1972. The foundations of education for librarianship. New York：Becker and Hayes, 转引自李炳穆, 何以成为真正的图书馆员．蒋永福译．中国图书馆学报（6）：15.

Simpson J A. 1989a. The Oxford English Dictionary（v. 1）. 2th ed. Oxford：Clarendon Press：354, 513-514.

Simpson J A. 1989b. The Oxford English Dictionary（v. 5）. 2th ed. Oxford：Clarendon Press, 1989：353, 354.

Simpson J A. 1989c. The Oxford English Dictionary（v. 9）. 2th ed. Oxford：Clarendon Press, 1989：359-361.

Standards for Accreditation of Master's Programs in Library & Information

Studie. http：//www. ala. org/accreditation.

Statistics and Visualizations. 2012. http：//www. hathitrust. org/statistics_ visualizations.

Stone C W. 1953. Adult education and the public library . Library Trends, Spring：437-439.

Stone L. 1971. Prosopography, Daedalus. HistoricalStudiesToday, 100（1）：46-79, .

Tai T C. 1925. Library Movement in China / The Chinese National Association for the Advancement of Education. Bulletins on Chinese Education 1923, 2nd edition. Shanghai China：The Commercial Press.

The Advisory Board Company. 2011. Redefining the academic library：managing the migration to digital information services. www. educationadvisoryboard. com.

Walker C M. 2006. Library associations in South Africa, 1930-2005. Library Management, 27（1/2）：26-37.

Wayne A Wiegand. 1996. Irrepressible reformer：abiography of Melvi Dewey. The America Library Association： 78-81.

Wood. E M. Wood. 1924. Recent library development inChina. ALA Bulletin，（18）：178-182.

Wood. E M. Wood. 1924. The Boxer Indemnity and The Library Movement in China：a collection of official documents pertaining to the Boxer Indemnity and Public libraries in China. Beijing：Central China Post. Ltd.

Young A P. 1976. The American Library Association And World War I. Urbana ：The University Of Illinois At Urbana-Champaign.

Zhang Ping，Benjamin R I. 2007. Understanding information related fields：a conceptual framework. Journal of the American Society for Information Science And Technology，58（13）：1934-1947.

后　记

　　我自 1998 年到南京大学信息管理系读研究生以来，学科史一直是我关注的重点研究领域之一。2010 年，"中国图书馆学的学科制度及其发育机制研究（1909 ~2009）"获得国家社科基金的资助。三年来，我和几位志同道合的青年学人反复切磋，潜心研究，书稿终于完成。

　　在三年多的研究中，课题组成员安艳杰、顾烨青、谢欢、郑闯辉、杨巍、宋凯等多次召开小型研讨会，共同研讨，达成了基本的共识，在这个基础上，课题组成员分工合作完成了这本《制度与范式：中国图书馆学的历史考察（1909 ~2009）》。各章作者分别是：

　　前言：南京大学信息管理学院李刚

　　第 1 章　现代图书馆学教育体系之变迁：南京大学信息管理学院杨巍

　　第 2 章　图书馆学期刊的计量史学扫描：南京财经大学图书馆安艳杰

　　第 3 章　中国图书馆组织的历史考察：江南大学图书馆顾烨青

　　第 4 章　中外图书馆学之交流（1911 ~2010）：南京大学信息管理学院宋凯

　　第 5 章　从边缘到中心：信息管理研究的学科范型嬗变：南京大学信息管理学院李刚、孙建军

　　第 6 章　图书馆学视野中的文献学范式：嘉兴图书馆郑闯辉

　　第 7 章　早期图书馆学研究中的教育范式研究：南京大学信息管理学院谢欢

　　第 8 章　以图书馆为中心的学科范式（1920 ~1995）：南京大学信息管理学院李刚

　　第 9 章　LIS 学科范式的"信息学转向"（1995 年以来）：南京大学信息管理学院李刚、余益飞、杜雯

　　在研究中，虽然课题组就一些基本问题达成了共识，但在各章撰写过程中，各位作者还是表现出了自己的研究特色，因此，全书还存在着一些学术思想上的差异和表达方式上的差异。虽然本书是以章节结构安排的，但是我更愿意将这本书看做该课题研究的专题文集。因为其中的主要研究都是在我的指导下完成的，所以，我对其中的错误难辞其咎。

　　武汉大学的陈传夫教授、中山大学的曹树金教授、南京大学的倪波教授、孙建军教授、叶继元教授、吴建华教授、沈固朝教授、徐雁教授和张志强教授等对本课题研究给予了大力支持和具体指导，感激之言，难以言表。

　　我的研究生徐敏也为执行本项目承担了不少事务性工作。南京大学信息管理学院的同事们以及南京大学社科处的老师们也提供很多帮助，在此一并感谢。

李　刚

2013 年 5 月 21 日于南京大学和园寓所